살아남은
형제들

형제복지원 피해자 33인

'절규의 증언'

살아남은
형제들

호밀밭

프롤로그

유난히 무거운 '다섯 글자'가 있다. '형제복지원'을 떠올리면 자판 위를 움직이던 손가락이 더뎌진다. 피해자들이 견뎌낸 시간의 무게, 고통의 깊이가 간단치 않기 때문이다. 이들의 아픔을 얼마나 이해하고 있을까. 감히 짐작조차 할 수 없는 나날을 어쭙잖은 문장으로 표현하려다 행여 피해자들에게 누를 끼치진 않을까. 고민과 걱정이 꼬리를 물수록, 하얀 종이 위 검은 커서는 하염없이 점멸한다.

그러다 결심했다. 입은 닫고 귀를 열어 있는 그대로 전달하자고. 이것은 2020년 봄 '살아남은 형제들' 기획보도를 준비하면서 가진 마음가짐이기도 하다. 형제복지원 사건이 세상에 알려진 지 33년이 흘러 관련 인물 33인(피해생존자 27명, 야학교사 1명, 시민사회·학계 전문가 5명)을 인터뷰했다. '절규의 증언'이었다. 기사와 동영상에 수천·수만 개 댓글이 달리며 엄청난 호응이 따랐다. 하지만 아쉬웠다. '말'의 무게에 비해 '눈과 귀'의 시간은 너무 짧았다. 반응은 잠깐이었고, 피해자들의 말은 다시 수면 아래로 가라앉았다. 어떻게 하면 증언의 무게에 걸맞은 생명력을 부여할 수 있을까. 20만 자와 300분. 2020년 4월부터 12월까지, 매주 한 편씩 모두 33편의 방대한 기사와 동영상이 게재됐지만, 소화하지 못한 이야기가 여전히 많았다. 읽어주길, 들어주길 바라는 말들이 눈과 귀에 밟힌 채 꿈틀댔다. 이 책은 그 고민의 산물이다. 잠깐 읽히다 사라지는 기사와 달리, 적어도 책은 두고두고 읽히고 또 읽힐 테다.

책을 준비하며 초심을 다시 꺼냈다. 최대한 개입하지 않기. 피해생존자들의 증언을 듣던 당시로 돌아가 오직 관찰자의 입장에서 객관적인 시선을 유지하고자 했다. 이 책이 '증언집' 형식을 띤 이유다. 직접 겪어보지 않고서는 상상조차 하기 힘든 생생한 경험담. 아무리 뛰어난 작가가 유려한 표현을 보태도, 당사자의 입에서 갓 튀어나온 날것의 말보다 힘이 있을 순 없다.

책의 큰 흐름은 형제복지원 이전의 형제육아원부터 형제복지원 운영 당시, 그리고 오늘날로 이어진다. 얼마나 황당하고 억울하게 끌려갔는지, 형제복지원 안에서는 어떤 고통을 당했는지, 퇴소 이후의 삶은 또 얼마나 망가졌는지, 피해자분들의 증언의 흐름에 따라 큰 얼개를 만들었다. 다만 33인의 증언을 개인별로 담지 않고, 읽는 이로 하여금 피해자들이 형제복지원에서 겪은 공통의 경험, 그리고 그 속에서의 크고 작은 차이를 발견하게끔 하고 싶었다. 고민을 거듭한 끝에 주요한 사건을 소주제로, 유사한 경험과 기억을 조심스럽게 묶어보기로 했다. 그 결과 '증언록'이지만 형제복지원의 전모를 확인할 수 있는 하나의 '사건기록집'이 되었다. 이러한 형식은 보는 사람에 따라 부자연스럽게 느껴질 수도 있지만, 각각의 사건 하나하나, 피해생존자의 절규 섞인 한마디 한마디에 주목하기를 바라는 필자의 고민과 마음이 반영된 것임을 알아주었으면 한다. 또 이러한 구성은 피해자들의 기억이 일부의 경험에 국한되지 않는다는 점을 확인하는 '객관화 장치'가 되어 주기도 했다. 이 책은 글로 만들어진 '논픽션 다큐멘터리'라 할 수 있다. 증언의 조각이 더 큰 사건의 조각으로 모이고, 다시 더더욱 큰 진실의 조각이 되어 마침내 우리는 형제복지원의 실체를 마주하게 될 것이다.

출판을 앞두고 여전히 고민의 꼬리는 줄지 않는다. 1975년부터 1987년까지 12년, 형제복지원의 전신인 형제육아원[1960년 설립] 시절까지 더하면 무려 27년.

강산이 세 번 바뀌는 동안 피해자들이 겪은 무간지옥을 한 권의 책으로 온전히 담아내는 건 애초에 불가능할 것이다. 그러한 연유로 피해자를 비롯해 이들의 주변을 맴돌던 사람, 또는 가해자, 활동가 및 전문가들의 목소리까지 빌렸다. 형제육아원생, 아동과 성인, 간부와 경비, 야학교사, 전문가 등은 모두 무겁게 닫혀있던 형제복지원의 철문을 조금씩 밀어준 이들이다.

책이 나올 수 있었던 동력의 절반은 '해야 한다'는 의무감, 나머지 절반은 받은 도움에 대한 감사함이다. 1년 가까이 '살아남은 형제들' 프로젝트에 함께해주신 사회복지연대 김경일 사무국장에게 감사의 인사를 전한다. 원고를 정리하느라 야근을 밥 먹듯이 한 남편과 아빠를 묵묵히 기다려준 가족에게도 늘 고맙고 미안한 마음이다. 지역 출판사로서 부산에서 벌어진 형제복지원 사건에 각별히 신경을 쓰고 배려해주신 호밀밭 장현정 대표님과 하은지 편집자님께도 고개를 숙인다. 저술지원을 해주신 한국언론진흥재단도 큰 힘이 됐다. 그리고 무엇보다, 아물지 않은 상처를 스스로 헤집으며 기억의 조각들을 힘겹게 길어 올려주신 형제복지원 피해생존자 분들께 마음을 다해 큰절을 올린다.

다시 '다섯 글자'의 무게를 가슴에 새기며, 수만 명의 사라져간 형제들, 살아남은 형제들에게 이 책을 바친다.

인물 소개

··· 피해생존자 ···

강철민가명(남·52)
서울 소년의집에서 부산 형제복지원으로 옮겨진 뒤 7년 내내 아동소대에서 조장을 맡았다. 물을 많이 마셔 '하마'로 불렸다. 2000년대 초까지 주민등록상 아버지가 박인근으로 돼 있었다.

강호야(남·56)
용두산공원에 놀러 갔다 가출 소년으로 오인되어 형제육아원(형제복지원 전신)에 보내졌다. "영도에 집이 있다"라고 말했지만 소용없었다. "강호야~"로 불리다 성이 '강', 이름은 '호야'가 됐다.

김경우(남·52)
동생[김대우]과 함께 부전역 앞에서 놀다 경찰에 잡혀 형제복지원으로 끌려 들어갔다. 형제원 출신 후배가 트라우마로 목숨을 끊은 뒤 후배의 아내와 가정을 꾸렸고, 힘겹게 생계를 이어가고 있다.

김대우(남·50)

형[김경위]과 함께 부전역 앞에서 놀다 경찰에 붙잡혀 세 차례 형제복지원으로 끌려 들어갔다. 사회에 나와서도 경찰은 그를 가만두지 않았다. 10여 개 전과가 쌓였고, 억울함에 칼로 몸을 자해했다.

김상수(남·56)

구포역에서 놀다 누나 집을 찾아 서울로 향했다. 용산역에서 단속돼 서울 소년의집을 거쳐 형제복지원으로 넘어왔다. 교회 서무 김상하의 도움을 받아 가정 방문을 통해 나올 수 있었다.

김상하(남·53)

주민등록상 68년 7월 7일생이지만 형제복지원에서 임의로 만들었을 뿐 실제 나이도, 이름도 정확하지 않다. 머리가 새하얘 '백사'로 불리며, 원내 교회에서 목사 일을 돕는 역할을 했다.

김세근(남·64)

고모와 창경원에 놀러 갔다가 길을 잃고 서울 시립아동보호소로 보내졌다. 친구들과 탈출해 부산행 기차를 탔다. 표가 없다는 이유로 경찰에 붙잡혀 용당동 형제육아원으로 보내졌다.

김수길(남·48)

초등학생 시절, 한여름 밤 더위를 피해 집 근처 시민회관에서 잠을 잤는데, 눈을 떠보니 형제복지원이었다. 세 번의 탈출이 모두 실패했지만, 부모님이 찾아와 간신히 빠져나올 수 있었다.

김의수(남·50)

친구 집에서 놀다 귀가하는 길이었다. 경찰관은 "집에 보내 달라"는 열세 살 소년에게 수갑을 채웠고 다음 날 새벽 형제복지원으로 보내졌다. 3년 전부터 정신과 치료를 받고 있다.

민윤기(남·74)

전기 시설 사업을 하던 중 부산에서 시비가 붙어 형제복지원으로 잡혀 들어갔다. 인터폰 설치 등 원내 전기 시설 작업을 도맡았다. 몇 년 만에 집에 돌아와 보니 아내는 재혼한 뒤였다.

박순이(여·50)

형제복지원에서 '하얀녕'으로 불렸다. 초등학교 2학년 겨울방학 때 경남 진주에서 부산 오빠 집에 가기 위해 부산진역에서 내렸다가 경찰 손에 이끌려 형제복지원에 들어갔다.

박해용(남·46)

열 살 무렵, 부경대[당시 수산대] 부근 외가를 찾다 길을 잃었고, 정신을 차려 보니 형제복지원이었다. 머리를 심하게 맞고 성폭행도 당했다. 사회에 나와 '자폐성 장애 2급' 판정을 받았다.

신재현가명(남·58)

"사람 만들어준다"는 풍문에 아버지 손을 잡고 두 번이나 형제복지원으로 향했다. 귀엽게 생겼다며 수시로 성폭행을 당했다. 입대 문제로 7년 만에 귀가했지만, 아버지는 돌아가신 뒤였다.

안종환(남·45)

경북 점촌이 고향이다. 엄마 등에 업혀 부산에 왔다가 부산역에서 엄마와 함께 형제복지원으로 보내졌다. 40년 가까이 가족과 생이별한 채, 한(恨)과 그리움 속에서 살아가고 있다.

여인철(남·61)

비 내리는 날이었다. 어머니를 여읜 뒤 슬픔에 겨워 술에 취해 방에서 자고 있었는데 갑자기 경찰이 들이닥쳐 어딘가로 끌려갔다. 삼청교육대, 교도소도 형제복지원에 비할 바 아니었다.

이춘수가명(남·52)

양부모 밑에서 학대로 고통받다 중학교 2학년 때 '가족의뢰'로 형제복지원에 들어갔다. 중대장실 '소지' 시절, 수많은 폭력을 목격했다. 사회에서 한동안 주민등록 없이 유령처럼 살았다.

이승수(남·57)

일곱 살 때 아버지가 자살한 뒤 고향 전남 보성을 떠나 대구에서 떠돌이 생활을 했다. 부산으로 도망 왔다 형제복지원에 잡혀 들어갔다. 지금도 환청에 시달리며 여러 차례 자살 시도를 했다.

이향직(남·50)

중학교 1학년 때 아버지 손에 잠깐 파출소에 맡겨졌다 경찰한테 속아 형제복지원에 입소했다. 스무 살 때 극적으로 어머니를 찾았다. 아내와 딸의 응원 속에 피해당사자 운동을 하고 있다.

임봉근(남·74)

1987년 박인근 원장이 감옥에 가고 비로소 형제복지원을 빠져나왔다. 하지만 재차 불려 들어가 장애인 시설에서 일했고, 박 원장 소유의 호주골프장에서도 10년 가까이 노역에 시달렸다.

정수철가명(남·55)

엄마를 찾다 지쳐 서면 지하도에서 잠들었다. 다음 날 새벽 누군가에 이끌려 차에 태워졌고, 도착한 곳은 형제복지원이었다. 세신사로 일하다 몇 년 전 사상온천에서 박인근 원장과 마주쳤다.

최승우(남·52)

"빵을 훔쳤다"라고 하면 집에 보내주겠단 경찰의 말에 '거짓 자백'을 했다가 형제복지원으로 끌려 들어갔다. 진상규명 운동에 앞장서, 2020년 5월 과거사법 개정안 통과를 끌어냈다.

한상현(남·56)

설날을 맞아 서울에서 고향으로 가는 길에 부산역 대합실에서 진주행 열차를 기다리다 경찰에 의해 형제복지원으로 들어갔다. 안에서 장티푸스, 장 파열 등 다섯 번의 죽을 고비를 넘겼다.

한종선(남·45)

아버지에 의해 누나와 함께 형제복지원에 맡겨졌다. 2년 뒤 아버지도 잡혀 왔다. 2012년 『살아남은 아이』 책을 썼고, 형제복지원 피해생존자모임 대표를 맡아 과거사법 개정을 끌어냈다.

한신애 (여·48)

남동생[한종선]과 함께 형제복지원에 맡겨졌다. 구타와 폭력 속에 정신질환을 앓게 됐다. 1987년 이후 계속 정신병원에서 생활하다 2007년 비로소 동생 한종선과 재회했다.

한영태 (남·74)

한신애와 한종선의 아버지. 딸과 아들을 형제복지원에 맡긴 뒤 2년 만에 본인도 잡혀 왔다. 1987년 사회에 나온 뒤 거리에서 지내다 정신병원에 수용됐다. 2007년 아들 한종선과 재회했다.

황명식 (남·67)

충무동에 정박한 배 안에서 요리사로 일하던 중 밤길을 돌아다니다 형제복지원에 잡혀 들어갔다. 소대장을 맡아 때로는 몽둥이를 휘둘렀고, 수많은 이들이 죽어 나가는 장면을 목격했다.

황송환 (남·69)

충무동과 초량 등지에서 넝마주이 생활을 하다 형제육아원과 형제복지원을 여러 차례 들락날락했다. 주민등록상 62년생으로 되어 있어 노인 복지 혜택을 받지 못하고 힘겹게 생활하고 있다.

··· 야학교사 ···

엄경흠(남·62)

대학생 시절 형제복지원에서 야학교사로 활동했다. 국어, 한자, 영어 등을 가르치며 원생들이 검정고시에 합격할 수 있도록 도왔다. 현재 신라대 국어교육과 교수로 재직 중이다.

··· 시민사회·학계 전문가 ···

남찬섭 교수(동아대 사회복지학과)

2020년 부산시 「형제복지원 사건 피해자 실태조사」를 총괄했다. 형제복지원 사건은 형제육아원 시절[1960년]부터 시작이라고 결론짓고, 부산시의 피해자 지원책 강화를 촉구하고 있다.

박민성 의원(부산시의회)

사회복지연대 활동가 시절부터 형제복지원 사건에 관심을 두고 박인근 원장 일가의 재산을 추적해왔다. 2018년 시의원에 당선돼 '형제복지원 사건 피해자 지원 조례' 제정을 주도했다.

박숙경 교수(경희대 후마니타스 칼리지)

부산시 「형제복지원 사건 피해자 실태조사」의 심층 면접을 총괄했다. 원내에서 죽어 나간 수많은 이들은 사실상 살해를 당했으며, 지금이라도 사망자 발굴계획을 세워야 한다고 강조한다.

여준민 사무국장(형제복지원 사건 진상규명을 위한 대책위원회)
오래전부터 탈시설 운동을 해오다 2012년 국회 앞에서 농성하던 형제복지원 피해생존자 한종선을 알게 됐다. 이후 대책위를 꾸려 형제복지원 사건 진상규명을 위한 활동에 앞장섰다.

전규찬 교수(한국예술종합학교 영상원)
2012년 국회에서 열리는 행사에 참석하던 중 우연히 한종선을 마주쳤다. 형제복지원 사건을 세상에 알리기로 마음먹고 한종선을 도와 책 『살아남은 아이』를 공동 집필했다.

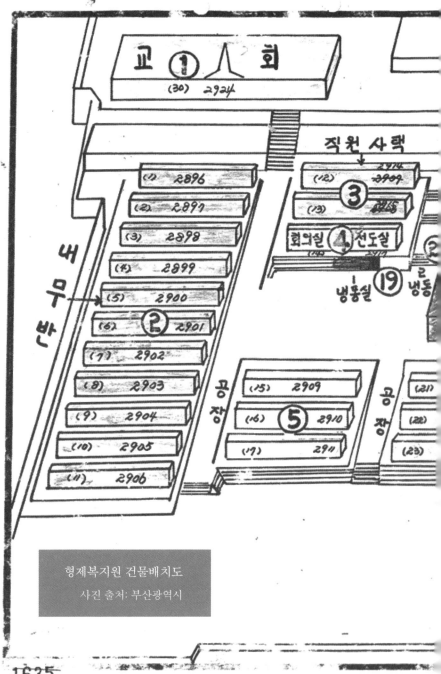

형제복지원 건물배치도
사진 출처: 부산광역시

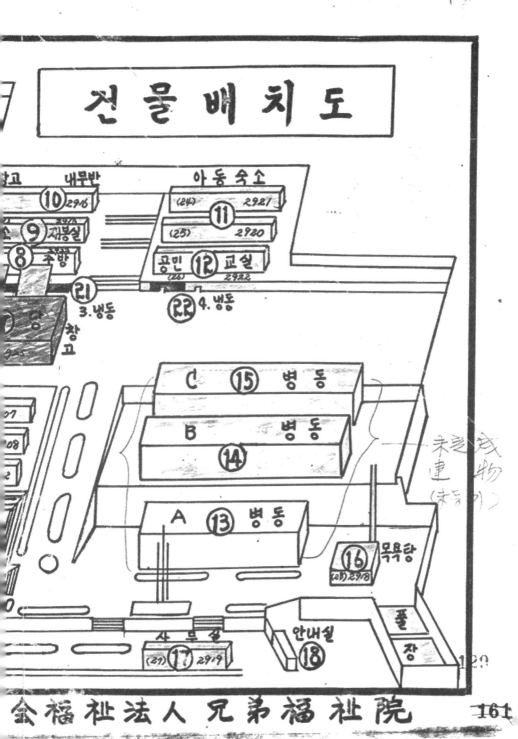

건물배치도

일러두기

피해생존자 33인의 입말을 최대한 살려 기록했다. 증언은 별도의 문장부호 없이 적었으나, 증언 속에 등장하는 대화는 큰따옴표 " "로, 피해생존자의 생각이나 강조하는 말 등은 작은따옴표 ' '로 처리했다. 증언자와 취재원의 말을 구분하기 위해 취재원의 말은 고딕체로 처리했다. 증언 중 생략되어 있어 내용 파악이 어렵거나, 오해가 발생할 수 있는 부분만 재확인을 거쳐 부연하였는데 이것은 ( ) 안의 내용에 해당한다. 사투리, 비속어 등은 가급적 그대로 살렸지만, 문맥만으로 대상을 확정하기 힘든 대명사, 은어 등은 [ ] 안에 표준어 또는 유사어와 병기하였다. 서적은 『 』, 보고서는 「 」, 언론사 및 방송 프로그램명, 사건명 등은 〈 〉 안에 기재했다.

책자에 실린 사진은 『형제복지원 운영자료집』에 수록된 것이다.

저작권법에 따라 보호를 받은 저작물이므로 무단 전체와 복제를 금한다.

인간

청소

#1
납치와 감금

부산시 사상구 주례동 산18번지. 백양산 자락에 있는 형제복지원.
12년 동안 수천수만 명의 사람이 육중한 철문 안으로 들어섰다.
복지원 관계자들은 '입소' 혹은 '수용'이라 불렀지만, 실상은 '납치·감금'이었다.
인신매매나 다름없는 범죄의 최일선에 '경찰'이 있었다.

최승우   1982년도 4~5월경, 봄이었어요. 중학교 1학년이었는데 학교 수업
을 마치고 오후 4시쯤 집으로 돌아가는 길에… 집이 개금파출소 근
처였기 때문에 파출소를 거쳐서 육교를 건너가야 했습니다. 걸어가
고 있는데 저 앞에서 경찰관 한 명이 보이더라고요. 기분이 조금 묘
하고 그렇더라고요. 경찰관이 담배를 피우고 있고.

그 당시엔 교복 자율화가 아니었기 때문에 개성중학교 마크가 붙은
모자를 쓰고 교복을 입고 가방을 들고 지나가는데, 그 순경이 딱 저
를 쳐다보는 순간 "너 이리 와봐 인마!" 하며 손으로 딱 가리키면서
그렇게 얘기하더라고요. 그래서 "왜 그러십니까?"라고 하니 순경이
앞에 오더니 "새끼 너 어디 가는 길이야?" 해서 "집에 가는 길인데
요?" 하니 "이 새끼 이거 수상한데?" 하면서 나를 끌고 바로 파출소
로 데리고 들어가더라고요. 그래서 영문도 모른 채 파출소에 들어
가서 "왜 그러십니까, 저는 집이 요 앞입니다" 그러니까 "집이고 뭐
고 새끼 너 이 시간에 도둑질하러 다니는 거 아니야?" 딱 그 이야기
를 하고 나서 가방을 뺏어서 안을 검사하더라고요.

당시 저는 할머니 밑에서 자랐기 때문에 도시락을 못 싸갔어요. 도시락을 못 싸가면 학교에서 급식으로 빵하고 우유를 줬어요. 학교에서 점심때 우유만 마시고 빵은 먹다가 절반 정도를 가방에 넣어났는데, 먹다 남은 빵을 발견하더니 "이거 어디서 훔쳤냐?"면서 다그치기 시작하더라고요. 그때 뭐라고 얘기해야 될지, 정말 앞이 막막하더라고요. 내가 못 사는 아이고, 학교에서 배급해준다는 얘기가 차마 입에서 안 떨어지더라고요. 그냥 학교에서 주더라… 먹다 남은 빵이다…라고 얘기를 했더니 "이 새끼 이거 훔친 건데? 어디서 훔쳤어? 바른대로 말해!" 하면서 그때부터 경찰관이 머리를 막 때리더라고요. 그래서 저는 끝까지 안 훔쳤다… 학교에서 준 거다… 학교에 물어봐라… 하니깐 경찰관이 끝까지 "어디서 훔쳤냐?"며 그 이야기를 세뇌를 시키듯이 10분 동안 반복해서 얘기하더라고요. 자기는 가만히 책상에 앉아 있고, 저는 가해자들이 오면 앉는 안쪽 책상에 가둬 놓았어요. 계속 똑같은 얘기를 반복하기에 저는 끝까지 안 훔쳤다고 얘기를 했어요. 그 안에는 파출소 직원이 두 사람, 그리고 젊은 청소하는 사람이 한 명 있었거든요.

결국에는 10분 정도 계속 안 훔쳤다고 실랑이를 벌이다가 경찰관이 일어서서 다가오더라고요. 옛날 경찰관은 몽둥이 같은 걸 차고 있었거든요. 그 몽둥이를 들고 그때부터 어깨, 등을 톡톡 때려가면서 "내가 이때까지 쳐다봤는데, 니 도둑질하는 거 다 안다. 훔쳤다고 바른말 해라!" 그때는 갑자기 서러워서 눈물이 나더라고요. "아저씨, 훔치지 않았는데 왜 자꾸 훔쳤다고 그래요? 집에 보내주세요"라고 하며 눈물이 터지기 시작하니까 경찰관이 그때부터 몽둥이로 막 패더라고요. "바른대로 이야기해라. 앞에 슈퍼에서 뭐 자꾸 없어진다는데 니가 맞지? 니 이 길로 오는 거 보니, 훔쳐서 먹은 거 맞지?" 하며 계속 다그치기에 끝까지 울면서 안 훔쳤다고 했는데 그때부터 막 때리더라고요. 때리고 고문을 했죠. 탈의하라고 하고, 위에 교복을 벗고 밑에 바지를 내리고, 자기가 피우던 담배 라이터 벌겋게 달아오른 걸 성기에 지지고… 그런 고문을 했죠. 너무 무서워서 그때는 진짜 정말 미쳐버릴 것 같은 심정… '왜 내가 이유도 없이 이렇게 맞고 고문을 당해야 하나…' 너무 힘들더라고요.

"너가 훔쳤다고 이야기하면, 바른말 하면 지금 바로 집에 보내 줄게"라는 그 경찰관의 한마디에… 훔쳤다고 얘기하면 집에 보내 줄 거냐고 물으니 "바른말 하면 집에 보내 줄게" 그래요. 그래서 "요 앞 슈퍼에서 훔쳤다"고 했죠. 그랬더니 경찰관이 "진즉에 새끼야 바른말 할 것을, 지금까지 왜 거짓말했어? 안 맞을 걸 맞았잖아. 기다려!"하면서 바로 전화를 하더라고요. 전화를 하고 20분도 안 돼서 파출소 안으로 두 사람이 들어오는데, 한 사람은 모자에 '소대장', 한 사람은 '선도원' 완장을 차고 추리닝을 입었더라고요. 순간 너무 불길하더라고요. 그러더니 그 사람들하고 경찰관하고 서로 이야기하고 뭔가 서류를 작성하는 것 같더라고요. 경찰관이 "저기에 따라갔다가 목욕도 하고 정신 차리고, 그러면 집에 보내 줄 거다. 따라가라"고 하더라고요. 그 당시 경찰들은 한 사람이라도 더 잡아넣어야 그들한테 뭔가 돌아가는 게 있다 보니까 그랬던 것 같아요. 돈이 돌아가든 점수가 올라가든…

그 순간 돌아가는 시간들이 너무 악몽이었어요. 내가 지금 어디로 잡혀가는 건가… 그 건장한 두 사람이 저를 보고 나오라고 하더니… 하… 그때 끌고 나가면서 했던 말이 "인마 이거 보니까 딱 도둑놈같이 생겼네"라고 하더라고요. 왜냐면 그때 당시 머리를 짧게 깎다 보니까, 머리가 짧으면 좀 범죄형으로 보이잖아요.

'부랑인아 선도차'라는 글귀가 차에 붙어 있는 지금의 냉동탑차 같은 데다 태우더라고요. 그때 차 안에는 아무도 없었고 저 혼자였죠. 개금파출소가 형제복지원 바로 근처였거든요. 불과 1km 정도밖에 안 됐으니까. 차에 안 탄다는 걸 두드려 패면서 강제로 둘이서 들고 태우더라고요. 그러고 나서 곧장 형제복지원으로 들어가게 됐죠. 형제복지원에 들어가고 나서 정말 너무너무 끔찍했던 순간들이… 지금 이렇게 인터뷰하면서도 막 떠오르죠. 형제복지원에 들어가는 순간 '나는 죽는구나' 싶었어요. 거기가 도대체 뭐 하는 곳인지도 몰랐고. 그냥 악몽 같은 순간들이었어요.

김의수 겨울이었습니다. 83년도 12월쯤에 친구 집에서 놀다가 밤 7시쯤 나와서 우리 집으로 걸어가는 길이었어요. 그때는 순경이라고 했죠. 순경하고 방범대원하고 2인 1조로 다녔어요. 한 30m쯤 떨어진 데서 순경이 부르더라고요. 저보고 "너 집 나왔지?" 이런 식으로 얘길 하더라고요. 그래서 저는 "친구 집에서 놀다가 우리 집으로 걸어가는 길입니다"라고 하니까 욕을 하면서 제 뒤통수를 치더라고요. "왜 때리세요?" 하니까 발길질을 하고 "이 새끼!" 하면서 제 목덜미 뒤를 잡아서 끌고 파출소로 가게 된 거예요. (부산진구) 부암2파출소인가 그랬을 겁니다. 거기서 집에 보내 달라고 경찰관한테 어필을 하니까 그 경찰관이 파출소 안에서 저를 많이 두드려 팼어요. 머리를 때리고 발바리 몽둥이로 몸통 이런 데를 때리고. "조용히 하고 있어라. 그러면 보내 주겠다"고 한 거예요.

그때 당시에 수갑을 채우더라고요. 그래서 "죄도 안 지었는데 왜 수갑을 채우냐?"라고 어린 내가 그러니까 "조용히 해라"면서 또 때리더라고요. 그래서 수갑을 찬 상태에서 잠이 들었는데 새벽녘에 시끄러워서 눈을 뜨니 덩치가 큰 사람 두 명이 들어왔어요. 모자를 쓰고 파란 추리닝을 입었는데 '형제복지원' 마크가 보이더라고요. 몽둥이를 들고 경찰관한테 "저놈 데려가면 됩니까?" 하니까 경찰관이 "그놈 데려가라" 그래서 제가 형제복지원에 끌려가게 된 거예요.

그때 탑차에 끌려왔는데. 저만한 또래, 아줌마, 아저씨, 또 형님뻘 되는 사람들이 같이 잡혀 왔어요. 신입소대에 들어가니까 양쪽 복도에 일직선으로 쭉 줄을 세우더라고요. 옷을 다 벗으라는 거예요. 팬티도 남김없이. 어른들도 옷을 안 벗고 이래저래 있으니까 몽둥이를 든 경비 같은 사람들이 두드려 패면서 벗으라고… 그래서 거기서 옷을 벗고 검사를 하고, 소지품은 그 사람들이 다 압수해서 가져갔어요.

김상하   저는 버스 안내양이 귀여워해 주는 꼬마였어요. 그날도 버스 안내양이 버스에 태워서 남포동에 내려다 줬어요. 시내 구경하다가 오후 한 5~6시쯤에 집에 들어가려고 하다가 부영극장 옆 육교 위에서 형제복지원 단속반하고 파출소 (순경) 몇 명이 포위하는 식으로 둘러 싸여서 잡혔어요. 뭐라고 말도 없고 무작정 잡아가지고 파란색 탑차에 실려 갔어요.

입소 카드에 보면 '76년 6월 11일, 서면 지하도에서 구걸을 하다…'라고 쓰여 있는데요?

이건 자기들이 마음대로 쓴 거예요. 하이고. 그때 당시엔 서면에는 가 보지도 못 했습니다. 지금 제 나이가 본래 나이가 아니에요. 형제원 잡혀갔을 때 당시에 대충 이 나이로 보인다고 해서 76년도에 66년생으로 만들었다가 나중에 병역 신체검사 문제도 있고 검정고시 때문에도 그렇고 해서 66년생에서 68년생으로 고치게 됐어요. 그 이후로 아직까지 그렇게 쓰고 있습니다.

처음에 갔을 때 천막 몇 동이 있고 슬레이트 지붕 건물이 서너 동 있었던 거 같아요. 용당동[형제육아원]에서 막 이사 오는 과정이었던 것 같은데… 80년대에는 '소대'라고 했는데 그때는 '단'이라고 불렀어요. 1단, 2단, 3단, 4단 이런 식으로… 수용 카드 작성하고 저는 3단으로 아마 배치가 된 것 같아요.

76년도부터 78년 초까지 계속 주례[형제복지원]에서 거주했습니다. 그러다 78년도에 소년의집에 잠깐 갔다 올 수 있었어요. 그때 부산 소년의집에서 초등학생은 서울 소년의집으로 간다고 해서 79년도에 (서울 소년의집에) 갔다가 (다시 부산 형제복지원으로) 재전원 조치가 됐습니다. 제가 부산에서 왔기 때문에 다시 80년도에 형제원으로 전원 조치된 겁니다. (소년의집으로 갈 때) 1~2차에 걸쳐서 100~200명 정도 나가지 않았을까 싶어요. 형제원에서 나가는 것 자체만 해도 '설마 여기보다 더하겠나' 싶어서 다들 들떠 있었어요. 그리고 막상 가니까 더 좋았죠. 같은 단체생활이지만 육체적으로도 정신적으로도 하여튼 형제원보다 편했습니다.

서울에서 다시 형제원으로 간다고 했을 때는 도망갈 생각도 없지 않아 있었어요. 기차를 한 칸이나 두 칸을 통째로 빌렸어요. 그런데 운동화 뒤를 꺾어 신게 했어요. 부산역에 도착하자마자 경비들고 형제원 차가 미리 대기하고 있더라고요. 그래서 도망갈 엄두도 안 났어요. 부산역에서 형제원 차를 바로 타고 형제원으로 넘어가게 됐죠.

보통은 운동화를 꺾어 신지 말라고 하잖아요?

예. 꺾어 신으면 뛰다가 신발이 벗겨지니까. 도망 못 가게 하려고 그런 거죠.

서울 소년의집에서 집을 찾아주거나 한 게 아니라 다시 형제복지원으로 보낸 거네요?

예. 그렇죠. (저는) 87년도 형제복지원이 폐쇄될 때까지 있었습니다.

이향직　　저는 어릴 때 아버지한테 워낙 많이 맞고 컸습니다. 그러다가 열 살 때부터 집을 나왔어요. 신문 배달하면서 보급소에서 숙식을 제공 받았어요. 중학교에 들어가야 해서 결국은 집에 들어갔고 중학교도 입학을 하게 됐어요.

교회에서 수련회 같은 걸 갔는데, 집에 있던 저금통을 들고 나갔어요. 수련회에서 놀다가 다음 날 다 끝나고 나서 집에 안 가고 친구들하고 야구를 보러 갔어요. 끝나고 집에 가다가 아버지한테 붙잡혔어요. 아버지가 내가 또 도망갈까 봐 파출소로 데리고 갔어요. 그리고 "이놈 좀 혼 내주라"고 하면서 경찰하고 둘이서 쑥덕쑥덕하고, 아버지는 장을 보러 갔어요. 그런데 좀 있다가 형제원 차가 와서 나를 실어간 거죠. 그게 1984년도입니다.

기대를 하고 있었죠. 왜냐하면 형제복지원이라는 데를 모르는 상태에서 갔고, 일단 아버지한테 벗어날 수 있으니까. 경찰이 하는 말로는 거기 가면 계절마다 옷도 주고 매일 밥도 몇 찬이 나오고 간식도 주고 학교 공부도 시켜준다고 하더라고요. 어쨌거나 틀린 말은 아닌게 옷도 주긴 주고, 밥도 주긴 줬으니까요. 잔뜩 기대하고 갔다가 차에서 내리면서부터 이게 아니라는 걸 바로 느낀 거죠. 속은 거죠 그냥. 나오고 나서 알게 된 바로는 도둑놈을 한 놈 잡으면 고과 점수가 5점인데 형제원에 한 명 집어넣으면 똑같이 5점이었다고 하니까…

나중에 형제원에서 나오고 나서 아버지가 하는 말로는, 경찰이 "애가 도망갔다"고 하더래요. 나는 그사이에 형제원에 보내진 거죠.

거리에서 자다가 끌려가는 일도 비일비재했다.

정수철 가명   엄마가 이혼하고 어디 멀리 가셨는데 무작정 버스를 타고 서면으로 갔어요. 엄마 찾는다고 돌아다니다가 지쳐서 서면 지하도 안에서 자고 있는데 갑자기 어떤 사람들이 와서 나를 깨우더라고요. 반항 같은 것도 못했죠. 양쪽으로 잡고 갔으니까. 밖에 탑차가 있더라고요. 반항하다 그 자리에서 사정없이 두들겨 맞는 사람도 있고…

처음에 신입소대에 들어가니 추리닝 같은 옷 하나 입히고, 좀 있으니까 아동소대 14소대에 배치가 됐죠. 아무 이유 없이 뭐 때리면 때리는가 보다… 밥 먹으라면 밥 먹고… 뭐 제식훈련 받으라고 하면 받아야 되고… 그냥 거기서 시키는 대로 했어요. 처음 들어갈 때가 여름이었고 나갈 때도 여름이었습니다. 들어갈 때 내가 열두 살이었던 걸로 알고 있어요. 영도국민학교 5학년 때니까. 아마 78년도일 거예요.

78년 여름에 들어와서 2~3년 있다가 아버지가 오셔서 나갔는데, 몇 개월 만에 경찰서를 통해 다시 잡혀 들어와서 85년도까지 계셨다고 들었습니다.

네. 두 번째 들어갈 때는 몇 년도인지 기억이 안 나요. 그랬다가 1985년도에 말소를 해놨더라고요. 내가 형제복지원 안에서 오래 있다 보니까 집에서 말소를 시켰겠죠.

김수길 1983년도에 최고 더웠을 때였을 겁니다. 집이 부산시민회관 소강당 도랑가 건너편이었어요. 소강당 앞에서 사람들이 많이 자거든요. 박스 깔고 자고 있는데 눈 뜨니까 형제복지원이더라고요.

동네 사람들이 여름에 더위를 피하던 곳인가요?

예. 거기 많이 와요. 차에서 내리라고 해서 내렸는데 거기 사람들이 좀 있더라고요. 내가 내렸을 때 한 15명 정도 됐을 겁니다. 나하고 또래 아이들이 서너 명 정도 있었고.

자는 채로 납치를 당한 거네요?

그대로 실려 갔다니까요. 우리 같은 어린아이들은 잠이 많다 보니까 누가 들어서 차에 실어도 그대로 자는 거예요. 그때는 또 어르신들이 부채를 들고 많이 주무셨거든요. 전부 동네 어르신이었어요. 근데 내가 잘못 걸린 거죠.

형제복지원에 딱 들어가니까 아침 6시? 밥 먹을 시간이었어요. 인적사항 작성하는 사무실이 있고. 올라와서 옆에 의무과 거기서 신체검사를 하고 일요일이 되니까 교회에 가더라고요. 유년부 여자 선생님이 있었는데 연락 좀 해달라고 집 전화번호를 줬어요. 그런데 그분들도 (소지품) 검사를 받는지 연락이 안 오더라고요. 편지를 적으라고 해서 집에 편지를 보냈는데 그것도 연락이 안 됐어요.

임봉근   한창 제가 젊을 때였어요. 술 먹고 남포동에서 자다가 형제복지원에 잡혀갔어요. 그때 한창 전두환이 정권 잡았을 때 형제복지원에 전부 다 잡아넣었어요. 깡패고 뭐 거지고 뭐 전부 다 잡아넣었다 아닙니까. 그래서 그길로 붙들려 들어갔어요.

집 앞에서 놀던 아이들도 납치 대상이었다.

김대우   어느 날 부전역 앞에서 저녁에 놀고 있는데 경찰이 갑자기 "따라와 봐라" 하면서 바로 옆 파출소로 잡아가는 거예요. 그러고는 강제로 형제복지원에 끌려간 거죠 이유 없이…

놀다가 끌려가신 건가요?

네. 놀다가요. 저녁 한 5시 넘어서였습니다. 시간은 정확하게 기억이 안 납니다. 내가 "왜 잡아가냐"고 대들었어요. 대드니깐 차 안에서는 안 맞았는데 내리자마자 그 사무실 앞에서 좀 맞았어요. 형제복지원 안에서 고생 실컷 하고 있는데 1982년도에 고모부[아버지의 친구]의 아내 분이 어떻게 수소문해서 저를 빼 왔어요. 귀가 조치를 받은 거죠. 그러다가 한 달도 안 돼 역전파출소에 또다시 잡혀간 거예요. "아니 나는 학생인데 그때도 잡아가더니 왜 또 이렇게 하냐"고 했는데도 안 되더라고요. 우리 형님하고 같이 잡혀갔어요. 1981년도에 들어갔다가 82년도에 나오고, 82년도에 들어갔다가 83년도에 나오고. 1983년도에는 아버지가 배를 타다 육지로 나왔는데 고모[아버지 친구의 아내]가 얘기해서 귀가 조치를 또 받았어요. 그런데 아버지가 또 배를 타러 나갔어요. 고모 집에 있다가… 부전동 시립도서관 옆에 보면 파출소가 있었어요. 지금도 그 파출소가 있어요. 거기서 또 잡혀간 거예요 죄도 없는데. (그렇게) 83년도에 들어갔다가 85년도에 나왔습니다. 총 세 번 잡혀갔습니다.

세 번째 들어갔을 때는 누가 데리러 올 사람도 없고 해서 85년 10월 말에 (나왔는데)… 왜 기억을 하냐면 내 생일이 10월 26일이거든요. 내 생일 딱 지나자마자 10월 30일인가 31일인가 정확하게는 몰라도 하여튼 말일이었어요. 부산 소년의집으로 갔다가 하루 자고, 바로 서울 소년의집으로 가서 나오게 된 거죠. 서울 소년의집에서는 요한 보스코라는 기술원으로 보내주더라고요. 거기는 자유였어요. 너무 좋더라고요. 나는 계속 있고 싶었는데 형님[친형 김경우]

이 도망가자고 엄마 찾으러 가자고 해가지고 나왔어요.

김경우   제가 일곱 살 때인가 어머니 아버지가 이혼하셨고, 그 뒤부터 가세가 완전히 기울었어요. 부전역 근처에 보면 부전여인숙이라고 아직도 있어요. 거기서 아버지하고 동생[김대우]하고 저하고 같이 살았어요. 우리는 그때 당시에 마땅히 놀 데가 없으니까 부전역 앞에서 항상 자전거 타고 밤늦게까지 놀고 그랬거든요. 저녁에 갑자기 1.5톤 정도 되는 포터 같은 차[화물차]가 와서 그냥 태워 가 버려요. 우리 둘이서 울고불고, 어디 가냐고 하소연을 해도 "조용히 해라"고 막 머리 쥐어박고… 제가 처음 끌려갔을 때가 1979년도, 아마 7월에서 8월 사이였을 거예요. 날씨가 약간 더울 때였어요.

'내 집'마저도 안전하지 않았다.

여인철   내 집이 서면 부전동에 있었어. 내가 모친이 돌아가시고, 상을 다 치르고 난 뒤에 괴로워서 술을 좀 마셨어. 비가 억수로 왔어. 내가 방에서 자고 있는데 그때 경찰관 세 명인가 우의를 입고 방에 그냥 들어왔어 신발도 신고. "당신들 누구냐!" "아니 어디 가요? 내가 무슨 죄를 지었다고 데리고 가노?" 해도 말도 없더라고. "어느 지구대에서 나왔소?" 물으니 시립도서관[부전도서관] 옆 지구대라고.

처음에 나는 우리 형이 나를 신고했나 싶어서 원수로 생각했어. 며칠 동안은 '씨발, 우리 형이 나를 여기로 잡아넣었나.' 싶기도 하고 오만 생각을 다 가졌어요. 그 생각이 한 7~8개월 가더라고. 내가 내 집에 있는데 어떻게 경찰이 와서 나를 데리고 갔냐 말이야. 그 '씨쓰리[C3] 백차[순찰차]'를 탔어요. 이상하게 가는 데, 희한하게 가더라고. 어디 끌려가는지도 몰랐어. 가다 보니 산길로 해서 올라가더라고. 술에 취해서 어디가 어딘지도 모르고 들어갔어요. 들어가니까 양쪽으로 2층 침대가 쫙 깔려 있더라고. 그날 하룻밤을 거기서 잤어요.

아침 되니깐 사람이 굉장히 많아. 이거 뭐 교도소도 아니고 희한한 데에 왔어. 이런 데가 있나 싶고. 내가 아는 사람들도 있더라고요. "여기가 어디냐?"고 물으니까 형제복지원이라고 하더라고. 처음에 총무과 올라가서 중대장하고 면담을 했어. 방망이 들고 몇 명이 왔더라고. 일단 방에 들어가라고 하더라고. 안에 들어가니 소대장이 있고 조장이 있어. 조장이 몇 명 돼. 형제복지원은 거지들, 집 없는 부랑아들이 가는 곳이고. 우리는 잡혀가면 교도소나 가는 줄로 생각했지. 거기 간다는 건 상상도 안 한 거라. 그래서 내가 "여기는 씨발 거지들 오는 덴데!" 이 말까지 했다고. 아침에 눈 뜨자마자 보니까 (다들) 멀쩡한 놈들이더라고. 내가 거기에 입소된 날은 1984년도 초봄인가 그럴 거요. 모친이 84년 1월 17일에 돌아가셨으니까.

가족도 없고 보호자도 없는 사람들이 여기 와있으면 "당신네들 참 잘한다"고 하겠는데. 일반인들, 외부 사람을 잡아넣어서 이런 식으로 고생을 시키고. 말을 들어야 되고 종교가 다른 데도 교회도 가야 되고. 민주국가에서 있을 수가 없는 일이잖아요.

35

내가 몸에 문신 있다고 삼청교육대에 갔다가 1980년도 5월 달에 나왔어요. 4주 교육받고 나왔거든요. 나는 교도소에서 재판 안 받고 삼청교육대 간다고 해서 갔어요. 내 발로 갔기 때문에, 알고 갔기 때문에 상관이 없었어. 물론 그중에도 억울한 사람도 있겠죠. (그런데) 이거하고 그거하고는 천지 차이라. 내가 죄를 지었으면 당연히 죗값을 받아야 해서 가는 거겠지만. 내가 죄도 안 짓고 술 먹고 내집에서 자다가 잡혀가는 건… 이거는 아니란 말입니다.

타지에서 온 이들은 더 손쉬운 먹잇감이었다.

박순이   제가 3학년 올라갈 당시에 방학 기간이었어요. 엄마가 "오빠 집에 가서 며칠 놀다 와라"고 했어요. 그때 당시에 오빠가 부산 학장동 학장파출소 옆에서 '**밧데리'라는 가게를 했어요. 남문산역에서 1,080원 기차비를 주고 기차를 탔죠. 부산진역까지요.

역에서 내려서 보도블록 같은 게 있는 문 앞에 나와서 앉아 있었어요. 근데 순경 두 명이 와서 "꼬마야 왜 여기 앉아 있냐?"고 해서 "오빠를 기다린다"고 했더니 자기들이 오빠가 오면 여기로 다시 데려다 줄 테니까 지서[파출소]로 가자고 하는 거예요. 그때 당시에 문산에 살 때 바로 옆에 지서가 있었어요. 제가 하도 지서를 많이 놀러 다녀서 별로 그런 (거부감 같은) 게 없었어요. 가자고 하니까 갔어요. 깜박 잠들었다 눈을 떴는데 옆에 사람들이 한 스물 몇 명이되는 거예요. 애들부터 어른부터 막 얼굴이 꼬질꼬질…

문을 열면서 이 (형제복지원) 차를 다 타라고 하는 거예요. 그래서 내가 순경 아저씨 팔을 잡고 "아저씨, 나는 우리 오빠한테 데려다 달라고 했는데, 아저씨가 여기 오면 데려다준다고 했잖아요?" 그러니까 이 차를 타면 오빠한테 데려다 준다는 거예요. 차가 고바위[언덕] 길을 좀 올라가서 딱 멈췄는데 문 롤러 열리는 '끼이익' 소리 있죠? 그게 들리더라고요. 어린 나이에 생각해도 엄청난 대문이 열리는 거 같았어요.

그때 당시에 여자애는 나 혼자뿐이었어요. 벽에 붙으라고 해서 이름이 뭐냐고 하길래… 사무실 들어가는 문에 약간 타원형으로 '안녕하세요' 이렇게 쓰여 있어요. 그래서 순간적으로 "하안녕인데요" 이렇게 된 거예요. 7년을 거기서 '하안녕'으로 산 거죠. 「새마음지」 안에 실린 수기에 내 고향하고 본 이름이 다 들어있어요. 거기서 거의 7년 정도를 살았죠. 1987년 5월 10일에서 15일 사이에 내가 도망을 나왔거든요.

그런데 제가 들어가서 3일 동안 말을 안 했어요. 그러니까 "얘 또라이다" 이렇게 된 거예요. 그래서 제가 정신병원 A동으로 내려갔어요. 빨간약 세 알을 막 강제로 잡아서 털어 넣더라고요. 제 기억으로는 한 2~3일을 잔 거 같아요. 눈을 뜨니까 의사인 거예요. "야 또라이 아니구만" 그러더라고요. 정신병자라면 CP제[항정신성의약품]를 먹으면 하루 만에 일어나야 된대요. 그런데 3일 동안 잤으니 또라이가 아니라고 한 거죠. 그러면서 제가 25소대 생활을 하게 됐죠. 바로 올라가서 이발소로 데리고 가더라고요. 머리를 조금 묶었는데 이발소로 가더니 딱 잘라버리더라고요. 그대로 그냥.

그 뒷날 저녁에 점호를 치는데 점호가 다 끝나고 나니까 양쪽에서 모포를 들고 2층 침대를 타더라고요. 거기서 뛰어내려서 덮쳐서 (저를) 지근지근 밟아버리는 거예요. 밟히고 나니까 밤새 잠을 못 자는 거예요. 어린 나이에 막… 그때는 삐쩍 말랐었어요. 그러고 그 뒷날 새벽 4시에 깨우는 거예요. 5시에 예배 봐야 된다고. 그때부터 형제복지원 생활이 시작된 거예요.

한상현   1978년, 그날이 구정이었습니다. 당시 저는 서울의 한 식당에서 일하고 있었습니다. 가게를 마치고 서울에서 부산역까지 오는 기차를 탄 게 7시쯤인데 밤 12시가 다 돼서 부산에 도착했습니다. 그때 막냇동생이 초등학교 들어갈 나이여서 학용품을 좀 샀어요. 5촌 당숙 집 할머니가 우리를 받아줘서 컸기 때문에 어른들 선물도 좀 샀죠. 부산역에서 새벽 4시 40분경에 출발하는 진주로 가는 기차를 기다리고 있었죠. 그냥 대합실에서 아침까지 기다리려고 앉아 있었어요. 근데 새벽 1시쯤 '선도'라는 완장을 찬 사람들이 와서 고향을 물어보고, 부모님이 있는지 물어보길래 대답을 했어요. 그러고 잠깐 따라오라고 해서 따라 나갔더니 역전파출소였어요. 당시 제 기억으로 파출소 직원한테 진술했을 때 파출소 직원은 "놔두고 가시면 안 되겠습니까?"라고 했는데 그 선도원들이 "필요 없다"면서 (저를) 바로 차에 실었죠. 그러고 캄캄했다가 이상한 데서 내렸고, 그때부터는 정말 뭐 너무나도 다른 세상에 왔으니…

집에서 데리러 올 사람들한테 편지를 보내준다고 하더라고요. 그래서 당연히 나는 당숙부님도 계시고 할머니도 계시고 해서 데리러 올 줄 알았죠. 그런데 연락이 없었고, 일주일 있다가 아동소대로 배치를 하더라고요. 아동소대로 딱 넘어가니까 완전히 다른 세상이더라고요.

들어가자마자 죽을 만큼 맞은 이유가… "아닙니다. 맞습니다. 네. 아니요"로만 대답하라고 했는데 제가 반항심이 좀 많았죠. "집 어디야? 엄마 죽었어? 살았어? 아버지 죽었어? 살았어?"라고 묻는데 "죽었소. 우리 엄마 도망갔소" 이렇게 몇 마디 했는데 별이 반짝 하더라고요. 열중 쉬어 해가지고 두드려 패더라고요. 맞아서 뒤로 물러나 화장실 앞에 가면 다시 불러 때리고… 쓰러지면 다시 일으켜 세우고… 한 1시간 반 정도 구타를 당했죠. 배설물이 다 나오고 피똥을 싸고, 오줌도 다 싸고… 이빨이고 뭐 콧물이고 피범벅이었어요. 한쪽 구석에 던져놨는데 조장 네 명이 와가지고 또 사정없이 두드려 패더라고요. 그냥 "아니요. 맞소"라고 한 거밖에 없는데 그 당시에 건방지다고 느꼈나 봅니다.

기절을 했죠. 깨니까 아침인지 점심인지도 모르겠더라고요. 그리고 온몸을 움직일 수가 없었어요. 잠이 들었다가 깼다가… 낮인지 밤인지 구분 없이 몇 날 며칠을 그렇게 지냈죠. 비몽사몽간에 있는데 누가 입에다 뭘 넣어주는 거예요. 그걸 살살 씹어서 입안에서 불려서 먹었어요. 나중에 알고 보니까 친구들, 같이 있던 원생들이 내가 죽을까 봐 자기들이 식당에서 밥 먹으면서 밥을 조금 훔쳐 와가지고 관리자들 모르게 입에 넣어준 거예요. 그렇게 혹독하게 신고식을 치르고 살아났죠. 하아…

안종환　당시에 (저는) 아기였어요. 엄마 등에 업혀 온 것까진 기억납니다. 그러다 부산역에 도착했는데 어떤 경찰관분이 오라고 하더라고. 엄마 등에 업혀서 파출소로 간 거죠. 그러다 한 몇 시간 있다가 다른 사람들도 모여서 어떤 트럭 같은 데 있지 않습니까. 시골에 가면 소 몰고 가는 그런 큰 트럭… 거기에 태우더라고요.

주례에 있는 형제복지원으로 갔어요. 철문이었고. 기억이 생생합니다. 산 밑에 오른쪽인데 아마 아동보호 시설일 겁니다. 들어가자마자 맞았습니다. 문 열자마자 맞은 겁니다. 그게 아직까지 기억이 또렷해요. 거기서 어머니랑 떨어진 거죠. 왜냐면 아이는 아동소대로 분류가 되고 어른은 어른대로 분류가 되기 때문에. 그 이후로 나는 엄마랑 가족하고는 이별이 된 거죠. 그러다 대충 내가 한 일곱 살인가 여덟 살 때 형제복지원에서 덕성원으로 간 것으로 기억합니다. 엄마 이름은 기억합니다. 김성분이라고. 어렸을 때 누나가 있었고 형님, 남동생… 내 기억으로는 남자 두 명, 여자 한 명, 엄마 있고, 그 외에는 기억이 없어요.

부산에는 무슨 일로 오신 거죠?
누구 친인척 만나러 왔겠죠. 뭐 때문에 오겠습니까. 한순간입니다. 기자님이나 사무국장님도 길 가다가 조폭한테 부딪히면 한순간이듯이… 운명이 똑같은 거예요. 겁이 납니다 겁나. 내 추측인데요 어머니는 형제복지원 안에서 죽지 않았나…

박해용 1984년 6월쯤이에요. 엄마하고 저하고 아빠하고 살았는데 학교 갔다 오는 길에 아버지가 돌아가셨다는 거예요. 농약 먹고 자살한 거예요. 어머니가 바람을 피워서요.

양아버지라는 그 계부가 못살게 굴어서, 그길로 뛰쳐나왔어요. 중리역에서 몰래 기차를 타고 마산역에서 엄마를 만나려고 했어요. 경찰관 아저씨가 "너 어디 가냐?"고 물어서 제가 "집에 안 가고 외갓집에 갈래요"라고 했어요. 경찰관 아저씨가 차비를 줘서 부산으로 왔어요. 용호동 지금 부경대 (옛) 수산대학 있는 데 그쪽에 외갓집이 있었어요. 그런데 길을 잃어버려서 잘 못 찾다가 어느 날 눈을 떠보니 형제복지원이었어요.

민윤기 1968년도에 경기전신전화건설국에 입사를 했어요. 거기서 일하면서 기술을 배워서 국가통신1급 시험을 봐서 합격을 했어요. 그래서 76년도에 사표를 냈어요. 예전엔 전화를 놓으려면 비쌌어요. 전화 한 대 값이 집값보다 더 비쌌어요. 그래서 그 공사(통신용 선로를 놓는)를 맡으면 괜찮았어요. 근데 내 공사를 맡아서 하다가 사고가 났어요. 일을 보고 있는데 강원도에서 대형사고가 났다고 전화가 온 거예요. 가보니깐 한 사람은 다리가 두 개가 다 나가버리고 한 사람은 다리 한쪽이 나가고, 또 한 사람은 한쪽 다리가 나가고, 그러니까 너무나 끔찍한 대형사고가 난 거예요. 그때 내 나이가 서른 살 정도 됐을 때인데 결혼은 일찍 해서 아이가 넷이 있었어요. 어떻게 벌어 놓은 돈인데… 합의해주기가 진짜 싫더라고요. 구치소에서

19일째 되던 날, 식기를 들고나오라고 하더라고요. 나와서 보니까 집사람이 와 있는데, 합의를 해줬다고 하더라고요.

그냥 진짜 하늘이 무너지는 것보다 더한 것 같았어요. 살길이 막막하더라고요. 며칠 동안 그냥 안 먹던 술을 먹기 시작한 거예요. 안양공고 뒷산에 가서 술 12병과 수면제 30알을 갖고 가서 죽겠다고… 그 술을 다 먹고 약을 다 먹어도 어떻게 살았는지 눈 떠보니까 안양 한국병원에 와 있더라고요. 며칠간 살고 있으니 응암동에 사는 선배가 전라북도 정읍하고 고창하고 두 군데만 전화 공사 맡아서 좀 해달라고 하더라고요. 그래서 그 공사를 하다가 6개월, 7개월이 됐는데 돈이 안 나오더라고요. 얘기를 들어보니 사장이 약을 먹고 자살해 죽었다고 하더라고요. 공사대금을 부산 사는 사장 동생이 가져갔다고…

그때 나는 거의 3년간을 집에 못 들어간 거예요. 돈 한 푼 집에 부쳐주지도 못했는데 맨손으로 집에 들어가게 생겼으니. 한 가정의 가장으로서 내가 도저히 들어가기가 싫더라고요. 그때 같이 일하던 30여 명이 돈을 조금씩 걷어서 나한테 주더라고요. 33만 원인가 걷어 준 거예요. 그래서 그걸 갖고 그냥 집으로 갔으면 됐는데… 목포에서 올라오는 열차를 타고 대전에서 내린 거예요. 사장이 동생 전화번호랑 주소를 적어준 게 있었어요. 한번 만나보라고. 그걸 갖고 대전에서 내려서 부산 가는 열차를 탄 거예요. 부산진역에서 내려서 전화를 거니까 마침 그 양반이 있더라고요. 소주 2병을 시켜서 먹다가 형님에 대해서 얘기하니깐 "나는 모른다. 나는 돈 십 원 한 장 안 가졌다" 그렇게 얘기가 나오더라고요. 그러니까 내가 성질이

안 나겠어요? 서로 실랑이를 하는데 나한테 소주병을 던지더라고
요. 그러다 가게 주인이 파출소에 연락을 해서 순경이 왔어요. 근데
그 양반은 안 잡아가고 나만 잡아가더라고요. 파출소에서 밤 9시쯤
됐는데 경찰서로도 안 넘기고 웬 봉고차가 오더라고요. 그 안에 민
간인들이 한 열 몇 명 탔어요.

(저더러) 타라고 그러더라고요. 탔다가 내려서 줄을 서는데 한
3~40명 붙잡아 놨더라고요. 그날 도대체 어떻게 된 건지 영문을 알
아야지. 내가 미쳤는지 돌았는지 그런 생각도 들고… 며칠 지나니
까 박인근 원장이 부르더라고요. 갔더니 "너 사회에서 무슨 일 했
어?" 그러더라고요. "전화국에 있다가 그만두고 전화 공사 맡아서
하다가 일이 잘못돼서 여기까지 오게 됐다"고 그랬더니 집에 편지
를 쓰라고 하더라고요. 편지를 써서 부쳤는데 3일인가 있다가 총무
가… 이름이 김돈영인데 부르더라고요. "니 편지 두 군데 다 빠꾸[반
환] 들어왔다"고 하더라고요. 원장이 또 불러서 갔더니 "너 새끼 이
거 봐라. 너가 집에서 얼마나 잘못을 했길래 집에서 다 이사를 가고
편지가 되돌아오냐. 너는 형제복지원에서 살아야 된다"고 하더라고
요. 그 이튿날 다시 부르더니 "형제복지원 전체에, 각 소대고 식당이
고 창고고 교육장이고 교회고 뭐고 인터폰을 놓아야 되는데 그 시설
을 지금부터 도면을 그려서 너가 설치를 해라"고 하더라고요.

황명식 우리 부모가 아이를 엄청 많이 낳아서 열두 형제였어요. 원체 가난
에 찌들어 먹고 살기가 힘들어서 부산에 오면 출세를 할까 싶어서
집을 무작정 나온 거예요. 충무동에서 배회를 하다가 한 사람한테

내가 붙들려갔어. 자기 배를 타라 이거야. 거기서 한 일이 뭐냐면 밥하는 거. 밥만 끓여주면 돼요. (그때 내가) 열일곱 아니면 열여덟 살 정도 됐을 거야. 가족은 집 나간 줄로만 아는 거지, 찾아봐야 못 찾으니까.

집이 있는 선원들은 밤에 배를 대 놓고 집으로 자러 가요. 나는 부산에 집이 없으니까 배에서 잤어. 배에서 자다가 밤 12시쯤 밖으로 나온 거야. 근데 이 호루라기 때문에 잡혔어. 누가 이거를 휙 불면서 목 뒷덜미를 잡았어. 그길로 내가 부산 형제복지원에 갔어. 요즘 탑차 같이 뒷문을 열어서 사람을 집어넣어. 고개를 숙이라고 해. 우리가 생활한 데는 주변에 완전 집이 안 보이는 데라. 배 선원들도 아무도 모르는 거지. 배는 한 6개월 정도 탔을 거야. 계절은 봄이야 봄.

복지 좋아하고 자빠졌네. 내가 갈 때는 '부랑아 일시보호소'야. 그 입구 앞에 동그랗게 (간판을) 해갖고. 대문도 없었어. 삥 둘러서 산에는 전부 다 나무야. 집이 어디 보이나. 집이 보이면 집을 보고 탈출을 해보려고 연구라도 하지. 잡혀 와도 여기가 어디가 어딘지 모르는 거라. 그런데 가족한테 연락을 안 해줘. 연락만 해주면 가족이 찾아온단 말이야. 자기 새끼 살리기 위해서. 강아지도 집을 나가면 주인이 찾으려고 난리인데… 그게 환장하는 거라. (집에) 안 보내주는 게. 공무원 생활하는 사람들… 자료는 그런 사람들이 다 알고 있었어. 지금 말하면 복지과지. 그때는 사회과라고 했어.

이 사람은 가족이 찾아올 사람이라고 먼저 알아차리거든. 그러면 편지를 쓰는 거야. 틀림없이 저 사람은 가족이 찾아올 사람이니까. 처음에 사람이 잡혀 오면 앞에 사무실에서 조사하는 거보다 우리가 조사를 더 해. 밤에 잠도 안 오고 그러면 소대장으로서 물어보지. "어디서 잡혔노?"

'한 번'도 끔찍한 지옥을, 여러 번 끌려가기도 했다.

이승수 저는 지금도 술을 안 마셔요. 아버지가 술로 돌아가셨어요. 아버지 기술이 뭐냐면 고압선 철탑 설치하는 거예요. 한 일주일 갔다 오면 큰돈을 버니까. 매일 그거로 생활비를 안 주고 술로 사셨어요. 술만 드시면 의처증이 생기는 거예요. 맨날 어머니를 패고 하는 과정을 봐오니까. 어렸을 때가 싫은데 어렸을 때 기억은 생생해요. 아버지가 엄마를 구타하다가 부엌에 가서 식칼을 가져와서 죽이려고 하니까 그때서야 어머니는 도망을 간 거예요 삼촌 집으로.

아버지가 술 깨고 나서 "느그 엄마 어디 갔냐?" 그러기에 "엄마 도망 갔다"고 하니까 그때서야 (아버지도) 아차 싶었던 거예요. 아버지가 한 2~3일 동안 고민하더니 우리가 해달라는 거 사달라는 거 다 사주더라고요. 그게 작별 인사였던 거 같아요. - 중략 - 농약을 사 가지고 삼촌 집에 가서 들이마시더니 거기서 피 오바이트[구토]를 하더라고요. 오바이트 하는 걸 보고 아버지 살릴 거라고 나갔다가 돌아오니까 피가 한강이 돼서 돌아가셨어요.

(장례를 치르면서) 술을 조금 먹고 묘에 뿌려줘야 되는데, 형은 아홉 살이었고 나는 일곱 살이었어요. 형한테 먹으라고 하니까 안 먹는 거예요. 내가 막걸리 한 잔 큰 거 그거를 다 들이마시고 나니까 술에 취한 거예요. 그날이 보성 장날이었는데 아줌마 치맛자락을 잡고 열차를 탄 거죠.

보성에서 대구로 갔어요. 대구역에서 내려서 배가 고프니까 잔디밭에 가서 잠을 잤어요. 여자 둘, 머스마[남자아이] 둘이 오더라고요. 발로 툭툭 차서 깨우길래 눈을 떠보니까 애들이더라고요. 그래서 걔들 따라서 간 곳이 대구 칠성시장이었어요. 애들한테 돈벌이 시켜서 생활하는 곳이었어요. 방 두 개 얻어서 하나는 우리가 자고 하나는 아줌마하고 아저씨하고 자고. 계속 대구에서 껌팔이를 했어요. 넝마주이도 하고. 형들한테 잡혀가지고 맨날 밥 얻어오고 구걸하고… 그런 생활을 했어요. 대구 희망원에도 잡혀갔다가, 개미마을이라고 구두닦이 하는 데 팔려가고… 구두찍새[구두를 모아서 구두닦이에게 가져다주는 사람] 하다가 도망 나와서 대구에서 부산으로 온 거죠.

부산역에서 잡혀서 형제원으로 간 거죠. 그 당시에 미아센터라는 이름이 붙어 있었어요. 밤에 내려오니까 미아센터 그쪽에서 잡힌 거죠. 미성년자니까 거기서 잡아가지고 부산 형제원으로 인계를 한 거예요. 파출소를 거쳐서 형제원에 들어간 거로 알고 있어요.

46

열 살, 열한 살 정도였어요. 어렸을 때니까 1년 정도 있다가 다시 부산 소년의집으로 갔죠. 송도 소년의집에서 한 6개월 있다가 서울 아동보호소로 다시 전입이 됐어요. 그래가지고 서울 소년의집에 있다가 탈출을 했어요. 싸움을 해서, 코피를 멈추게 한 뒤, 한 이틀 정도 코를 안 풀고 있으면 피가 시커멓게 죽어버려요. 그걸 가래처럼 뱉어내서 수녀님한테 보여주니까 "결핵이다"라고 해서 사회의 병원으로 나간 거죠. 그렇게 엑스레이 찍으러 가서 거기서 도망 나온 거예요.

도망 나와서 또 대구에 있다가 부산에 내려가서 껌팔이를 하려고 버스를 탔어요. 주례로 가는 버스를 타고 찌라시[전단] 뿌려가면서 구걸을 하는데, 버스 안에서 (박인근) 원장 아들한테 잡힌 거예요. 원장 아들하고 원장 친구인가, 하여튼 두 사람한테 끌려간 거죠. 그때가 열세 살이나 열두 살 정도였어요.

2년 만에 다시 들어가신 거네요?

그렇죠.

가족들이 형제복지원에 맡긴 경우도 있다.
육중한 담장 안에서 어떤 일이 벌어지고 있는지 몰랐기 때문이다.

**한종선,
한신애
(남매)**

음… 그때 당시 1984년 10월로 돼 있을 거예요. 아버지가 그 당시에 중앙동에서 구두를 닦았어요. 누나랑 나랑 같이 학교에 갔다가 집에 왔는데 그날따라 아버지가 집에 있는 거예요. "따라 나온나"고 해서 누나랑 같이 아버지를 따라갔죠. 부산역, 자갈치시장, 용두산공원까지 다 돌고, 극장에서 영화 한 편 보고. 아버지가 옷도 사줬어요. 그러고 나서 집에 가는 길에 동광파출소가 있었어요. 파출소에서 아버지가 "잠깐만 여기 앉아 있어라"고 해서 앉아있는데 파출소 앞으로 형제복지원 차량이 섰어요. 거기에서 세 명이 내렸고, 한 명은 파출소 소장하고 악수하고 있었고, 한 명은 내 앞에서 누나랑 나랑 달래주고 있었고. 그리고 한 명은 파출소 문 앞에 있었고. 그 사람들이 사인 같은 거 하는 걸 봤어요. 그리고 저를 번쩍 들고 누나도 번쩍 들고 차에 실은 거죠. 거기서 이제 끝난 거죠.

(형제복지원에) 도착했을 때가 아마 밤 11시쯤 됐던 거 같아요. 저 같은 경우는 신입소대를 거치지 않고 바로 본방으로 배치됐어요. 저는 24소대, 누나는 23소대. 아버지가 직접 맡겼기 때문에 우리는 보호자가 찾아올 이유가 없었고, 그래서 신입소대에서 대기할 기간이 필요 없었던 거죠. 1984년 10월에 들어가서 87년 3월 22일까지 있었어요. 2007년도에 아버지를 찾아가서 직접 물어봤을 때도 아버지가 "어쩔 수 없었다" 그렇게 이야기하더라고요.

신재현 가명 최초 수용 일자는 1978년 여름으로 기억해요. 우리 아버지가 저를 데리고 처음으로 형제복지원에 갔어요. 그때 한 7~8개월 있었던 걸로 기억하는데 그 기억이 선명하지 않습니다. 그때 너무 많이 맞기도 했고… 나온 시기는 대충 기억이 나는데 1979년 2월쯤으로 기억해요. 저희 아버지가 사회적 지위가 있었기 때문에 저를 학교에 안 보낼 수 없는 상황이었거든요. 1년 늦게 중학교를 보내기 위해서 교복을 사서 집에 간 게 기억납니다. 그리고 3월 달에 중학교에 입학을 했으니까, 2월경에 형제복지원에서 나왔습니다.

그런데 1979년 4월 13일에 재수용 됐어요. 다시 저희 아버지… 가족들 손을 잡고… 어찌 보면 그때 그냥 제 발로 따라간 거나 마찬가지입니다. 수용번호는 79-1167이에요. 그리고 1985년 7월 21일에 형제복지원에서 귀가 조치 시켜줬어요. 제가 병역 관련 문제가 있었기 때문에 나오게 됐습니다. 제 기억으로 그때 3,000원 정도 주더라고요. 시외버스 승차권 끊고 짜장면 한 그릇 먹으니까 딱 맞더라고요. (형제복지원에서) 7년 노동한 대가가 그거였습니다.

79-1167이 수용번호인가요?

네. 두 번째 수용번호죠. 원래 그사이에 (입소한) 달이 들어가요. 중간에 번호가 있어요. 79-04-1167인 것 같아요. 4월 달에 들어갔으니까 아마 그게 전체 수용번호일 거예요. 첫 번째 입소 때는 아버지가 올 거란 기대가 없었는데. 두 번째 입소 때는 막연한 기대감이 생겼겠죠. '아버지가 처음에 날 데리러 왔으니까 이번에도 데리러 오실 거야. 언젠가 날 데리러 오시겠지' 그러면서 날짜를 세고 있었죠. 그래서 기억합니다.

당시 입소 경위에 대해 더 자세하게 말씀해주시겠어요?

제가 어릴 때 출생과정이 되게 복잡했어요. 저희 아버지가 거제도에서 명망 있는 어르신이었거든요. 젊을 때 사업을 했어요. 바다간척 사업을 했는데 그때 당시에 우리 어머니를 만나게 돼서 제가 생긴 거예요. 저는 외가에서 컸습니다. 집과 외가를 왔다 갔다 했어요. 평탄하지 않았습니다. 제가 애정 결핍 때문에 도벽 같은 게 생기고 가출 습관이 생겼어요. 그게 갈수록 커진 겁니다. 커져서 외가 어르신들이 감당하지 못할 정도가 됐기 때문에 '이 아이를 집[친가] 으로 보내면 자기 아버지가 그래도 명망 있는 어른이고 지도층이니 까 아이를 바로 키우지 않을까…' (생각한 거죠.)

근데 더 커진 겁니다. 우리 아버지 입장에선 갑자기 태어난 막내, 금쪽같은 막내이긴 하지만 본인 얼굴과 명예에 먹칠을 하는 더러운 부분이 자꾸 생기는 거죠. 이건 제 생각입니다. 아버지는 돌아가시 고 없고 형제들에게도 물어보지 못했기 때문에. 하지만 그런 생각 이 아니었나 싶습니다.

6학년 졸업하고 중학교에 들어갈 나이에 내가 도망을 갔어요. 6개 월을 도망갔어요. 초등학교 졸업도 안 하고, 그해 겨울에 아버지 지 갑을 훔쳐가지고 집을 나왔죠. 무서워서 집에 못 간 거죠. 그래서 구두닦이 똘마니, 중국집 똘마니 이런 것만 했죠. 노숙하면서. 어릴 때 잘 데가 없었어요. 어린아이가 갈 수 있는 곳이 없더라고요. 그 러다가 영도에 가게 됐는데 새마을직업학교라고 있었어요. 실제로 는 구두닦이 모임인데, 그런 걸 가장한 곳이 있더라고요. 며칠을 굶 으니깐 배가 고파서 갔어요. 열세 살 어린아이가 갈 수 있는 곳이 그런 데밖에 없었어요.

그때 당시에 저는 숫기가 없고 용기가 없었어요. 그러다 보니깐 멀 찌감치 구경만 하고 있었던 거예요. 그러니깐 "와라" 이러더라고요. 갔더니 "느그 집 있나?" 그때는 무조건 없다고 그래야 돼요. "없어 요" 하니 "밥은 먹었나?" 해서 "못 먹었어요" 하니 "구두닦이 찍새 해 봤나?"라고 물어서 "네. 해 봤어요 조금" 그러니 "그럼 우리 집에서 일할래?" 이렇게 해서 간 거예요. 근데 너무 숫기가 없어서 그때 점심값이 200원인데 그 200원도 못 버는 아이였어요. 한심한 아이죠.

내가 어릴 땐 눈도 크고 머리가 밤송이 같이 생겼었어요. 되게 또랑또랑하고 신기하게 생긴 아이가 문을 빼꼼히 열고 (구두를 닦는 동안 잠시 신고 있을) 슬리퍼를 들고 쳐다보는 거죠. 그러면 다방의 누나들이 신발을 벗어서 줬어요. 자기 신발을 세 번씩 닦는 사람도 있었어요. 앞에 있는 저 꼬마가 불쌍하니까. 집도 없다는데. 그러다가 5,000원을 바꿔 오라 해가지고 그걸 갖고 도망가다가 잡혔어요. 신나게 두드려 맞고 나서 우리 집에 간 거예요. 그래서 (아버지 손에 이끌려) 형제복지원에 가게 된 거죠. 몇 월인지 기억이 선명하지 않은데 여름인 것 같아요. 수용번호도 그땐 기억이 안 납니다. 너무 맞았기 때문에. (그렇게 1979년 2월쯤 형제복지원에서 나왔는데) 다녀오니까 더 발랑 까지고 못되진 겁니다. 그래서 다시 들어가게 됐고 우리 아버지가 돌아가실 때까지 못 나온 거죠. 나와 보니깐 아버지 돌아가신 지 53일 됐더라고요.

이춘수 가명 1982년도일 거야. 형제원에 가게 된 동기는 양부모죠. 파양이 목적이었죠. 잘살거든요. 아버지라는 분이 주색[술과 여자]을 좋아했어요. 눈만 뜨면 엄마가 바뀌어 있었으니까. 어릴 때는 그런 환경에 적응이 안 된 거지. 형제원에 들어간 게 좀 별나게 논 이유도 있었겠지. 근데 별난 것도 이유가 있었어요. 집에 들어가기 싫었으니까요.

내가 왜 집에 안 들어가려고 했는지 그 이유는 묻지 않고 안 들어온 거만 가지고 뭐라고 하는 거라. 새로 온 여자[새엄마]의 조카가 있었어요. 두 칸 방인데 하나는 그 조카하고 내하고 같이 잤거든. 밤마다 그 조카가 나를 괴롭히는 거라. 그 쪼끄만 나를… 새 어머니한테 얘기를 했죠. "** 누나가 나한테 이런 짓을 한다" 그때부터 그 여자가 그 말이 아버지한테 들어갈까 싶어가지고 집요하게 (나를) 괴롭혔어요. 우리 집이 세차장을 했어요. 그 추운 겨울에 발가벗겨 놓고, 세차하는 고압 물줄기로 온몸을 맞는다고 생각해보세요. 지금도 안 잊힌다니까.

아버지[양부]라는 분은 돈 번다고 정신이 없었고. 애들 관리는 여자한테 맡겨놨는데, 무슨 말을 하면 돈도 안 줬어요. 그 잘사는 집에서 육성회비를 6~7개월씩 밀렸어요. 옛날에 육성회비를 안 갖고 오면 선생들이 눈치를 되게 많이 줬거든요. 선생들한테 이상한 소리도 듣고. "너네 집은 잘 사는데 왜 육성회비도 못 내냐"고. 나 초등학교 졸업식 때 아무도 안 왔어요. 졸업식 끝나고 내려오니까 옆집에 앉아서 술 처먹고 있더라니까. 내가 그런 사람을 엄마라고 부르면서…

그래서 내가 집에 들어가기 싫었는데, 그때는 막연하고 갈 데가 없잖아요 배도 고프고. 그러니 친구 집을 전전했는데, 가면 잡으러 오고 가면 잡으러 오고, 들어가면 또 두드려 맞고… 그게 반복이 되는 거라. 나는 맞기 싫어서 나오는 거고 그 사람들은 이미지가 있으니까 나를 잡아서 들어가는 거라. 남들은 이해를 못하는 거예요. 너네 집이 그렇게 잘 사는데 너는 왜 그렇게 사냐고…

친구 아버지들한테 얘기해서 (나를) 못 오게 하라고 하니까 이제 친구 집에도 못 가게 된 거예요. 갈 데가 없어서 유치원에 들어가서 잠을 잤죠. 어쩔 땐 차에 숨어서 자기도 했어요. 엄궁에 **유치원인가 거기서 자고 있었는데, 계모가 파출소하고 같이 다 일을 꾸며가지고 엄궁파출소 유치장으로 갔어요. 한 아침 9시쯤인가 파출소에 가서 앉아 있다가 오후 2시나 돼가지고 자기들끼리 이야기하더니 내가 파출소 백차[순찰차]를 타고 형제복지원에 갔어요. 파출소 순경 두 명하고 같이 들어갔는데 그냥 "너거 아버지가 여기 가 있으란다" 이 말밖에 안 하죠. 내 기억으로 들었던 말은 "나중에 데리러 온다"는 거였어요. 나를 때리고 막 그렇게 했어도, 그래도 의지할 데라고는 그때 당시에는 그 사람들밖에 없었거든요.

그냥 들어가는 순간부터 사람이 아니죠. 어릴 때 그 안에서 발버둥을 쳐봤어. 근데 돌아오는 건 매질이니까 내가 빨리 포기했죠. 체념을 하게 되는 거라. 낯선 곳에 와서 옆에서 두드려 맞는 장면을 보고, 피가 터지고 있고, 태어나서 보지도 못한 장면들이 옆에서 일어나고 있으니까… 눈 뜨자마자 보는 게 그거니까 그냥 조용히 (입에) 지퍼가 잠가지는 거야. 한 번 다구지기다[반항하다] 한 방 차버리니까 저만치 날아가 버리는데…

나는 특이사항이 있는 게 '가족의뢰'라고 돼 있었어요. 형제복지원 애들 중에서 그런 애들은 많이 없을 거야. 가족의뢰는 가족이 지정해 주지 않는 이상은 거기서 영원히 못 나와요. 나는 그 사람들[양부모]이 참 원망스러워. 애당초 주워서 기르지를 않았으면 내가 그런 고통은 안 당하고 살았을 건데… 아예 외국이나 다른 데 입양이 돼서 갔으면…

엄경흠
(야학교사)
형제복지원 안에 정신병동이 있었거든요. 지금도 그렇잖아요. 가족 두 명이 동의를 하면 정신병원에 입원시킬 수 있지 않습니까. 그런 형식으로 형제복지원에다 입소를 시킨 경우도 있는 것으로 알고 있습니다.

소년의집 등 다른 보호시설에서 형제복지원으로 옮겨진 경우도 많았다.

강철민 가명
제가 초등학교 2학년 때, 그 당시엔 국민학교죠. 무작정 서울로 간 거예요. 서울에서 소년의집에 갔다가 부산 형제복지원으로 넘어왔거든요. 이첩이죠. 나이가 차다 보니까. 우리 친구들이 네 명인가 다섯 명 될 거예요. 서울 소년의집이 천주교이지 않습니까. 수녀 머리에 쓰는 걸 벗기면 큰 죄거든요. 그런데 축구부에서 공을 차다가 (머리에 맞춰서) 저희 네 명이 나온 거예요. 반은 장난이었죠. 저 머리 안에 뭐가 들어 있는지 보고 싶어서.

김상수
구포에서 어린애들이 역으로 들어가서 많이 놀았어요. 누나도 보고 싶고 해서 친구 둘이랑 동네 애들과 열차를 타고 서울로 올라갔어요. 용산역에 내렸는데 나가자마자 "부랑아 부랑인" 하면서 (다니는) 단속반에 잡혔어요. 서울 소년의집에 감금된 거죠. 일차적으로 감금하는 시설이 따로 있었어요. 꽃작업을 했는데 한 3년 정도 갇혀 있다 본 건물로 갔어요. 본 건물 제일 마지막 꼭대기 층에는 장애인들을 수용하고 있었어요. 수녀 혼자서 관리를 하더라고요. 자기 혼자 힘드니까 나를 데리고 가서 애들 목욕도 시키고, 빨래도 시키고, 밥도 챙겨 먹이고 이런 일을 시키더라고요. 그렇게 있다가 내가 한 번은 수녀님한테 애기를 했어요. "나는 집도 있다. 아버지도 있고 누나도 셋 있고, 형님도 계시고… 그래서 집으로 좀 보내 달라"고 했는데 그게 계기가 됐어요. 시간이 좀 흘러서 집에 보내 준다고 하더라고요. 거기서 제공하는 버스를 타고 부산에 내려 온 거죠. 그런데 집으로 바로 안 보내줬고. 그게 형제복지원에 입소하게 된 동기죠.

수녀가 "상수야 너 이제 집에 간다" 이러더라고요. 그래서 나는 좋다고 하면서 인사도 하고 그랬는데 집은커녕 더 지옥으로… 집이 있다는 걸 뻔히 알면서도 2~3년씩이나 가둬서 그렇게 꽃작업을 시킨다는 게 말이 됩니까. 집에 보내 달라고 울고불고하니까. 그때서야 집에 보내준다고 하면서 차에 태워서 형제복지원 일시보호소라고 하는 거기에 갖다 놓고… 1978년도에 들어가서 84년도에 나왔으니까 한 6년 정도 되는 거 같아요. 여기 조금 있으면 집에 보내줄 거라고 하면서 인계를 했는데 6년씩이나 그렇게 고생하도록…

그 당시에 소년의집 버스로 왔어요. 저하고 같이 온 친구들이 열맛 명 됐어요. 문만 열어주면 한 시간도 안 되는 거리에 우리 집이 있는데 6년을 가둬 놨으니까. 그러니 얼마나 울었겠습니까. 78년도 그 당시에는 거기가 전부 다 산이었어요. 안에 다 개척하지도 않았거든요. 신발도 제대로 없었고 양말이 뭔지도 몰랐어요. 말도 마세요. 지금 몇 십 년 흘러서 이야기하면 참 별거 아닌 거 같이 느껴지는데, 그때 생각하면 참 진짜… 아휴… 아픈 기억이 있어서 거기[옛 형제복지원 자리]에 가보지도 않았어요.

수용자들은 가족이 데리러 오기만 오매불망 기다렸지만, 설상가상 가족이 잡혀 오기도 했다.

최승우   85년도 아마 봄쯤이었을 거예요. 4~5월 달 봄에 식당에 밥 먹으러 가기 위해 줄을 서고 있는데 그때 눈앞에 동생이 딱 보이는 거예요. 순간 너무 놀래가지고. 갑자기 동생이 눈에 보이니깐 눈물부터 나는 거예요. 그땐 내가 근신소대[9소대]에 있었어요. 동생은 13소대에 있었고. 9소대 줄을 서 있는데 저쪽 편 소운동장에 동생이 줄 서 있는 게 눈에 보이더라고요. 순간 너무… 기도 안 차는 거죠. 진짜 그 안에서는 가족들이 잡혀 오는 경우도 많았기 때문에 '내 가족이 다 잡혀 들어온 건 아닌지' 그런 생각이 들더라고요. 동생을 보고도 말 한마디도 못했죠. 부동자세로 있어야 되니깐. 눈물만 뚝뚝 흘리다가 밥 먹으러 우리 소대가 들어갔어요. 밥 먹으러 갔다가 내려오는데 그 앞에 서 있더라고요. 그래서 얼굴을 막 인상을 찌푸리면서 쳐다보니깐 동생도 나를 보더니 눈물을 흘리더라고요. 말도 못하고 그렇게 서로 헤어지게 된 거예요. 그러고 종종 교회당에서 봤죠. 보통 84년도부터는 월요일에 전체회의가 있었고 수요일, 토요일, 일요일에 예배가 있었기 때문에 교회당에 갔을 때 동생을 볼 수 있었어요. 말은 몇 번 섞지도 못했던 거죠.

86년도 10월 30일에 아버지가 와서 동생이랑 같이 귀가 조치 됐거든요. 그때 한창 형제복지원에 대해 흉흉한 소문이 막 나기 시작할 때였죠. "형제복지원 안에서 사람을 때려죽인다더라" 같은 소문이 나고 했어요. 할머니가 얘기를 해서 아버지가 서울에서 내려와서 (나와 동생을) 데리고 나왔어요. 동생이 그때 얘기하길 85년도에 서울에서 아버지하고 있다가 형이(내가) 보고 싶어서 부산에 내려 왔대요. 서면에 오락실에 있다가 경찰관한테 끌려서 형제복지원에 들어오게 됐다고 하더라고요.

13소대에서 내가 겪었던 것과 똑같은 일들을 겪었더라고요. 너무 기도 안 차더라고요. 그러니까 (형제복지원) 안에서 동생을 볼 때마다 너무 충격이었죠. "아버지는?"이라는 말 한마디를 물어보고 싶은데. '아버지도 잡혀 왔는가… 할머니도 잡혀 왔는가…' 내 동생이 들어오니까 그렇게 생각할 수 있잖아요. 하… 그때 너무… 또 한 번 엄청난 충격을 받았던 거죠.

김상하 내가 형제원에 있을 때 동생도 왔어요. 동생이 83~84년도인가 아마 그때쯤 잡혀 왔을 거예요. 나는 몰라봤는데 자기가 동생이라고 하더라고요. 나는 이쪽 동에 있고 동생은 저쪽 동에 있었어요. 87년도에 해산되면서 동생은 아마 다른 시설로 전원 조치됐을 거예요. 나 오자마자 그걸 챙겼어야 되는데 어디로 갔는지… 거기에서 나와서도 또 연락이 끊긴 거예요.
87년도에 형제원에서 나와서 동생이 다니던 학교도 가보고 용호동도 가보고 했는데 별로 성과가 없었습니다. 엄마가 계모라서 그랬는지… 제가 동생을 꾸준히 끝까지 안 챙긴 이유도 배다른 동생이 니까 안 챙겼을 수도 있고요.

김수길 형은 고등학교 때 집을 나가서 연락이 없었어요. 형이 그 안에서 바깥으로 일하러 다녔거든요. 한 번씩 치약하고 먹을 걸 나한테 몰래 주고 갔어요. 원래 우리는 소금으로 양치했거든요. 멀리서 봤나 봐요. 우리는 함부로 못 움직이니까. 어디서 누가 뭐 보냈는데, 보니까 형님이더라고요. 하마 형님이 "너거 형님 여기 있다" 이러는 거예요. 형님이 일 마치고 올 때 잠시 우리 소대 위에 올라와서 이것저것 던져주고 가고 했어요.

한종선 그때가 가을인가 봄인가는 정확하게 기억이 잘 안 나는데, 아무튼 그렇게 무더운 날은 아니었던 것 같아요. 새벽에 기상을 해서 아침 식사 시간 전에 구보를 돌잖아요. 운동장을 쓰는 아동소대가 24소대, 27소대, 28소대… 여자 아동소대는 구보를 안 돌지만, 남자 아동소대는 거기서 구보를 돌아요. 다 같이 구보를 돌다 보니까 운동장이 좁거나 한 경우가 있어요. 그래서 4열 종대로 제자리에 서서 있는데 경비 아저씨가 온 거예요. 처음 보는 경비 아저씨인데 "여기 종선이가 누구야?" 이러는 거예요. 그래서 다른 형들이 맨 앞에 있는 아이라고 했어요. 아저씨가 와서 "니가 종선이냐?" 물어서 "예. 맞는데요" 하니 "니가 영태 아들이야?" 해서 "예 맞는데요" 했더니 "야 너거 아버지 왔다" 이러는 거예요. 그래서 순간 나는 귀가를 생각한 거죠. '와 집에 갈 수 있다' 그렇게 생각하고 우리 소대 이충렬 소대장한테 이야기를 했죠. 아버지가 왔다고 하는데, 아버지 좀 보러 가면 안 되겠냐고. 아침 먹고 나서 8~9시쯤이었나, 신관 C동 쪽으로 가서 아버지를 봤죠. 근데 아버지가 똑같은 (형제복지원) 추리닝을 입고 있는 거예요. 그래서 순간적으로 '이건 뭔가 잘못됐다'고 생각했죠. 그때부터 이제 '아버지를 어떻게 죽일까' 이런 생각만 하고 있었죠. 원망이 가득 차서.

추리닝 입은 아버지와 어떤 얘기를 나눴나요?

일단 그 추리닝을 본 순간부터 "아버지, 여기 왜 왔노?" 이렇게 됐죠. 그랬더니 아버지가 "신애[한종선의 누나]는 잘 있나?" 이 말 한마디 했고, 내가 "신애 또라이 다 됐다" 그 말만 하고 그냥 돌아서서 왔지. 아버지도 더 이상 할 말 없고. 왜냐면 상황 판단이란 게 있잖아요. 그러고 나서 2007년까지는 아버지를 못 봤죠. 형제복지원이 폐쇄될 때 나는 다른 고아원으로 넘어갔고 아버지는 어른이라서 사회로 나갔지만 어떻게 살아갔는지 난 모르니까. 그냥 아버지가 내 기억 속에는 '진짜 형편없는 아버지였다'라는 생각밖에 안 나는 거죠. 나를 찾으러 온 것도 아니고, 우리를 데리러 온 것도 아니고, 자기가 잡혀 왔으니까. 그리고 우리 소대장 이충렬이가 "너거 아버지도 뭐 술 처먹고 길에서 자빠져서 자다가 잡혀 왔겠지" 이런 식으로 얘기했고 경비 아저씨도 그렇게 얘기했기 때문에 아버지에 대한 원망이 컸죠.

소대장도 그렇겠지 하고 추측성으로 얘기한 거겠죠?

그렇죠. 왜냐면 대부분 다 그런 식으로 잡혀 왔으니까. 그러니 "너거 아버지도 부랑인 아니냐" 이런 식으로 되는 거죠. (2007년 아버지를 찾은 뒤) "왜 형제복지원에 들어갔었냐"고 이야기를 하니까 집에서 TV를 보고 있는데 파출소 순경이 나오라고 했다는 거예요. "서에 가서 이야기 좀 합시다"면서 차에 실어 놓고 형제복지원에 보냈다는 거예요.

#2
옛 형제육아원

1975년 주례동에 들어선 형제복지원은 용당동에 있던 형제육아원(1960년 설립)이 옮겨온 시설이었다.
육아원 시절에도 납치와 감금은 수시로 벌어졌다.

강호야   우리 부모님이 맞벌이를 나가시니까 혼자서 시내 구경 하러 나갔다가 용두산공원에 올라갔어요. 경치도 좋고 그렇더라고요. '야 여기서 우리 집도 다 보이네' 속으로 그렇게 생각하고 있는데 관리하는 사람이 이리 와보라고 그러더라고요. 그래서 왜 그러시냐고 했더니 "집 나왔지?" 해서 "아니 집 안 나왔다" 했더니 "근데 옷이 왜 이렇게 지저분하냐?"면서 오라고 하길래 그냥 따라갔죠. 창고에 앉아 있으라고 하더라고요. 앉아 있었더니 퇴근할 시간쯤 되니까 지프차 같은 게 한 대 오더라고요. 그걸 타고 부산시청으로 갔어요.

부산시청에 가니 내 또래 되는 아이들이 둘인가 더 있더라고요. "야 우리 고아원 간단다" 그러더라고요. 여자 공무원 직원한테 "아주머니, 우리 집은 바다 건너 저기[영도]다"고 했더니 "알아서 집에 보내줄 테니까 얌전히 앉아 있어라"고 하면서 빵을 주더라고요. 그래서 빵을 하나씩 먹고 있었는데 좀 있으니까 형제원 차가 와서 태워 가버리는 거예요. "우리 집 있다"고 했더니 "알았어 알았어 무조건 집 보내줄게" 이러면서 한 대씩 툭툭 때리더라고요. 집에 보내주는 줄 알고 나는 좋아했지. 근데 아니나 다를까 형제육아원으로 데리고 가더라고요. 가니까 뭐 내 또래 되는 애들이 한 백몇 명 있었어요.

많더라고요. 그때부터는 내가 집도 잊어먹고 내 인생도 잊어먹고 모든 것을 다 잊어버렸어요.

1973년도에 들어갔는데 74년도에 학교를 보내주더라고요. 그 당시에 아동들도 낚시작업을 했어요. 포장을 하고 있으니까 박인근 원장이 오더니 "너, 너, 너, 너, 너…" 한 10명을 뽑더라고요. 한 50명이 있었는데 그중에 10명을 뽑아서 "얘들, 학교 보내줘" 이러더라고요. 이틀 뒤에 깨끗하게 하고 학교에 입학을 했어요. 생활기록부를 떼보니까 (형제육아원에) 73년도에 들어갔고 74년도에 학교를 보내줬더라고요.

국민학교 1학년으로요?

예예. 내가 원래는 65년 10월 8일생인데 형제원 안에서는 67년생이 된 거예요.

1학년 때 출석 일수를 보면 205일 중 53일이 질병이고, 23일이 사고인데요?

내가 열병이 걸렸어요. '용당초등학교'라는 사회에 있는 학교에 다니다가 무슨 잘못을 해서 나보고는 학교에 다니지 말라고 하더라고요. 학교에 갈 자격이 안 된다면서… 그때부터 학교에 못 나가고 어른들하고 같이 지냈어요. 거기는 장군방, 희망방이 있거든요. 나는 장군방에 들어가서 낚시작업을 했어요. 인원이 많아지니까 식당에서 잠을 재우더라고요. 거기서 밥 먹고, 자고, 거기서 낚시작업 일까지 하고… 겨울에 이불도 없어요. 포대기 그거 하나 툭 던져서 한 스무 명이서 그냥 덮고 자는 거예요. 아침에 일어나서 씻는 것도 없어요. 앞이 바다니까 그쪽에 쪼르륵 서서 바닷물로 세수하고… 그때 많이 힘들었죠.

하루가 멀다 하고 어른들을 무지하게 잡아오더라고요. 아동들만 잡아온 게 아니었어요. 원래 100명씩 있어야 되는데 150명, 150명씩 재우다가 그것도 모자라니까 식당에서 잠을 재우더라고요. 돗자리 하나만 깔고. 거기서 낚시작업도 하죠, 밥도 먹지, 잠도 자지, 저녁에 자려고 하면 낚싯바늘 같은 게 이렇게 살에 꽂혀 버린다고요. 중대장이 와서 살 꿰매듯이 펜치로 그냥 (바늘을) 쑥 당겨내면 쑥 뽑혀 나와요. 치료 같은 것도 없어요 거기는.

육아원 때는 처음엔 굉장히 좋았어요. 밥도 많이 주고. 좀 있으니까 학교 다니는 애들이랑 동료들하고 이렇게 해서 싹 다른 고아원으로 보내 버렸더라고요. 나는 못 갔어요. 그때부터는 재정이 좀 달려서 그런지 밥도 요만큼씩 주고… 좌우지간 고생을 많이 했어요. 제대로 먹지도 못하고 반찬은 아예 없고. 그냥 소금국… 된장 조금 푼거… 그거하고 보리밥 요만큼씩[매우 조금] 주는 거 그거밖에 없었어요. (애들이) 주로 경비를 서고 어른들을 지켰어요. 애들이 지킨다고 해봤자 얼마나 지키겠어요. 그냥 세워 놓는 거죠. 도망 못 가게. 누가 도망가면 고함지르고… 어른들은 좌우지간 밤에 잘 때 자물쇠 채우고, 밥도 이만큼씩[매우 조금] 주고… 우리도 밥 적게 먹고 배고팠지만 어른들은 우리보다 더 배고팠겠죠. 애들 먹는 양 만큼밖에 안 줬으니까.

몇 년도인지 모르겠지만 70년대 후반인가 그때 주례[형제복지원]로 넘어왔어요. 주례 초기에도 진짜 형편없었어요. 식당이 없어가지고 천막을 이렇게 쳤더라고요. 그 천막 안에 한 50명씩 들어가서 앉아서 밥을 먹는데, 비가 막 밥에 떨어지면 같이 먹고 그랬어요. 두 개 동이 있었어요. 1소대하고 2소대. 단층인데 아주 어린애들만 방에서 재웠어요. 나도 그 방에서 잤으니까. 어린애고 여자애들이고 어른들이고 필요 없어요. 전부 다 일을 하는 거예요. 아침 땡 하면 일을 시작했어. 아동들은 뭘 했냐면 자갈을 깼어요. 망치를 작은 거 하나씩 주면 산에서 나오는 돌을 똥가리[동강이] 냈다고. 밥도 막 요만큼씩[매우 조금] 줬어요. 눈치 보면서 하나라도 더 얻어먹으려고 발버둥치고 이랬던 기억이 나죠.

낚시작업을 하는데 그 뾰족한 침에 손이 다 파였어요. 근데 좀 늦게 하면 나오라고 해서 막 머리고 다리고 몸통이고 때리는 거예요. 그 어린 마음에 죽고 싶은 생각밖에 안 드는 거예요. 아니, 죽고 싶다는 마음이 들 시간 여유조차 주지를 않아요. 내가 좀 속도가 늦으니까 변칙으로… 종이에 좀 싸가서 남들이 다 잘 때 불도 안 켜진 상태에서 혼자서 만들었어요. 안 보고도 만들어지더라고요. 두드려 맞지 않아야겠다는 마음이 드니까 그것도 만들어지더라고요. 밤 12시, 1시 정도까지 하다가 몇 시에 기상을 했는지 모르겠네. 새벽 5시 같아요. 좀 캄캄할 때에 일어났어요.

'강호야'가 원래 성함이 아니라고요?
법원에서 어떤 이름을 쓸 것인지 물어보더라고요. 그래서 나는 어릴 때부터 '강호야'라고 썼으니까 그냥 강호야로 한 거죠.
그 이름은 형제육아원에 들어가면서 만들어졌나요?
그렇다고 봐야죠. 이름이 뭐냐고 해서 내가 강호야라고 했으니까…

그때부터는 강호야라는 이름을 쓰고 싶더라고요. 이상하게 어린 마음에 그랬어요.

원래는 다른 이름인가요?

예. 근데 그거는 내가 죽을 때까지 이야기하고 싶지 않은 이름이에요. 왜냐면 부모님이 나를 충분히 찾을 수 있는 여건이 됐는데, 나를 찾지 않은 사연이 있으니까…

황송환 영화숙, 재생원에 있다가 충무동에서 넝마주이 하면서 초량까지 왔다 갔다 했어요. 초량역에서 자고 있는데 누가 발로 툭 차더라고. "뭐고?" 이렇게 딱 보니 순경이라. 순경 놈이 "마! 여기서 자지 말고 여기로 와" 그때가 1965년도 무렵일 겁니다. 용당동 형제육아원으로 갔어요. 거기서 도망 나와서 한양에 올라갔다가 시립아동보호소 거기 또 끌려갔어요. 거기서도 제식 훈련도 받고 인권유린 사건 같은 것도 당하고 성폭력도 당했습니다. 69년도에 거기서도 탈출해서 용산에서 도둑 기차를 타고 또 부산으로 내려왔어요. 그리고 나서 옛날에 영도다리 건너기 전에 시청 아닙니까. 그 근방에 이렇게 돌고 있었어요. 저녁 7시인가 8시쯤 됐는데 마리아 (부산) 소년의 집 차가 오더라고요. 그렇게 부산 소년의 집으로 갔어요. 68년도 69년도쯤 되겠네요.

제가 소년의 집 1기생입니다. 거기는 완전히 천국이라. 강냉이죽 같은 거 먹고. 거기 가서 한 3개월인가… 거기도 서너 번 들락날락했습니다. 마지막으로 있을 때가 74년도예요. 묵주 같은 걸 하고 항상 무릎을 꿇고 기도를 하는데 적응도 안 되고… 초량시장에서 가마니 깔고 자고 있었는데 삼발이[삼륜] 오토바이가 지나가서 깼어요. 순간 순경 같은 놈이 오더니 "마! 집이 어디고?" 해서 "집 없습니다" 했더니 "타라!"고 하며 용당동에 또 집어넣더라고요. 그때 용당동 형제육아원에서 박인근이가 곡괭이 자루로 죽도록 패기 시작하는데 사정없이 얻어맞았어요. 용당동에 있을 적에는 한 대여섯 살 먹은 아이들도 끌려들어 왔어요. 그 아이들을 밥 빨리 안 먹는다고 쥐어패고. 하이고… 한 대여섯 살 먹은 애를. 그때 피부병에 걸려서 바닷모래를 수세미로 해서 박박 문질렀는데 한 일주일 하고 나니까 이게 슬슬 벗겨지는 거라. 일주일도 못 있다가 튀어 나왔다가 또 붙들려서 끌려가고…

75년도 무렵에 내가 22살 때라. 남포동에 가서 넝마주이를 하는데 '부랑인 선도' 완장 찬 놈들 세 놈이 딱 와서 타라고 그래요. "니네들이 뭔데 나를 타라고 하노?" 근데 집게를 강제로 뺏은 다음에 차에다가 막 집어 던지고 쥐어패기 시작하는데… 주례동 도착할 때까지 막 팼어요. 그때 150원이라는 돈이 있었는데 돈도 뺏겼어요.

그때가 (형제복지원) 초창기에 끌려들어 간 거여서 숙소도 군용 천막으로 돼 있었어요. 옷을 홀딱 벗겨가지고 칼잠을 딱딱 재우는데 코를 골거나 이빨을 갈거나 그러면 "전부 다 기상!" 호루라기를 붑니다. '고춧가루'라고 압니까? 고춧가루. 면상을 땅바닥에 대고 '원산폭격'을 시키는 거라. 그래가지고 막 지근지근 밟고… 천막 안에 어린 애들은 따로 있었어요. 어린 것들이 무슨 힘이 있어. 걔네들도 막 때리고 막 쥐어패고 그러는데 어휴…

내가 '강성철'이라고 이름을 속였습니다. 왜 그러냐면 박인근이가 용당동[형제육아원]에 있을 적에 내 이름을 알기 때문에 그런 거예요. '부랑아 선도' 완장 찬 놈한테 끌려갈 적에 '아이고 또 재수 없게 끌려가네…' 하면서, 그때 '이름을 속이자' 생각을 했죠. 만약에 황송환이라고 하면 박인근이한테 얻어맞을까 봐. 용당동 시절에 수차례 들락날락했다 보니까 그렇게 또 맞을까 봐… 근데 국가기록원에도 가봤는데 강성철이란 기록이 누락이 됐다는데 그게 말이나 되는 거라?

찾으려고 시도해 보셨는데 두 이름 다 없었네요?

둘 다 없는 거죠. 그래서 미치는 거예요. 어딘가에 있을 텐데… 경비 서다가 탈출하면서 문 같은 걸 다 따주려고 했는데. 열쇠는 중대장이 차고 다니기 때문에 열쇠로 열 수가 없잖아요. 그래서 혼자 튀었어요. 만약에 붙들렸으면 이 세상 사람이 아니라.

김세근　　서울 창경원이 옛날에 동물원이었거든요. 1962년도에 고모하고 창경원에 놀러 갔다가 길을 잃어버렸어요. 창경원 수위실에서 (서울) 시청 아동과로 넘겼다고 하더라고요. 시청 아동과에서 서울 시립아동보호소로 갔고, 거기서 71년도까지 있었어요.

70년도에 도망가다가 걸려서. 시립아동보호소 대기소라는 데가 있습니다. 거기 가둬서 문을 잠가 놓고 조화작업 일을 시켰어요. 거기 있다가 물 뜨러 간다고 하고 도망 나왔어요. 부산이 좋다고 해서 세 명이 도망 나와서 "부산 다 왔다"고 해서 내렸는데 천안이더라고요. 거기서 기차 옆에 짐 싸는 데 들어가서 자고, 그다음 날 몰래 기차를 타고 부산에 내렸어요. 역에 내리니까 차표가 없다고 잡혔어요.

그때 당시 순경들이 잡아가지고 "여기 있어라" 그러더니 나중에 저녁 되니까 탑차가 왔어요. '부랑인 선도'라고 (완장 찬) 사람들이 바로 차에 태워서 용당[형제육아원]에 갔어요.

용당에 있을 때는 형제복지원이 아니고 형제육아원이었어요. 전부 애들이었어요. 거기는 '소대'가 아니었습니다. 민들레반 뭐 꽃 이름 비슷하게 방을 얘기하더라고요. 걔들은 비원생이고요. 저는 가족이 아무도 없다 보니 나중에 원생 방으로 배치해줬어요.

형제육아원 안에서도 원생, 비원생이 나뉘어 있었나요?
비원생들은 거의 다 갇혀 있었죠. 저녁 되면 문을 다 잠그니까요. 근데 원생들은 어느 정도 자유가 있었어요. 비원생은 그냥 수용이고요. 원생들은 (외부에서) 지원이 많이 옵니다. 학용품이라든지, 돈도 나왔다는 거 같더라고요. 옷 같은 거, 외제 먹을 거 같은 거 오면 들고 사진만 찍고 다 뺏어갔어요. 뭐 국제시장인가에 다 판다고 하더라고요.

밥은 하루에 두 끼도 못 먹었습니다. 수제비 같은 거 나오면 건더기가 몇 개 안 나오거든요. 그러면 위에 형들, 대장들이 수제비 배당을 줍니다. 2개면 2개, 1개면 1개씩 건져 오라고요. 그러면 건져서 종이에 싸서 갖다 주면 그 사람들이 씻어서 줄에 끼운 뒤에 말려서 구워 먹고 그랬어요. 형제육아원에 있을 때 맞기는 많이 맞았지만 그래도 밖에 몰래 나가서 얻어먹고 그렇게는 했거든요. 약간의 자유가 있었어요. 근데 그다음에 갑자기 형제복지원으로 옮긴다고 해서, 거기서는 자유가 아예 없었습니다.

주례에 갈 때가 74년도 9월인가 10월쯤 됐을 겁니다. 그때는 건물이 1층이었습니다. 1, 2, 3, 4소대까지 있었고, 4소대 김종일이라는 소대장 밑에 있다가 거기서 다시 원생을 차출해서 7소대 원생소대에 갔어요. 그때 33명인가 35명인가 원생이 뽑혔어요. 그때 원생들이 강호야, 김**, 하**, 김**, 최**, 박**, 강**, 김**, 장**, 김**, 그다음에 11소대 갔을 때는 강** 이름도 있었고. '반달'이라는 사람하고 다리 조금 저는 '육회'라는 사람이 조장을 했었고요. 그다음에 12소대에 있었고…

제가 처음에 (주례 형제복지원에) 갔을 땐 어른들이 200명도 안 됐어요. 그러다 차츰차츰 1,000명이 넘게 됐죠. 하루에 서너 명도 잡혀 오고 열 명도 잡혀 오고. 일반 사람만 잡혀 온 게 아니고 군복 입은 군인들도 잡혀 오고 선생들도 잡혀 오고 학생도 잡혀 왔어요. 가족들이 찾아와도 안 보내줬어요. 주민등록등본 같은 확인 서류를 가져와야지만 확인을 해서 내보내 주고 이랬거든요. 자기 아버지가 누구니까 전화 연락해달라고 하면 두드려 패면서 "헛소리하지 마라"고 하고요.

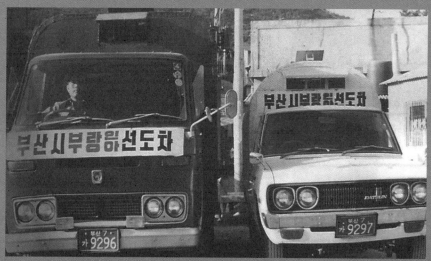

1, 2. 형제복지원 단속 차량

3. 단속 차량에 강제로 태워지는 취객
4. 단속 차량에 올라타는 시민들

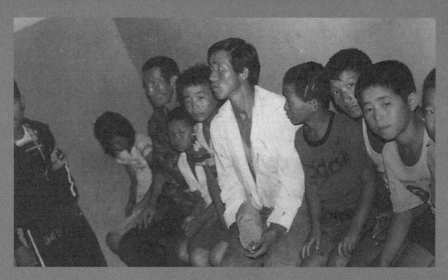

5. 합동 단속으로 파출소 보호소에서 대기 중인 시민들
6. 단속 차량에서 내리는 아이들

짐승의

쉼

#1
감시와 규율

형제복지원 안에서의 생활은 철저히 군대식이었다.
숨 막히는 감시와 규율 속에서 '자유' 따위는 발붙일 곳이 없었다.

한종선   시간 순서대로 하루를 이야기하자면 새벽 4시에서 5시경에 기상을 해요. 중대장 한 명이 전 소대[28개 소대] 인원보고를 받기 때문에 약간씩은 차이가 있을 건데, 기준은 새벽 4시에서 5시 사이에 기상을 해요. 그러고 나가서 화장실에서 세면을 해요. 4열 종대로 맞춰 앉아가지고 굵은 소금을 손바닥에 받아서 손가락으로 양치를 했어요. 그러면 조장들 네 명이 바가지로 물을 부어줘요. 세 바가지를 주는데, 부어주는 속도에 맞춰서 씻다가 물 다 떨어지면 나가야 되는 거예요. 박자를 못 맞추면 바로 그 자리에서 몽둥이를 맞아요.

기상나팔 소리가 울리고 찬송가, 사도신경, 기도문 같은 게 스피커로 나와요. 그러면 그거 따라 부르면서 외워요. 5시 반에 인원보고를 받으려고 중대장이 밖에서 문을 따요. 그리고 안에서는 소대장이 철장 문을 땁니다. 중대장이 들어와서 인원보고를 받아요. 그러면 소대장이 거수경례하고 점검을 하고. 그게 끝나고 나면 다시 나가서 4열 종대로 줄을 맞춰서 운동장까지 군가를 부르면서 뛰어 내려가요. 그러고 6시경에 아침 조식을 먹어요. 6시 될 때까지 군가를 부르면서 구보 돌다가 줄 맞춰 서서 한 열씩 식당에 들어가서 밥을 받아먹어요.

(그런데) 우리 아동소대 같은 경우에는 항상 선착순이에요. 그때 우리 소대가 적게는 80명에서 많게는 121명까지 있었거든요. 27소대는 그랬어요. (선착순인 데다) 6시 반까지 식사 시간으로 정해져 있어서, 우리는 5분 안에 다 먹고 튀어 나가야 되는 거예요. 선착순 번호 바깥으로 밀려난 사람은 두들겨 패고 빠따[배트]치고.

개금분교에 가는 학생들은 아침 8시에 공부하러 학교에 가고, 나머지 소대원들은 거기서 노역을 하는 거죠. 24소대에 있을 때는 봉투 접는 거 했었고, 모나미 볼펜심 조립하는 것도 있었어요. 그리고 과일 찍어 먹는, 우산 달려 있는 그거[이쑤시개] 있죠? 그것도 만들었어요. 제일 재밌어했던 게 뭐냐면 8연발 권총 화약총 있죠? 장난감 총을 조립하는 거예요. 장남감 총을 갖고 놀아야 할 시기에 나는 이걸 만들고 있다는 그거에 좀 꽂혀 있었던 것 같아요.

(오전) 11시 반에 작업을 끝내고 또 4열 종대로 열 맞춰서 밥 먹으러 갈 때, 군가를 부르면서 운동장에서 구보를 돌아요. 5분 내로 밥 다 먹고 소대에 올라가서 (오후) 12시 반쯤에 또 두드려 맞는 거예요. 12시 반에서 (오후) 2시 반까지 단체 기합이 계속 있었던 거죠. 하루도 안 빠지고.

개금분교 앞에 가스통을 매달아 놓은 게 있는데 그게 종이에요. (오후) 2시 반쯤에 '깡깡깡깡' 이렇게 종을 치는데, 전 소대원들이 식당에 가서 콩국하고 공갈빵을 받아먹는 시간이에요. 자유시간을 30분 줘요. 근데 이 30분도 조장 마음이에요. 그리고 '일점'을 항상 걸어요. '일점' 하면 움직이지를 못해요. '이점' 해야지만 자유롭게 풀리는 거예요. 웃기죠? 생사여탈권이 다 그 조장 말 한마디에 달려 있는 거예요.

오후 4시에서 5시, 이 사이가 저녁 식사 시간이잖아요. 그동안에 소대에 가서 또 두들겨 맞고. 저녁 식사 시간에 내려와서 또 구보 돌고. 똑같은 패턴이에요. 저녁 먹고 들어가서 또 맞고. 저녁 6시나 6시 반쯤 훈령 같은 거 숙지하는 것들이 있거든요. 4열 종대로 다 맞춰 앉아가지고 그걸 암기해야 돼요. 못 외우면 또 두들겨 맞고. 오후 6시 반쯤 되면 중대장이 또 소대를 돌면서 인원 점검 보고 받고. 그다음에 밖에서 문 잠그고 안에서 문 잠그고… 스피커에서 막 울려요 "하느님이 어쩌고저쩌고" 하면서 "하루 일과가 끝났다…" 이런 식으로. 그리고 이제 자유 시간이 주어져요. 9시 취침 전까지.

수요일인가 목요일에는 취침 시간 전에 피복을 다 벗어서 단체 빨래를 하게끔 쌓아뒀어요. 취침 시간이 되면 9시부터 2인 1조로 불침번을 서요. 한 시간에 한 번씩 돌아가게끔. 그게 일과예요.

황명식 딱 군대식이라. 군대도 안 간 놈이 군대 노래를 군대 갔다 온 일반 사람보다 많이 부른다고. 옛날 해병대 월남 갔다 온 사람들이 "용사는 바다를 건넜다" 하듯이. 그때 당시에 운동장에서 군가를 불렀어. 운동장에서 아침마다 구보를 뛰거든.

이승수 옛날에 대운동장에 한 번 집합한 적도 있어요. 광주사태[5 · 18민주화운동]가 일어나서, 군인들이 와서 (형제복지원 사람들의) 신체검사를 했어요. 팔뚝 걷고 몸 검사를 해서, 잘못도 없는데 문신이 하나 있다고 해서 군인들이 잡아가는 거죠. 그렇게 삼청교육대에 끌려간 사람들이 몇 명 있었죠 형제원에 있을 때.

여인철 형제복지원에서 나와서는 내가 거기로는 침도 안 뱉고 다니는 놈입니다. 지금 생각도 사실 하기 싫어. 거기서는 몇 명이 모여서 이야기하는 거 자체도 불순이라. 소대장이 볼 때는 그래요. 왜? "너거 모여서 도망가려고 하는 거 아니냐"는 거죠. 코에 걸면 코걸이에요. 이 소대 저 소대 말을 옳게 못 해. 교회당 갈 때도 경비가 쫙 서 있습니다. 왜? 이야기 못 하게 한다고. 그러니 이건 뭐 자유라는 건 아예 없고.

뭐 가족도 없고 연고가 없는 사람들은 차출해서 울주 농장으로 가는 거라. 거기서 사고가 났다는 걸 들었어. 사람 시체가 일곱 명인가 나오고. 그러고 난 뒤에 형제복지원이 서서히 무너지기 시작하더라고. 좀 있으니까 박인근이 구속되고.

자기 아들내미가 요양원 대표로 있었거든요. 총 관리는 김돈영이 했는데 동서지간이라. 그 김돈영이란 사람은 박인근이 처제의 남편이라. 중대장은 이름이 생각 안 나는데 그 새끼도 우리랑 똑같은 부랑인으로 들어온 사람이라. 그러니까 이 부랑인 한 사람을 대가리로 해주면, 최고인 줄 알고 밑에 있는 식구들을 아주 괴롭히는 거라. 다단계식으로 안 있습니까. 박인근이가 딱 그런 지시를 만들어 놓은 거라.

'신입'은 먼저 신입소대에 배치돼 규율을 익혔다.

최승우   보통 신입소대 일과는 새벽 4시에서 4시 반 사이에 기상을 해서 침구 정돈을 합니다. 그때는 씻는 거도 거의… 씻었는지 기억이 안 날 정도로 물이 부족했어요. 수건, 칫솔, 치약 같은 건 전혀 없었고 그냥 소금을 조금씩 나눠주면 그걸로 손으로 양치를 했던 기억이 나요. 양치를 하고 나서 소대 맨 앞줄부터 차례대로 세 사람, 네 사람씩 앉죠.

새벽 5시 조금 넘어서 방송이 나오더라고요. 개신교 교회 목사가 아침 예배 시간이라며 묵상하는 그런 시간을 갖고… 그거 다하고 6시쯤 되면 누군가 밖에서 와서 점검을 치는 거죠. 그때는 중대장이 아침 6시부터 점호를 치고 저희는 인원수에 맞춰서 소대장에게 보고를 하고… 그때부터 이제 (내무반) 문이 개방이 되는 거죠.

신입소대는 당시 구보 같은 걸 안 나갔어요. 원래는 1소대부터 전부 다 구보를 돌았어요. 신입소대는 거기에 맞출 수가 없으니까 교육을 시켜야 돼요. 점호를 치고 거기서 소대장, 서무, 조장들한테 주입을 당한 거죠. "이곳은 어떤 곳이다…" 어떤 규칙으로 생활을 해야 되는지 계속 반복적으로 주입을 시켰어요. 저희들이 외워야 되는… 개인행동 금지, 주기도문, 사도신경, 십계명, 국민교육헌장… 의무적으로 외워야 되는 것들이 있었어요.

아침밥 먹으러 갔다 와서 신입소대는 영상 촬영을 하죠. 사진 촬영을 한 뒤 '신분 대조장'을 만들더라고요. 그다음에 신입교육장에 가서 교육을 받았어요. 옛날에 MBC에서 방송했던 드라마가 있었어요. 제목이 〈탄생〉이라고 내로라하는 배우들이 거기 다 나왔죠. 옛날에 〈수사반장〉하던 팀들이 거기에 다 출연할 정도로. 그 드라마를 보여주면서 교육을 하는 거죠.

한상현 암기하는 게 여섯 가지인가 있었어요. 국민교육헌장, 사도신경, 주기도문, 사훈… 이런 것들이 한 여섯 개 정도 있었는데 그거를 다 외워야 돼요. 외우고 나서 소대장 앞에서 안 보고 낭독을 할 수 있어야 통과가 돼요. 근데 그 당시에 내가 글을 못 읽었습니다. 학교를 아예 다녀본 적이 없다 보니까요. 뒤에 앉아서 외치는 그 소리를 외웠어요. 그래서 외치는 아이들보다 빨리 외운 거죠.

정수철 가명 영상 같은 거 있잖아요. 형제원 관련 영화… 형제원이 옛날부터 성장해왔던 내용의 영화를 보여주기도 해요.

가족이 아니면 면회조차 허락되지 않았다.

이향직 중간에 목사가 주관해서 집 있는 애들을 봉고차에 태워서 집집마다 방문해서 "애가 형제원에 있는데 데려가라. 사인만 하면 여기에다 놓고 가겠다"고 했었어요. 아주 운이 좋아야 그 차를 탈 수 있어요. 한 50명도 안 됐을 거예요 그 차를 타 본 사람이. 봉고차를 타고 갔는데 그때 아버지가 작대기 들고 두드려 패려는 걸 전도사님이 말려서 안 맞았어요. 아버지가 "다시 데리고 가라"고 하더라고요.

(1987년에) 끝내 그 사건이 터졌을 때 당시에 언론에서 반짝이지만 아주 엄청 떠들었어요. 그때 처음 (집으로) 갔을 때는 형제원이 어떤 데인지 몰라서 그랬다 치는데… 그렇게 언론에서 떠들어도 아버지는 저를 찾으러 오지 않았어요. 형제원 사건이 터지고 나서 사무실에 외부 사람들이 와서 면담을 많이 했었어요. (이후에) 제 개인 카드를 볼 수 있었는데 그때 중1 담임선생님이 세 번 면회를 시도했었고, 그 외에는 아무도 찾아온 적이 없었어요. 가족이 아니면 면회나 데리고 간다거나 이게 안 돼요. 근데 우리 가족들은 아무도 안 온 거죠.

큰아버지가 부산 브니엘고등학교 선생님이셨어요. 형제원에서 야간 중학교를 다닐 때 교회 전도사가 수업 시간에 얘기하다가 브니엘고등학교에 성경 선생님으로 설교를 나간다는 얘기를 잠깐 하셨어요. 놀라가지고 우리 큰아버지가 거기 선생님 누구누구신데 편지 좀 전해달라고 해서 편지도 전하고 했어요. 근데 그 전도사님이 하는 말이 큰아버지가 "느그 아버지 무서워서 못 데리고 온다"라고 얘기를 하더라고… 그렇게 얘기하더라고요. 경찰이 나하고 아버지를 속여서 들어가게 했는지 어쨌는지는 모르겠는데, 들어가고 나서는 알고도 안 데리러 온 거예요.

#2
일상의 지옥

일상은 그야말로 지옥이었다.
잠자리, 의복, 생필품, 모든 게 열악하기 그지없었다.

신재현 가명 아동소대는 지옥이었어요. 그때는 대부분 오줌을 쌌거든요. 오줌 싸면 잠을 안 재웁니다. 아이들 잠을 안 재워요. (그래도) 어떻게든 옷은 갈아입혀야 되잖아. (그러질 않아서) 그 지린내 나는 옷을 입고 돌아다닌다니까요. 참혹했어요. 수십 명 아이들이 칼잠을 자요. 이불 하나 덮고 수십 명이 잔다니까. 그게 현실이에요. 그리고 아이들 50명이서 부러진 칫솔 하나 가지고 소금을 찍어서 벅벅 양치를 한다니까. 50명이서 칫솔 하나로!

수용자 남여 비율이 어느 정도 됐나요?

여성은 10%가 안 됐어요. 여성소대는 하나, 한 동이었어요. A라인이 정신병동부터 사무실까지 라인이에요. B라인은 식당, 작업장 라인이고요. C라인은 숙소동 라인이고요. A라인 제일 끝, 제일 위에 여성 숙소가 두 개 있었어요. 100~200명 정도 있었던 것 같아요.

여성들은 정말 다양하더라고요. 세상의 온갖 별의별 일을 다 했던 여자들이 와 있더라고요. 요만한 아이부터 할머니까지 있더라고요. 여성들은 연령대로 구분하기 쉽지 않아요. 공간이 두 개밖에 없으니깐. 처음엔 한 개였어요. 그들이 처한 현실은 남자들보다 더 힘들었을 거예요. 생활용품을 줬는지 모르겠거든. 생리대 봤다는 소리를 들어본 적이 없어요. 위생용품이 있어야 되는데 안 준다니까요.

김대우　여름이 되면 날파리가 날린다고 해서 '파리 잡기'를 하는 거예요. 벽에 전어젓을 놔두는 거예요. 그러면 파리가 들끓거든요. 그럼 잡는 거예요. "1인당 얼마씩 잡아라" 해서 100마리면 100마리, 200마리면 200마리⋯ 잡으라고 하거든요. 그런데 목표를 못 채우면 또 맞는 거예요. 한 소대에 60~70명인데 정량을 어떻게 다 채웁니까. 못 채웁니다. 절대로 못 채웁니다. 그러면 파리 따먹기를 하는 거예요. 가위바위보를 하든지 어떤 게임을 해서라도⋯

여름 때는 그냥 아예 찜통이라고 생각하면 됩니다. 내가 처음에 들어갔을 때는 선풍기 자체가 없었거든요. 겨울에 3단짜리 난로가 있었어요. 양쪽에 두 개를 놔두거든요. 그러면 소대장은 이쪽에, 조장과 서무들은 저쪽에⋯ 자기들은 좋은 데 자고 우리는 항상 추운 데예요.

옷도 추리닝하고 검정색 비슷한 그런 옷을 줬어요. 신발은 고무신이었고. 어떨 때 운이 좋으면 축구화를 줄 때가 있었어요. 오래 신으려고 바닥에 나사를 박았어요. 박은 사람을 보면 '와 저 사람은 잘나가는 사람이네'라고 생각하는 거죠.

연말이 되면 대통령 하사품이 와요. 과자하고 초코파이하고 이런 게 몇 개 들어 있어요. 그때 최고로 기억나는 게 뭐냐면 밀크카라멜⋯ 그게 참 맛있더라고요. 네모난 밀크카라멜⋯ 조장들한테 안 뺏기려고 숨겨 놓잖아요. 그러면 내 침대 주위밖에 못 숨기기 때문에 조장들이 찾아냅니다. 다 뺏겨버리는 거예요. 그러니까 줄 때마다 빨리빨리 먹는 거예요. 조장이나 서무한테 잘 보이려고 일부러 줘요. 달라고 하면 줘야 해요. 그래야 한 대라도 덜 맞거든요. 열 대 맞을 걸 한 대 맞고… 세게 때려야 되는데 일부러 살살 때리기도 하고. 반납 안 한 사람들은 세게 맞는 거예요.

김의수 신입소대에서 두 달간 있다가 저는 28소대로 넘어갔어요. 그 안에서 골통이라고 찍히면 다른 애들보다 더 험한 일을 시키고 기합을 더 주고 더 두들겨 패고 해요. 그런 골통 애들을 뽑으면 7~10명 정도 돼요. 골통들이 그 소대에 있는 모든 사람들의 신발을 다 벗겨서 빠는데… 한 사람 앞에 열 켤레 정도 돌아가요. 뭐 솔도 없고 비누도 없어요. 시키면 비누 요만한 거 하나 줘요. 실내화 같은 건 하얗잖아요. 그걸 하얗게 만들려면 어떻게 해야 되겠습니까. 자기가 양치질하는 칫솔로 신발을 빨 수밖에 없어요. 저녁에 잠도 못 자고 그걸 빠는 거예요.

박해용 신발을 빨려고 신발에 비누칠을 해서 비 오는 날 운동장을 몇 바퀴 돌았어요. 그렇게 신발 빨고 운동화 빨고 했어요. 전체 다 구보하면서.
소대원들이 전부 다요?
예. 장대비 올 때요.
빗물에 빨래를 했다는 거네요?
예.

안종환   힘든 건 먹는 것과 구타… 아기여도 어느 정도 통통해야 되는데. 나
         는 당시에 바짝 말랐다고. 밥을 제대로 못 먹었지. 뼈만 있고 살이
         없었죠. 다행히 국민학교 때 좋은 선생님 만나서 돌아가면서 밥반
         찬을 해주셔서 그때 영양보충을 해서 그거로 살찌운 겁니다. 우유
         한 번 못 먹어봤어요 어렸을 때.

한종선   겨울에 사용하는 매트리스를 침대 맨 구석에다가 처박아두고 쌓아
         뒀는데, 대청소할 때 다 뺐어요. 그러면 거기에 곰팡이도 슬어 있
         고 쥐가 새끼를 까놓은 경우도 있어요. (몸통은) 분홍색인데 하얀색
         털… 잔털이 날까 말까 한 것들이 있어요. 눈도 못 떠서 꼬물꼬물하
         는 것들이 있어요. 보약이라면서 그걸 먹는 걸 봤어요. 하도 먹을
         게 없다 보니까.

         월남 고추가 있어요. 그건 하늘로 보고서는 고추인데 원장이 조경
         으로 이걸 많이 심어 놨어요. 그러면 우리는 먹을 게 없으니 그걸
         따서 간장에다가 밥 비벼 먹어요. 겁나게 매워요.

특히 형제복지원 초창기, 1970년대 여건은 더욱 열악했다.

이승수   내가 처음에 들어갔을 때는 옛날 군용 텐트로 시작했어요. 내가 알
         기로는 소대가 몇 개 없었어요. 나는 소대를 많이 옮겨 다녔어요. 1
         소대 있었고 2소대 있었고 그다음에 새마음소대에 있었고. 그다음
         에 12소대… 내가 있을 때부터 계속해서 건물이 올라간 거죠. 텐트
         에서 시작해서.

김경우 처음 들어갔을 때 여건은 말도 못 하죠. 이제 한창 건물 짓고 할 때 였어요. 숙식 생활은 거의 텐트 천막… 81년도에 다시 들어갔을 때 는 건물이 3, 4, 5개… 사람들이 워낙 많으니까 건물 짓는 건 빨리 했죠. 그때 당시엔 기초공사 이런 것도 없었어요. 벽돌을 착착착 올 려가지고 시멘트만 싹 발라버리면 끝이었으니까요. 형제복지원 사 건이 나기 3~4년 전부터는 생활 개선이 많이 됐어요.

샤워할 때도 딱 들어가서 물을 딱 틀어주면… 물이 한 번 쫘악 내 려오고 나면 꺼버려요. 그다음에 "비누칠!" 하면 "비누칠!"하고 나 서 쫘악 씻고. 금방 물을 꺼버리거든요. 요령 없는 사람들은 비눗 기 있는 상태에서 나와서 닦고 그래야 했죠. 우리는 항상 파란 추리 닝, 흰 줄무늬 그인 것… 등짝에는 역삼각형 다이아몬드식으로 돼 서 'HJ'가 적힌 마크가 있는 그걸 입었어요.

김세근 옷은 하나 가지고 1년씩 입었습니다. 제가 도망 나올 때도 6개월 넘 게 입던 옷을 입고 나왔어요. 속옷도 안 주고 그냥 겉옷 한 벌 주면 한철 입어야 했습니다. 1년에 한 번씩 바꿔줬어요.
79년도인가 80년도인가 그때 처음으로 칫솔을 줬어요. 근데 그것 도 (원생은) 120명 됐는데 칫솔은 20~30개밖에 안 줬어요. 그러면 그걸 소금으로 소독해서 같이 쓰고… 78년도인가 79년도인가 다시 원생소대를 만들어서 그때 침대방이 처음 생겼어요. 매트리스가 있 는 건 아니고 나무 침대로 만들어서…

김상수 소년의집은 그래도 밥 세 끼는 흰밥을 준 거 같아요. 형제원에서는 아예 완전히… 처음에 78년도에 왔을 때는 전부 그냥 산이었으니까, 밥은 생각도 못 했죠. 천막에 비가 줄줄 샜으니까. 거기서 잠을 잤으니까. 사람이 살 수 있는 공간이 아니었죠. 밥도 제대로 못 먹고. 개구리 잡아먹고 뱀 잡아먹고 진짜 이런 기억이 있어요. 제일 많이 먹은 게 쑥 이런 거 많이 먹었죠.

일하다가 중간에요?

예. 중간중간에요. 나중에는 구타하고 그랬지만 일할 때는 그래도 놔뒀으니까. 개구리 이런 거 진짜 주렁주렁 잡았죠. 근데 그 당시 일을 지금 이렇게 이야기를 하면 사실 실감은 안 나요. 그때 생각하면 안 죽고 살아온 것만 해도 천만다행이죠. 뭐 50, 60(명) 죽었니 600명이 죽었니 하는데 살아나온 것만 해도…

여성소대라고 다르지 않았다.

박순이 우리 여성소대는 제일 많을 때는 93명까지 있었어요. 침대 매트에만 93명이고요. 장애인들이 보통 8명에서 9명 있었어요. 나처럼 키가 크고 이런 애들은 열 살이라도 일반소대로 넘어가요. 그리고 아기를 낳고 이러면 입양 보내고 하는 영유아소대가 박인근 사택 바로 앞에 있었어요. 합동결혼식은 두 번 했어요. 결혼하고 나면 일주일에 한 번씩 외출이 됐어요. 결혼한 언니들이 외출이 되면서 이제 비누 같은 것도 한 개씩 썼죠.

아이고 체육대회 해봐요. 대가리 터져요. 한 달 전부터 춤을 배우는 거예요. 그놈의 칫솔하고 다이알 비누 하나 탈 거라고. 다이알 비누가 옛날에 좀 크게 나왔잖아요. 이걸 열 등분으로 나눠요. 비누 타면 세수할 거라고, 치약 받으면 소금 안 쓰고 치약 써 볼라고, 한 달 동안 치열하게 거기서 흔들고 난리가 나요.

여자소대에는 생리대를 네 개씩 줘요. 기저귀 천… 그때는 생리대를 그걸로 줬어요. 토요일에 내무사열을 칠 때마다 그 생리대를 어디에 처박아 놨는지 침대 밑에서 나와요. 그러면 또 대운장에서 구보를 뛰어요. 4시간 동안요. 어휴 참… 그런 거 생각하면…

3
살기 위해 먹다

식당에서 나온 것들은 음식이라 할 수 없었다.

원생들은 생존을 위해 입에 넣었다.

김대우   밥을 제대로 못 먹었죠. 살기 위해서 먹은 거죠. 전어 젓갈은 보면 아예 못 먹어요. 김치를 보면 완전히 뭐 고춧가루도 아니고[없고]… 고깃국에는 고기 자체가 없어요. 운 좋으면 고기 한 덩어리 딱 나옵니다. 그러면 "와 재수다. 고기 있다" 하면서 서로 자랑하고… 오후 2시에서 3시쯤 되면 빵을 줘요. 밀가루는 이만큼[조금]인데 소다를 많이 부으면 빵이 커지는 거예요. 그러면 그걸 엉덩이 밑에 딱 눌러 가지고. 밤에 배고프니까 몰래 먹었어요. "야야 줄 한 번 더 서자"해서 줄 섰다 다시 돌아가고… 줄 섰다가 돌아가고 이랬거든요. 그러다 들키면 맞아 죽는 거고.

우리 형님[김경우]하고 나하고는 얼굴을 볼 수가 없는 거예요. 형님이 보고 싶어도 소대가 다르니까요.

식당에선 형님을 못 봤나요?

식당에서 어떻게 봅니까. 사람들 억수로 많은데. 줄 서서 밥 먹고 "빨리 선착순!" 하는데… 밥도 제대로 못 먹습니다. 만약에 "선착순 10명" 하잖아요. 밥 먹는 척 대충 먹다가 그냥 빨리빨리 나가는 거예요. 웃으면서 얘기하지만 솔직히 웃는 게 웃는 게 아닙니다. 속은 부서지죠.

최승우   밥은 국하고 밥하고 세 가지가 나왔어요. 보통 전어 젓갈, 배추김치, 당근 볶음 뭐 이런 정도였어요. 거의 전어 젓갈하고, 그다음에 배추김치라고 나오는데 고춧가루는 거의 찾아볼 수도 없고 배추도 시들시들하고. 지금으로 얘기하면 쓰레기통에 넣어놓은 것 같은 그런 배추… 거의 먹지 못할 수준이었으니까. 그래도 그거라도 먹어야 연명을 할 수 있으니까. 밥은 거의 보리밥과 쌀밥이 섞여서 나왔는데 보리가 대부분 많았죠. 쌀은 잘 찾아볼 수도 없었고. 국은 거의 건더기도 없는 배추된장국이나… 한 번씩 쇠고기뭇국이 나오는데 쇠고기는 찾아볼 수도 없고 무는 어디 갔는지 보이지도 않고 기름 덩어리 2~3개 정도. 그러니까 고기는 거의 소대장들이나 간부급들이 다 먹어버리고. 소대원들은 국물하고 밥, 썩은 전어 젓갈 같은 걸로 연명을 했던 거죠.

김의수   밥을 제대로 먹지 못해서 늘 배가 고파요. 간부들은 심심하면 '선착순'이에요. "밥 먹고 열 명 선착순!" 이러면 그 열 명 안에 못 들어가면 또 기합받고 두들겨 맞는 거예요. 그러다 보니까 밥도 안 먹고 가는 거예요. 식당으로 올라갔다가 밥판[식판]만 들었다 다시 놓고 가는 거예요.

정상적인 재료가 아니고 아주 질이 안 좋거나 상태가 안 좋은 걸 가지고 와서 우리한테 먹이는 거예요. 식당 밑으로 지나가다 보면 어휴 냄새가 정말… 화장실 비슷한 그런 냄새가 날 정도로… 여름에 음식을 잘못 먹으면 거의 소대 절반 이상이 식중독 걸릴 때도 있고…

정수철 한 3,000명 들어갈 정도의 큰 식당이 있습니다. 일렬도 딱 들어가거든요. 처음 들어가는 사람은 고참들 손을 잡고 같이 가요. 길을 모르니까. 방에 들어가서도 또 자기 자리에 앉아 있어야 돼요. 규율이 꽉 잡혀 있었어요.

우리가 먹는 게 보리밥, 아니면 오후 3시쯤 되면 빵 있잖아요, 거기서 만든 빵을 콩국하고 같이 먹는 게 하루 일과였어요. 빠다[버터] 있잖아요 마가린… 거기서 만들어서 하나씩 줘요. 반찬 해봐야 깍두기… 그러니까 빠다에 밥 말아먹는 게 일상이었어요. 왜냐면 그게 맛있으니까.

강철민 가명 식사는 영 안 좋다고 봐야죠. 밖의 기준이랑 따지면 최하보다 더한 거예요. 반찬이 거의 사람이 먹을 게 아니죠. 일종의 짬밥을 먹는 거죠. 버리긴 아깝고. 안 먹으면 배고프다 아닙니까. 그러니 먹어야 되거든요. 먹어야 살죠.

임봉근 쌀을 얼마나 지하실에 묻어 놨던지. 쌀이 곰팡이가 슬어서 썩었어요. 그 쌀을 가지고 밥을 했어요. 김해 채소밭이 굉장히 넓어요. 차에 아이들을 싣고 거기에 시래기 주우러 가는 거예요. 아침 6시에 짐차 대여섯 대가 나갑니다. 그렇게 네 번씩 실어다 날랐어요. 시래기 그걸 가져와서 말려서 그걸로 국을 끓였어요.

형제복지원은 주례에 있을 때 그때 돈을 끌어모은 거예요. 부랑자들 전부 붙들어서 시래깃국 끓여주고 제대로 먹이지도 않고 일만 쎄가 빠지게 시키고. 그때 박인근이가 돈을 끌어모은 거예요. 쌀이 썩어가지고 밑에 곰팡이가 핀 그걸로 환자들, 사람들 먹이고 좋은 거는 밖으로 팔아 먹어버리고. 그러면서 돈을 다 모은 거예요.

황송환 먹는 거는 꽁보리밥. 그것도 양이라도 많이 주면 모르겠는데 요만큼[조금]밖에 안 주는 거라. 하이고… 어떻게 그걸 먹고 일하겠소. 꽁보리밥을 먹다 보니 구더기도 나오고 쥐똥도 나오는데 배가 고파서 그냥 꾹 참고 떠먹었어요. 뭐가 '물컹'하는 거라. 뱉어 보니 구더기라. 버릴 수도 없고 그냥 먹었죠. 씁쓸한 거는 뱉어보니 쥐똥이었어요. 이빨이 이렇게 안 좋은 것도 그때 못 먹어서 그렇지. 형제복지원에 끌려가기 전에는 대선소주를 (병뚜껑을) 이빨로 따서 나발불고 이랬던 놈인데 내가. 지금은 술 끊은 지 3년 넘었습니다.

신재현 가명 처음엔 플라스틱 식판이더라고요. 반찬 두세 가지와 밥, 국을 놓을 수 있는 그런 식판에 밥을 주더라고요. 배가 고프진 않았어요. 단지 선착순 때문에 밥을 빨리 먹어야 되는 건 있었지만. 몇몇 사람은 선착순 때문에 밥을 못 먹었다고 하더라고요. 저는 요령이 생겨서 물을 말아 먹든지 해서 먹었어요. 별로 한 끼 정도 밥을 못 먹은 적은 있어요. 하루를 다 굶기지는 않았어요. 밥 굶기는 건 중대장이 그렇게 해요.

교회당에 예배를 드리러 가면 전부 다 부동자세로 3,300명이 앉아 있습니다. 원장, 총무, 지도부장 등이 돌면서 지적합니다. 뒤에서 적습니다. '8소대 1명 지적당했음' 그러면 밤에 밤새도록 찬송가를 불러야 합니다. 낮에 그랬다고 하면 "8소대 너네 밥 없다. 점심 굶는다" 그러면 굶어요. 그걸 박인근 씨가 직접적으로 하기도 했지만 대부분 수용자들이 그 짓을 했습니다. 저 같은 사람[간부]들이.

나중에 되게 큰 식당을 새로 지었어요. 스텐으로 식판 식기를 만들고 주전자도 사 오고 양념통도 갖다 놓더라고요. 신기했어요. 박인근 씨가 그랬어요. "미원 준다. 고춧가루 무제한 준다. 간장도 준다" 하더니 진짜로 휘황찬란하게 주더라고요. 미원을 갖다 났어요. 그래서 국을 안 받고 (밥에) 미원 붓고 고춧가루 붓고 간장 부어서 저어서 먹는 거예요. 그렇게 비벼 먹는 게 한때 유행이었어요. 그때 무렵에 식기들이 반짝반짝 거리는데⋯ 세상에서 그런 식당 못 봤어요.

1식 5찬이었던 걸로 기억나요. 반찬이 처음부터 안 좋은 건 아니에요. 고등어를 두어 차[트럭] 분량으로 사 옵니다. 처음 고등어는 맛있겠죠. 근데 거기 냉장 시설이 있긴 있는데 제대로 된 냉장고는 아니에요. 근무하다 들은 얘기인데 산의 물을 냉장고 라인에 흘려서 그냥 차갑게 만드는 거래요. 그런 데다 몇 달을 두니 썩잖아요. 갈수록 맛이 가는 거야. 뼈다귀 곰탕을 수없이 먹었어요. 처음엔 맛있습니다. 국물을 제대로 우려내면 진짜 진국이에요. 근데 조금 지나면 이상한 맛이 납니다. 꼬린내도 나고 색깔도 노리끼리하고 쿰쿰하고⋯

밥은 배터지게 먹는데 단 하나 "처먹고 남기면 죽는다"에요. 앞에서 검사를 해요. 반찬 요만큼[조금] 남았잖아요? "너 여기 남아!" 하는데 (그러면) 식기를 들거나 물고 벌을 서요. 아니면 걸렸다고 소대장이 또 패겠지. 아니면 "선착순!" 해요. 밥 빨리 안 처먹으면 패는 거지.

외부인의 눈에도 그 음식은, 두 번 다시 먹기 힘들 정도였다.

엄경흠
(야학교사)

자기들한테 들어오는 피복비라든지 음식물비가 있는데 그게 하루에 1,900원이라고 그러더라고요. 83년도 당시에 1,900원이면 그거 적지 않은 돈입니다. 라면이 250원 할 때 아닙니까. 그게 매일 들어온다고 생각하면, 그리고 집단으로 들어온다고 생각하면 엄청난 돈이 들어오는 거겠죠. 자 그런데 문제가 뭐냐면요. 이 돈으로 밥을 해서 먹였는데 밥이 왜 이러냐… 생각해 보면 참 기가 막힐 노릇인 거죠. 같이 밥을 먹어봤는데… 허허… 여자 야학 교사들은 식당에 들어서면서 '우왝' 하고 토하는 거예요. 사실 저도 굉장히 속이 안 좋았어요. 근데 애들 앞에서 어떻게 할 수 없으니 밥을 같이 먹긴 먹었죠. 가만히 보니까 이건 뭐 반찬이… 반찬인지 뭔지 모르겠어. 썩어 빠졌어. 톡 깨놓고 얘기하면… 방출미 있잖아요. 냄새 나는 쌀 있잖아요. 국가저장미. 거기서 다시 밥을 먹으라고 하면 솔직히 자신 없습니다. 먹을 자신 없어요.

그 친구들이 하는 말이 토요일을 굉장히 기다린대요. "토요일이 뭐 특별하냐?" 하니 "자장면 주거든요" 해요. 자장면은 그런대로 먹을 만하대요. 군대 짬밥 냄새가 좀 고약하잖아요. 약간 상한 쌀로 해놓은 밥 냄새… 그게 식당 안을 잔뜩 채웠으니… 형제복지원에서 밥을 먹었던 사람들은 전부 다 저하고 똑같은 얘기를 할걸요?

'피복비라든지 음식물비에 있어서도 상당한 탈루가 있었겠구나' 하는 생각이 들더라고요. '과연 말 그대로 복지원, 복지를 지향하는 그

런 기관일까?' 하는 데 대한 의심은 뭐 야학을 같이하던 친구들이
전부 다 느끼는 바였어요.

4
치료는 사치

병들고, 찢어지고, 부러지고…
아파서 사경을 헤맸지만 '치료'는 꿈같은 얘기였다.

신재현 가명   낚싯줄 만드는 공장이 있었어요. 아이들이 도르래에 낚싯줄을 감아서 만들어요. 제가 이 손가락이 약간 이상하게 생겼어요. 낚싯줄을 만들다가 쾅 찍혀서 손가락 피부가 으스러졌어요. 의무반을 갔더니 의사도 없고 간호사도 없어요. 그냥 의무반에 있는 나랑 똑같은 아이가, 내 또래보다 조금 나이가 많은 사람이 손가락에 대충 약을 발라주면 그게 치료의 전부예요. 내가 상처가 많아요. 대패에 깎이고 손이 베이고 했는데 다 그 사람들이 대충 기본적인 처치만 한 거예요. 심하게 뼈가 부러졌다 그러면 병원에 가겠지. 시립병원 행려환자 병동에 가는 거예요. 일반병동이 아니라. 부랑인이니까. 나는 병원에 못 가봤지만, 그렇게 갔다는 걸 친구들, 경험자들에게 들었어요.

장티푸스로 후송됐을 당시에, 아동소대에 있을 땐데 수십 명이 열이 나고 설사를 하기 시작하는 거예요. 온 원내가 난리가 났어. 똑같은 물을 먹고 똑같은 밥을 먹는 환경에서 사니까. 아무리 깨끗해졌다고 해도 장티푸스가 발병을 한 거예요. 저는 그때 안 걸렸는데 수십 명이 열이 나서 닦아주고 난리가 났어요. 수없이 실려 가는 거예요. 열이 40도 넘게 오르면 방법이 없잖아요. 장티푸스가 지금은 별거 아닌 병이지만 그때 당시엔 형제복지원에서 심각한 병이었어요.

중세시대에 페스트 같았어. 수십 명이 열이 나가지고 완전 사달이 났어요. 언론에는 안 알려졌을 거예요.

눈병은 숱하게 많아요. 온몸에 옴이 많이 걸렸는데 소금으로 박박 문질러요. 옴이 나서 딱지가 않으면 목욕탕에 데리고 가. 마른 왕소금을 문질러. 피가 나게 문지른다니까. 찬물을 끼얹었어요. 얼마나 따가울지 상상이 되세요? 생살을 왕소금으로 문지른다니까. 한 사람이 수세미를 들고… 피가 철철 흘러. 그리고 딱지가 않으면 거기에 약을 발라줘. 안 나아요. 아니 병원에 데려가야 되잖아요. 살이 다 썩었다니까요. 그 당시에 내가 봤어요. 손에 막 물집이 잡히더니 다 썩더라고. 병원에 안 데리고 가요. 그냥 의무과에서 테라마이신[항생제 일종]이라고 가루약 있잖아요. 그걸 뿌려 주더라니까요. 그게 처치의 전부예요.

원내에서 의사는 본 적이 없어요. 우리가 본 의료 인력은 박인근 씨 며느리였던 정신병동 간호사가 전부예요. 맞아서 피가 터져도 치료를 안 해주고 그냥 둔다니까요. 내가 허벅지가 터져서 화장실에 가서 바닥에 철퍼덕 주저앉아서 똥을 눴어요. 그런 상태에서 벽돌 짐을 지도록 하루 종일 돌려요. 그 인간[박인근]이 그런 사람이에요. "내가 법이다. 내가 죽으라고 하면 죽고 내가 살라고 하면 살아야 된다. 내 말 안 들으면 너거 죽는다"고 하는 사람이에요. 그렇게 무서운 사람이었다니까요.

김세근   오후 5시 반쯤 돼서 점검을 치고 나면 방마다 키를 잠가서 문을 잠그거든요. 창문은 전부 쇠창살이고요. 밖에서는 경비 서고 우리는 또 자체적으로 또릿또릿한 애들을 뽑아서 경비를 시키거든요. 그 때 불침번 서다가 졸아서 데었어요. 화상을 입었는데 치료는 하나 못 받았어요. (화상 때문에) 팔이 안 펴져서 낚시 작업할 때 (동작이 이상하다고) 두드려 맞았어요. 근데 이걸[화상] 이야기를 못 했어요. 이야기하면 불침번 잘못 섰다고 맞을까 봐…

박순이   내가 서무를 하고 몇 달 안 됐는데… 그 사람이 나는 홍두표 오빠인지 몰랐어요. 소대에서 철사에 긁혔는데 배가 쩍 벌어져 있었어요. 벌어져서 진짜 창자가 툭 나와 있어요. 근데 박인근이가 뭐라는 줄 아세요? "야! 중대장 불러. 소금통 들고 오라고 해" 그러더니 배에다가 소금을 뿌려 버려요.

그것만 그런 줄 아세요? 밥 먹다가 좀 떠들면 젓가락을 던지는데, 귀신같이 꽂혀요. 중대장이 와서 쑤욱 빼요. 비일비재해요. 형제복지원 식당을 새로 짓고 밥판[식판]이 쫙 있었어요. 군대처럼 쇠밥판. 말을 안 들으면 딱 서 있는데 밥판을 확 빼버려요. 그러면 살이 확 갈라져버려요. 살이 쩍 벌어져서 원래 (팔에) 흉터가 더 크게 있었는데, 지금은 그 흉터가 요만큼밖에 없어요. 그때도 테라마이신으로… 안티푸라민[진통·항염제]은 상상도 할 수 없는 일이고.

임시방편 처치는 도리어 병을 키웠다.

김경우 그때 당시에 박인근 원장이 딱 하는 말이 "너희들은 사회에서 악이다" 저는 아직도 그 말이 생생하게 기억나요. 피부병 같은 거 걸리잖아요? 그러면 "너희들은 치료받을 자격도 없다"면서 조장이나 서무들이 소금으로 막 비벼서 오히려 상처가 더 심해지고…

정수철 가명 온몸에 막 피부병이 번지는데… 이가 옷에 바글바글하고… 그래서 긁다 보니까 막 살이 파지고… 그게 악성 피부병인데 말도 못할 정도로 심했어요. 그때는 약이 귀했으니까. 저는 목욕탕에서 흰색 약 같은 거 몸에 발라서 나았고. 다른 분들은 약이 없어서 소금을 바르는 사람도 있었어요. 피부병이 끝나고 나니까 눈병이 걸려서 눈을 못 뜨더라고요. 눈에 막 고름이 쌓이고…

한종선 일단 내 얼굴에 이 흉터, 이게 27소대에 있을 때 10살 때 생긴 흉터예요. 밥 먹기 전에 '선착순'을 시킨 거예요. 저쪽 운동장 벽을 짚고 오는 건데 토사 같은 거 그리고 철제 앵글 같은 게 운동장에 많이 쌓여 있었단 말이에요. 나보다 한 몇 개월 늦게 들어온 친구가 있었어요. 얘가 선착순에 대해서 잘 모를까 봐 빨리 뛰어야 된다면서 뒤돌아보면서 막 이렇게 뛴 거예요. "빨리 와!" 하면서 앞을 딱 봤는데 앵글이 하나 삐죽 나와 있는 거예요. 순간적으로 피한 게 여기 얼굴에 박혀서 기절해버렸어요. 눈 떠보니까 의무실이더라고요. 의무과. 거기에서 꿰매주지는 않고 빨간약만 바르고 거즈만 이렇게 반창고 딱 붙여가지고 "가봐!" 이러는 거예요. 쇳독이 올랐을 거 아니에요. 이게 팅팅 부은 거예요. 밥도 제대로 못 먹고. 그래서 이 상태로 죽는 줄 알았는데 또 살긴 살아지데요. 이상하게.

볼거리 걸렸을 때도 사제 약을 받아본 적이 없어요. 그리고 홍역 걸렸을 때도 치료가 뭐냐면 팬티만 입은 채로… 소대 내부가 시멘트 바닥이잖아요. 거기에 누워서 30분에 한 번씩 뒤집는 거예요.

빠따 잘못 맞다가 손이 깨진 흉터도 있어요. 치료를 어떻게 했냐면, 모래를 비비면 아주 얇은 미세먼지 같은 고운 가루가 나오는데 그 흙이 딱지를 만들어요. 그 딱지가 생겨서 굳어지면 다시 떼어내고. 피 나면 또 소독하고… 이런 식으로밖에 치료를 안 해봤어요. 그리고 형제복지원 사람들 보면 피부병이 엄청 심해요. 거기에서는 치료약이 오로지 소금… 소금으로 박박 문지르게 하는 거예요. 피날 정도로. 진짜 죽을 정도로 맞거나 해가지고 뼈가 부러졌다 이럴 경우에만 원장 지시 하에 외부 병원으로 나가는 거예요. 근데 못 돌아오는 경우는 탈출했거나 죽은 거죠.

말 안 듣는 소대원들한테 강제로 먹이는 CP제라고 있어요. 정신과 약. 그거 먹으면 사람이 진짜로 바보가 돼버려요. 운동장에서 '에~' 하고 그냥 햇빛만 보고 멍때리는 사람이 돼버려요. 결국 우리 누나가 그 약까지 계속 복용하는 걸 내가 목격했어요. 86년도에 누나는 C동으로, 정신병동으로 강제 감금당하고… 그러면서 누나랑 완전히 못 보게 됐어요.

한상현   겨울이 되면 애들 손이 퉁퉁 다 터요. 씻지를 못하니까. 병동 위에 조그만 웅덩이가 하나 있었어요. 얼음을 깨서 거기서 피가 나는데도 씻어요. 돌 같은 거를 주워서… 때가 나오면 맞는다고 하니까.

아폴로 눈병이 유행한 적이 있었어요. 소대 전체가 전부 다 눈이 벌건 거예요. 눈곱이 막 끼고 빨간 눈물이 나고… 아침 먹고 와가지고 하는 일이, 소대 옆 벽으로 쫙 서서 하늘을 쳐다보고 있어야 되는 거예요. 눈물이 질질 나도 햇빛을 보고 눈 감지 말라고 하거든요. 그게 소독이에요. 어떻게든 그렇게 해서 또 다 나았어요. 주사도 약도 없이.

근신소대에 있다가 16살쯤에 아동소대로 다시 복귀를 했죠. 일이 안 되니까 소대장이 중대장한테 이야기를 해서 빼주더라고요. 그래서 이충렬 소대로 갔죠. 167cm에 몸무게가 58~60kg 정도 나갔어요. 허벅지 둘레가 24인치 정도 나갔어요. 몸이 그 정도로 좋았어요. 왜냐면 그 정도로 열심히 일했으니까. 몸이 좋고 하니까 이충렬이가 조장을 시켜주더라고요.

조장을 하고 한 일주일도 안 돼가지고 긴장이 풀렸는지 어쨌는지 모르지만 장티푸스에 걸려버렸어요. 한여름에 열이 39도, 40도 오르락내리락 하는 거예요. 열이 더 올라가면 죽는다는 걸 아니까 이불은 안 덮어주고 계속 찬 수건으로 닦아준 거예요. 물도 안 주고 입술만 적시고. 진짜 거짓말 아니고 한 일주일 동안 장티푸스를 앓은 것 같아요. 그래가지고 또 나았죠.

정확하게 85년도인지 84년도 가을인지는 모르겠는데, 체육대회를 했습니다. 공에 배를 탁 맞았는데 장 파열이 됐어요. 그 자리에서 119에 실려서 구포에 있는 병원에 갔죠. 근데 "근육이 굳어서 그러니 이상 없다. 데리고 들어가라"고 하더라고요. 소대에 들어왔는데 좀 있으니까 배가 너무 아픈 거예요. 바로 눕지도 못하고 그냥 계속 4일 정도 아무것도 못 먹고 그러고 있었어요. 4일째에 병원에 데리고 가더라고요. 그때 당시 연산동 부산의료원으로요. 얼마 안 돼서 바로 수술실로 데리고 가더라고요. 그러면서 의사가 하는 말이 "한종현 군은 장 파열 수술이고, 생존율은 25% 정도입니다. 사인 해주세요" 하니 "알았습니다" 하며 바로 사인을 해버리더라고요. 그때가 열아홉 살쯤 됐죠. 막 그 짧은 순간에 너무 동생도 보고 싶고, 할머니도 보고 싶고… '내가 의식을 잃으면 이제 영원히 못 일어나는구나' 하는 생각을 하니까 정말 감당이 안 될 정도였어요. 마취(주사)가 놓아진 상태인데도 그 짧은 순간에 눈물이 나더라고요.

대장파열인데 3~4일 동안 방치를 해놓으니까 창자 속에 있어야 될 세균들이 온몸에 다 퍼진 거죠. 다 끄집어내서 씻어서 다시 밀어 넣었다고 하더라고요. 수술 끝나고 나서 배에서 물이 나오는 거예요. 담당 의사 과장이 와서 보니 배에 시커멓게 구멍이 나 있는 거예요. (수술 부위에) 살이 다 안 찼는데 형제원에 다시 들어왔어요. 그 당시에 자원봉사 하러 왔던 선생님이 정말 감사하게도 매일 도구를 가져 와서 상처 안을 다 닦아내고. 그렇게 또 죽을 고비를 넘겼어요.

형제복지원 안에도 의무실은 있었지만 의사는 없었다.
그 많던 약은 그림의 떡이었다.

최승우   저는 그렇게 성폭행을 당하고 항문이 그렇게 곪아서 고름이 나오고
온몸에 멍이 들어도 병원은 가지 않았어요. 선도실이라고 해서 중
대장이 머무는 곳 바로 옆에, 식당 밑에 창고 있는 1층에 '의료과'라
고 봤는데 거기에 들어가 봐도 전부 다 원생들이었어요. 형제복지
원 원생들이 하얀 가운을 입고 밑에 청바지를 입고 그렇게 안에서
근무했던 걸로 보였어요. 의사는 보지도 못했죠.

84년도 후반쯤에 자장면이 처음으로 식당에서 나왔어요. 근데 면
이 퉁퉁 불어터지고. 짜장 자체가 썩은 배추 같은 걸로 만들다 보니
냄새가 진동을 하더라고. 내가 처음에는 많이 먹을 거라고 식판에
많이 받아서 식당에 앉아서 딱 먹으려는 순간 냄새가 너무 고약하
더라고요. 내가 어렸을 때 먹어본 자장면하고는 전혀… 상상도 못
할 자장면이라서 결국은 그걸 못 먹었죠. 그때 당시에 중대장이 자
장면 처음 나왔다고 식당 여기저기에 다니는 거야. 잘 먹는지 안 먹
는지 보려고. 나는 형제복지원 음식을 전혀 못 먹었거든요. 전갱이
튀김 나오면 간장에 찍어서 밥을 좀 먹을까. 그 외에는 내가 밥을
못 먹을 정도였다 보니 자장면이 얼마나 좋았겠어요? 근데 결국 냄
새 때문에 먹지 못하고 눈치만 보고 있는데 중대장이 돌아다니다가
"이 새끼! 왜 안 처먹어?"하면서 뒤에서 머리를 후려치더라고요. 그
래서 그대로 자장면에 코를 박았죠. 중대장이 "이 새끼! (식당)입구
에 식판 들고 손들고 서 있어!" 하니 선도원이 뛰어와서 손 들고 있

게 했죠. 중대장이 내가 들고 있는 식판을 들어서 "이 새끼" 하면서 머리를 탁 찍었는데 (머리) 뒤에 이만큼 갈라져 버렸죠. 피가 혹 나는데 중대장이 "이 새끼, 데리고 가" 이러더라고요. 그때 의무과에 갔었죠. 84년도 후반쯤에.

피가 진짜 장난 아니더라고요. 엄청나게 흐르는 거라. 의무과 가니깐 무슨 처방을 해주냐면 의사도 없고 그냥 하얀 가운 입은 원생 형들이 수건 같은 걸로 피 나오는 부위를 동여매고, 된장⋯ 된장을 여기에 붙여서 이렇게 감아주더라고요. 그게 다였어요. 그때 당시에 된장 붙이면 피가 안 난다고⋯ 상주해 있는 의사는 없었어요.

김대우　　눈병은 항상 걸리죠. 피부병은 항상 걸리는 거고. 눈병, 피부병. 또 '이' 있잖아요. 옷소매 단 이런 데 이가 있는 거예요. 그러면 이 잡고 했어요. 눈병 걸리죠? 그러면 최고로 추운 데 구석으로 다 미는 거예요. 오줌싸개들하고 같이. 그러면 오줌싸개들은 항상 눈병, 피부병에 걸리는 거예요.

운 좋으면 '아프다'고 해서 의무실에 가요. 하얀 건데⋯ 그 약을 갖다가 바르고 끝이에요. 다치면 그게 우리한텐 만병통치약으로 통했어요. 물약도 바르면 달달하거든요 설탕처럼. 그걸 갖다가 우리는 먹었어요. "야 의무실 갔다 왔다"하면서 자랑하는 거예요. "자 먹자 먹자" 하면서 먹는 거예요. 알약은 쪼그만 노란 거⋯ 그거 많이 모아 놨다가 확 털어먹는 거예요. "죽자" 해가지고. 근데 안 죽어요. 그런데 갑자기 '우어어어~~'[정신이상이 오는] 이렇게 되는 거예요.

그렇게 해보신 적 있나요?

네. 죽으려고요.

이춘수 가명 처음 들어갔을 때 의무실에 있었어요. 빠릿빠릿하게 생긴 애들은 의무실에 모아 놨어요. 내가 신입소대 소지[청소 역할]를 한 4~5개월 정도 했을 거야. 그렇게 되면 자연히 배방[방 배정]이 되거든. 다른 소대로 가야 되는 거야, 일반소대로. 근데 나는 희한하게도 의무실로 뽑혀버렸어요.

전신에 다쳐서 오고 째져서 오고… 피부병이 그렇게 심했어요. 애들 살이 다 파일 정도가 돼서. 탈지면에 과산화수소 부어서 소독해주고, 아까징끼[일명 빨간약으로 불리던 소독용 구급약] 발라주고, 그게 땡이라. 째져서 오는 애가 있으면 그거 꿰매는 걸 전담하는 애가 있었어요. 처음에는 나처럼 옆에 서서 뭐 달라고 하면 뭐 주다가… 그다음에는 치료하고… 그다음에는 주사 놓는 거… 그다음에는 꿰매는 거… 그렇게 1년 정도 의무실에 있었던 것 같아요.

지금 생각하면 거기에 참 좋은 약도 많았거든요. 근데 그거는 일반 우리 원생들은 쓰지도 못했어요. 째졌다고 해서 달리 뭐 붕대를 감아주고 그런 게 아니었어요. 진짜 나는 이 무릎이 다 파헤쳐져서… 안에 구더기가 생겼죠. 소독을 못 해가지고. 애들이 벅벅 살이 파일 정도로 긁어서 약을 쓰라고 주지만, 딱 하루에 쓸 수 있는 양은 정해져 있었어요. 두 통, 세 통 정도. 근데 그 좋은 약들은 다 어디 갔는지…

미국에서 원조가 참 많이 들어왔거든요. 무슨 물품에 십자가마크 해가지고 들어오잖아요. 그게 의약품이야. 100% 팔아 처먹었다고 생각해요. 왜? 우리가 못 쓰니까. 그리고 영양제 같은 거도 있어요. 수없이 많은 걸 봤는데… (나중에 보면) 없어. 영양제를 맞을 수 있는 권리가 있는 사람은 중대장, 총무, 사무장, 박인근 원장, 그다음 원장 일가들… 그것도 맞아 봤자 하루에 한 대씩 맞는 것도 아니고, 그 많고 많은 쌓여 있는 약들이 없어졌다니까. 100명을 치료해야 되는데 열 명 치료할 걸 주면 그건 치료가 아니지.

우리가 정확한 지식이 있어서 사람들을 치료해주고 이랬던 것도 아니고. 우리도 두드려 맞기 싫어서 하는 거니까 제대로 했겠습니까. 어떤 놈은 "형님이 내 다리 꿰매줬다 아닙니까" 이런 새끼도 있거든. 내가 뭐 꿰맬 줄이나 알았겠습니까. 그냥 엑스표[X표] 그려서 바느질하듯이 찍찍찍찍 하는 거지. 남들은 간호사가 있었다고 했는데 관계없는 간호사야. B동 정신병동 간호사야. 거기는 돈 받고 있는 데잖아.

부산대 치대 애들이 와서 우리 형제원 원생들 이빨 치료를 해준 적이 있어요. 내가 그때 치료를 잘못 받아가지고 여기 잇몸이 없어요. 완전히 마루타였다니까요. 그때 생각하면 진짜 어떤 새끼인지 몰라도 진짜 때려죽이고 싶어. 요만큼 잇몸이 잘려버렸어요.

#5

거짓 연기

외부인이 방문하는 날이면, 형제복지원은 다른 세상으로 변했다.

민윤기   81년도 11월 달인가 12월 달인가. 그해 무슨 일이 있었냐면 영화 배우들이 왔더라고. 그래서 한 4일 동안 거기서 도망가는 장면을 촬영을 했어요. 내가 전기반이니까 전기를 끌어다주기 위해서 밤에 같이 일을 했거든. 그러면서 촬영하는 걸 다 봤어. 나중에 MBC에서 드라마로 40분 동안 나왔는데 〈마지막 종점〉인가 그걸로 알고 있거든? 그것이 내가 제일 기억에 남고. 82년도 한 9월쯤 됐는데 박인근이가 갑자기 무슨 말을 하냐면 "이 안에서 결혼을 시켜야겠다"고 하는 거야. 교회에서 직접 그 말을 했어요. '야 나도 거기 뽑히면 어떻게 되나…' 나중에 알고 보니 그 명단에 내가 들어가 있었어요.

김의수   동복으로 점퍼를 줘요. 물류창고가 있는데 무슨 날이 돼서 누가 찾아오면 창고를 열어요. 그러면 아동들 다 운동장에 집합시켜서 좋은 옷을 입히는 거예요. 손님들 다 나가고 나면 다시 그 옷을 반납해요. 우리가 늘 입는 건 추리닝 한 벌. 어른들은 추리닝 하나, 군복 사제 바지, 그걸로 입고 벗고 하는 거예요.

여인철   외부인이 오면 제일 처음에 각 소대 방을 구경시킵니다. 끗발이 좀 있다든지 이런 사람이 오면 박인근하고 총무가 따라다니면서 견학을 시키는 거지. "이렇게 시설을 해서 이렇게 사람을 생활하게 만들고 있다" 하면서. 식당도 구경시키고요. 운전교육대부터 아이들 교육하는 것도 다 둘러보고…

누가 온다 그러면 대청소를 다 합니다. 책보는 척하면서 다 앉아 있어. 사람들이 눈으로 볼 때는 아무 이상이 없지. 다들 잘 돌아가고 생활 잘하고 있고, 사람도 깨끗하게 있으니. 다른 때는 버리는 거 쓰레기 가져와서 국을 끓여서 줘요. 젓갈도 똥파리 날리는 거 주고. 근데 그날만큼은 음식 주는 게 좀 나은 거라.

(부산)시에서 들어온 물품이 꽉 산더미처럼 쌓여 있어. 부녀회원들이나 여성회원들이나 단체에서 들어온 거. 부산시장이 온다든지 그러면 옷을 싹 갈아입힙니다. 갓난애들부터 싹 다 갈아입히고 이발 다 시키고. 마당에 소 두 마리를 걸어놔. 그걸 잡아서 먹인다는 식으로 (보여주는 거죠). 형식적, 가식적이라. 나중에 저녁 돼서 손님들 다 가고 나면 그거[소] 잡은 건 전부 자기 가족들 다 나눠 먹는 거라. 그 안에 아파트[사택]가 있으니까.

강철민 가명 우리가 교회를 다 짓고 난 다음에 이** 목사가 왔어요. 아실 겁니다. 장님 목사 있잖아요. 박인근 원장이 어떻게 하냐면… "내가 지금 이렇게 하고 있다"고 외부에 유명인한테 알리는 거죠. 사실 그게 아닌데. 일단 보여주기 식이죠.

해외 후원을 받기 위해서라면 '가짜편지'도 서슴지 않았다.

신재현 가명 리빙스턴선교회라고 해외에 양부모가 있는 아이들이 있었어요. 근데 그 아이들이 없어졌잖아? 그러면 비슷한 아이들 사진을 찍어. 편지는 다른 놈이 쓰고요. "아버지, 나 오늘 공 사가지고 축구 했어요. 노트 샀어요. 배추 뽑으러 갔어요" 이렇게 글 쓰는 일을 내가 몇 년 동안 했어. 얼굴이 닮았다는 이유 하나로. 누군지도 모르는 사라진 아이들 역할을 우리가 했다고요. 후원금 보내는 사람들이 있을 거 아니에요. 해외에서 그걸 받는 아이들이 수십 명이더라고요.

성탄절이 되면 아이들 일과가, 그림 잘 그리는 아이들이 카드를 만들기 시작해요. 한 50장 이상 그림을 다 그려서 만들어요. 그리고 개발새발 영어로 '메리 크리스마스(Merry Christmas), 해피 뉴 이어(Happy New Year)'를 그리는 거예요. 그 위에 한글로 쓰는 거지. "아버지 어쩌구…" 그걸 쓰는 아이들이 따로 있어요. 나는 사진을 찍으러 김해까지 배추를 뽑으러 갔어요. 내가 평생 못 입어 볼 멀쩡한 옷을 입고 갔어요. 내가 그런 역할을 했어요. 사라지고 없어진 아이들을 대신한 사람들이 있었다니까. 그게 형제복지원의 현실이었어요. 이걸 아무도 말 안 하더라고요. 부끄러워서. 죽어간 사람들을 대신한 사람들이 있었다고요.

용당동 형제육아원에서 온 어린아이들이 죽었어. 그래도 돈을 받아야 되잖아. 그러니깐 죽었단 말을 안 하는 거예요. 도망갔다는 말을 안 하고. 계속 그 애들을 대신할 아이들의 사진을 찍어. 아이들이 커가니깐. 그 사람[해외 후원자]들이 우리나라에 안 와보니까. 아이를 실제로는 못 봤잖아. 실물로 안 보고 사진으로 보잖아. 그러니깐 한 달에 한두 번씩 사진을 찍어요.

내가 가구반에 있을 때도 그랬어요. 내가 공 이만한 걸 사가지고 축구하고 있는 사진을 찍었어요. 편지는 내가 안 썼는데, 그런 일을 하는 애들이 수없이 있었어요. 자기의 주머니를 채우기 위해서 이용당한 애들이 수없이 있었다고요. 죽었을지 모르고 언제 없어졌는지도 모르는, 누군지도 모르는 아이들을 대신하는 아이들이 수십 명 있었다고요. 그 주머니를 채우기 위해서. 그중에 한 사람이 저였다고요. 제 친구들이고 동료들이고 후배였어요. 아이들은 자기가 뭘 하는지 모르고 그걸 했어요. 박인근한테 이용당한 거지. 그게 내가 지금 생각하면 아파요.

김상하 저는 직접적으로 상대방의 후원을 받아본 적은 없어요. 그걸 내가 받은 것처럼 하라고 여선생들이 편지를 몇 장씩 주더라고요. "어머니, 아버지 감사합니다. 선물 잘 받았습니다. 용돈 잘 받았습니다" 이런 식으로 베끼는 일이죠. 여선생들이 요대로 써라 이래서… 그런 식으로 후원자들하고 자매결연이나 그런 걸 한 적이 있습니다.

답장을 아동이 써야 하는데, 그 선생이 아동 몫을 열 장이면 열 장, 스무 장이면 스무 장, 다 답장[견본]을 써가지고 줍니다. 우리는 필체가 아동이니까 나보고 편지를 열 장, 스무 장 주면서 답장을 쓰라고 하는 거죠. "선물 잘 받았습니다. 용돈 잘 받았습니다". 여자 아이들 같으면 "인형이 어쩌구저쩌구…". 내가 (선물을) 받은 것처럼 쓴 답장이더라고요. "내 후원자가 있다" 이렇게 직접적으로 알고 하는 경우는 없어요. 본인들은 정작 내 후원자가 있는지는 모릅니다.

이춘수 가명 외국에서 원조 물품이 오면 답변 있지 않습니까? 그때 당시에 십자군연맹하고 홀트아동복지… 몇 십 년이 흘렀는데도 그걸 내가 기억을 한다니까요. 내 필적을 보면 초등학교만 졸업한 그런 필적이 아니에요. 얼마나 거기서 많은 편지를 적었으면… 편지를 적으면 훈련에서 제외돼요. 완전 열외예요. 그건 특혜야 특혜. 거기 가면 선생이 수고했다고 나중에 몰래 초코파이라도 하나 주고 치약이라도 한 통 챙겨주고 하니까.

뭐 "양아버지 물건 잘 받았습니다. 덕분에 이번 겨울은 따뜻하게 보냅니다. Dear 뭐뭐 From 뭐뭐". 거기서도 편지가 올 때는 전부 다 영어로 와요. 그러니까 내가 알 수가 없잖아요. 근데 여기에 맞는 답을, 그 당시에 선생 이름이 (누군지 잘 모르겠는데)… 그 사람이 번역을 해서 거기에 맞는 답변을 줘요. 거기에 적혀 있는 문구가 한 열 개 되면 수백 장을 적는데 열 개를 갖다가 여기 적고 저기 적고 이렇게 (조합을) 하는 거예요. 로테이션 돌아가면서. 하루 종일 그 짓을 해야 된다니까요. 그래도 나가서 훈련받고 두드려 맞고 이런 것보다는 그게 나으니까.

6
그들만의 학교

시간이 흘러 형제복지원 안에도 학교가 생겼다.
'개금국민학교 분교'. 이름만 그럴싸했다.

강철민 가명 개금분교가 있었어요. 모든 게 통제되는 상황이니까 내가 거기 가서 배운들 뭐하겠습니까. 어찌 보면 인생을 포기한 상태죠.

김대우 **안에서도 학교를 다녔나요?**

예. 안에서 잠시 2~3시간. 27소대 소대장 나금련이라고 있어요. 나금련 소대장한테 배웠거든요. 국산사자[국어·산수·사회·자연], 체육, 음악, 미술, 도덕 이렇게 배웠어요. 잠이 와 죽겠는데 그래도 기합받기 싫으니까 가라 하니까 가는 거예요. 나금련 소대장밖에 기억이 안 나요. 다른 선생님은 기억이 안 납니다. 왜냐면 나금련 소대장님이 참 잘해줬거든요.

김의수 내가 글을 어떻게 배웠냐면 잠시 형제복지원에서 나왔을 때, 간판 보고 글을 배운 거예요. 형제원 안에서는 책 같은 거 잠시 보는 시간 있을 때 형들한테 "형, 이거 무슨 글씨냐"고 물어보면서 배운 거죠. 더하기, 빼기, 곱하기, 나누기, 분수… 요까지만 압니다.

개금분교에 다녔어요. 5학년부터 다녀서 6학년까지. 그러면서 거기서 철장 뚫고 도망가려다가 제대로 되지 못하고 미수에 그친 거예요. 거기서 있다가 27소대 갔다가 24소대로, 또 전방 갔다가 다시 28소대로 가서, 개금분교를 6학년까지 다녀서 졸업을 하고 청소년 소대로 또 넘어간 거예요.

밤에 잠깐 가서 몇 시간 배우고 오는 거예요. 선생님들이 교재를 가지고 와요. 똑같은 나이대라도 거길 못 다닌 애들도 있어요. 걔들은 사회에 있을 때 학교를 다니지 않았다거나 그럴 수도 있고⋯ (저는) 형제복지원에 잡혀가기 전에 가야초등학교에 다녔어요. 생활기록부에 보니까 가야초등학교에서 개금분교까지 다 나와 있더라고요. 6학년 졸업 때까지. (가야초등학교 다니는 걸) 알면서도 무조건 자기들 이익을 위해서 그냥 길거리에서 (저를) 납치해서 잡아간 거밖에 안 되는 거죠. 가야초등학교 다닐 때는 제가 씨름부에 있었거든요. 5학년 무렵엔 씨름을 했었어요. 육상도 하고.

이승수   사회에서 선생이 와서 가르쳐줬어요. 기역, 니은 가르쳐 주면 열 페이지 정도 빡빡하게 썼어요. 근데 자고 일어나면 모르는 거예요. 머리 쪽에 충격이 있어서 그런가 모르겠지만 항상 기억력이 없었어요. 선생한테 맨날 맞는 거예요. 아파서 반항하면 이제 아무데나 (매질이) 날아오는 거예요.

박해용   (형제복지원 안에서) 초등학교 3학년, 4학년, 5학년 다닌 거로 알고 있어요. 졸업은 서울 소년의집에서 했죠. 그리고 부산 소년의집에서 중고등학교를 다녔죠. 공부할 내용이 없으면 영화도 보여줬어요. 〈엄마 없는 하늘 아래〉 이런 영화요.

중학교 과정의 야학[야간 중학교]도 생겼다.
검정고시를 준비하는 극소수만 수업을 받았다.

최승우 저는 초등학교 졸업하고, 중학교 1학년 입학하고 나서 얼마 안 있다가 잡혀 왔기 때문에 교육 과정은 제대로 받지 못했어요. 84년도부터 형제복지원에 사람들이 많이 들어오기 시작했기 때문에 개금분교가 생기고 야간 중학교가 생겼죠.

소대가 1소대부터 28소대까지 있어요. 거기서 청소년소대가 2소대, 9소대, 10소대, 13소대 이렇게 4개… 23소대, 24소대가 아동소대인데 23소대는 여자아이들, 24소대는 남자아이들. 25소대, 26소대가 여자소대. 27소대, 28소대가 또 아동소대였거든요. 아동소대가 4개 소대가 있다 보니 여섯 살부터 열 몇 살까지 다니는 분교가 생겼는데, 그 아이들 중에 다는 아니고 차출돼서 분교에 들어갔던 거죠. 84년도 그때는 40~50명 정도 학생들이 선출돼서 공부를 했어요.

야간 중학교는 10소대가 청소년소대였기 때문에 주로 10소대에서 다니는 학생들이 좀 있었죠. 일종의 검정고시라고 보면 돼요. 나이가 많든 적든 원장이나 중대장이 선출해서 학교에 다니게끔 하는 거죠.

이건 충격적인 이야기인데… 제가 개금국민학교를 졸업했어요. 그런데 개금국민학교 때 담임선생님이 형제복지원 (개금)분교의 선생으로 들어왔더라고요. 이름도 안 잊어먹지. 정** 선생이라고. 우연찮게 봤는데 정** 선생이 날 부르더라고요. "너 이 새끼 여기 어떻게 들어왔어?"라고 묻더라고요. 내가 집에 연락 좀 해달라고 했는데 결국 연락을 안 해줬죠. 그 뒤부터는 저를 안 부르더라고요. 나는 정**선생을 멀리서 보기만 몇 번 봤죠. 그때 그런 과정이 있었던 걸 보면, 안에 들어와서 가르치는 교사들한테도 철저하게 함구를 시키는 모양이더라고요. 아는 사람이 있어도 절대 말하면 안 된다고… 정**선생이 교사 명단에서도 1번에 있잖아요? 최승우라고 이야기하면 단박에 알 걸요 지금도.

선생님들도 식당에서 같이 식사를 했나요?

선생님들은 전혀 식당에서 밥을 먹지 않았어요. 식당에서 박인근 원장이 밥을 먹고 하는 건 설정이죠. 형제복지원을 좋게 포장하기 위해서. 자기 가족들도 다 이 안에서 밥을 먹는다고 보여주기 식으로.

「새마음지」라고 있는데 거기에 다 실리는 거죠. 86년도 87년도에 저도 거기에 실려 있어요. 제 글이 당첨돼서 그때 볼펜을 받았죠. 결국 볼펜은 소대장한테 뺏기고. 1등 되면 먹을거리를 주고 소소하게 당첨되면 대부분 볼펜을 줬어요. 볼펜을 주면 쓸 수가 있으니까. "어떻게 좀 썼으면"하는 (간부들의) 지시는 있죠. 글을 공모한다고 방송에 나와요. 나도 글 써보겠다고 하면 서무가 직접 볼펜하고 메모지를 주면서 글을 쓰라고 하죠. 내가 집에 가고 싶어서 눈물을 흘려가면서 썼는데 내 눈물이 통했던 모양이에요. 그러니까 「새마음지」에 실렸지.

김상하   야간 중학교를 만들었고, 어린애들은 개금분교라고 있었어요. 우리
는 교실을 야간에 사용하고, 초등학생들은 낮에 사용하고 이런 식
으로 했죠. 그 공간이 학교라고 만들어진 게 아니라 어떨 때는 교육
장도 되고… 그때 당시에는 책걸상을 다 구비해놨으니까 학교 공부
하는 용도로 쓴 거죠.

신재현 가명   형제복지원 안에서 야학[야간 중학교]도 있었어요. 야학이 처음 생
길 때 좀 했었어요. 한 달 이상 했어요. 근데 낮에 일을 시키잖아요.
(힘들어서) 그만두고 나니깐 죽인다고 하더라고요. 학교[야간 중학
교]가 생기기 전에는 초등학교 과정을 가르쳤어요. 산수, 자연 같은
거 한 번에 배우긴 했는데 학업 마치는데 어려움은 있었죠. 학교[야
간 중학교]가 생겼을 때는 그 당시에 내가 가구반에 있었으니까, 직
업훈련생이라고 안 보내주는 거예요. 운전도 배우고 싶었는데 안
보내주는 거예요. 그때 가구반에 내가 꼭 필요한 사람이고, (박인
근) 원장이 나를 인정하는 사람이었기 때문에 안 된다고 하더라고
요. "너는 못 가" 하더라고요. 그래서 못 배웠어요.

이향직   야간 중학교 3기였나 그랬던 것 같아요. 나오고 나서 검정고시를
봤어요.

이춘수 가명   1기 검정고시반이 만들어져서 거기서도 내가 소지를 했죠. 일단 소
지를 하게 되면 열외가 돼요. 뭐 훈련도 없고. 그냥 소대원들 빨래,
청소, 이런 것만 신경을 쓰면 돼요. 공부가 귀에 들어오겠습니까. 하
루 종일 노가다[막노동]인데. 박인근이는 누가 하나 검정고시에 합

123

격해서 형제원을 빛내줄 인재를 찾고 있었어요. 그중에 한 놈은 안 있겠나 싶어서 그걸 만들었는데 한 놈은 합격한 애가 있었죠. 우리가 8월 4일인가 검정고시를 치러 갔는데 7월 며칠인가 돼서 검정고시반 애들 열 몇 명이 도망을 가버렸어요. 그래가지고 몇 명 남은 애들… 네 명인가 다섯 명이서 대신중학교에 검정고시를 치러 갔습니다.

엄경흠
(야학교사)

형제복지원 야간 중학교에서 야학교사로 일하셨다고요?

개금초등학교 교사로 있었던 분이 있습니다. 그분이 먼저 손을 대셨고요. 부산대와 동아대가 중심이 돼서 이 일을 하게 됐어요. 83년도 3월인가 그때부터 아마 했을 겁니다. 대학 동기인데 그 친구가 저한테 한 번 해보겠냐고 해서… "학생들을 검정고시 보게 해 주는 게 목적이다"고 했고 "좋다. 애들이 사회생활을 하는 데 도움이 된다면 나도 도움을 주고 싶다…". 그래서 같이 시작을 했죠.

대학생들도 있었고 현직 교사로 있던 분도 계셨어요. 일반 기업체에 다니던 분들도 있었습니다. 건축설계 사무소에 다니면서 거기 [형제복지원] 와서 봉사를 했던 분도 있어요. 주로 수업을 한 건 부산대학교 학생과 동아대학교 학생들입니다.

야간 중학교 학생들은 한 열대여섯 살부터 시작해서 한 스물예닐곱 정도까지 분포가 돼 있어요. 스물예닐곱 되는 애들은 많이 없었어요. 한둘 정도고. (야간) 중학교의 경우에는 (형제복지원의 청소년) 모두가 다 와서 수업을 받은 건 아니에요. 같이 활동했던 친구들을 만나보니까 반이 두 개였다고 합니다. 한 50명 정도 학생 외에는 야간 중학교에 오지 않았죠. "저녁때 방에 갇혀있는 것보다는 여기 와서 친구들 얼굴 보고 선생님 얼굴 보고 그게 더 자유롭고 해서 여기에 옵니다" 그런 얘기를 해요.

애들이 사회성이 결여돼 있으니까 하는 행동도 우리가 일반적으로 밖에서 보는 애들하고는 조금 다르죠. 예를 들면 수업 시간에 방귀를 한 번 뀌잖아요? 그러면 미안해하고 깔깔깔 웃고 이래야 할 텐데… 조용해요. 내가 이상하다고 느꼈죠. 그런데 재밌는 건, 방에 들어가면 달라요. 검정고시를 칠 때 공부가 좀 모자란 부분이나 과목이 있으면 어떤 선생님은 그날 방에 들어가서 같이 자면서 애들한테 마무리 공부를 시켜줬어요. 그런 식으로 들어가서 같이 잘 때가 있었는데 그럴 때는 아주 자유로운 이야기를 합니다. 별의별 이야기를 다 하죠. 진짜 애들입니다. 하는 소리가 뭐냐면 "선생님, 우리가 여기 이렇게 모여서 있으면 비행기도 만들 수 있어요" "우리 애들이 다 조금씩 기술이 있어서요. 비행기 만들어서 여기서 비행기 타고 나갈 수도 있어요" 그래서 "야 요놈 봐라? 그래 좋다. 그럼 비행기 만들어서 한번 날아가 봐" 이랬더니 "예, 그렇게 하려고 준비하고 있습니다" 이래요. "그래? 나가서 사회생활하고 부모도 만나고 친구들도 사귀고 그렇게 살아가는 것이지. 그런 부분은 정말로 내가 바라는 바다. 한번 해봐라"라고 얘기해줬죠.

또 "우리 많이 맞아요" 그렇게 이야기를 해요. "왜 맞아?" 물으면 "뭐 여러 가지로… 살살 맞고 사랑의 매라고 그러잖아요? 근데 여기서는 많이 맞아요" 이래요. "글쎄, 내가 너희들이 얼마나 맞는지 잘 몰라서 뭐라고 말은 못하겠다. 근데 때리는 건 안 좋은 거고 맞는 건 고통스러운 거지" 그래서 "너희들이 항의는 못하냐?" 물으니 "항의는 안 됩니다"라고 해요. "뭐 죽기도 해요" 그런 이야기를 해요. "사람이 죽는 걸 너희들이 봤냐?" 그러니까 "아니요. 본 적은 없는데 어쨌든 사람이 죽는다는 소문이 계속 나요" 그렇게 이야기를 해요. 대놓고 죽이지는 않을 거 아니에요?

교무실이 따로 있었습니다. 그 안에 들어가면, 요즘엔 복사기가 있지만 옛날 그때는 등사기를 가지고 애들 시험지도 만들어주고 그랬거든요. 교재 연구할 수 있는 책상도 있었어요. 그래서 형제복지원에서 우리[야학교사]에 대한 자유는 그렇게 구속한 적은 없습니다. 우리는 자유롭게 드나들었죠. 우리가 야학교사인 줄은 다 아니까 "신분증을 내라" 이런 적은 한 번도 없고요. 저는 국어하고 한자를 주로 가르쳤는데 나중에 영어 선생을 할 사람이 없어서 제가 영어를 한 거죠.

기본적으로 야학을 하면 '노동야학'을 할 것이냐 '검정야학'을 할 것이냐를 가지고 야학을 하면서 서로 다투게 되거든요. 형제복지원 안에서 우리는 '검정야학'을 지향할 수밖에 없었죠. 그래서 검정고시를 얼마나 합격시키느냐 하는 게 우리의 목표였어요. 검정고시를 쳐서 상당히 합격을 많이 했습니다. 그런데 어느 날 야학을 못하게 됐다고 얘기하더라고요. "왜? 애들 검정고시도 많이 합격시켰는데?" 그때 당시엔 중앙중학교에 애들을 데리고 가서 시험 치게 했거든요. "우리 공로는 생각도 안 하고 왜 우리를 쫓아내?" 이렇게 된

거죠. 근데 막무가내입니다. 설명도 없습니다. "내일부터는 야학 안
됩니다…"

아마도 그때 형제복지원에 위기가 왔던 것 같아요. 그래 놓으니까
외부 사람[야학 교사]을 먼저 밀어냈던 것 같아요. 85년도 말, 후반
기였던 것 같아요. 그리고 형제복지원에서 뭐 문제가 터지더라고
요. 그러더니 문을 닫아버렸고요. 그때 염려했던 게 뭐냐면… 거기
있던 원생들이 쏟아져 나오면 어떤 사회적인 문제가 생길 것인가에
대해서 야학 하던 친구들끼리 이야기를 했었거든요. 그 원생들을
미워해서가 아니라 사회에 적응하지 못하던 모습들을 우리가 많이
봤으니까요. 그러니까 이게 사회적인 문제가 되지 않을까…

아이들이 가족들하고도 제대로 된 소통이 되지 못하는 상황까지 가
버렸던 거 같아요. 안 그렇겠습니까. 오랫동안 안 보게 되면 서로가
정이 떨어진다고요. 십몇 년 이상 안 보고 지내면요. (가족이) 있는
거 뻔히 알았으면서도 명단을 안 보내주니… 입소를 하면 집에 알
려줘야 되잖아요. 안 알려준 경우가 상당히 많았어요. 너무 오랜 세
월을 서로 못 만나게 했으니… 글쎄, 적응이 쉬웠을까요? 저는 뭐
그렇게 쉽진 않았을 거라는 생각이 들어요.

대학 경제학과에 입학한 친구가 있어요. 그 친구를 그 뒤에 사회
에서 만났어요. "길에 다니면서 호주머니 조심하십시오" 이래요.
"왜?"라고 하니 "우리들 눈에는 다 보입니다" 이러는 거예요. 아마
소매치기로 풀린 애들이 좀 있는 것 같아요. 그래서 내가 "야, 나는

조심 안 하고 돌아다녀도 별로 안 털린다. 내가 가르친 애들이잖아 인마. 걔들이 그렇게 나쁜 짓 할 애들 아니야"라고 농담으로 그랬지 만 참 가슴이 아팠죠. '쟤네들이 과연 나와서 사회에 적응을 제대로 할 수 있을까' 늘 걱정이었습니다.

한 친구한테 (야학을 그만두기 전에) 제 전화번호하고 다 가르쳐 줬 어요. 집 전화를 가르쳐줬더니 나중에 전화가 왔어요. 그 친구들이 형제복지원에서 나와서 전화를 하면 제가 야학하던 친구들한테 연 락을 합니다. "야 누가 나왔는데 연락이 왔더라. 같이 밥 먹자" 그래 가지고 같이 만나고 했죠.

그 친구가 저한테 도움을 청하더라고요. 그래가지고 제가 방을 하 나 얻어주고. 제 제매가 하는 공장에 취직을 시켜주고, 강의를 받을 수 있는 수강증을 끊어줬어요. 근데 한두 달 뒤인가 어디로 사라져 버렸어요. 부산구치소에 있는 거예요. 그래서 "어떻게 된 거냐"고 물어보니 신문을 훔쳤대요. 그냥 가져간 거예요. 신문을 들고 다니 면서 파는 사람이 있는 걸 보고 걔도 거기서 신문을 들고 와서 팔았 대요. "야, 너 방에 몇 명 있냐?" 여덟 명이 있대요. 그래가지고 사과 도 여덟 개, 빵도 여덟 개 사서 영치금도 넣어주고 했죠.

한 석 달 뒤인가 나왔더라고요. 근데 두 달 뒤인가 또 부산구치소로 갔어요. 이번에는 특수절도래요. 담배도 팔고 하는 길가 가판대 있 잖아요. 사람은 없고 종잇조각이 있길래 스윽 가져왔는데 그게 수 표야. 10만 원짜리. 그 뒤로는 연락이 안 되더라고요.

이 친구를 통해서 '사람을 이런 식으로 가둬 놓으면 안 되는구나…' 이렇게 가둬 놓으니 애가 사회 물정을 모르는 거예요. 신문 들고 다니면서 파는 걸 다 허락받고 하는 건 줄 모르는 거예요. 오히려 복지원이라고 하면 그런 걸 가르쳐줘야 되지 않나요? 심지어는 감옥에서도 적응시켜주려고 기술을 가르쳐주고 하는데 복지원이 왜 그런지… 그런 게 이해가 안 가는 거죠. 그런 애들의 여러 실태를 보면서 '아 이거 참 형제복지원이 정상적인 기관은 아니다…'라고 생각했죠.

그게 말이 복지원이지. 아니 복지원인 것 같으면 밖에서 철문을 안 잠가야죠. 그러고 밤에 감시를 그렇게 할 이유가 있습니까. 밖에 외벽을 보신 적 있습니까? 직접 딱 보면 끔찍스러울 정도로 높아요. 뛰어내렸다간 완전히 허리, 다리, 다 나갈 정도가 될 겁니다. 정말 오갈 데 없는 사람들 데리고 와서 밥 먹이고 재워주고 그렇게 해서 사회 적응시켜서 밖으로 내보내고자 하는 그런 복지원이었다면 굳이 문을 밖에서 잠글 이유가 있을까요. 와 끔찍스럽더라고.

애들하고 같이 잔다고 딱 들어가니까 밖에서 '철커덩' 하고 문을 잠가버리더라고. '야 이거 뭐야 도대체?' 아니 뭘 잘못해야 밖에서 잠글 거 아닙니까. 그렇지 않다면 나갈 수 있도록 해줘야죠. 정신병적인 상황이라면 정신병원에 입원시키고. 만약에 얘가 범죄를 저질렀다면 감옥에 보내야지 왜 여기에 보냅니까. 복지원이 감옥은 아니잖아요. "우리 좀 나가게 해주세요"라는 말을 대놓고 얘기해요.
같이 잠을 자는 건 한 번밖에 못 했습니다. 왜냐면 검정고시를 칠 때 애들이 모자라는 공부가 있을까 싶어서 우리가 같이 자자고 그랬던 거예요. 그래도 그쪽에서 허락을 해줘서 참 다행이었습니다. 점심 같이 먹고, 저녁 같이 먹고… 그다음에 또 체육대회를 해요. 체육대회를 하면 또 같이 밥을 먹기도 했습니다. 자는 건 딱 한 번밖에 없어요.

외부 공연을 다니는 '악대반',
운전면허증 시험을 준비하는 '운전교육대'도 있었다.
외부인에게 '얼굴마담'으로 내세우기에 좋았다.

정수철 가명 교회당을 다 짓고 끝날 무렵에 나는 10소대 고시반에 갔습니다. 낮에는 악대반에서 아코디언을 하고 있었어요. 밤에는 야간 검정고시반에 있었죠. 부산대학교 학생인 줄 알고 있는데, 사회에서 선생들이 와서 봉사활동처럼… 한문 선생, 영어 선생 이렇게 돌아가면서 가르쳤어요. 제가 2소대, 그다음에 9소대, 그다음에 10소대, 이렇게 방을 자꾸 옮겼어요. 옮기다가 끝내는 검정고시반에 가게 된 거죠.

악대반은 각 소대에서 차출해서 꾸며진 거죠. 악대반에서는 사회 밖으로 행사도 나갔어요. 허가증이 나오면 밖에 나가서 체육대회 이런 데 가서 같이 연주해 주고. 주말엔 교회당에 가서 찬송가도 같이 하고. 아코디언이 한 개가 아니고 여러 개 있었어요. 외국에서 외국인들이 방문하면 옷을 입고 (복지원) 입구 앞에 문 열어 놓고 줄 서서, 손님들이 오면 아코디언 연주하고 노래 불러주고 그런 걸 많이 했죠. 야외에서 요청이 들어오면 나가서 연주하기도 하고.

운동장을 다 폐쇄시키고 거기에다 운전면허장을 설치했어요. 성인이 되면 운전을 배우고 싶다고 하면 신청을 할 수 있어요. 악대 선생이 김**라고… 운전교육대에 보내 달라고 하니까 "내가 너를 이렇게 가르쳤는데 배신 때리면 안 되지" 하면서 안 보내주더라고요.

김경우 제가 어쩌다가 악대반으로 가게 됐어요. 음악 하는 악대반은 많이 나아요. 제약도 덜 받고. 전체 수용시설을 다 마음대로 돌아다니고 할 수 있거든요. 기타, 드럼, 색소폰… 전부 다… 악대반 선생님이 저보고 "야 너는 보통 실력이 아니다"고 했어요. 그래가지고 우리가 사회에 위문 공연도 나가고 했었어요.

여인철 2층에 있는 21소대에 있다가 내가 성가대를 갔어. 어떻게든 (형제복지원에서) 빨리 나올 수 있는 방법을 찾으려고. 성가대를 잘하면 밖으로 내보내 준다고 해서 가입을 했는데 있어 보니까 안 되더라고. 그 뒤에 나는 운전교육대에서 (훈련시키는 교관에게) 배차하는 역할을 했어. 올라가서 마이크로 "몇 번 차 타라… 교대해라…" 하는 거야. 훈련시키는 교관이 그 안에서 면허증 딴 아이들이라. 그 아이들이 면허증 따면 밖에 안 내보내고 다른 아이들 교육을 시키는 거라. 조장도 나한테 잘 못 보이면 차를 안 태워버리지. 다른 아이 태워버리는 거야.

그 아이들을 써먹어야 될 거 아니가. 면허증을 땄으면 운전을 시켜서 (울산시) 울주고 어디고 목장에 갖다가 써야 될 거 아니가. 그런 곳에 보내기 위해서 (운전교육대 운영을) 하는 거지, 과연 몇 명이

나 바깥에 내보냈겠습니까. 운전할 줄 알아도 지능이 약간 떨어지는 아이들이 있다고. 그런 아이들은 잡아서 형제복지원에서는 일을 안 시키고 울주나 이런 데 보내서 작업을 시키는 거라. 면허증도 있겠다. 그만큼 형제원 그놈들이 머리가 좋은 놈들이라. 명분은 좋지. 외부 사람들이 왔을 때 "이렇게 면허증을 따서 나갑니다"라고 하니까. 나가는 사람도 있어요. 있기는 있는데 과연 몇 명이나 되겠습니까. 자기들이 쓰려고 (교육)하는 건데.

조교들이 한 스물 몇 명 된다고. 이 아이들을 밖에 내보내 줘야지 왜 조교를 시키는데? 그 안에서 면허증을 딴 아이들이라. 그러면 밖에 나가서 취직을 하고 먹고 살도록 보내줘야 되는데. 외부 사람들이 봤을 땐 이 조교들이 외부에서 온 줄 아는 거라.

#7
간부와 박인근

피해자이면서 가해자인 사람들. 형제복지원 안에서 '간부'는 특별한 위치였다. 박인근 일가는 악랄하고 교묘하게, 원생들끼리 감시·통제하는 시스템을 만들었다.

김의수   거기서 어느 누가 됐든 간에 간부가 되면 사람들을 패기 시작하는 거예요. 자기 분풀이겠죠. 그러니까 그 사람들은 제2의 가해자인 거예요. 하루에 안 맞고 지나가면 오히려 '뭔가 더 크게 일이 터지겠다'하는 더 불안하고 더 무서운 공포를 느꼈으니까. 차라리 오늘 맞고, 기합받고, 그렇게 잠드는 게 속 편한 거예요.

그냥 당하면 당하는 대로 있어야 돼요. 그렇기 때문에 안 당하려면 내가 힘을 키워야 되는 거예요. 사회에서 부모 그늘에서 귀여움 받고 예쁨 받고 그럴 나이에 그 안에서 온갖 일을 다 겪다 보니까 무서운 게 없는 거예요. 그 안에선 위아래가 없어요. 간부들한테는 "예" 해도 같은 원생들끼리는 나이가 많아도 "야! 너!" 그렇게 부르는 거예요. 심지어는 열 몇 살 먹은 애하고 50~60대 아저씨하고 윷놀이해서 담배 따먹기 하는 거예요.

그때 소대장들은 위에서 시키니깐 어쩔 수 없었다고 하지만 결국엔 그 사람들이 더 나쁘다고 생각해요. 자기보다 약한 사람들… 똑같은 입장에서 들어와서 자기는 간부직을 맡고 있고, 저 사람은 그렇지 못하니까 그냥 힘없는 사람들을 무자비하게 패는 거예요. "나는 조장이 되면 저렇게 안 한다"라고 하면서도 막상 자기가 조장이 되고 서무가 되면 더 한 거예요. 그러다 밤이 되면 강간 같은 게 막 일어나고.

한종선 아버지에 대한 원망은 컸는데 대신에 아버지가 86년도에 들어오고 나서 아버지 친구였다는 그 경비아저씨가 저를 좀 많이 챙겨주셨어요. 사회에 있을 때 친구였다고 하더라고요. 그래서 친구 아들이다 보니까 챙겨주셨겠죠. 경비는 그래도 일반 소대원들보다는 편하니까. 간식 같은 거… 야간 경비를 서면 먹을 게 없잖아요. 그래서 빵 같은 거 남은 거를 경비 소대가 많이 챙겨요. 27소대가 1층이거든요. 그 경비아저씨가 순시 순찰 돌 때 저녁 취침 시간에 우리 소대로 와서 창문을 열고 "종선이 불러 봐라" 이래요. 그래서 내가 가면 그 아저씨가 자기가 먹으려고 챙겨놓은 빵 이만큼을 나한테 주면서 "이거 잘 나눠 먹어라" 하고는 갔어요. 그걸 조장하고 소대장한테 갖다 바쳐야 돼요. 스무 장에서 서른 장 정도 돼요. 그럼 여기서 내가 먹을 수 있는 건 한 장. 나머지는 조장들한테 다 줘야 돼요.

같은 피해자 처지에 그렇게까지 해야 했을까.
간부 출신들은 "선택의 여지가 없었다"고 말한다.

신재현 **가명** 각 소대마다 각 작업반마다 서무가 있죠. 다른 게 있다면 일반소대는 소대장, 서무, 조장이 있고 소지도 있어요. 소지는 말 그대로 청소하는 애예요. (간부 구성이) 중대장-소대장-서무-조장 이런 식이죠. 저도 아동소대 서무로 한 1년 이상 있었고. 가구반에 가서도 서무를 했어요. 제가 우연찮게 어린 나이에 스무 살 정도 됐는데 눈에 띄었어요. 그 당시에 상도 받게 되고 입에도 많이 오르내리고… 제가 좀 유명했어요. 똑똑하다는 말도 들었고. 그러다 보니깐 서무가 된 거죠. 한 3년 이상 가구 반장 밑에서 서무를 했던 것 같아요.

제가 도망가다가 주동자로 잡혔거든요. 81년도 여름에서 가을 사이예요. 제가 그때 아동소대 130명을 거느린 서무였어요. 내 밑으로 130명이 있었어요. 흔히 잘 모르는 사람은 '소대장-조장-서무'라고 하는데 그건 잘못된 거고요. '소대장-서무-조장' 순이에요. 왜? 모든 사무적 권리를 다 관리하고 있고, 사무실에 가서 이 사람들의 증거를 전하는 사람이 서무이기 때문이에요. 서무는 소대장 밑이에요. 제 밑으로 조장이 있어요. 그러니까 내 밑으로 130명이 있는 거예요.

걔들을 내가 수없이 패기도 했어요. 왜 나라고 안 했겠어요? 내가 한 일은 했다고 말해야 돼요. 나는 수없이 때렸고 수없이 맞았어요. 피해자이기도 하고 가해자이기도 해요. 그래서 그런 일들을… 나도 걔들을 던졌겠죠. 살기 위해서. 내가 살려면 그렇게 할 수밖에 없었어요. 그러지 않으면 내가 죽으니깐.

일례로 광주라는 인물이 있어요. 그 인간이… 내가 있던 소대의 소대장이 모가지가 돼서[직위를 잃게 돼서] 임시로 왔어요. 그때 이상한 일이 생겼어요. 그 인간이 성질 더러워요. "니 밝혀내라" 이러는 거예요. "아니면 니 죽는다. 니가 죽기 싫으면 밝혀라" 그러면 제가 어떻게 해요? 밤새도록 아이들을 괴롭히는 거예요. 잠을 안 재우고 물구나무를 세우고 온갖 기합을 다 주고 패면서… 저는 그때 마귀가 있다면 바로 저였다고 얘기했어요. 바로 그 시간에 저는 마귀였고 사탄이었어요. 정말 악귀가 있다면 저였을 거예요. 그럴 수밖에 없었어요. 저도 그렇게 했다고 말하고 싶어요.

황명식   여기서는 우짜든지 순종하고 말을 잘 들어야 내가 골병이 안 드는 거라. 나는 아부구찌[아부쟁이]였지. 아부구찌. '저기 도망갈 기회[낌새]가 있다' 이런 걸 찌르는 사람이었어. 일본사람 앞잡이처럼 그랬지. 그렇게 안 하면 내가 죽어요. 한 1년 있으니까 나한테 자유를 주는 거야. '이놈은 도망 안 갈 거다'고 생각했겠지. 그래서 나한테 소대장을 맡기더라고. 1개 소대에 한 40명 정도 됐는데 총 책임자야. 그때 내가 스무 살이 못 됐을 거야.

젊은 기세에 사람을 얼마 팼겠어. 내가 지금 그걸 생각하면… 그런데 내가 또 그렇게 안 하면 내가 죽으니까… 안 두드려 맞고 밥만 주면 제일이라. 근데 두드려 맞는 바람에… 많이 맞은 사람은 참… 나도 사람을 많이 두드려 팼어. 내가 살기 위해서. 군대 가면 고참이 졸병 때리듯이 그랬지. 내가 최고로 죄를 많이 지은 게 사람 많이 두드려 팬 거 그거야. 잘못하면 문책이 나한테 돌아오거든. 소대장 하다가 모가지 시켜서 가둬버리는 놈 꽉 찼다. 그땐 나도 키가 작아서 그렇지 힘이 엄청 좋았어. 빠르고. 마라톤을 해도 보통 1~2등을 하고.

내가 그때는 2소대… 그 안에 내부 사람은 한 30~40명 됐어. 나가는 사람은 하나도 없었어. 나이 많은 사람은 안 잡아 와. 보통 사십에서 오십 그사이… 나는 그때 청소년이지만 그런 사람들은 나이가 40~50살 된 사람들인데, 내가 아버지 같은 사람들을 두드려 팼다니까. 그게 내가 지금 가슴 속에… 그렇게 안 하면 통솔이 안 된다고 하더라고. 몽둥이 그게 그때는 약이라고 했거든 약. 내가 지금 웃을 일이 아닌데 '몽둥이가 약이다'라고 해서 몽둥이를 '노루좆'이라고 했어. 노루좆.

형제복지원에 있었던 사람한테는 내가 형제복지원에 있었다는 소리를 안 해. "사람을 얼마나 두드려 잡았냐"고 할까 싶어서. (형제복지원피해자종합지원)센터에 가도 나는 회의실에 들어가서 가만히 앉아만 있어. 저 사람을 내가 때렸는가, 저 사람이 나한테 맞은 놈 아닌가 싶어서 불안하고…

강철민 가명 **형제복지원에서 뭐라고 불리셨어요?**

'하마'라고 불렸죠. 물을 많이 먹어가지고. 제가 조장이었거든요. 조장 같으면 상당한 파워예요. (애들 처지가) 좀 비참했다고 봐야죠, 저 같은 사람은 상관없는데. 일반 애들 보면 진짜 하고 싶은 거 못하고 부모 손도 못 잡고, 그런 애들이 많다 아닙니까. 아무 이유 없이 온 애들이 많아요. 학교 가다가 잡혀 온 애들도 많고.

처음부터 바로 조장을 맡으셨어요?

처음부터였죠. 그렇게 싸움을 잘했으니까. 밑에 애들은 힘이 없으니 만약 소대장이 "때려라"고 하면 때릴 수밖에 없었거든요. 위에서 밟으면 내가 혼나니까, 우리가 안 맞기 위해서… 내가 애들을 팼지만 참 돌아서서 많이 울어요. 나도 저만한 동생도 있을 거고…

제가 7년 동안 했습니다. 마지막 형제원 폐쇄될 때까지 있었거든요. 마음이 안 편하죠. (간부라는) 무늬, 타이틀만 그렇고, 마음은 안 그렇죠. 애들을 보면 애들도 집에 가면 참 좋은 아빠 좋은 엄마가 있을 건데. 그 세월 다 보내고… 뭘 해도 저는 안 합니다. 위에서 빼주거든요. 소대장이 하지 말라고 열외를 시키기 때문에. 저도 많이 맞았죠. 총반장이 있거든요. 우리[간부들]가 부를 때는 중대장 호칭을 '총반장'이라고 했어요. 일반 애들이 부를 때는 그렇게 안 했죠.

저는 아동소대에만 있었죠. (최)승우나 (한)종선이 같은 경우는 다 내 밑에 있었거든요. (김)대우도 있었어요. 제가 관리 치고는 너무 빡세게 했죠. 위에서 시키면 시키는 대로 해야 되니까. 진짜 내 밑에 있는 애들… 참 보듬어 주고 싶은데 그게 안 되니까 아쉽고… 때리면서도 생각해보면 마음이 아프고… 애들은 맞으면 '왜 맞지?' 이렇게 생각하죠. 그게 이유 없이 맞는 거예요. 누구 한 사람이 잘못하면 한 사람 때문에 애들이 다 맞는 거예요. 기합받다가 여기 맞아서 째졌거든요. 그때는 맞아서 피가 나더라도 내가 살려면 가서 애들을 또 혼내고 했죠.

한상현 **왜 '드라큘라'라는 별명이 생겼나요?**
지금은 얼굴이 커졌지만 어릴 땐 살이 없어서 덧니가 더 커보였나 봐요. 그래서 '킬라'로 자연스럽게 (불리게) 된 거죠. 옛날 별명이 킬라라고 하면 다 알죠. 원장이 나한테 '골통'이라고 할 때, 당시 내가 열일곱 살 때였는데 진짜 아무한테나 "씨발놈, 개새끼"였습니다. 원장, 중대장, 우리 소대장 말고는 마주치면 "개새끼야! 소새끼야!"라고 했어요.

간부로서 피해자이기도 하면서 가해자인데?

사실은 구타를 안 할 수 없죠. 시스템 자체가 그래요. 우리 자체에서 규율이 무너지면 외부에서 중대장이 오거나 원장이 오게 되고. 그러면 기합의 강도가 우리 자체적으로 하는 거하고는 완전히 다르죠. 내가 하지 않으면 이 질서가 무너져서 중대장이 올 것이고 중대장의 눈이 넘어가면 원장이 올 것이다. 강도는 이것보다 훨씬 강하다. 내가 이런 말을 하면 다 인지해요.

저는 항시 소대를 맡았을 때 제 개념으로 했습니다. 저는 단점이 뭐냐면 한 명이 잘못해도 전체 빠따를 때립니다. 그 한 명만 때리는 게 아니고. 저는 절대로 한 명만 개인적으로 때린 적은 거의 없었어요. 지금까지는 그래도 같이 있던 소대원들 중에… 사회에 나와서 많이 만났지만 저보고 멱살 잡을 정도로 한 친구는 아직 아무도 없었어요. (김)대우 형[김경우]도 그렇고, 친구들도 그렇고 다… 한 친구는 "너가 조장할 때 같으면 형제원에 있을 만했다"고 하더라고요.

간혹 간부의 선한 의지 덕분에, 기적 같은 일이 일어나기도 했다.

김상하   야간 중학교 다니면서 목사님 사무실에서 일하게 됐어요. 청소도
하고… 소대에서 아침에 점호 끝나고 나면 목사님 사무실로 출근
했다가 다시 소대로 복귀해서 퇴근하고 이런 식이었어요. 그때 나
름대로 보람 있는 일도 있었고… 편했죠. 다들 단체생활하고 선착
순하고 이렇게 하는데… 2~3년인가 짧은 기간 동안은 참 육체적으
로 정신적으로 편했습니다. 소대에서 열외 생활을 할 수 있었으니까
요. 뭐 교리나 그런 걸 배우고. 나중에 세례받는 사람도 있고 그렇더
라고요. 저는 목사님 잔심부름도 하고… 형제원 안에서 「새마음지」
라는 책자를 발간했어요. 목사님 사무실 맞은편에, 지금으로 치면
인쇄 작업 같은 걸 하는 데가 있었어요. 저는 목사님 사무실에서 일
하면서 거기도 왕래하면서 일했어요. 뭐니 뭐니 해도 일단 소대에서
열외로 있다는 거 그게 좋았죠.

나름 보람 있는 일이 있으셨다고요?
그 안에서 아무리 철두철미하게 해도, 밥 먹으러 왔다 갔다 하면
서 여자소대 애들하고 쪽지를 주고받는 일도 있어요. 이런 과정에
서 내가 목사님 사무실에 다닌다니까 자기 집에 전화 연락 좀 해달
라고 부탁하는 사람도 있었어요. 그때 다이얼 전화인데, 다이얼 전
화기에 요만한 자물통이 잠겨 있었는데 목사님이 그 열쇠를 저한테
맡겨놓고 다녔어요. 그 아이를 사무실에 데리고 와서 목사님이 안
계신 동안에 집에 전화를 하도록 열쇠를 한 번 풀어준 적이 있어요.
발각이 됐으면 큰일 날 거였는데 어떻게 성공이 돼서 집에서 데리
러 왔더라고요. 참 그래서… 보람이 있었습니다.

그분이 귀가를 하신 거네요?

예. 외부하고 전화는 물론 서신, 편지 같은 것도 다 단절됐기 때문에 하늘의 별 따기 같은 일이지요. 전화할 때 제가 옆에 있었어요. 집에 전화를 하니까 부모님이 전화를 받았나 봐요. 자물통을 풀어주기 전에 분명히 여기서 전화하는 거라고 하면 너나 나나 큰일 나니까… (조심하라고 했죠) 어떻게 통화를 하더니 형제원이라는 걸 말하고 데리러 오라고 사정하듯이 말하더라고요. 나중에 통화 끝나고 "내일모레 온다고 하더라…" 이러니까 저도 기분이 좋았는데 혹시라도 집에서 찾으러 왔을 때 "우리 딸이 저쪽 사무실에서 전화해서 왔다"고 해버리면 안 되니까… (걱정은 됐지만) 막상 귀가하는 거 보고 나니까 안심도 되고 보람 있더라고요.

그분을 혹시 피해자 모임에서 만나신 적 없나요?

아직 없습니다. 여자 분들은 지금쯤 다 중년이 돼서 애들도 있고 그러니까 남자들보다 나오기 좀 많이 불편할 거예요.

별명이 뭐였나요?

'백사'라고 불렀습니다. 이름보다 별명으로 다 불렀어요. 머리부터 발끝까지 제가 하얀데. 특이해서 다 알죠. 이름은 몰라도 별명 대면 다 아는 사람들이 많을 정도로 별명으로 다 통했습니다. 나는 삼천 몇백 명 되는 사람들을 몰라도 그 사람들은 다 저를 압니다. 그래서 알려지게 된 것 같아요.

원생 중에는 드물게, 박인근 원장을 가까이서 접한 이들도 있었다.

신재현 가명 박인근 원장이 처음에는 본부라는 사무실 건물 2층에 살았어요. 흔히들 남들은 같이 살았다고 하는데 그건 잘못된 말이고요. 밥도 같이 먹었다고 하는데 그건 보이기 위한 거예요. 그 사람은 그런 사람이 아니에요. 자기들끼리 건물에 살았어요. 하지만 아이들이, 큰아들이나 작은아들들이 잘못하면 근신시켰어요. 그 얘기는 숱하게 들었어요. "누구 본부로 와라!" 이러거든요. 아들도 그렇고 사촌 동생도 있었어요. 목공반 선생님이 (원장의) 사촌 동생인데 "본부로 와라" 이래요. 갔다 오면 "봐라 이거. 내가 이 나이에 빠따 맞고 다녀서 되겠냐?" 이래요. 딸들은 그런 거 못 봤어요. 아들들은 수용자하고 거의 똑같은 짓을 시키더라고. 근신시키고 빠따치고.

근데 근신소대에 들어가긴 하지만 거기서 그렇게 (심하게) 못해요. 김광석 중대장이 어떻게 그렇게 했겠어요. 자기 윗사람을 어떻게 구박했겠냐고. 그냥 보이기 위해서 그렇게 한 거예요. 그들은 구별된 삶을 살았어요. 완전히 다른 세계에 살았다니까요. 사택에 철문이 입구부터 두 개 있어요. 방문도 이만한 게 두 개 있어요. 이만한 두꺼운 철문이 하나 있고 그 안에 나무문이 있어요. 그걸 닫고 살아요. 사택은 엄청 커요. 원장 사택 1층, 2층. 총무 사택 1층, 2층. 나머지 지도부장 사택. 임** 목사 사택. 위에 사택에는 큰아들, 작은아들 있고… 사택을 다 가보고 구조를 다 아는 몇 안 되는 사람 중에, 지금 남아 있는 사람은 제가 유일한 걸로 알고 있어요.

민윤기 말이 있더라고. 박인근이가 어디든지 나가면 무조건 공짜로 집어 갖고 차에 실어서 온다고 하더라고. 하긴 나도 서너 번 같이 나갔었어. 국제시장에 통신 선로 (구매) 때문에 가면… 와 차라리 그냥 달라고 하는 게 낫지… 돈을 3분의 2까지 깎더라고.

여인철 일요일, 수요일은 무조건 교회 가는 날이거든요. 아침에 갔다가 오후에 갔다가, 두 번 간다 말입니다. 가면 박인근 처제가 나와서 신앙 강연을 해요. 울면서 막 한다고. 박인근 마누라도 와서 하고. 근데 박인근이라는 사람이 원래 군수사령부에 있다가 상사로 제대한 사람인데. 옛날에 복싱을 했다고 하더라고. 내내 아침이 되면 가죽장갑을 끼고 연병장에서 복싱 연습을 하고 그랬다고.

박인근 원장을 본 적 있으세요?

여러 번 봤죠.. 키도 조그만데 뭐. 키가 160cm도 안 될 거야. 복싱도 잘 했어. 옛날에 내가 (박인근 원장이) 형제복지원이 있다는 소리를 어디서 들었냐면… 저기 용당[형제육아원] 자갈밭에 천막 쳐놓고 있다는 건 알았어요. 내가 군대 생활할 때 거기서 초소 근무를 했거든. (박인근 원장이) 아이들 먹인다고 군에서 나오는 물품을 가져오면 삥땅 다 처먹고. 군수사령부에서 군수 물품이 많이 남으니깐.

형제복지원 들어오는 입구 우측 편에 보면 3층 건물이 크게 하나 있어요. 그 자리가 뭐냐면 자기[박인근] 아들이 운영하는 정신요양병원이라. 개인적으로 들어온[입원한] 사람들은 매점도 사용하고 다 됩니다. 근데 강제로 들어온 사람들은 약을 억지로 먹이고 협박 공갈해서 막 잠을 재워버리는 거라. 시끄럽게 못하게 하려고.

황명식 박인근 원장은 키가 자그마하고 그랬어. 키가 150cm? 그 사람이 맨날 겨울에도 슬리퍼를 신고 다녔어요. 그만큼 건강한 사람이라. 여기 발가락에 끼우는 조리 슬리퍼라고 하나. 그걸 질질 끌고 아침에 겨울에도 짧은 바지를 입고 한 바퀴를 돌아.

강철민 가명 박인근 원장이 만약에 온다면 혼자 오는 게 아니고 경호처럼 돼 있어요. 사람들이 딱 옆에 붙습니다. 혹시 해코지할까 봐.

이승수 (형지복지원) 안에 권투부가 있었어요. 원장이 원래 또 복싱 선수고 해서. 빠따 기본으로 딱 50대 맞아서 버티면 이제 권투선수로 키우기 위해서 외부 체육관으로 데리고 나갔죠.

한상현 중대장, 원장 말고는 나를 건드리는 사람이 없었어요. 박인근 원장은 저보고 골통이라고 그랬거든요. 저를 부를 때 항시 "골통 저놈"이고 지나가다가 인사를 하면 "잘해 인마. 사람 돼야 돼". 맨날 저보고 그랬거든요.
다른 피해자들에 비하면 나름 특권이 좀 있었던 것 아닌가요?
성향이 그런 것 같아요. 조각 공장에 다니면서 외부 사람을 통해서 사제품을 받아서… 옛날로 말하면 구석구석에 뇌물을 잘 준 거죠. 정치적으로 얘기하면. 어디에 갖다줘야만 내가 구속을 안 받는지 생각해서… 쉽게 말해서 뇌물을 잘 했습니다. 중대장한테 정기적으로 상납을 하고.

145

성경 가르치는 선생님이고 박인근 원장의 처제이고 목사님 여동생인 임** 선생님은 진짜 엄마같이 잘해주셨어요. 내가 태어나서 처음으로 생일 선물 받은 게 여기 세 분. (원장의) 딸 박**, 박** 그리고 임** 선생님이거든요. 선생님이 그 당시에 에세이집을 선물로 줬고, (원장의 큰딸) 박**이 나한테 '너와 나의 우체통'이라는 노트집을 하나 사주고, (딸) 박**이 그 당시에 볼펜, 만년필… 세상에 태어나서 처음으로 생일 선물을 받은 게 이 세 사람한테 받은 겁니다. 사회에 나와서도 선생님 집에 몇 번 찾아가고 그랬어요. 임** 선생님은 항시 식사를 우리하고 같이 했어요. 박**, 박**도 주말이나 학교 안 가는 날, 방학 때는 될 수 있으면 우리하고 밥을 같이 먹으려고 노력해 줬어요.

전해지는 말로 아들들은 괴팍했다고 하던데요?

딸들은 진짜 교회에 충실한 교인들이고. 쉽게 말해서 성경을 가르치려고 노력을 많이 했어요. 큰아들 박**이라고 있었어요. 저희보다 나이가 좀 위였고. 그거는 완전히 뭐 사람 잡아넣는 데 제일 일등 공신이죠. 박**이는 개인적으로 우리 소대에 와서 누구를 두드려 패고 한 적은 별로 없어요. 근데 사람 잡아넣고 이런 데는… 쉽게 말하면 자기가 선도반의 책임자죠. (선도 단속을 할 때) 다 원생들을 데리고 나가니까 박**이가 관리하지 않으면 도망가도 못 잡잖아요. (막내아들) 박**이 같은 경우에는 그 당시에 꼬마였어요. (딸) 박**, 박**는 저한테는 동창들이고 동생들이에요. 임** 선생님은 어머니 같은 분이고.

박인근 일가 재산의 혜택을 보고 있으니, 사실 가족들도 가해자라고 보는 게 타당하겠죠?

네. 근데 정말 저분들[목사와 그의 여동생]이 들어와서 우리가 진짜 이런 자유를 누리고 그랬거든요. 목사님이 전도사 때 들어오셔서 박인근하고 많이 싸웠습니다. 처남, 매제지간에. "왜 이렇게 이런 수용소를 만들어서 폐쇄적으로 하느냐". 거기다가 목사님은 원장님한테 애들, 아동들에 대한 항의를 많이 했어요. 그래서 많이 바뀌었죠.

강호야　그 사람[박인근]은 원래 이름이 박성학이에요. 원장 사모님도 처음 우리가 있을 때 음악 선생으로 들어왔다고. 용당 형제육아원 때. 그 아들도 무지하게 악질이에요. 원생들 집합시켜 놓고 때리고… 중대장은 우리한테 터치를 별로 안 하니까 원장 아들이 우리를 괴롭히더라고요.

박인근 원장은 나이가 찬 원생들을 형제복지원 주소로 전입시키기도 했다.

최승우　85년도에 형제복지원에 전입을 시켜놓은 거예요. 17살이면 주민등록증 나오는 나이였거든요. 형제복지원에 초본으로 등록돼 있는 사람이 제법 있어요. 정신병동에 무연고자들도 그랬고…

1, 2. 식사 순서를 기다리는 아동들

3. 초창기 식당에서 식사 중인 원생들

4. 1977년경 내무반에 정렬해 앉은 원생들

5. 취침 전 인원점검

묻힌

죽음

#1
착취 공장

외부에서 공장이 들어와 원생들을 착취했다.
노동의 대가는 없거나 미미했다.

신재현 가명 처음에 신입소대에 갔을 때는 슬레이트 건물일 때였어요. 1층 건물
이죠. 흙벽돌을 쌓아서 슬레이트 지붕을 올린 건물이 1차 건축물이
에요. 그러고 내가 성인이 되어 2차 건축을 시작하는 시기에, 근신
을 하게 됐어요. 그때 교회당을 부수고, 새 교회당을 먼저 짓고 나
머지 건물을 지을 때 저는 목공소로 갔어요. 그래서 내가 그 과정
[형제복지원 건물이 생겨나는]을 다 봤죠. 김** 아저씨가 1팀, 김**
아저씨가 2팀, 팀을 나눠서 집을 짓더라고요. 저는 그 당시에 가구
반에 들어가면서 원장 사택부터 다른 사택에 다 들어갔어요. 농 한
짝 없더라고요. 사택의 모든 가구를 놓고, 본부 집기를 만들고, 의
자를 만든 사람이 전부 우리예요. 같은 시기에 살았던 목공반 사람
들 (대부분이) 8소대 소대원들이에요.

(처음엔) 그렇게 휘황찬란하지는 않았던 것 같아요. 그전까지는 가
구 만드는 사람이 없었으니깐. 81년도에 직군을 시작했는데 직군
의 하나로 가구반을 만든 거예요. 가구 반장이 그때 이** 선생님인
데 본부 책상을 만들고 사택의 모든 것들 다 만든 다음에 수용동의
사물함…그것도 저희들이 다 만들었어요. 가구반 식구들이 하루에
3mm 합판 150장을 잘랐어요. 엄청 많은 양이에요. 기계로도 그렇

게 많이 못 잘라요. 제가 그 과정을 했기 때문에 기억하는 거죠. 세면대도 우리가 만들었어요. FRP[섬유강화플라스틱]로 만들고, 나중에 화장실을 수세식으로 만들었어요. 옛날에는 똥을 폈는데 이제 정화조로 모이는 거죠. 그걸 할 때 칸막이와 세면기도 우리가 다 만들었죠. 그러니깐 온 원내의 집기들은 거의 목공 가구반에서 만들었다고 보면 맞아요.

(형제복지원 내의) 미용실, 이발소, 재봉, 세탁, 학교[개금분교] 책상 등 거기 모든 것들을 우리가 다 만들었어요. 철공반은 그 외 필요한 집기들을 만들고. 박인근 씨는 밖에서 사 오지를 않았으니깐 우리가 다 해야 했어요.

주 6일도 일 하고요 때로는 7일도 일했어요. 일하는 시간은, 초창기에는 일찍 밥을 먹고 밑에 철길 앞까지 모래를 지러 가야 돼요. 건축할 때 쓸 모래를 기본으로 몇 짐을 져요. 작업량은 '아침에 10개를 진다' 이렇게 할당량이 있어요. 새벽 4시에 나가서 깜깜한데, 밖에 아무도 안 다닐 때 일을 해요. 수용자들의 더러운 모습을 (외부 사람이) 보면 안 되니깐. 새벽에 그 냄새나는 하수도 모래를 지고 왔어요. 그러고 나면 먼지 털고 밥 먹고 일과가 시작되는 거예요. 중간에 30분 정도 빵 하나 콩국 하나 먹는 시간, 점심시간 조금. 그 외 시간은 저녁 늦게까지 일하고 잔업도 많이 했어요. 우리는 교회 가는 날에도 교회에 안 가고 일했어요. 가구반이 거의 유일했어요. 자기[원장] 집에 가구와 집기를 만들어야 되고 원내 집기들도 만들어야 하니깐.

제가 가구반 선생님한테 일을 배운 첫 제자였고, 또 그분이 가장 총애하는 제자이기도 했어요. 밖에서 공장장이 하는 역할을 다 했어요. 도면도 그리고 재료도 갖고 오고. 원장한테 보고도 하고.

아동 낚시반에도 간 적이 있는데 작업하는 양이 있어요. 납품량이 있단 말이에요. 아이들이 하는 게 낚싯줄을 감아서 제품 만들어서 포장하는 일이에요. 근데 제가 손이 빠르지 못했던가 봐요. 툭하면 조장이 패는 거예요. 대가리를 망치로 까고. 밥그릇으로 까요. 모서리로도 까요 머리를. 지금 기억해도 끔찍해요. 상상하고 싶지도 않아. 그런데도 일을 해야 돼. 안 맞아 죽으려면 해야 되니깐.

내 또래보다 더 어린아이도 있었어요. 아홉 살, 열 살부터 청소년까지. 정말 어린아이들부터 청소년까지 100명 이상 한 소대에 있었어요. 그 아이들이 전부 그 일[낚싯줄 제품 만드는]을 했어요. 아이라고 안 봐줘요. 자기 수익과 이익을 위해서 아이들을 별의별 방법으로 써먹었어요. 그러다가 낚시 공장 사장이 와요. 1년에 사탕 몇 개 줘요. 주는 게 명절에 그게 전부예요. 돈은 안 줘요. 밤새도록 아이들이 낚싯줄을 감아요. 포장하고 도르래 만들고, 그걸 다 아이들이 했다니까요. 죽도록 맞아가면서 사탕 몇 개 먹어가면서 했다니까요. 입에 침을 질질 흘리면서 사탕 먹고 '헬렐레'하면서. 사장님 좋다고 하면서요. 박인근은 (공장에) 찾아와도 욕을 하면 했지 잘한다고 한 적이 없는 사람이에요.

김의수　사건이 터진 87년도까지 제가 형제원에 있었거든요. 근 4년을 잡혀 있었어요. 야간 중학교 다니면서 낮에는 그 안에서 봉제 공장을 다녔습니다. 와이셔츠를 만들었는데 하루에 3,000개에서 3,500개를 해야 어른들은 담배 세 개비를 줬어요. 청소년이나 애들은 그때 밀크사탕이라고 해서 요만한 100원짜리 사탕인데 한 다섯 알 정도 든 게 있어요. 그걸 주는 거예요. 따로 우리한테 돈을 주거나 혜택을 준 건 아무것도 없어요.

여인철　한 가을쯤 됐나. 사회에서 공장이 들어왔어요. 내가 취직한 데가 어디냐면 아이론[다리미] 보세 공장. 옷 다리는 데예요. 거기 가면 통장을 만들어 준다고 하더라고. 근데 나는 통장을 보지도 못했고. 그 돈이 얼마가 들어왔는지도 몰라.

우리가 아이론으로 옷 다리고 할 때… 외부 사람이 들어오니까… 공장이 들어오기 전하고 우리한테 말하는 게 조금… 달라진 게 있었지. 왜? (우리가) 외부 사람하고 접촉을 많이 하니까. 사실을 얘기해서 외부에 (형제복지원의 실태가) 밝혀지면 안 되니까. 박인근이 자기 돈으로 (공장을) 한 게 아니고 기업에서 투자를 한 거지. 공장도 잘 만들어 놨어요. 전체를 형광등으로 억수로 밝게 해서 공장을 깨끗하게 해놨어. 큽니다.

김세근　공장이 처음 생길 때는 낚시 공장하고 목각 공장하고 신발 공장이 생겼어요. 신발 공장은 나이 먹은 사람들이 가고. 우리는 낚시 공장에서 일했어요.

'돈내기'를 시킵니다. "10개 돈내기 시작!" 이래서 점수에 못 미치면 망치로 등 때리고 손바닥 때리고 그렇게 맨날 맞았어요. 무조건 수량 못 채우니까… (수량을 못 채우면) 조장들이 소대장한테 맞으니까, 조장들이 시켜요. "10개 돈내기!" 이러면 하나 묶고 "하나!" (두 번째 묶고) "둘!" 이렇게 하는데 (그렇게 1등) 한 명이 나오잖습니까. 그러면 나머지는 두드려 맞아요. 10개 할 때까지 망치로 찍히고.

별명이 '호빵'이라는 놈하고 '짱구'라는 놈이 있었어요. 걔들이 조장이었는데 "손 내!" 이래서 망치로 때리고. 쇠 줄자로 이렇게 (세워서) 칼날로 때리면 (손이) 죽죽 갈라지고… 망치로 때리면 손톱이 다 터져요. 그다음에 또 '초코초코'라고 합니다. 손가락 손끝을 대라고 합니다. 그러면 몽둥이로 때리고 자로 때리고 이러면 손톱이 갈라져요. 정량을 못 맞추면 밥도 하루 이틀 굶겼어요.

낚시 공장이 망하고 이쑤시개 우산 공장이 들어왔어요. 이쑤시개를 쫙 피면 우산이 되는 그거요. 저는 그걸 너는 역할을 했거든요. 그때 제가 키가 좀 커서요. 그걸 하다가 아동소대 원생들이 해체되고 14소대에서 다시 16소대, 17소대 건물 지을 때 17소대 2층에 있었어요. 2층에 있다가 80년도에 신발 운동화 만드는 취업소대에 뽑혔습니다. 거기서 돈을 준다고 하더라고요. 다달이. 근데 돈이 되는지 안 되는지, 사인도 한 번 안 하고 1원짜리 하나 못 받았어요.

정수철 가명 **낚시라고 있어요. 낚시 공장이 있는데 말 그대로 진짜 지옥입니다. 손이 늦으면 구타가 장난이 아닙니다. 뒤에서도 때리고 앞에서도 때리고 정신이 없어요. 맞다가 보면 언제 어떻게 시간이 갔는지도 모르고. 잠깐 30분 쉬었다가 또다시 일을 하고… 손이 늦으면 항상 뒤에서 사정없이 때리니까. 안 맞으려고 겁을 먹고 막 그냥 돌리는 거예요. 아동들이 방에서 만들다가 꾸벅 졸잖아요? 그러면 아침에 (만들어 놓은 게 사라지고) 없어요. 남의 걸 훔쳐 가거든요.

낚싯줄을 감아요. 이렇게 돌려가지고 잡아당긴다 아닙니까. 받침대 여섯 개를 걸쳐가지고 탁 놓으면… 봉지에다 넣고, 당기면 봉지 속으로 쏙 들어갈 거 아닙니까. 그게 완성품입니다. 뭐 외국으로 수출한다는 소리가 들리더라고요. 나는 직접 보지는 못했지만 수출해서 그만큼 돈을 벌었겠죠.

내가 당시 열두 살 때인데 열다섯 살도 있었고 열한 살도 있었고. (낚싯바늘에) 찔려서 피가 나기도 하고…

김상하 그때 낚시 공장이 외부에서 두 개 들어왔는데 **낚시에서 조금 다닌 것 같아요. 80년대에 다시 형제원에 와서는 자갈도 나르고 보로코[블록, 벽돌]도 나르고 시멘트도 나르고 모래도 나르고… 80년대 중반까지, 건물이 다 완성되기 전까지는 신체가 불구가 아닌 이상은 대부분의 사람들이 다 (일을) 해야 했어요. 봉제 공장도 식당 바로 밑에 있었어요. 가구반, 목공반, 철공반, 침대 만드는 데, 전부 다 식당 밑에 있었어요. 한 동이 긴데 반 잘라서 반은 목공소하고 반은 철공소하고… 오만 공장들이 많이 들어왔다 나가고 들어왔다 나가고 했습니다.

한상현 9소대로 옮기게 됐어요. 그 당시에 9소대가 청소년소대라고 해서 아동도 아니고 성인도 아닌 어정쩡한 나이의 애들을 한 소대로 모은 거예요. 소대에서 조장이다 보니 혼자서 이만큼 갔다가… 그다음 날에는 저만큼 갔다가… 이런 식으로 내 마음대로 (형제원 안을) 돌아다니기 시작했습니다.

지원을 해서 조각 공장이라는 데를 들어가게 됐죠. 조각 공장 형들이 야구공과 방망이 같은 걸 사와가지고 점심시간에 야구를 할 때 우리가 같이 따라가서 놀아도 "들어가. 왜 여기 나왔어"라고 말을 못 하는 거예요. 그러다가 유리창 깨지면 다이알비누, 럭키치약, 쌍방울 메리야스 하얀 것 속옷 있죠? 목각 공장에서 일하는 그 사회[외부] 형님들한테 "비누 좀 사다 주세요. 메리야스 좀 사다 주세요" 하면 사다 주거든요. (그걸) 비밀리에 (유리 반장한테) 갖다 주는 거예요. 사실은 유리창 하나 깨면 조장이고 뭐고 바로 새마음소대[근신소대]에 가야 되는데, 유리 반장이란 사람한테 가서 몰래 새 유리를 끼워 달라고 하고…

김상수 사회에서 공장이 들어오면, (외부의 공장) 책임자들이 거기 들어와 있었거든요. 사회 사람들도 공장 안에 같이 있었어요. 그 사람들이 출근할 때 왔다가 저녁에 퇴근하면 (우리도) 다 같이 나갔어요. 그런 사람들한테 형제복지원에서 있었던 잘못된 일을 이야기하지 않을 사람… 우리 같은 아이들… 그런 사람들만 골라서 그 공장에 배치를 했죠. 만약에 (누군가) 나쁘게 이야기해도 이 사람이 퇴근할 때 사무실을 거쳐서 가니까… 가서 "상수가 어떻다더라… 누가 어떻다더라…" 이야기할 거 아니에요.

일을 시키고 월급을 한 달에 얼마씩 조금씩, 통장을 만들어서 주는 척했죠.

이춘수 가명 부산에 **장이라는 미용실이 유명할 때일 겁니다. 여자소대 애들 중에서 얼굴이 좀 반반한 애들… 남자소대 애들 중에 얼굴이 좀 되는 애들을 뽑아서 미용부서를 만들었어요. 6개월 정도 했나… 선생이 안 나와서 미용부서가 폐쇄가 됐어요. 시험도 한 번 못 쳐보고. (박)순이가 그때 당시에 미용부서에 있었다고 하더라고. 나는 지를 기억을 못하는데 지가 나를 기억하더라고.

#2
노예 노동

노예로 부려지는 일 '노역'.
공장 일은 선택이었지만, 노역은 예외가 없었다.

신재현 가명 작업량을 정하는데 양이 너무 많지. 만약에 우리가 산을 하나 깎는다
고 하면 흙을 며칠 안에 치우라는 할당량이 있어요. 그러면 한 소대
에 일감을 줘요. "오늘은 빵코 소대가 한다" 그럼 이걸 언제까지 치우
라고 하죠. 그건 사람이 감당할 수 있는 양이 아니에요. 그러다 보니
깐 일명 '만보뛰기'란 걸 정해요. 사람이 아주 극한의 환경까지 가도
록 숫자를 정하는 거죠. 계속 뛰어다니는 번호를 정해줘요. "5번!"하
면 뛰어가면서 다섯 번을 해요. 그럼 그걸 바를 정[正]자로 적어서 숫
자와 맞으면 안 맞고요, 아니면 맞아요. 빠따로 맞는 거예요. 곡괭이
자루로. 많이 하면 담배를 하나씩 줘요. 그게 끝인 거야. 그게 '만보
뛰기'예요. 하루 종일 뛰어다니는 거죠. 그걸 내가 꽤 했어요.

그리고 교회당을 지을 때 철거하고 미장일도 하고, 그런 일도 했죠.
저라고 안 했겠어요? 자갈을 지고 뛰었지. 경사로를 오르면서. 형제
복지원 교회로 가는 길이 45도 정도 되는 급경사예요. 거기를 자갈
을 지고 뛰어간다고 생각해보세요. 그것도 어린아이가. 정말 흙짐
을 지고. 그게 정부미 자루 가득 흙을 채우면 60kg이에요. 거기에
많았던 게 황토와 돌[화강암]이에요. 그 두 가지로 덮인 산이에요.
그 산의 돌을 깨서 벽을 쌓고 바닥을 깔고, 자갈로 깨서 건물을 지

었어요. 망치로 깬 그 뾰족뾰족한, 등에 박히는 자갈을 지고 뛰어다 닌다고 생각해보세요. 얼마나 아플까. 그건 사람이 견딜 수 있는 고 통이 아니에요. 근데 거기다가 못했다고 때리잖아.

저 같은 경우에는 허리에 골병이 들어서, 허리 균형이 깨졌어요. 근 신소대 소대장이 '뺑코' 소대장이었는데 제가 도망 주도자였잖아요. 제가 아동소대에 있을 때 그 사람 밑에서 서무를 했으니 나를 더 잘 알잖아요. "니가 이 새끼야, 여기까지 와가지고 니가 도망가고 할 수 있어?" 이러면서 패는 거예요. 머리끝부터 발끝까지 곡괭이 자 루로 막 패더라니까요. 그래서 그 뒤로 제가 균형이 망가져서 허리 가 돌아가고, 교감 신경에 이상이 왔더라고요. 그리고 그해부터 가 슴이 뜨끔뜨끔 아프기 시작하고 결핵이 생기기 시작했어요. 그래서 제가 평생 지병인 폐기종을 앓게 되고, 15년 전에 호흡기장애 3급 판정을 받았어요. 지금도 폐기능이 33%에서 38%… 낮게는 27%까 지 내려가요. 빨리 못 걸어갑니다. 앉아서 말하는 건 괜찮아요. 물 먹고 (간이)호흡기 쓰면서 말해요. 일상생활에서 말을 많이 못 해 요. 생활이 안돼.

김대우 처음에 들어갔을 때는 아동소대가 24소대인가… 24소대에 있을 때 는 교회당이 없었어요. 그래서 교회당 짓는다고 우리가… 그 어린 아이를 동원해서 흙벽돌을 찍어요. 밑에 흙을 채우고 위에서 한 사 람이 딱 잡고 찍어 내리는 거예요. 그러면 (직육면체 모양의) 흙벽 돌이 탁 튀어 오르거든요. (튀어 오른 걸) 탁 놓으면 받아서 한 사 람이 옆에다가 재어요. 말리는 거죠. 말리면 그 무게가 보통 한…

20~30kg 정도 나갈 것 같아요.

교회당이 꼭대기에 있어요. 그 무거운 (흙벽돌을) 지고 올라가는 거
예요. 만약에 (벽돌) 하나 깨트려 먹었다… 그러면 단체로 기합을
받는 거예요. 운 좋으면 깬 사람만 두드려 맞고. 그 어린아이가 그
걸 들겠습니까? 그래도 어거지로[억지로] 어떻게 들어지긴 들어지
더라고요. 교회당 짓는 과정에서 제가 82년도에 나왔죠. 그러다 82
년도에 또 잡혀 들어가서 또 교회당을 짓다가 83년도에 또 나왔어
요. 그리고 83년도에 또 들어갔잖아요. 그때는 (들어가니까) 교회
당이 다 지어져 있더라고요.

최승우　　**강제노역 작업 종류는 어떤 게 있었나요?**

보통 청소년들이 하는 게 나전칠기, 목공, 철공… 82년도에는 그렇
게 기본적으로 갖춰져 있었어요. 그때는 형제복지원 건물이 완성되
고도 조금 미흡한 부분이 있었어요. 축대 쌓기나 담장을 더 높여야
되거나 그러면 동원되고 했어요.

형제복지원이 3만 6,000평 정도 되는데 우리 2소대 바로 옆에 보면
대운동장이 있어요. 지금 운전면허시험장만큼 큰 운동장이 있는데.
사람들이 산에서 흙과 돌을 직접 가지고 내려오면 거기서 돌 깨는
작업과 흙으로 블록[벽돌] 만드는 작업을 했어요. 보통 노동들이 그
런 거였죠. 신축한 곳을 조금 더 보완하는 작업들. 인원이 모자라면
청소년도 나가서 같이 돌도 깨야 하고. 그런 작업들이 있었죠.

85~86년도에는 여러 가지 일들이 있었죠. 82년도 이전에는 낚시 바늘 줄 묶는 작업도 있었고 모나미 볼펜심 꽂는 작업도 있었고. 신 발 공장, 재봉 공장도 들어오게 됐죠. 작업 종류가 점점 늘어나는 거죠. 82년도 22소대에 있을 때는 외부 작업을 나가는 친구들도 있 었어요. 외부에 나가서 직접 일을 하고 월급을 받고. 그때 월급을 친구들이 직접 받지는 않고 박인근 원장 사무실에서 다 챙겨서⋯ 이야기 듣기로는 외부 작업 나가는 친구들 말이 자기한테 월급이 들어오는 건 아니고 원장이 관리한다고 하더라고요.

나는 그 안에서 정말 오만 걸 다했죠. 형제복지원 자리에 지금은 아 파트가 들어서 있는데 그 뒤쪽 담벼락은 그대로 남아 있어요. 물탱 크도 그대로 남아 있고. 그 뒤쪽 산에 움푹움푹 파인 데가 있어요. 그거 다 형제복지원으로 흙하고 돌하고 가져온 자리거든요. 내가 그때 흙도 져 날랐고, 밑에 대운동장에서 돌을 깬 적도 있었고, 다 양하게 일을 많이 했죠.

나전칠기나 목공이나 봉제나 이런 데는 아무나 못 들어갔어요. 원 장이나 중대장, 사무장, 목사, 이런 사람들의 눈에 든 사람들이 거 기에 가서 일할 수 있었죠. 아무튼 소대 안에 있는 거보다 공장에 나가는 게 편했거든요. 소대는 늘 두드려 맞고 기합받고 뭘 외워야 되니까. 근데 공장에 가면 일이라도 할 수 있잖아요. 86년도 10월 에 나왔으니까 거의 4년 8개월, 5년 가까이 있는 과정에서 거의 4년 은 기합과 폭행, 그다음은 훈련을 받았던 것 같아요.

황명식 흙을 팠어. 흙을 파서 어떻게 했냐면. 일반 보로코[블록, 벽돌] 찍는 기계… 틀이 있어. 거기다 흙을 넣어서 보로코를 찍었다고. 한 이틀 놔 놓으면 마르거든. 그걸로 벽에다가 담을 쌓아. 그게 집이라. 거기 잡혀 온 사람들이 별 사람이 다 있어. 용접 기술자도 있고… 보로코 같은 거 만들고, 못질하는 사람… 그런 사람대로 일을 딱딱 시키는 거라.

민윤기 80년도 11월 초순인데 날짜를 모르겠어. 그 해가 광주사태[5·18민주화운동] 일어나던 해지 아마. (날짜는 모르겠어) 나 있을 때 인원이 4,300명 정도 됐나 봐. 담배 피우는 사람들에게는 하루에 네 개비씩 줬다고. 소대장이 아침마다 주는데. 나는 총무가 한 갑씩 줬어요. 원장이 자고 총무가 자고 하는 사택에 형광등 다마[전구]가 나갔을 때 갈아주러 가잖아. 들어가면 사모님이 하얀 밥을 고깃국에 말아서 많이 먹고 가라고… 일하는데 힘드시냐고 그러고… 그거[전기 시설]는 누가 손을 못 대요. 내가 그걸 다 만들었기 때문에. 누가 손대면 다 고장 나버려요. 그거 때문에 나는 대우를 받은 거지.

그래도 일은 다 똑같이 해야 돼. 자갈치시장에서 차에다 미역을 실어와요. 미역을 (형제복지원) 밑에 철로에 다 갖다 놓으면 소대 인원들이 마대에다 담아서 전부 어깨에 지고 (형제원으로) 올려야 돼요. 모래도 오면 그렇게 올리고 자갈도 오면 그렇게 올리고 시멘트도… 하여튼 온 형제복지원에 들어가는 자재고 식품이고 전부 다 그렇게 (옮겼지)… 소대 2층, 3층에 올라가 보면 난간에다 전부 미역을 쭉 걸어놔. 내가 (공사 보조로) 데리고 다니던 애들이 배가 고파서 올라가서 미역 꼭지를 잔뜩 따가지고 가다가 걸려서‥ 내가 쿠사리[편잔]를 되게 먹었다니까. 어휴 참 먹는 거 갖고 그렇게 막…

정수철 가명 성인이 되면 다른 성인소대로 이동합니다. 마대 아시죠. 삽으로 모래를 이렇게 해서… 형제복지원 제일 꼭대기에 보면 교회당이 있습니다. 그걸 지으라는 거예요. 그 마대를 지고 뛰어다녔다니까요. 걷는 게 아니고 뛰어다녔어요. 그때 당시에는 젊으니까 (하긴 했는데). 뭐 일당을 주는 것도 없고. 아무것도 없어요.

이승수 나는 일을 많이 했어요. 낚싯줄을 묶어서 전부 다 수출하는 거… 그 당시에 내가 알기로는 우리 일당으로 3,500원인가 준 거로 알고 있어요. 철도에서부터 차가 못 올라오니까 '만보뛰기'… 하수도에서 모래 건져 오면 나르는 거, 그거는 기본적으로 매일 했어요.

김상하 돌 깨는 데는 돌 깨고, 흙 보로코[블록, 벽돌] 찍는 데는 보로코 찍고 이런 식으로 분업화가 돼 있어요. 그 안에 있는 시설을 다 수용자들이 만들었기 때문에 그 고충은 뭐… 어린 사람들도 흙 보로코 한 장이라도 날라야 될 정도였어요. 맞지 않고 무사히 지내려면…

황송환 새벽 4시에 기상을 시켜요. 하루에 50포대를 나르지 않으면 순서대로 얻어맞습니다. 그래서 안 맞으려고 60kg 되는 포대를 지고 막 나르고 뛰고 그랬어요. 완전히 강제 노동이에요. "퍼뜩퍼뜩 안 뛰나. 이 새끼들아!" 그때 양말이 어딨습니까. 고무신도 없이 맨발로 뛰었어요. 추운 겨울에. 먹을 것도 제대로 주나…

그러다가 79년도에 박인근 원장이 통장을 만들어주겠다고 얘기했어요. 외부에 나가서 한 3개월 일을 했습니다. 근데 완전히 박인근 원장한테 사기를 당했어. 개천에 나가게 되면 삽으로 퍼내고… 구린내 나는 거 포대에 담아서 나르고… 석공 돌 깨는 거, 축대 쌓는 거, 그것도 했습니다.

강호야   내가 밤에 불침번을 좀 잘못 섰다 그러면 다음 날 작업장 나가면 다른 애들은 다섯 삽 넣을 거 나는 열다섯 삽, 스무 삽씩 넣어요. 조장들이 뒤따라다니면서 "빨리 안 가!" 이러면서 그냥 때려요.

용당동에 있었던 분들을 박인근 원장이 특별히 아꼈다는 얘기도 있던데요?
아이고, 그렇지도 않았어요. 그 사람이 어떤 사람인데. 어른들보다 작업량이 조금 적다뿐이지 뭐 특별히 먹는 거 더 주고 그런 거 없어요. 똑같이 일하고 이랬어요. 산 밑동을 파고 위에서 어른들이 데킹을 박으면 흙이 확 쏟아진다고요. 그쪽에 한 번 깔려서 죽을 뻔했죠. "나와!" 이러길래 삽 찾으러 들어갔다 나오다가 깔려버렸다니까요.

김상수   생각을 한번 해보십시오. 그 큰 건물, 2층 건물을 짓는데… 철근하고 시멘트만 사고 나머지는 전부 다 주워왔어요. 뭐 시멘트라든지 (철근을) 옛날 주례 큰 도롯가에 다 내려놨거든요. 한 20kg, 25kg 이렇게 돼요. 그거를 우리가 그 추운 겨울에도 물 줄줄 흐르는 걸 울러메고[들쳐메고] 운동장까지 왔으니까요. 우리 어린아이들이 거의 다 그걸 했어요. 2층 건물들을 다 짓고 나서는 그래도 조금 나았죠. 그전에는 솔직한 말로 지옥이었어요.

형제복지원 안에 집 짓는 돌, 자갈, 그거 전부 우리가 다 한 겁니다. 그 많은 집을, 자갈을 어떻게 만들었겠어요? 일곱 살, 여덟 살, 아홉 살, 열 살, 열한 살, 열두 살, 열세 살 아이들을 그 추운 겨울에 장갑도 없이 산더미처럼 갖다가 부어 놓고, 어린애들 손보다 더 큰 망치를 하나씩 줘서 그 큰 돌을 깨서 자갈을 만들라고 했으니… 1소대부터 전체가 몇 동입니까. 그걸 전부 다 우리 어린애들을 시켜서 만들었으니까… 지금 생각하면요. 안 죽고 이렇게 나온 게 야 진짜 신기하다… 김상수 니 진짜 대단한 놈이다…

공장에 가도 마찬가지예요. 우리가 생각하는 그냥 월급 받는 공장이 아니거든요. 사회에서 들어온 공장이지만 안에 관리자는 간부들이니까. "10분 만에 몇 개 만들어라!" 만든 사람은 안 맞고 할당을 못 채운 사람들은 불러내서 또 빠따 맞고… 이 흉터도 거기서 그랬어요. 거기서 돌 깨면서 다쳤고. 다리도 그렇고. 다리 이 상처 이런 거 전부 다 거기서 맞아서 그런 거죠. 약도 제대로 아마 안 발랐을 거예요. 이렇게 부어가지고 몇 달 고생했어요.

파편이 튄 건가요?

예. 돌 깨다가요. 머리도 성한 데가 한 군데도 없어요. 머리를 다 깎으면 (머리가) 상처투성이에요.

하루도 빠짐없는 노역은 외부인이 보기에도 의아한 장면이었다.

엄경흠
(야학교사)
형제복지원 안에 들어가면 늘 하는 게 있어요. 좀 어린애들부터 거의 한 팔십 노인까지, 앉아서 돌을 깨고 있어요. 계속 노동을 시키는 겁니다. 글쎄 저 사람들이 저기서 왜 노동을 해야 하느냐에 대해서 대단히 의아했었죠.

적금을 들어준다고 해요. 일종의 나중에 사회에 적응을 할 수 있도록 하는 금액이겠죠. 근데 그거를 통장에 넣어준대요. 그래서 각자 통장들이 다 있었다고 합니다. 거기 오래 있었던 한 친구가 "선생님, 제가 나중에 나올 때 돈 얼마 받았는지 아십니까?" (라고 해서) "그래 너 얼마나 받았니?" 그랬더니 그때 당시 돈으로 한 300만 원인가 받아 나왔는데… 한 20년 거기서 있었대요. 거기서 무슨 일을 해도 했는데 받아 나온 돈이 그거밖에 안 된다고 그 친구가 되게 울분을 토하더라고요. '이건 임금 착취고 노동 착취다'라는 생각은 했었죠.

문제(?)를 일으키면 '근신소대'에 배치됐다.
그곳의 강제 노역은 극한의 수준이었다.

한상현   성인소대 중에 새마음소대라는 데가 있었어요. 말썽자들만 모아서 노동만 시키는 소대가 있었는데 열다섯 살 말쯤 새마음소대로 갔어요. 아동이니까 내가 제일 어렸죠. 나머지는 성인들이고. 시멘트 져다 나르고 자갈 져다 나르고 모래 져다 나르고… 한 번에 마대 포대 지는 중량이 60kg 정도 돼요. 근데 저는 얹으면 주저앉아 버렸어요. 60kg이나 되니까요. 그래서 뭘 시켰냐면 새벽에 나가서 하천에서 모래 같은 걸 자갈하고 같이 퍼서 올리거든요. 하루 종일 아동들은 자갈을 깨고, 성인들은 큰 거 져다 나르고… 그때가 아마 가장 힘든 중노동이 시작될 시기죠. 맞는 거 말고 육체적으로 (또 다른) 고통이 시작된 거죠.

조금 대가리가 커지고 힘을 쓰다 보니까, 그때 다행히 키가 쭉쭉 커버렸어요. 그래가지고 삽질 퍼주는 거부터 시작하고 그다음에 들머리 하다가 조금 더 크니까 져다 나르는 걸 시작했죠.

16살쯤에 제가 새마음소대의 주력부대가 됐죠. 우리 소대가 평균 68명이 있었는데, 60kg짜리 옮기는 걸 (하루에) 120회 이상을 넘겨야 되는 거예요. 119회 하면 빠따 1대, 100회밖에 못하면 빠따 20대. 그게 너무 무서워서 120회를 다 채웠죠. 대신에 1등부터 3등까지는 담배를 줬어요. 1등은 열 개비, 2등은 일곱 개비, 3등은 다섯 개비… 그런 식으로 옛날에 새마을담배를 나눠줬어요. 4등, 5등은 그다음 날에 점수를 합산해서 매 맞는 데서 빼주고… 그런 시스템이 돼 있었어요. 그때 당시에는 '1등만 해야 되겠다…'는 생각으로 뭔지도 모르고 초능력이 있는 것처럼 달렸죠.

비가 조금 오는 날 고무신을 신고 뛰니까… 내리막을 내려오면서 발이 이렇게 딱 구부러졌는데… 시멘트에 발이 완전히 꺾이면서 뼈가 나올 정도로 완전히 파인 거죠. 그런데 치료도 못 하고 그대로 일을 계속했죠. 절룩거리면서. 너무 힘든 거예요. 아침에 일어나지를 못하겠는 거예요. 안 일어나면 패요. 진짜 죽을 것 같은데… "의무실에 가서 오늘만 좀 쉬게 해주세요. 정말 못 움직이겠습니다…" 그냥 두드려 패면서 일어나라고 하더라고요. 억지로 짐을 지고 옷에 식은 땀 질질 흘리면서 가요. 웃기는 게 한 다섯 번 정도 하고 나면 몸이 풀려가지고 아픈 게 없어져요. 땀 한 번 쫙 흘리면서… 그때부터 또 지고 뛰는 거예요. 1등 할 거라고…

171

한 1년도 안 돼서 어느 날 갑자기 양쪽 무릎이 퉁퉁 붓는 거예요. 한 발도 앞으로 갈 수가 없는 거예요. 계단이 많은데 그 계단마다 뒷걸음질을 해서 다 내려 다녔어요. 너무 아파서요. 뭐 허리는 말할 것도 없고. 매일 아침에 일어나면 몸살 난 것처럼 아팠으니까.

김세근 '낙타'라는 애가 꼽추거든요. 걔하고 도망가다가 걸려서 출력소대… '뺑코' 소대장이 있는 새마을소대로 갔어요. 철도 건너면 주례 개천이 있습니다. 도랑이 큰 게 있어요. 모래하고 자갈하고 마대 포대에 재어 놓으면, 아침 식전에 거기에 가서 그걸 다 나르고 나서 밥을 먹었어요. 슬리퍼 신은 채로 흙하고 돌 나를 때 뛰어다녀야 되거든요. 150회 못하면 얼어터지고 밥을 못 먹으니까. 그러면 슬리퍼 신은 발이 다 까지고…

여인철 운전교육을 배우면 밖에 사회 진출을 시켜준다 이거라. 면허증을 따면. 그래서 내가 운전교육대에 갔어요. 1소대는 운전교육만 하는 데라. 학생이라 학생.

주소가 부전동으로 돼 있었는데 면허증을 따려면 형제복지원에 퇴거[전입신고]가 돼 있어야 시험을 치러 갈 수 있단 말이야. 운전교육대에서 생활 잘하고 있었는데 소대 안에서 조장하고 나하고 화장실에서 좀 다툼이 있었어요. 인마가 담배를 자꾸 뺏어서 피더라고. 정량을 다 줬는데. 남의 정량을 뺏어서 피니까 내가 "하지 마라" 그러니까 "니가 뭔데 하지 마라고 하노?" 이렇게 나하고 싸움이 나서 총무과에 끌려갔어. 그때 총무 이름이 김돈영이라. 김돈영이 나보고

172

"운전훈련을 할 거냐. 안 할 거냐"고 묻길래 내가 "못 하겠습니다. 여기가 무슨 강제도 아니고. 내가 왜 여기 있어야 되냐"고 반항을 했지. 뺨도 한 대 맞았어. 그러니까 똥복을 입혀버리더라고. 그 안에서는 죄수복이라 그게. 군복 색깔인데. 그걸 입고 6소대를 갔어요.

최고 안 좋은 사람들… 쉽게 말하면 도망가다 잡혀 온 사람들… 말 안 듣고 하는 아이들이 가는 곳이에요. 거기 6소대는 망치로 돌 깨러 가고, 똥도 퍼야 되고, 막 이런 일만 시키는 곳이라. 가면 하루에 담배를 세 개비 줍니다. 새마을담배. 세 개비로 모자라니까 차 안테나 파이프 있죠? 그거를 부숴서 파이프를 만들어서 쪼가리 세 등분을 내서 꽂아서 (담배를) 피고 그랬거든요. 생전에 내가 똥 퍼 보지도 않던 놈이 똥도 퍼야 되고. 즈그 하라는 거 다 해야 되고. 하기 싫은 것도 안 할 수도 없는 입장이고. 밥도 우리는 제일 마지막에 먹어. 왜냐면 우리는 똥냄새가 나니까. 몸에 배겨 있으니까. 식당에 밥을 먹으러 가도 우리는 별도로 먹어요.

#3
살인 구타

이유도 모른 채 기합과 구타를 당했다.
기상천외한 방법이 동원됐다.

김대우   기합을 줄 때 '원산폭격'이라든지 '고춧가루'라든지 '히로시마', '나룻배', '한강철교', '김밥말이', 이런 식으로 쫙 있거든요. 조장이 자기가 기합을 주고 싶은 걸 주는 거예요. 한강철교는 뭐냐면, 사람이 줄을 쫙 서서 손바닥을 바닥에 대고 엎드린 다음 뒷사람 등에 발을 올리는 거예요. 그게 한강철교예요. 조장들이나 서무들이 그 위에서 밟는 거예요. 만약에 무너졌다… 그러면 무너진 놈은 또 맞는 거예요. 고춧가루는 뭐냐면… 그게 기합 중에서 제일 힘들거든요. 원산폭격의 하나인데 얼굴을 바닥에 박는 거예요. 조금만 몸이 흔들린다 하면 발로 밟는 거예요. 히로시마는 뭐냐면, 양손을 바닥에 대고 2층 침대 위에 다리를 걸치거든요. 그렇게 걸치면 손으로 다리를 바닥에 내동댕이치는 거예요. 뭐 손으로도 때리고 또 몽둥이… 빗자루로 주로 많이 맞았죠. 다치기도 많이 다쳤죠.

최승우   신입소대에 들어가면 주로 하는 게 기합받는 거예요. 어쨌든 규율을 잡아야 되니까. 정말 다양한 기합들이 있다는 걸, 저는 그때 당시 처음 당했던 거죠. 학교에 갔을 땐 선생님들이 손바닥 때리는 정도였는데. 그곳은 정말 지옥과 같은 곳이다… 얼마나 많은 기합과 폭행을 당하고 했는지. 참… 그렇게 신입소대에서 일주일 동안 보내는 거예요. 그러고 나서 각자 나이에 맞게 일을 할 수 있는지 없는지 판단을 해서 각 소대별로 분산을 시키는 거죠.

저는 열네 살이다 보니까 신입소대에 일주일 있다가 2소대로 갔어요. 청소년소대예요. 신입소대하고는 너무 비교가 되더라고요. 서 있는 자세도 거의 움직임 하나 없는 자세였고. 아침, 저녁으로 점호 치잖아요. "번호!" 이러면 "하나, 둘, 셋, 넷…" 다 돌아가는 데 3초도 안 걸릴 정도로… 그렇게 규율이 딱 잡힌 곳이더라고요. 2소대 들어가자마자 두드려 맞기 시작하는 거라. 계속 기합받고. 그래야지만 내가 그 사람들과의 합이 맞아지니깐. 그때 당시엔 수요일, 토요일, 일요일, 3일은 교회당에 예배 보러 다니고. 나머지는 거의 그 안에서 기합받았어요.

기합 방법은 어땠나요?
'자동차놀이'라고 있어요. 보통 조장들이 힘없는 소대원들한테 (하는 건데) 얼굴에 대고 "우측깜박이" 하면서 눈을 쥐어박으면 (오른쪽) 눈을 깜박거려야 되고, 코를 손으로 때리면 '빵빵' 소리를 내야 되고, 브레이크를 잡는다며 성기를 때리고. 다양한… 말도 안 되는 기합들을 당했죠. 그런 소대원들은 늘 눈탱이가 밤탱이가 돼서… 피 보는 건 늘 있어요. 늘 누군가는 맞아서 피가 나고 쓰러져서 실려 나가고… 거의 하루에 1~2번꼴은 있어요.

민윤기 기도 때문에 일주일 동안 땅굴 속에 처박아뒀어요. 종교에 반항을 가졌다든가 그러면 그 속에 일주일씩 집어넣고, 끼니 되면 빵 한 조각하고 물을 갖다줬어요. 겨우 죽지 않게. 거기 들어갔다 나오니까 반성은커녕 사람이 더 악만 생기고… 지[박인근] 세상이야. 공산당보다 더한 데예요 거기가. 뭐 말이 없어. 박인근 원장 말 한마디면…

가끔 원장실에 내가 들락날락했어요. 인터폰 공사 때문에. (집으로 보낸) 편지(가 반환됐다는) 연락을 받고 일주일 있다가 원장실에 다시 들어갔는데 바닥에 피가 흥건하게 괴었더라고요. 전날 저녁에 일어났던 일이야. 피가 계속 있었으면 말라붙어서 눈에 안 보일 텐데. 마른 거 하고 금방 흘린 거 하고는 다르거든. 사람 피가 잘 안 말라요. 바닥에 떨어져도. 그게 흥건하게 있으니까 전날 저녁에 벌어진 일이에요. 하얀 타일에 핏방울이 떨어지니 눈에 금방 띄지. 그런데 피가 흠뻑 나온 걸 보면 사람을 얼마나 때렸길래 그 정도로 쏟아지겠어요. 보기는 몇 번 봤어.

원장실에 책상이 조그마한 게 있는데 거기에 참나무로 깎은 야구방망이처럼 생긴 몽둥이가 있었어요. 굵기가 (야구방망이만큼) 이런 게 한 20개 정도 있고. 쇠로 연결시킨 쇠고랑을 걸어놨어요. 막 문 열고 들어가면 좌측에 걸어놨더라고. 그리고 경찰이 갖고 있는 수갑 있잖아? 그런 수갑이 아니고 일반 대장간에서 만들어 온 수갑이 있어. 이렇게 크고… 그거 한 40~50개를 잔뜩 쌓아놨더라고.

정수철 가명 우리가 상상할 수 없는 군대 제식훈련을 어린아이들한테 다 가르치고 시킵니다. 틀리면 꼬라박기도 하고 굴리기도 하고. '귀신', '짱구', '마귀', 이런 사람들이 다 조장들이에요. 그 사람들은 우리보다 다 덩치도 커요. 한 소대에 아동이 100명이 넘습니다. 그 안에서 눈물도 많이 흘렸습니다. 아동소대 있을 때는 구타가 장난이 아니었어요. 소대장이 개인적으로 기분이 나쁘면 아이들을 단체 기합 때리고, 밖에 나가서 굴리기도 하고. 구타가 심했어요.

성인 조장들이 좀 짓궂은 장난을 많이 쳐요. 담배 피우라고 막 강제로 입에 갖다 대고. 화장실에서 안 피우면 "(머리를 바닥에) 꼬라박아라"고 해서 발로 차고. 그 조장이 나한테 감정이 있는지 사람들을 밖에 다 내보내고 나 혼자 방에서 엎드리라고 하더라고요. 그래서 내가 한 대 맞다가 피해버렸어요. 그러니까 이놈이 막 휘두르면서 다리를 막 때리더라고요. 그래서 내가 밖으로 튀어 나갔죠. 옆에 있던 소대장이 "뭐 때문에 그러냐"고 물어보긴 했는데, (조장이) 때리면 때리는 줄 알고 그냥 거기서 끝내버려요. 우리는 뭐 힘이 없어요. 맞으면 맞는가 보다…

김상수 하여튼 맞은 거 이거를 뭐 말로 표현하려고 그러니까 이걸 뭐 어떻게… 영화를 찍는다면, 우리가 여러 사람이랑 한 거 그대로 행동을 같이 하겠는데… 4년 동안 그렇게 맞아가면서 했지만, 저도 나오지 전까지는 서무도 했었어요. 간부를 안 하면 나올 때까지 하여튼 구타를 당해요. 나보고 진짜 주연해서 영화 찍으라고 하면 내가 우리나라 오천만 국민 다 울릴 수 있어요.

여자 원생들은 주로 정신병원에 근신을 당했다.

박순이 좀 못 걷는 사람… 좀 정신박약[지적장애]이 있는 사람들이 다 25
소대에 있었거든요. 26소대는 2층이라 못 내려오니까. "번호!"하면
쭈욱 (순서대로 번호를 말)하는데 모자라는 아이가 "사~암~" 이러
는 거예요. (머리를 바닥에) 꼬라박으라고 하는데 꼬라박을 줄 알아
야 꼬라박지. 와 처음에 꼬라박았는데 피를 토할 것 같더라고요. 역
류가 되니까. 아침 되니까 얼굴이 이만큼 부어요. 적응을 떠나서요.
살아야겠다는 생각이 제일 많이 들었어요. '여기서 살아나가야겠
다…' 오래 있던 아이가 그러더라고요. "너 살아나가려면 절대 소대
장이나 중대장이나 조장이나 서무한테 덤비면 안 된다. 너 그러면
죽는다"고 하더라고요.

남녀는 눈만 마주쳐요. 일요일, 수요일 교회에 갈 때. 근데 교회에
서 일하는 '백사'라는 오빠가 쪽지를 많이 전해줬어요. 우리 여자 소
대에 '혈서 편지'가 한창 유행이 돌았어요. '사랑을 맹세한다'고. 지
금도 그 흉터가 있어요. 화요일에 편지를 줬는데요. 미친놈이 그걸
수요일에 교회당에 가지고 갔어요. 와이셔츠를 입었는데, 피[혈서]
니까 그게 비쳤을 거 아니에요. 목요일 아침에 일조점호[아침점호]
보고서를 써서 사무실로 막 가려고 신발을 신는데 방송이 나와요.
"25소대 서무 하안녕이는 즉각 사무실로 뛴다!" 딱 들어갔는데 갑자
기 막 박인근 원장이 나오더니 딸딸이[슬리퍼]로 뺨을 한 스무 대를
때리는데, 정신이 하나도 없어요. 정신이 몽롱한 상태에서 가서 엎
드려뻗쳐서 빠따 82대를 맞았어요. 허벅지가 다 터져서 정신병원에

근신을 당했어요. 정신병원에 와서 봤더니 얼굴에 딸딸이 자국이 겁나게 나 있더만요. (거기서) 정신병자들을 케어하는데 자다가 이년이 머리채 끌고 가고, 저년이 끌고 가고… 와 나는 정신병자들이 그렇게 힘 센 줄 몰랐어요. 머리채 잡히면 복도를 한 세 바퀴 돌아요. 지쳐서 있으면 딴 년이 또 끌고 가요. 어리니까 못 이기겠더라고요.

남자 소대는 근신소대가 따로 있어요. 남자들도 정박아[지적장애인] 소대는 따로 있었어요. 근데 여자들은 없었어요. 여자들이 두드려 맞고 오면 근신 당하는 데가 정신병동이었어요. 쉽게 말해 정신병원 실장으로 가는 거죠. 제가 거기에서 '바위섬'이란 노래를 배웠어요. 그때 당시에 남자한테 시련을 당하면 약간 정신이 이상해졌잖아요. 그 아이가 내내 다리가 묶인 채로, 소금을 양말에 (넣고 끝을) 묶어서 입에 넣어 놓으면 그게 다 녹을 때까지 바위섬 노래를 부르고 있어요. 그러면 딴 실장이 와서 뺨을 때리고 쥐어박고 그래요. 한 날은 자갈을 물려 놨는데 그걸 자글자글 씹어서, 이빨이 다 깨졌는데도 계속 씹으면서 그 노래를 부르더라고요. 그래서 끌러[풀러] 줬어요. "왜 씨발년아. 너도 나 때리려고 풀어주는 거지?" (해서) "아니, 그 노래가 그렇게 좋아?" 물으니까, 좋대요. "그러면 나도 가르쳐 줘봐" 그렇게 해서 제가 바위섬 노래를 배웠어요.

특히 '선도실'이라 불린 곳은 남녀 모두에게 공포의 대상이었다.

여인철　　만약에 도망갔다가 잡히면 중대장실에 가면 빠따가 있어. 곡괭이 자루 같은 거. 그거 가지고 두드려 잡고 하는 걸 몇 번 봤어요. 그러니까 그걸 본 사람들은 더이상 (도망갈) 생각을 못 가지는 거야. 나가다 잡히면… 도망가다 잡혀서 다리 부서져서 온 아이도 봤고. 왜냐면 내가 있는 그 소대로 다 들어오니까. 6소대가 근신소대지. 쉽게 말하자면 박인근이한테 불평불만 많은 아이들만 거기에 들어가는 거라. 불만을 가지고 도망을 간다든지 반항을 한다든지 말을 안 듣는다든지 하면 거기 근신소대를 가.

김경우   거기서 말을 안 들으면 선도실이라고 있거든요. 위에 간판을 보면 '무엇을 도와 드릴까요'라고 딱 해놨어요. 이름만 그럴듯하게 해 놓은 거죠. 깡패 생활하다가 잡혀 온 사람들… "내가 내다"하는 사람들이 와도 힘도 못 씁니다. 일단 선도실에 들어가기 전에는 어깨에 힘주고 "내가 뭘 잘못했는데!" 하면서 들어가잖아요? 나올 때는 거짓말 안 하고 실려서 나와요. 그 정도로 구타를 갖다가 심하게… 이유도 없이… 지금으로 치면 인간개조를 시켜야 된다고 하면서 "차렷! 이 꽉 깨물어!" 그냥 이유 없이 때리는 거예요. "몇 대 맞을래?" (해서) "두 대요" (하면) "열 대!"(이러는데) 그러면 이유 없이 그냥 열 대 맞아야 되는 거예요.

외부에서 오는 선생들이 있었어요. 그때 당시에 저하고 나이가 똑같은 여자아이가 저하고 사귀게 됐어요. 그 아이는 유치부 선생으로 온 거죠. 제가 또 교회에서 성가대 활동을 했거든요. 그 친구도 외부에서 왔지만 일요일마다 교회에서 성가대 활동을 같이 하다보니까 이야기를 많이 나눴어요. "뭐 힘든 건 없나?" 묻는데 힘든 걸 괜히 발설하면 '혹시 이 아이가 첩자일 수도 있는데…' 그런 생각이 들더라고요. "윗사람한테 줘라"면서 (담배)솔하고 (담배)장미 이런 걸 올 때마다 가방에 두 갑 세 갑씩 넣어 왔어요. 근데 한 명이 위에 다가 고자질을 했어요. 제가 그 아이 때문에 빠따를 한 번도 안 쉬고 150대를 정확하게 맞았어요. 엉덩이만. "맞고 사귈래? 아니면 기합만 받고 끝낼래?" 저는 "맞겠습니다"라고 했습니다. 열 대 정도 맞을 때는 "아야, 아야" 했는데 그 이후로 넘어가면 그냥 퍽 퍽… 엉덩이에 감각이 없더라고요. 소대장이 저한테 "너는 진짜 독종이고, 어디 가도 살 놈이다" 그런 말까지 하더라고요.

심하게 윗사람한테 달려들고 그러면 약이 있어요. 약을 주는데 그걸 먹으면 정신 상태가 몽롱해져요. 힘도 못 쓰고. 아주 조그만 흰 약 같은 거예요. 어떤 건 노란 색이고. 그런 걸 막 먹여요. 눈 뜨고 일어나 보면, 거의 잠을 하루 이틀 잔 거예요. 안 먹겠다고 버티면 그냥 막 입을 벌려서 주전자 물을 부어서…

박인근 원장이 꼭 월요일 강당회의 때마다 하는 말이 있어요. "도망가라. 그 대신 절대 잡히지 마라" 잡히면 자기는 감당을 못한다는 거예요.

박순이 잡히면 죽죠. 중대장실에 가서 빠따 한 대 맞으면요, 그냥 자동으로 무릎이 꿇어져요. 그 뒤에는 맞을 만해요. 허벅지에 감각이 없으니까. 중대장이 빠따를 기똥차게 쳐요. 여자애들은 아기 못 낳는다고 히프[엉덩이] 안 때려요. 허벅지 때리고. 남자들은 엉덩이 때리고. 선도실 건물이 하나 있는 거죠. 중대장실 옆에 선도실. 그러니까 칸을 솔찬히[많이] 차지하죠. 선도실은 사각으로 돼 있고요. '무엇을 도와 드릴까요' 그렇게 써놨어요.

남자소대나 여자소대나 다 마찬가지일 거예요. 때리되 절대로 얼굴을 때리면 안 돼요. 부산시나 어디서 견학을 왔을 때 이 얼굴에 손상이 있으면 그 소대장은 모가지예요. 때릴 수 있는 데만 때리고 (팔 부위) 요만큼은 안 때려요. 여름에 짧은 옷 입으니까 멍들고 하면 안 되니까요.

황명식 두드려 맞는 게 약이라. 그게 약이고 밥이라.

한종선 그냥 인정사정없이 막 두들겨 팰 때가 있어요. 빠따를 치거나 발바닥을 맞거나 손바닥을 맞거나 손등을 맞거나 하는 건 단체로 맞는 거예요. 그중에서 제일 아픈 부위는 발바닥이에요. 야구 방망이로 휘두르는 것처럼 그런 속도로 발바닥 맞아 봐요. 진짜 죽어요. 그리고 무릎 꿇고 손바닥 펴서 이 자세로 몽둥이로 맞을 때. 그게 두 번째로 많이 아파요.

빠따 맞다가 손을 이렇게 돌려서… 조장이 자기가 때리고 싶은 위치를 제대로 못 때려서 때리는 사람도 기분 상하고 맞는 사람도 겁나 아프고 이런 상황이 만들어지면, 때리는 사람이 이성을 잃는 것 같아요. 전 소대원들이 침대 양옆으로 일렬로 쫘악 서 있는데 그 와중에 가운데로 끌려나가서 조장한테 마구잡이로 개 맞듯이 맞는다고 상상을 해보세요. 그 자체가 공포 분위기라니까요. 기본적으로 머리는 깨져요. 빨간 피가 펄펄 흘러나올 정도로. 몸이 기억하는 트라우마가 있고 말로 기억하는 트라우마가 있고 감각이 기억하는 트라우마가 있거든요. 몸이 기억하고 있는 트라우마를 재현을 하자니 말로는 이게 설명이 안 돼요.

그 물고문은 아주 특별한 케이스예요. 취침 시간 전에 저녁 8시가 되면 자유시간이잖아요. 그때는 조장들도 웬만하면 터치를 안 해요. 빨랫감 쌓아 놓은 게 푹신푹신하고 좋으니까 내가 거기서 뛰어놀고 있었다고. 근데 조장이 그날 소대장한테 두들겨 맞았는지 몰라도 기분이 되게 나빴어. 내가 걸린 거예요. 빨랫감 위에서 뛰어노는 걸 보더니 "개새끼 따라와!" 하면서 세면장에 바로 끌고 들어간 거예요. 옷 다 벗고 두들겨 맞다가 살려 달라고 막 바지 끄덩이 잡고 매달리니까 "개새끼!" 하면서 손발을 다 묶어버리는 거예요. 그때가 한겨울이었거든요. 찬물을 쫙쫙 끼얹는 거라. 산에서 내려오는 물이 얼마나 차갑겠어요. 살얼음 낀 얼음물… 살이 그냥 터져나가는 듯한 통증이 와요. 그리고 나서 울고불고 살려달라고 하니까 또 번쩍 들어서 잠수통에 집어넣어서 숨도 못 쉬게 만들었다가 끄집어내고. 숨이 깔딱깔딱 하면 또 대가리 빼고 또다시 집어넣고… 그러고 찬바람 쐬게끔 하는 거라. 물기도 못 닦게 하고. 그때부터 이제 찬물에 대한 공포가 생긴 거예요. 지금도 찬물로 샤워를 못 해요. 한여름에도. 긴 옷을 입거나 두꺼운 점퍼를 여름 내내 입는 이유도 아마 그 일 때문인 것 같아요. 이게 이제 몸이 기억하는 트라우마죠.

(동생 한종선이
전하는)
한신애

우리 누나가 맨날 소대 이탈을 해갖고 나를 데리고 "집으로 가자"고
막 그랬어요. 단체 행동에서는 절대 해서는 안 되는 행위들을 한 거
잖아요. 내가 맨 앞 열에 있잖아요. 그러니까 누나가 소대를 이탈을
해서 나한테 오는 거예요. 그리고 무조건 내 손 잡고 "집에 가자"고
막 하는 거예요. 근데 나는 움직이면 죽는다는 걸 알잖아요. 그러니
까 누나 뜻에 따르질 못하는 거예요. 그 상황에서 누나가 조장들한
테 끌려가면서 맞고 하는 걸 내가 눈으로 목격했어요. 하루도 안 빠
지고 와가지고, 두들겨 맞으면서도 계속 오는 거예요. 한번은 우리
조장이 (누나한테) 손가락질하면서 "야 이 씨발년아!" 이런 거예요.
(나한테) 따라하라는 거예요. 그래서 나도 똑같이 따라 했죠. "야
이 씨발년아. 다시는 찾아오지 마!"

누나에 대한 죄책감이지. 내가 살자고 누나한테 그런 말까지 한 거
니까. '짐승 같은 삶에서 인간으로 돌아가려 한다'라는 이야기가 여
기서 나오는 거예요. 나는 이런 식으로 말살당했지만 다른 인격들
은 또 다르게 말살당했을 거 아닙니까.

85년도에 나는 27소대 갈 때 누나는 25소대로 가고. 계속 내 옆 소
대로 같이 있다가 (누나가) 정신이상이 돼가는 과정을 내가 다 목격
하면서 산 거지. 완전히 안 보이는 곳에서 있었더라면 내가 누나에
대한 존재 자체를 망각했을 건데 2년 6개월 내내 누나가 내 옆에 있
으면서 내가 그걸 다 목격하다 보니까 잊을 수가 없는 거죠. 공포 분
위기 안에서 서로를 바라본다는 그 감정이 얼마나 힘들겠어요. 서로
간에 의지가 된다기보다는 오히려 그게 더 괴로움으로 다가오는 거

죠. 23소대에 있는 누나들… 소대원들이 대놓고 나한테 약 올리는 거지. "니 누나 어저께 뭐 당했다더라" "누구한테 따먹혔다더라"

이향직 주먹으로… 발로… 아니면 빗자루, 몽둥이, 손바닥, 발바닥, 이 정도는 그냥 늘 맞는 거고요. 물통 안에 땅 파는 곡괭이 자루만 남은 거… 그게 담겨 있어요. 그걸로 꺼내서 때리거든요. 그러면 겨울에는 두 대 세 대만 맞고 나면 안 아파요. 살이 터져서 감각이 없어요.

성경 암송대회 하는 게 있어요. 그거에 뽑혀야 돼요. 그걸 외우는 동안에는 안 맞아요. 기합도 안 받고. 열외로 빼주거든요. 대회 끝날 때까지는 안 맞으니까. 근데 대회에서 입상을 못 했다 그러면 또 이제 작살나죠. 그때 외웠던 거 지금도 외워요. 하도 맞아가지고…

신재현 가명 자다가 소대장이 기분 나쁘면 깨우는 거예요. 뜬금없이 깨워. "야 이 새끼들아!"하면서 깨우는 거야. 갑자기 "기상!" 해서 일어나 보면 아무것도 아닌데 지가 기분이 나쁜 거야. 그냥 패는 거야. 몇 시간씩 기합을 주고 물구나무를 세우고. 사람을 던져요. 그게 사람이 감당할 만한 고통이 아니에요. 심한 게 밥그릇을… 철 밥그릇 있잖아요. 스텐 밥그릇… 그걸 거기에 놓아요. 거기에 허리를 던져요. 그러면 사람이 지옥의 고통을 맛봐요. 난 그래서 그때 그 시대가 현존하는 지옥이라고 얘기했어요.
폭행의 도구라고 하면 손… 흔히 작대기… 또 곡괭이 자루… 모든 것을 다 썼어요. 칡넝쿨은 못 봤어요. 철 전깃줄을 꼬아서 맞기도 하고. 여러 가지로 맞았어요. 중대장이나 이런 사람들은 허벅지를 때려요. 근데 무식한 인간들은요. 머리부터 발끝까지 다 때려요. 제가 그 직접적인 피해자예요. 무자비하게 너무 많이 맞았는데, 이유도 모르고 맞았다는 거. 왜 맞는지 이유라도 말해주고 팼으면 좋겠어요. 이유도 없이 때리는 거예요. 아침에 자다가 갑자기 일어났는데 그냥 "엎드려!" 하더니 침대 앞에 놓인 각목으로 패는 거예요. 멀쩡한 엉덩이를 힘대로 때린다고 생각해보세요. 어른이 아이를⋯ 얼마나 아팠겠어요. 멍이 시퍼렇게 드는 건 일상이에요. 엉덩이 멍, 허벅지 멍은 그냥 단순한 일과 중에 하나야. 그런 걸 수없이 겪었어요.

이춘수 가명 의무소대에서 한 1년 정도 있었던 것 같아요. 의무반장⋯ 그 사람한테 내가 성추행을 당했어요. 중대장이 점호를 치는데 내가 가서 나발을 불었거든. 저 양반이 나한테 이렇게 (성추행을) 했다⋯ 그랬더니 바로 근신소대로 넘어갔죠. 3소대 소대장이 악랄한 새끼라. 애들 괴롭히는 애였거든. (내가) 중대장한테 그런 걸 찔렀으니까⋯ 지[근신소대 소대장] 눈에는 얼마나 가시였겠습니까. 들어가서 내가 그 양반[소대장]한테 **빠따**를 15대를 맞았나⋯ 그러고 돌림 **빠따** 해가지고 그때 3소대 소대원이 68명이었으니까 68대⋯ 거기에 중대장 3대⋯ 그러면 몇 대입니까. 피가 다 터진 거예요. 허벅지에⋯

거기도 자기들끼리 먹이사슬이라는 게 있어가지고⋯ 소대장이 '골인'[근신]된다고 하면 자기들끼리 대우를 해주고 그런 게 있었어요. 그러니까 의무반장이라는 직책을 갖고 있으면 약을 좀 챙겨준다던가 뭐 그런 게 있었겠지.

누가 덜 맞고 누가 덜 때리고 이런 게 없다니까. 그냥 먹이사슬이야. 내가 살기 위해서 때려야 되고. 똑같이 다 맞을 때 그 고통은… 거기 있었다는 자체가 전부 다 고통이야. 지금은 웃으면서 이야기하지만 그때 당시에는 얼마나 두려웠겠습니까. 중대장 빠따가 고통스럽다고. 그 피에 그 고통이… 허벅지가 그냥 다 터져버린다니까. 나는 지금도 생각하면 우스운 게, 거기서 우리가 종교라는 걸 믿고 있었다 아닙니까. 근데 거기 교회당 앞에서 원장이란 새끼가 "이 개새끼들" 하면서 욕을 했으니…

구타가 없는 날은 오히려 불안할 정도였다.

김상하 **구타를 많이 당하셨다고요?**

자루를 메고 몇 번 왔다 갔다 했는지 체크를 합니다. '돈내기'라고, 체크를 해서 몇 개 이상 못 하면 그 사람들은 별도로 빠따를 맞든지 기합을 받든지 합니다. 뭐 한 이틀 일을 더 하면 되는 건데 굳이 왜 그런 식으로 해서 구타를 하고 그랬는지… 아침부터 저녁 점호 끝날 때까지 그냥 무사히 넘어가는 날이 대부분 없고. 누구 하나 때문에라도 기합을 받든지 맞든지 그런 일이 다반사였기 때문에, 점호 끝나고 취침 시간 들어가기 전까지는 매일 불안한 생활이었죠.

무자비한 폭행으로 온몸에 부상을 입었지만, 역시나 치료는 없었다.

박해용 제 별명은 '느림보'. 몸이 워낙 둔하니까 느림보 거북이였어요.

3~4년 동안 수용 생활을 하셨다고요?

3년이요. 우유, 과일, 고기라고는 맛도 못 봤어요. 기합은 오만 기합은 다 받았어요. 나룻배, 한강철교 뭐 완전 군대식이었어요. 제 24, 27, 28소대에 있었어요. 규율이 엄청나게 심했어요. 한 사람이 잘못하면 기합을 여러 번 다 받아야 돼요. 침대 밑에 기어 다니게 하고, 침대에 물구나무서게 하고 곡괭이로 내리쳤거든요. 하도 아파서 엉덩이에 수건 깔고 바지도 껴입고 추리닝도 껴입고… 그렇게 해도 온몸이 완전 피멍이 들고 그래요. 국민교육헌장도 다 외우라고 그러고. 어쩔 땐 모다구리[몰매]도 당했어요. 여러 명한테 한 사람이 두드려 맞는 거요. 잘못 안 했는데도 대든다는 이유로요. 온몸에 피멍이 다 들었어요. 그래서 쓰러진 적도 있었고.

일주일 중에 며칠이나 그런 구타가 있었나요?

일주일 중 대부분이었죠. 도망가다가 잡혀서 기합받은 적이 있어요. 담장 너머로 가려고 했는데 숨었는데 걸렸어요. 소대장인가 그분한테. 또 한 번은 경비한테 걸렸어요.

치료를 해준다거나…

그런 건 전혀 없어요. 저는 병원 간 적이 없어요. 그냥 죽으라고 내버려두는 거예요. 자다가 무서움에 절어가지고 나무침대 2층에서 자다가 바지에 오줌 싼 적도 있어요.

김세근　김종일이라는 소대장이 곡괭이 자루를 던져서 척추에 찍혔어요. 그것 때문에 지금 척추장애 5급이거든요. 엉덩이 바로 위에 찍혀서 5번 요추가 으스러졌어요. 계속 아프다고 하니까 "엄살 까지 마라"고 두드려 팼어요. 그때 두드려 맞고 치료도 못 받았어요. 진통제만

주고 '아까쟁끼'[일명 '빨간약'으로 불리던 소독용 구급약] 바르고…
지금도 무거운 거, 한 20kg 되는 거만 들어도 조금 있으면 막 허리
가 우리하게[아리고 욱신욱신한 느낌] 아프고요. 한 번씩 손하고 이
런 데 마비가 와요. 여기[쇄골]도 그대로 곡괭이 자루에 맞아서 찢
어지고. 턱도 맞아서… 열중쉬어 자세에서 때리는데 피하다가 여
기[턱 아래] 맞아서 찢어졌어요. 머리하고 여기에 흉터가 크게 있어
요. 여기[무릎]는 김종일 소대장한테 곡괭이 자루로 맞아서 찢어진
데고. 도망가다가 잡혀서요…

일요일에 강제로 교회당에 가서 두 시간이고 세 시간이고 집회 봐
야 돼요. 소변보러 가다가 걸려서 두드려 맞고… 소변도 못 보러 가
게 합니다. 그래 놓고 고무신에 소변 받아서 나오다 걸리면 또 두드
려 맞고… 밤 2시, 3시까지 찬송가 교육 시키고요. 찬송가 부르다가
졸면 또 두드려 맞고…

김수길 솔직히 너무 많이 맞았어요. 우리가 제일 많이 맞은 게, 한 사람이
잘못하면 단체 기합을 받아요. 밤새도록 맞을 수도 있고. 한두 시간
자다가… 침대에서 자다가도 일부러 떨어뜨리고 그랬어요. 이거[허
리]는 빠따 맞아서 다쳤어요. 저 같은 경우에는 지금 허리가 뒤틀려
있어요. 무릎이야 내가 도망가다가 다친 거고. 허리 같은 경우는 진
짜 빠따를 너무 많이 맞아서… 그냥 갖다가 때리는 거예요. 소 돼지
잡듯이. 엄살 부리잖아요? 그러면 이제 마 죽는 거예요. 내가 말로
해서 그렇지 상상도 못합니다.

걷지도 못했을 거예요. 의무과에 바로 실려 갔어요. 안티푸라민[진통·항염제]…그걸 이렇게 발라서 붕대를 채우더라고요. 그러고 한 보름 정도… 그게 고질병이 된 거예요. 장애 등급을 받았어요. 허리 때문에. 5급 받았죠.

김의수   그냥 맨바닥에서 머리박기는 우리가 이골이 나다 보니까 머리를 박은 채 잘 수도 있어요. 그런데 더 심한 건, 모서리 각진 데 그런 데 대가리 박기를 하는 거예요. 개눈깔 소대장 눈에 찍히면 그 소대에 있을 때까지 그렇게 사람을 괴롭힙니다.

우리는 그때 당시에 그 사람들보다 나이도 어리고 신체적으로 작으니까. 뭘 하나 시키는데 그대로 안 하면 거의 뭐 죽을 만큼 두드려 팹니다. 저 같은 경우엔 맞다가 기절하는 일도 비일비재하게 일어났고. 저뿐만 아니라 다른 애들도 맞다가 어디가 부러지고 기절하고, 그래도 그 안에선 제대로 된 치료조차 없는 거예요.

빠따를 맞다 보면 아파서 피할 수도 있잖아요. 피하면 몽둥이가 머리로 몸으로 막 다 날아와요. 그래가지고 맞아서 픽 쓰러지면 발길질로 머리든 어디든 막 차는 거예요. 그렇게 맞는데 여기저기 안 부러지겠습니까.

안종환   구타가 심했어요. 많이 맞았지. 들어가자마자 나는 맞았어요. 2층인가? 들어가자마자 문 열자마자 맞았다니까요. 아기가 무슨 잘못이 있다고… 어떤 여성 같은 분이 들어오자마자 나를 때리더라고요. 뭐 얼굴에다 팍팍 이렇게 때리는 거지. 그래서 내가 고등학교 졸업하고 너무 응어리가 있어서 (때린 사람을) 죽여버리려고… 형제복지원에 갔어요. 근데 없어졌더라고요. 너무 한이 맺혀가지고. '내가 너거들한테 잘못한 것도 없는 왜 내가 맞아야 되는지…' 사춘기가 지나고 성인이 되니까 '내가 왜 이런 데서 이렇게 자라야 되는지…' 이성적으로 알게 되는 시기 아닙니까. 너무 한이 맺히는 거죠. 그 사람 얼굴 생생하게 기억하고 있거든요. 나를 때린 사람…

지금 턱이 '딱딱' 소리가 나죠? 어렸을 때 맞아서 이거 치료도 못했어요. 아기 때 맞았는데… 아 지금 내가 그 생각 하면… 분노가 막… 어휴… 제가 뭐 범죄를 저지르고 이런 대우를 받으면 논리적으로 인정을 하겠는데. 나는 진짜… 시골에 가면 할아버지(가 계신) 안 씨[氏] 마을이 있어요. 떳떳한 집안인데 왜 내가 이 고생을 해야 되는지… 아직까지 수수께끼입니다. 40년이 지나도 지금… 가족도 못 찾고 얼마나 억울하겠습니까. 무엇을 잘못해서 내가 이런 대우를 받아야 되는지 안 당해본 사람은 몰라. 내면의 마음을…

항상 맞았어요. 시간만 나면. 돌아가면서 서로 때리라고 시키고. 소대장이라는 사람이 있어요. 그러니까 완전 북한보다 더한 거지. 군대에 가면 군대 오른쪽 왼쪽에 잠자는 데가 있지 않습니까. 그런 식으로 내 기억으로는 침대가 쫙 있고… 뭐 맛있는 거 주고 서로 칭찬해주고 이런 게임은 없었고. 서로 때리기 이런 걸 시켰죠.

아동들은 밖으로 아마 못 나오게 한 걸로 기억해요. 밥 먹을 때만 나온 거죠. 그 안에서 갇혀 산거죠. 그때 문도 안에서 열 수 있는 게 아니고 못 나가게 밖에서 열고 닫는 그런 식이었던 걸로 기억하고 있어요. 애들은 아동보호시설이라고 있나 보더라고요. 얼마 뒤에 거기로 간 거죠. 지옥에서 벗어난 것 같은 기분이었는데. 거기나 여기나 똑같아요. 형제복지원에서 나올 때까지만 해도 너무 감사하게 생각했죠. 그런데 나오는 순간 하루만 그랬을 뿐이지 하루 지나니까 거기도 똑같아. 들어가자마자 구타를 또 시작하는 겁니다. 하… 나 너무 힘듭니다. 진짜 살아온 게… 이 응어리가 진짜…

황송환 지금 계속 약 먹고 다니잖아요. 형제원에 끌려가는 꿈도 꾸고… 뒤에(방 뒤쪽에) 보면 온 전신에 약이라. 여기 어깨 아픈 게 그때 78년도에 곡괭이 자루로 막 줘 패는데… 밤새도록 막 줘 패더라고요. "이빨 아픈데 좀 치료 좀 해줄 수 없습니까?"했더니 1년 동안 기다려야 된다는 거라. "뭐 이런 새끼가 있노?" 소대장한테 바로 욕이 들어갔습니다. 그랬더니 "이 새끼 봐라? 참으라면 참아야 될 거 아니냐"고 (하면서) 그때부터 막 곡괭이 자루로 패기 시작하는데. 그래서 힘줄이 끊어졌어요. 밤새도록 얻어맞았어요. 밤새도록. "그만 좀 때려라 새끼야!"라고 고함을 막 지르는데…
김광석 중대장이 나한테는 잘 했습니다. "송환아 왜 그러노?" (해서) "아니 씨발 소대장 새끼가 이빨 아프다고 얘기했는데 아무 이유 없이 줘 패잖아?" (그랬더니) 맨 처음에 (중대장이) 주먹으로 소대장 귓방망이를 내려치는 거라. 사과하라고. 그러면서 조인트를 까는데… 그때 가서야 미안하다고 사과를 하더라고.

한상현 적응할 때쯤 목공장이라는 게 들어왔어요. 거기 공장에 일하러 가서 한 일주일 만에 각목으로 머리를 맞았어요. 딱 때려서 여기[이마 위]를 맞았는데 피가 주욱 나더라고요. 거기[각목]에 요만한 못이 있었던 거예요. 한 3일 지나니까 얼굴이 이렇게[커다랗게] 부은 거예요. 쇳독이 올라가지고 앞이 안 보일 정도로 막 시퍼렇게 타고 내려오더라고. 처음으로 의무실에 갔죠. 며칠 동안 비몽사몽… 헤매다가 살아나서, 어떻게 또 가라앉더라고요. 한 달 만에 소대로 복귀했어요.

이승수 구타는 거의… 저 같은 경우는 도망가다가 걸려서 멍석말이로 많이 맞았어요. 팔도 다치고 코뼈도 나가고. 깁스도 안 한 상태에서 그냥 뼈를 대충 맞춰놓고 붕대로 감아놓고 생활을 한 거죠. 그때 죽다가 살아났어요. 멍석말이로 맞아서…

낚시작업 같은 거나 나전칠기 같은 거… 자개로 해서 그림을 맞추고… 실을 이따만큼씩 줘서 정량을 다 못하면 공장에 가서 **빠따** 맞았어요. 수없이 맞았죠. 하루에 기본으로 뭐 50대 100대 이런 식으로. 안 맞으면 밥맛이 없었으니까. 밥도 먹으러 가면 "선착순 3등까지!"하면 그냥 들이부었죠. 뭐 매일 맞았어요. 안 맞은 날은 없다고 봐야 돼요. (교회) 집회 올라가서 잠자거나 하면 반장이 와서 안티푸라민을 눈에 발라버려요. 잠자다가 걸리면 내려와서 단체로 또 줄**빠따** 맞고.

제일 힘든 게 구타였죠. 구타 안 당하는 날이 없었으니까. 안 맞으면 밥이 안 넘어갔고. 진짜 어떻게 하든 나가고 싶었는데 뜻대로 안 됐으니까. 거기서 7년 동안 있으면서 하루도 빠짐없이 구타를 당했으니까. 굵은 것이 아프겠어요? 야구 방망이가 아프겠어요? 안 맞아본 사람은 모르는 거라. 제일 아픈 건, 얇은 것이 더 아파요. 때리는 순간, 맞는 순간에 살이 터져요. 탁 깎아 치면 살이 터져버리지만 그냥 대가리 때려가지고는 안 터져요. 경찰들이 가지고 다니는 봉… 형제원에도 그런 봉이 있었어요.

여기 머리 이마 쪽이 형제원에서 멍석말이로 맞아서 터진 거지. 그리고 팔… 부러져서 깁스도 안 한 상태에서 맞춰서… 코 여기도 내려앉았어요. 멍석말이로 맞아서.

같은 날 다 다치신 건가요?

그렇죠. 온몸이 피투성이가 돼가지고 있었으니까.

멍석이 말린 상태에서 발로 밟았나요?

아니요. 몽둥이로 때리죠. 야구 빠따 같은 거. 그걸로 타작하듯이. 중대장하고 경비들이 때렸어요.

선도실로 끌려가서요?

네.

의무실에서 치료는 못 받았나요?

아니 못 갔죠. 도망가다가 걸렸으니까. 그러고 난 뒤에 깁스도 안 한 상태에서 그냥 (부러진 팔을) 맞추고 옷 찢어가지고 붕대처럼 감아가지고 있다가. 뼈가 붙고 난 뒤에… 붙으면 원래 팔이 이렇게 돼야[펴져야] 정상인데 굳어버린 거죠.

그리고 나서 도망갈 시도는 못 했나요?

꿈도 못 꿨죠. 그래가지고 소지를 하고 난 뒤에 재차 시도를 한 거죠.

두 번째 만에 성공하신 거네요?

네. 죽기 아니면 도망가자 이렇게 해서 도망간 거죠.

도망 나오셔서도 세상 빛은 오래 못 보시고?

네.

#4
성폭행

흔한 일이었다. 성폭행은 남자 원생들 사이에서도 비일비재했다.

최승우   부랑인아 선도 차량에 타고 나서… 나는 가끔 한 번씩 쳐다보던 곳 [형제복지원]에 들어갔다고는 생각을 못했어요. 다른 곳에 끌려간 줄 알았죠. 탑차에서 내리는 순간 건물이 앞에 보이고 철문이 보이 더라고요. 혼자 잡혀갔기 때문에 가자마자, 그때 당시 정신병원 병 동이 A, B, C동이 있는데 거기가 처음 딱 들어가는 정문 옆에 A동 이었죠. A동 2층으로 데리고 가더라고요. 끌려간 시간이 오후 6~7 시 정도 된 것 같아요. 좀 어두워지려는 시간대인데 정신병원 2층 에 올라가니 방 같은 곳이 다닥다닥 붙어 있었어요. 저를 발가벗겨 서 목욕탕으로 데리고 가더라고요. 목욕탕에서 씻기고… 옷은 하 나도 안 주더라고요. 첫 번째 방인가에 들여보내더라고요. 보니까 단칸 침대가 7~8개 양쪽으로 있고. 발가벗겨서 그 안에 넣더라고 요. 그때 소대장이… 나를 데리고 온 소대장이 아니라 다른 소대장 이 있었어요. 굉장히 무섭게 생기고 덩치도 컸어요. 그 소대장이 침 대를 가리키면서 "저기에 들어가서 누워라"고 해서 춥기도 하고 무 섭기도 하고 옷도 안 주길래 그 이불을 덮어 몸을 감싸고 있었어요. 소대장이 "내일 아침에 집이 어딘지 물어볼 거니까, 여기서 푹 자 라"고 하더라고요. 그런데 그렇게 악몽 같은 시간이었는데 잠이 오 겠습니까. 열네 살 나이라도 사춘기 시절이니까 굉장히 울었죠. '도대체 나한테 무슨 일이 일어나고 있는 걸까…'라는 생각에 계속 눈물만 나오더라고요.

침대에 옷도 없이 누워 있는데 그 덩치 큰 소대장이 들어와서 물어보더라고요. "너 어느 파출소에서 왔어?" 제가 집 근처에 있는 파출소에서 왔다고 하니까 여러 가지를 꼬치꼬치 묻더라고요. 근데 대답도 하기 싫었고 "아저씨 집에 보내 달라"고 했지만 "말 잘 들으면 집에 보내주겠다"고 하고… 그 뒤로 내가 스르륵 잠이 들기 시작했죠. 너무 지친 나머지.

푹 잔 게 아니고 악몽 속에서 잤는데… 조금 눈을 붙이고 있는데 그 소대장이 저녁에 들어와서 저를 성폭행을 했죠. 강간을 했죠. 아… 그때는 정말 고통스럽더라고요. 나한테 이렇게 일어나는 일들이 현실인지 싶기도 하고. 거기서 울고불고했지만 그 소대장이 입을 막고 성폭행을 하더라고요. 그냥 온몸에 전율이 흐르더라고요. 무서워서…

그러고 그다음 날 누군가 '소대장'이라는 모자를 쓴 사람하고 사무직원이라고 완장을 찬 사람이 들어와서 인적사항을 물어보더라고요. 이름하고 나이를 물어보고 집이 어딘지 물어보고. 대충 설명을 하고 제가 거기 신입소대에 딱 3일을 있었죠. 3일 동안 그 소대장한테 성폭행을 당하고. 항문에 진짜 막 피가 나고… 그 정도로 힘든 상태에서 거의 다 죽어가는 몸이었죠. 하… 3일 동안 그렇게 만신창이가 돼서 다른 신입소대로 가게 됐죠. 그때 생각하면 진짜 너무 끔찍하죠. 지금도 이 인터뷰를 이렇게 하면 그때의 악몽들이… 몸에서 두드러기가 날 정도로… 진짜 괴로웠던 시절이었죠.

나중에 알았는데 늦은 시간에 신입들이 들어오면 거기서 목욕을 시키고 하루 재우고 그다음 날 신입소대에 가서 신분 대장 작성하고 하더라고요. 82년도 그때는 그렇게 사람이 많이 잡혀 오지는 않았어요. 제가 들어갔을 때는 방에 그렇게 사람이 많지는 않았으니까. 신입소대 들어가니까 한 70명 정도 있었어요. 첫날 그렇게 너무 고통스럽게 당하고 나니까 그냥 아무 생각이 안 들더라고요. 3일이 어떻게 지나갔는지…

신입소대로 옮겨가고 나서는요?

이틀 자고 3일째 되는 날 신입소대에 갔어요. 다른 옷은 전혀 안 주고 추리닝 한 벌 입히고 검정 고무신 주고 신입소대로 바로 보내더라고요. 신입소대가 11소대, 12소대인데 그때 당시에는 11소대가 신입소대였고, 12소대는 그 이후에 84~85년도부터 사람들이 많이 들어올 때 신입소대가 됐어요. 내가 들어가니깐 사람이 60~70명 정도, 내 또래도 있고 다양하게 있더라고요. 어른도 있고 청년도 있고 30~40대 다양한 사람들이 그 안에 들어가 있었어요. 그 안에 들어가는 그 순간 사람이 있었기에 그나마 다행이다 싶은 생각이 들었죠. 혼자 그렇게 당했던 시간들이 2~3일 정도 있었으니까.

5년 가까이 있으면서 많은 소대를 전전했거든요. 거기에서 사실은 나도 간부 생활을 했어요. 서무… 9소대, 4소대, 6소대, 2소대, 그다음에 24소대, 27소대, 다시 2소대, 막 이렇게 돌아다녔으니까. 내가 좀 그 안에서 그들이 말하는 '골통'이었지. 숫자로 불리든지 아니면 별명으로 다 통했으니까 서로 이름은 거의 잘 몰랐어요. 내 별명이 뭐냐면 진짜 정말 재수 없는 별명… '통띠'라고… 통띠가 뭐냐면, 얼굴이 좀 예쁘게 생기고 귀엽게 생긴 아이들은 남자들의 성노리갯감이 돼요. 그러니까 늘 어느 소대에 가면 그 소대장이나 조장이나 서무나 이런 사람들한테 성폭행을 당하는 거죠. 통띠가 2명이 있었어요. **이라는 그 친구가 잘생겼거든요. **이가 통띠 1번이고 내가 통띠 2번이고. 통띠라고 하면 거기에서 통용되는 성폭행 당하는 아이.

신재현 가명 정말 아픈 경험이었어요. 제가 거기서 성적 가치관이 이상하게 형성됐습니다. 제가 아동소대에 갔는데. 두 번째 수용 때죠. 첫 번째 수용 때도 그런 일을 당했어요. 흔히 말하는 항문 강간. 처음에는 수용자들에게 당했어요. 그때 내가 예쁘장하게 생겼고 피부도 고왔기 때문에 그랬던 것 같아요. 죽을 것 같더라고요 솔직히. 그걸 처음 당해 보면 살이 찢어지는 고통은 말도 못해요. 항문에다가 어른의 큰 성기를 집어넣는 거잖아요. 조그만 꼬마한테. 나는 근데 소리도 못 질러요. 왜? 입을 틀어막고 있으니까. 지나가던 경비가 "야 이 새끼야! 뺑구[벙어리] 이 새끼야!" 그러고 웃으면서 지나가요.

아동소대에서 내가 이름도 기억해요. 오**이란 사람이에요. 그때 2층 침대가 다 들어와 있었거든요. 침대 세 개를 붙이더라고요. 붙여 가지고 침대 시트를 쫙 펼쳐서 막을 만들어서 주변을 막아. 캄캄한 자기만의 왕국을 만드는 거예요. 애들이 여덟 명이나 있더라고요.

'똥구멍 파는'[항문 강간당하는] 아이들이 여덟 명이 있는 거야. 자기 성노예가. 내가 그 중에 대표적으로 괴롭힘을 많이 당했던 사람이에요. 이 인간이 툭하면 똥구멍을 파는 거예요. 자기 거시기[성기]를 빨게 하고. 나는 이게 뭔지도 모르고 하는 거예요. 흔히 말해서 내가 야한 영화를 봤겠어요, 뭘 했겠어요. 밖에서 내가 그걸 당해 봤겠어요. 그걸 몇 년을 당했어요. 말도 못 하겠더라고요.

조금 그러다 소지를 시켜줘. 나한테는 그랬어요. 예쁜 옷을 줘. 빵 먹을 게 생기면 하나 더 줘. 내가 그걸 받는 게 좋았는지 모르겠는데, 낮이나 밤이나 그 짓을 당했어요. 얼마나 괴로웠겠어요. 지금도 생각하면 그 새끼가 나한테 이런 짓을 했다는 게 기억이 나요. 내가 정상적인 성관계를 못하고 혼자 사는 이유도 있는 것 같아요. 내가 인생을 통틀어서 성관계를 몇 번 안 해본 것 같아요. 지금도 가끔 야한 영상을 보면 이상한 변태물을 봐요. 트랜스젠더가 남자를 강간하는 거라든지, 이런 걸 보는 거예요. 그걸 보고 내가 혼자서 만족을 해요. 그때 트라우마로 내가 이런 사람이 됐다니까요.

김대우   나는 키가 작고… 어릴 때 내가 좀 귀여운 상이어서 그랬는지 몰라도 형들이 성추행을 하려고 했어요. 나는 "못한다. 하지 마라"고 하면서 거부를 많이 했거든요. 자꾸 성기를 만지려고 하고, 엉덩이 만지고. 침대에 한 사람밖에 못 자는데… 잘나가는 조장, 서무들이 자꾸 집적거리는 거예요. 거부했다고 찍히는 거예요. 조금만 잘못하면 "너 나와!" 해서 빠따치고. 혼자서 기합받고…

김의수 한 소대라도 같은 또래만 있는 게 아니고 연배가 대여섯 살 차이도 나고 그렇거든요. 질이 좀 안 좋은 애들은 좀 예쁘장하게 생긴 이런 애들을 밤에 겁탈하고 그럽니다. 여자만 그러는 게 아니고 남자 소대 안에서도 그게 비일비재하게 일어나요. 저도 완전히 피곤해서 곯아떨어져서 잤는데 저를 겁탈을 한 거예요. 근데 그때는 제가 그걸 몰랐어요. 그다음 날 일어나니까 소문이 다 난 거예요. 내가 남자한테 그런 걸 생전 처음 당하니까. 거기에 대해서 적개심도 생기고…

김경우 악대반에 있으면서 편안하게 왔다 갔다 하다 보니까 성폭행이라든지 구타라든지 그런 걸 심심찮게 많이 봤어요. 남자가 남자를 성폭행하는 그런 건 다반사예요. 그때 당시에는.

김세근 목욕을 한 달에 한 번 했는가… 한 달에 한 번 유황 가루 뿌려서… 목욕을 하다가 시끄러우면 물속에서 '원산폭격'을 시켰어요. 원산폭격을 시키고 눈 감으라고 해서 소대장들이 애들… 좀 귀엽고 이런 애들은 항문 섹스도 하고… 임**이라는 사람은 침대에 커튼을 쳐서 애들 4명, 5명을 홀딱 벗겨서 항문 섹스 하고… 그런 게 많았어요.

이향직 소대장이 줄줄이 몇 명이 바뀌었는데, 그중에 한 명이 밤마다 예쁘장하게 생긴 애들을 그냥 막 강간을 한 거예요. 여러 명을 했었는데 그중에 맨 마지막 (강간피해자 중) 한 명의 아버지가 다른 성인소대의 소대장이었어요. 걔가 아버지한테 얘기를 해서 그 소대장이 중대장하고 얘기를 해서 우리 소대장이 결국 '골인'[근신]이 됐어요. 골인이라는 게 뭐냐면… 근신소대가 따로 있는데 거기에 들어가면 인분 지게를 지고 돌아다녀야 돼요.

근신소대로 가는 걸 골인이라고 하나요?

예. 나중에 그 인간이 또다시 오더라고요. 소대장으로 다시 왔는데 조장, 서무들이 말을 안 먹어주고 막 대들고 같이 싸우고 그랬거든요. 어느 순간 다시 친해진 것 같더니 또 말을 듣더라고요. 우리를 또 다시 후드려 잡고. 그러더니 며칠 있다가 단체로 도망갔더라고요. 철장을 뜯고 나갔는데 소대장이 애들을 데리고 나가 놓으니까 기합을 안 받았어요.

일반적으로 소대원들이 도망을 가면 남은 소대원들은 어떻게 되죠?

작살나죠. 하루 종일 기합이고, 하루 종일 두드려 맞죠.

박해용   거기서도 성폭행을 당했어요.

성폭행은 누가 그랬나요?

거기 원생이요.

한종선   정확하게 끔찍한 이야기를 할 수 있는 거라면… 일단 그… 나를 성폭행했었던 그 사람. 그 기억…

약자 중에서도 더 약자인 여성들은 더 손쉽게 유린당했다.

박순이   정신병원에서는 제가 8개월 정도 있었어요. 정신병동이 아파트처럼 복도로 돼 있어요. 복도 제일 끝은 경비들이 자는 데였어요. 저는 근데 어렸을 때 (형제원에) 가서 성[性]을 몰랐어요. 남자 경비들이 그냥 계집애들을 끌고 가서 경비실에서 연애질하고… 환자들을 그렇게 했죠. 그때 당시에 그걸 몰랐어요. 10살 때 갔으니 무슨 성을 알겠어요. 하나 끌고 갔다가 두세 놈이 건드려 놓고 버클 잠그고 완장 차고 경비 서러 가고… 그걸 눈감아 주는 게 김광석 중대장이죠.

그러고 좀 있다가 임신을 하면 지하 공간이 있어요. 여름에는 그런 걸 안 보는데 겨울 되면…제가 3월 달부터 11월인가 12월까지 정신 병원에 근신을 당하고 있었거든요. 사회에 나와서 그게 산부인과 '오리 주둥이'[자궁검사 시 사용하는 도구]인 줄 알았어요. 연탄불에 끓여 놓은 물로 그걸 소독을 해요. "왜 쟤는 오바이트를 해? 밥도 안 먹어?" 오바이트[입덧]를 하고 막 이러면 산부인과에서 오더라고요. 여자가 와서 배를 딱 까보더니 오리 주둥이 그걸로 해서…그때 당시에 주사를 놓는 거 같았어요. 수술을 하는 게 아니라 주사로서 태아를 죽이는 거 같았어요. 오리 주둥이를 가지고 왔으니 사용을 했겠죠. 겨울에는 거기서 소독을 했으니까. 주사기도 보통 우리가 요즘 병원에 가면 대변 안 나올 때 (사용)하는 큰 거 있죠. 그걸로 항상 약을 넣어서…

선도실이 제일 끝에 있다 보니까. 선도실 끝에 문이 있어요. 사무실로 나가는 문이에요. 거기로 여자를 데리고 가서 다리를 벌리고… 그걸 그땐 몰랐어요. 전혀. 지금 생각하니까 내가 너무 미안한 거죠. 그 사람들한테. 그때 알았더라면… 알아도 힘은 없었겠지만 조금… 하지 말라고 보호는 해주지 않았을까. 그게 제일 가슴 아프고…

이거는 제가 처음 하는 소리인데. 도망 나오기 한 보름 전에 김광석 [중대장]이가 선도실로 불렀어요. 밤에. 근데 전에 딴 언니들이 밤에 불려 가면 밀감이나 사탕 같은 걸 얻어 와요. 그거 얻어먹으려고 우리는 그 앞에 서 있었어요. 그게 성폭행인 줄 모르고 멍청한 것들이… 그 언니만 나갔다 오면 빵도 가져오고 초코파이도 가져오고 산도도 가져오고 그러니까 멍청한 것들이 그 언니가 나가고 언제쯤 온다는 그 시각에 거기 서 있는 거예요. 그거 얻어 처먹으려고. 나는 그게 지금 너무너무… 그 언니들한테 너무너무 미안한 거예요.

도망 나오기 보름 전에 김광석이가 불러서 갔는데… 겁탈을 당했어요. 그러고 도망을 나와서… 나와가지고 한 달이 좀 지났나. 밥맛도 없고 그랬는데… 임신이 된 거예요. 그래가지고 아버지한텐 말도 못하고 직장을 다닌 거예요. 밀감 공장을. 아기 낳는 날까지. 너무 야위니까 표가 안 났던 거예요. 그래서 내가 18살 때 2월 4일 날 진주의료원에서 애기를 낳았어요. 그러고 엄마가 입양을 보낸 거죠.

그렇게 하고 8월 달에 김광석이 김해에 있다는 얘기를 듣고, 전화부에서 '김광석' 전화번호를 싹 찾았어요. 찾아서 전화를 했어요. "형제복지원에 있던 김해 김[金] 씨에 빛 광[光] 자에 돌 석[石] 자라는 사람 맞냐"고 물어봤어요. 맞다고 했어요. 한번 만나고 싶다니까 자기가 김해에서 중고 가구점을 한대요. 가면 죽여버릴 것 같았어요. 진짜. 그래서 안 갔어요.

형제복지원 수용번호는 절대 까먹을 수가 없어요. 80-3038. 원장 박인근, 총무 김돈영, 사무장 주영은, 어휴… 중대장 김해 김 씨에 빛 광 자에 돌 석 자라는 놈을 한 번도 잊어본 적이 없어요.

이 얘기는 제가 왜 〈부산일보〉에 털어놓게 됐냐면. 저 말고도 피해자들이 많아요. 〈부산일보〉면 피해자들이 볼 거 아녜요. 부산지역에 여자 피해자들이 많이 살고 있으니까 조금이나마 용기를 내서 나와 줬으면 좋겠다는 마음에서… 〈부산일보〉에서 인터뷰하기 때문에 진실되게 말하는 게 낫겠다. '그래야 부산시에는 형제복지원 피해자들이 많으니까 여자라도 한 번쯤이라도 용기를 내서 나올 수 있게끔 하는 게 내가 할 수 있는 최선이지 않을까' 그런 생각을 했어요.

#5
죽은 자들

살인적인 구타와 노역으로 최소 513명이 목숨을 잃었다.
실제로는 훨씬 많은 이들이 죽어나갔을 것으로 추정된다. 사망이 아니라 살해다.

신재현 가명 눈병이 돌았어요. 아주 독한 소금을 대야에 가득 타. 그걸로 50명이 씻는 거야. 병이 낫겠어요? 눈병이? 장티푸스가 돌았어. 똑같은 짓을 해. 수십 명이 실려 가는 걸 봤고 죽었다는 얘기를 들었어요. 그게 내가 아는 팩트예요.

배가 이만큼 불러서 죽어가는 아이를 봤어요. 소아 당뇨 같아요. 물을 주면 얘는… 세수하고 나서 세숫물을 다 먹어. 에티오피아 난민 배 나온 조그만 아이 봤죠? 그런 아이들이 많았어요. 그렇게 죽어갔어요. 왜? 치료받지 못하고 치료 기회를 못 얻어서. 손가락질 받으면서 개새끼 소리 들으면서 죽었어요.

음… 어느 날이었는데. 난 그때 그게 뭔지 몰랐어요. 목공반에 강** 아저씨라는 분이 있었어요. 키가 180cm 가까이 되고 엄청 장사였던 걸로 기억해요. 아침에 이상한 궤짝 같은 걸 만들고 있어요. "아저씨 이거 뭐예요?" 그러니까 "보면 모르나? 관이다 새끼야" 이러는 거예요. "이거 왜 만들어요?" (하니) "죽었으니까 만들겠지" 하더라고요. 제가 사실상 본 관이 엄청 많아요. 그런 합판으로 된 관을 만드는 걸 수없이 봤어요. 6mm 합판으로 뚜껑 만들고 바닥 만들고…

사람 크기에 맞춰서. 관 사이즈가 있대요. 사이즈를 알더라고요. 딱 이렇게 만들면 된대요. "죽었어. 하나 만들어" 그러면 만드는 거예요. 하지만 죽음을 보지는 못했어요. 안 보여주니깐. "누군가 죽었 겠다. 죽었다" 하는 얘기는 들었어요.

옆에 내 친구가 염분을 많이 먹어서 병원에 실려 갔어요. 죽었다고 하더라고요. 또 한 친구는 다리에 관절염이 생겨서 이만큼 부었어 요. 다리가 썩어요. 병원에 안 보내주더라고요. 왜 병원에 안 보내 주냐고 내가 물어봤어요. 소대장, 중대장을 다 아니까. 총무한테도 물어봤어요. "총무님 왜 병원 안 보내줍니까?" (하면) "저 새끼 도망 갔잖아" (라고 하면서) 못 보내준다고 하더라고요. 도망간다고. 다 리가 썩어서 자를 정도가 되니깐 보내주더라고요. 내가 몇 달을 그 아이를 보면서… 그 친구 다리가 이만큼 돼서 물집이 박혀서 터져 나오고… 다리가 퉁퉁 붓고 했던 게 기억나요. 다리가 썩은 거야. 거의 절단해야 되는 상황에 병원에 보낸 거야. 그 이후로 소식이 없 어요. '죽었다' 하면 그런 거예요. '어디 가서 없어졌다. 죽었다더라. 관을 봤다' 그 정도예요. 정말 그걸 봤다는 사람들을 나는 좀 만나보 고 싶어요. 저는 본 적이 없어요. 죽음을 본 적도 없고 죽어가는 사 람, 끌려 업혀나가는 걸 본 적도 없어요. 안 보여주기 때문에. 그건 자기들의 치부예요. 박인근 씨 묵인 하에 원장이, 총무가, 중대장 이, 소대장이… 중대장 이상의 사람들이 그걸 봤을 거예요. 난 그렇 게 짐작해요.

최승우 첫날 정신병동 A동에 들어갔을 때, 그다음 날 가운을 입은 사람이
환자 한 사람을 끌고 가면서 몽둥이로 때리는 장면을 목격했어요.
사람이 거의 죽을 정도의 모습이었으니까 저는 엄청나게 겁나고 무
서웠겠죠. 신입소대에 들어가서 일주일 있는 동안에도 한 30~40대
정도 되는 사람이 "내가 왜 여기서 너네한테 당해야 되냐!" 하면서
막 공격을 하다가 결국 두드려 맞는 걸 눈으로 목격을 했죠. 조장
네 명이 담요를 덮어씌우고 지근지근 밟는데… 그 사람이 결국 거
동이 없더라고요. 소대장하고 조장들이 그때 난리도 아니었죠. 인
터폰으로 막 이야기하더니 다른 사람들이 뛰어오고… 이렇게 쳐다
보니, 입에서 피가 막 나고 동공이 확 돌아가 있더라고요. 그 신입
한 사람이 끌려가는 걸 보고… 결국 그 신입은 그날 안 돌아왔죠.
당연히 죽었다고 생각하는 거죠. 죽었다고 생각했기 때문에 잘못하
면 맞아 죽는다는 생각이 엄청나게 강렬했던 거죠. 그렇기 때문에
말을 들을 수밖에 없는 상황이었죠.

사망 사고가 많았거든요. 맞아 죽고 하는 사람들이… 계속 그 안에
있으면 소문이 돌아요. 맞아 죽고 정신병동에서 굶어 죽었다는 사
람들이 많았어요. 도는 소문에 따르면, 의사가 들어와서 안에서 사
망진단서를 주고… 아니면 교회당[새마음교회] 위에 산에 묻어버
린다고 하더라고요. 제가 2년 넘게 있으면서 늘 소문은… 끊임없이
사람이 죽었다는 얘기는 들려왔어요. 사람이 죽을 때는 꼭 (의사가)
들어왔겠죠. '어떻게 처리해라…' 의사들하고 암암리에 이야기가 있
었지 않았나 싶습니다.

민윤기　죽었다는 사람 얘기는 많이 들었어. 말도 못하게 들었어. 그리고 내가 볼 때 취약자들… 일 못하고 나이 먹은 사람들이 따로 있는 소대가 있어. 거기서 죽은 사람이 있어서 염을 하는데 제대로 하나. 그냥 베 헝겊으로 둘둘 말아서 대충 묶어서 관에다 담아서… 관도 없어. 옛날에 가마니라고 있어 볏짚으로 짠 거. 거기다 묶어서 그냥 봉고차에 싣고 나가는 건 몇 번 봤어. 3년 동안 있으면서 본 것만 해도 30건이 넘어요. 아마 시신이라고 봐야 돼.

나한테 일하러 차출돼 온 아이들 얘기를 들어보면, 걔네들이 그러는 거예요. 일하다가 오늘은 누가 죽고 누가 죽었다고… 그 얘기를 들어보니 '야 엄청나게 죽었구나' (싶었어요) 죽어서 낮에 실려 간 것만 본 게 7~8건은 됐어. 나 있는 동안. 전부 노인네들이에요. 앓다가… 연락해도 집에서 오지도 않고 그러니까 둘둘 말아서… 그게 어디로 가냐면 어디 공동묘지가 있는데 거기로 실려 간다고 하더라고요. '야 이게 완전히 엄청난… 옛날에 공산당이 하던 짓이구나… 죽지 않고 살아나가려면 내가 내 일 똑바로 해야겠다' 이런 생각밖에 안 나더라고.

82년도인가 81년도인가 교회 다 짓고, 형제복지원 건물 다 완공 돼서 교회 안에서 부산시 유지들하고 목사들하고 전부 한 5,000~6,000명이 모였어요. 근데 몇 소대인지 몰라. 한 사람이 박카스 병에다가 인분을 넣어서… 들어와서 목사가 기도하는 그 순간에 뚜껑을 열어서, 뒤에 유지들이 서 있잖아요. 거기에 갖다가 뿌려버렸다니까. 그래서 그날 행사가 중단되고. 그 사람은 며칠 후에 안 보이더라고. 오죽하면… 속에 이런 응어리가 앉아 있으니… 조금이라도 풀려고 그 지랄을 안 했겠어. 좋아서 했겠어?

여인철   사람들이 운동장에 모이면 말을 많이 합니다. 산 위에 교회당 위에는 죽은 사람이 묻혀 있다는 소리를 나도 많이 들었어. 애 낳다 유산돼서 죽은 아이도 있고. 잘못 관리해서 죽은 애들도 있고. 그런 이야기는 숱하게 들었어요.

김세근   형제원[용당의 형제육아원]에서는 맞아서 누가 잘못되고 그런 건 크게 못 봤어요. 그냥 엉덩이가 시퍼렇게 터지고… 그런 건 매일 맞는 거고요. 근데 주례에 가서는 그냥 엎드려 때리는 게 아니고 몽둥이로 막 아무 데나 다 때리니까. 거기서는 맞아가지고 정신 바보… 침 질질 흘리고 하는 애들은 많이 봤어요. 별명이 '소방서'라고 걔는 오**이라는 소대장과 싸우다가 두드려 맞아서 정신 이상자가 됐어요. 지금 시대로 이야기하면 ('소방서'라는 아이가) 거의 짱 정도 됐는데 두드려 맞은 뒤에 바보가 돼서 침 질질 흘리고… 말도 못하고… 애들한테 놀림감이 됐어요. 머리를 맞아서…

두드려 맞아서 정신 잃고 피 흘리고 실려 나가면 안 돌아와요. 어디 묻었다느니, 어디 병원에 갔다느니, 다른 데 갔다느니, 소문은 있는데 직접 보지는 못했죠. 근데 맞아가지고 바보 된 애들은 많이 봤어요. '소방서'라는 애도 그렇고 '골통'이라는 애도 그렇고. 정신병자 된 애들은 한 3~4명 같이 생활했어요. **이라는 애는 김종일 소대장보다 덩치도 크고 키도 컸지만 걔도 맞아서 거의 멍청하게 됐어요.

'돌팔이'라고 있었습니다. 그놈도 두드려 맞아서 바보 되고… 그런 건 많이 봤죠. 봤는데 이름 생각이 안 나는 애들도 있고요.

강철민 가명 사건은 좀 많죠. 사람이 맞아서 정신이 혼수상태가 되면 우리는 어디로 갔는지 몰라요. 일단 의무실에 가는데 애가 가면 안 돌아와요. 과연 그 애가 어디에 갔는지 어떻게 알겠습니까. 그 누구도 몰라요.

형제복지원 안에서는 사라진 거네요?

그렇죠. 그 뒤에 본 사람은 아무도 없으니까요. 그런 사람이 상당히 많지요. 아마도 수십 건 수백 건 되겠죠. 조장들은 서류를 열람하고 조장들끼리 물어볼 수도 있거든요. "오늘 무슨 일 없었냐?" 물어보면 "우리 소대 애가 오늘 나갔는데 안 들어오더라" 그러면 이상하거든요. 내가 한 여섯 명 봤을 거예요. 교회에 있을 때부터 시작해서요.

한상현 78년도까지만 해도 인원이 그렇게 많지 않았어요. 제가 들어갈 때만 해도 수용 시설도 그렇게 크지 않았어요. 2,000명? 1,800명에서 2,000명 왔다 갔다 했어요. 항시 우리가 총인원을 보고를 하면 방송에서 나오고 했어요.

교회 짓기 전에 식당에서 예배를 봤거든요. 근데 2차 공사가 들어가니까 인력으로 동원되는 게 아이 어른이 없는 거예요. 일을 할 수 있는 인력을 다 동원하는 거예요. 그냥 형제원 전체가 다 돌아가는 거예요. 진짜 아바이[아오지] 탄광보다 심할 정도로 갑자기 분위기가 바뀌는 거예요. 오늘 저거 돌 다 안 깨면 안 되고, 며칠까지 저 2층 집이 안 올라가면 안 되고… 그때 어마어마한 노동이 시작되는 거죠. 그러면서 단시간에 돌을 다 깨고 축대를 쌓고 2층 슬라브를 다 짓고… 교회 짓고 할 때 많이 맞았고… 참 진짜 지금 생각하면 너무 많이 그 당시에 죽었을 거예요. 사실은 거기에 힘없는 사람들도 많아요. 원래부터 알코올중독인 사람도 있고 천성적으로 약한 사람도 있는데 예외가 없는 거예요. 무조건 (짐을) 져야 되는 거예요. 하다가 쓰러지고… 2차 건물이 다 지어질 때까지 그랬어요. 그때 정말… 그때부터 사람이 늘기 시작하더라고요. 2,200명, 2,400명, 2,800명, 늘어나면서 그때부터는 성인들이 많이 잡혀 들어오더라고. 아동은 많이 안 잡혀 오고.

84년도, 85년도쯤 되니까 인원이 늘기 시작하더라고요. 3,000명 넘어가고… 나중에 나와서 동생들한테 얘기를 들어보니까 너무 많이 두드려 맞고 죽은 걸 많이 봤다고 하는데 처음엔 인정을 안 했죠. 자유를 만끽할 때인데 무슨 그렇게 두드려 맞았는데? 자료를 보면서 내가 깜짝 놀랐죠. 86년도, 87년도에 사망자가 신고된 것만 100명 가까이 팔십몇 명씩 나오니까. 아 이건 아니구나. 애들 이야기가 맞구나…

김상수　아침부터 저녁까지 맞았다고 생각하면 돼요. 그게 정확한 답일 거예요. 아마 그래서 죽은 사람도 많을 거예요. 우리 소대에서도 많이 나갔으니까. 죽어서 나갔는지 어린 나이에는 잘 모르잖아요. 그렇지만 안 돌아왔으니까. 열 살, 아홉 살, 일곱 살 이런 아이들이 같이 있었는데. 뭐 어른들 야구 방망이 같은 거로 때리면 아이들이 살아남겠어요?

맞다가 쓰러져 실려나간 뒤 돌아오지 못한 아이들.
어디로 사라졌을까.

한종선   확실하게 기억하는 건, 간질[뇌전증]에 걸렸던 친구인데 맞는 도중에 정신을 잃어버렸어요. 지랄병, '시간 또라이'라는 말을 많이 썼어요. 왜냐면 때가 되면 얘가 미친다고 해서 시간 또라이라고 했어요. 걔가 맞는 도중에 발작이 왔고 조장은 그 자리에서 막 잘근잘근 밟았어요. 마구잡이로 막 팬 거예요.

근데 얘가 맞는 도중에 갑자기 또 정신이 확 돌아온 거예요. 그래서 살려 달라고 하는 도중에 얘가 또 픽 간 거예요. 그래가지고 쓰러지는 과정에서 몽둥이가 머리에 팍 터졌는데 그때 '빡' 소리가 나면서 피고름 같은 게 좌악 흘러내렸어요. 허연 액체랑… 그러면서 얘가 눈이 완전히 뒤집어졌고 팔은 바들바들 떨고 있고. 숨도 제대로 못 쉬고 있고. 거품은 계속 나오고 있고. 물바가지를 퍼 와서 끼얹었는데 얘가 못 일어나는 거예요. "의무과에 연락해!" 들쳐 업고 의무과에 갔어요.

소대장 책상 앞에 현황판이 있어요. '의무과 1'로 돼 있어요. 그리고 현 인원 '120명'. 그러다 의무과에서 병원으로 바뀌어요. 그리고 나서 얘가 안 돌아오고 총인원이 (1명 적게) 바뀌어요. 그러면 죽었다고 보는 거죠. 그 상황에서 살았다고 볼 수 없을 것 같아요. 이 친구는 돌아오지 못했거든요. 그런 경우를 두세 번 봤어요.

216

이향직 아동소대가 제일 지독했어요. 그리고 사망자도 많이 나왔고. 되게 조그만 한 아이였거든요. 막 운 거예요. 아무 이유 없이 그냥 운 거예요. 조장이 가서 몇 대 팼는데 계속 우는 거예요. 그래서 조장이 더 때렸죠. 그리고 조장이 한 명 더 달라붙어서 같이 때리고 서무도 달라붙어서 같이 때리고. 프로레슬링 보면 이렇게 막 내다 꽂는[메다꽂는] 거 있잖아요. 그렇게 바닥에 내다꽂고[메다꽂고], 그러고 나서 또 더 때렸거든요. 무슨 물고기를 바닥에 던져 놓았을 때처럼 막 파다닥 거렸어요. 엄청 떨다가 그냥 탁 굳었다고 해야 되나… 모든 몸이 탁 멈추더라고요. 인터폰을 하니까 경비가 와서 문 따고 실어 가는 소리가 다 들렸어요. 걔가 죽은 걸 보지는 않았지만 죽었다고 봐야겠죠.

소문만 무성한 게 아니었다. 실제로 죽음을 목격한 이들도 있다.

김경우 교회당 건물 지을 당시에 거기가 전부 다 공동묘지였어요. 맞아 죽어서 지금으로 치면 연고가 없는 사람들… 그런 사람들은 그 뒤에 다 산에다 파묻고… 그런 걸 제가 눈으로 직접 봤거든요.

가장 기억에 남는 게… 그분이 저하고 엄청 친했어요. 김** 어르신이 완전히 제 할아버지뻘이었고. 그분이 하여튼 무슨 일로 (선도실에) 끌려갔다가 나왔는데… 실려서 나오더라고요. 그래서 딱 보니까 그 위로[산으로] 올라가더라고요. 뒤로 따라 올라가서 지켜봤는데 거기서 그냥 묻어버리더라고요. 딱 묻어서… 나무 합판 같은 거 그걸로 이름하고 적어요. (이름을) 적어 놓은 사람도 있고 없는 것도 있어요. 만약에 구타를 당해서 죽었는데 사망 선고를 하잖아요. 그럴 때는 폐결핵이라든지… 사인을 가라[가짜]로 만들어서 '병 있어서 죽었다' 이런 식으로 하죠. 이 얘기는 그때 당시에 총무가 있었는데, 자기가 직접 그런 얘기를 하더라고요. 심지어 시체를 병원에 주면 인체 해부용으로 한다… 그런 얘기를 들은 적도 있고요.

김의수 처음에 저처럼 정상적으로 들어갔다가, 거기서 맞는 과정에서 정신 이상이 생기거나 어디가 불구가 되는지 그러면 정신병동에 집어넣는 거예요. 그 안에서 진짜 죽을 만큼 두들겨 맞아서 피가 온몸에 낭자해서 끌려가는 걸 제가 여러 번 봤어요. 정신병동 옥상에서 떨어져 죽은 것도 봤어요.

박순이 형제복지원에서 충격이 제일 컸던 건… 정신병원 환자들이 너무 밖으로 뛰고 운동장으로 나오니까 구름다리를 만들었어요. 그 사람이 공포증이 좀 있었나 봐요. 구름다리에서 뛰어내렸는데 골이 빠개져 버렸어요. 그걸 쓸어 담는데 아무 일 없이 쓸어 담더라고요.

양쪽에 방화통이라는 게 있어요. 그 방화통에 물이 든 게 아니고 빠따가 들어 있어요. 이빠이[가득] 담가 놨어요. 교회를 가려면 선도실을 지나가야 돼요. 거기는 고문할 게 다 들어 있죠. 빠따도 소금물에 담긴 거예요. 한 대 맞으면 어떻겠어요. 그냥 죽어요. 잘못 때려서 머리 터지면 저녁에… 그때는 몰랐는데 지금에 와서 볼 때요… 사회생활을 하면서 보니, 좀 성한 거 쓸 것이 있는 사람은 새벽까지 시체를 놔둬요. 병원마다 흰 차 있잖아요. 이름은 아무것도 안 쓰여 있는 차가 들어와서 피복 창고 쪽으로 뒤로 후진해서 차를 대서 싣고 가고, 해부용으로 필요가 없다고 그러면 새벽에 그 교회 뒤로… 경비들이 들고 올라간다고 하더라고요.

이승수   사람이 죽으면 해부용으로 시립병원인가 거기에 팔았다고 알고 있어요.

시신은 몰래 어디론가 사라졌다.

황송환   내가 초창기에 끌려 들어갈 적인데… 가마니에 둘둘 말아서 들것 거기다가 싣고 나가는 걸 두세 번 목격했죠.

이춘수 가명   우리[의무반] 중에 제일 먼저 **이가 중대장실 소지로 차출됐는데 이 녀석이 3일 만에 도망을 가버렸어. **가 또 중대장실 소지로 뽑혀갔어요. 이것도 한 보름 있다가 도망가 버렸어요. 그다음에 **이가 중대장실 소지로 뽑혀갔는데 이것도 한 달 만에 도망 가버렸어. 그러니까 나머지 남은 건 나인 거야. 그러니까 내가 중대장실 소지로 발탁이 돼가지고 (형제복지원) 폐쇄 당시까지 있었어.

거기서 소지가 왜 필요하겠습니까. 구타 흔적 없애는 거지. 잘못 쥐어 차이면 진짜 거짓말 아니고 뼈고 뭐고… 뼈가 다 드러난다니까요. 침대에 걸쳐가지고 히로시마나 이런 걸 해요. 쥐어팰 때는 나는 밖에 나가 있죠. "치워라" 이러면서 중대장이 나가 버리거든요. 청소를 하루에 두 번 할 때도 있고 세 번 할 때도 있었어요. 뭐 피 흔적을 다 치워야 된다 아닙니까. 그거 닦기도 좋아요. 피가 홍건하게 있어요. 마포 가지고 몇 번 짜가지고 닦아버리면 흔적이 없어져 버려요.

밖에 있으면 '퍽퍽' 하면서 "아야, 아야" 비명 소리가 나오고. 그게 나한테는 지금 트라우마인 거야. 지금도 한 번씩 내 귀에서 그런 소리가 들린다니까요. 맞아서 게거품에 눈까리[눈이] 홱 돌아가 있는 건 봤죠. 근데 내가 의사도 아닌데 저게 뒈졌나 안 뒈졌나 알 수는 없는 거고. 살아 있으면 어느 소대에 배치가 돼야 하거든요. 배치가 안 됐으면 그건 죽은 거라. 그건 100% 아닙니까. 그냥 일상… 하루의 내 업무가 그거라. 중대장실 청소. 주업무가 청소라고 하지만 거기에 많은 게 포함돼 있어요.

유달시리[유별스럽게] 중대장이 체크를 하는 게 선도실 유아소대라. 거기 관리하는 사람… 유아소대 소대장이라는 사람이 제대로 된 유아교육학과를 나와서 아기에 대한 제대로 된 상식이 있는 사람이겠어요? 거기 수용자 중에서 뽑은 소대장이야. 지 새끼가 아닌데 지 새끼처럼 키울 사람이 몇 명이나 되겠어요. 갑자기 살아 있던 아이가 숨도 못 쉬고 꼴딱꼴딱 넘어가요. 그러면 선도실에 연락이 와요. 애가 이상하다고. 선도실 경비들이 내려가요. 그러면 마대 포대 있죠? 거기에 돌돌 말아 와. 애가 그렇게 크지 않으니까 한 6kg, 8kg 되잖아요. 그걸 둘둘 말아서 메고 나온다니까요. (죽은) 애야 그게. 그러면 그다음 날, 날이 새서 거기 침대에 보면 (아이가) 없어. 내가 본 게 그 정도면 그 이상 더 되지 않겠나…

A동에 의무실이 있었고, B동은 정신병동이고, C동이 장애인 소대였거든요. 장애인 C동은 특유의 냄새가 납니다. 왜 그러냐면 살이 썩는 냄새… 거기에 들어가면 우리가 치료를 한다고 하지만 고름이 막… 우리가 나이팅게일도 아니고 우리는 (간호사처럼) 그렇게 치료를 못 한다니까요. 고름 짜내고 하는 게 너무 많으니까… 하루에 몇 십 명씩 우리가 한다고 생각하면 그거 못 해요. 거기 소지나 그런 사람들이 전부 다 정신이나 몸이 불편한 사람들이라. 그분들이 그 사람들을 관리했는데 무슨 관리가 되겠어요. 굶어 죽는다니까. 자기 것도 못 챙겨 먹는 사람들이 남의 걸 어떻게 챙겨준단 말입니까. 침대가 텅텅 비어 있다니까요. 그러면 그 사람들은 다 죽은 거예요. 누가 뭐 사백몇 십 명, 오백몇 십 명 죽었다고 했는데. 거짓말 아니고 그거보다 더 죽었다니까.

시신을 형제복지원 주변 산에 파묻기도 했다.
그 자리엔 현재 아파트가 들어서 있다.

황명식 　　주례동 거기를 없애버려야 돼. 주례 산 그거를… 나는 확 고마… 폭탄이 있으면 바로 갖다가 때려 붓고 싶어. 얼마나 거기가 끔찍한데. 주례 거기 산 전체를 다 파내야 돼. 나는 보상 같은 거 하나도 안 바라. 광주사태[5·18민주화운동], 뭐 6·25 이런 거, 일제 그런 거는 아무 것도 아니다. 내가 목격을 해도 인정을 안 해줘. 내가 목격을 했다고 말한다고 해도 자료가 있어야 되는데… 매장… 생매장… 그거는 했어. 그거는 했어… 내가 겪은 걸… 내가 죽고 나거든 밝혀라. 내가 죽고 하늘나라에 가고 나면… 자꾸 그 이야기를 못 하겠

221

다. 자꾸 떠올리기가 싫다. 그 소리만 나오면 머리가 아파… 안 돼. 후우… 내가 죄를 안고 갈 놈이라. 내가… 그런 거를 그때 당시에 내가 외부에 알릴 수만 있었으면…

그때 '까대기'라고 있었다. 지금으로 치면 담요 한 장이나 마찬가지라. 위에 덮어씌워서 밤에… 나가버리면 끝이라. 거기가 산인데 뭐 조금만 파면 흙이 나오니까. 핵심을 바로 말하자면, 사람 갖다 묻은 거 그런 거까지 얘기를 해야 되는데. 거기 안 파낼 거 같으면, 묻은 걸 이야기해봐야 백날 헛방이야. 파내면 거기 나오게 돼 있다.

지금 주변 산 쪽에도 유해가 묻혀 있을 가능성이 있나요?

가능성이 있지. 그 장소[형제복지원]를 뜯어내고 그 장소에만 지금 아파트를 지었잖아요. 그 산 전체를 다 파내야 돼요. 그 주변의 건물들은 다 어떻게 할 건데요? 그 아파트 자리만 아니고 5만 평이면 5만 평 둘레 내에서는 싹 다 파내야 돼요. 그 산 전체를 고마… 내가 갖다 묻는 거를 목격했다고 해서 인정이 돼냐면… 나 한 사람 갖고는 안 되네요. 내 손으로 갖다가 이걸 이렇게 했다… 안 됩니다. 내가 했다고 말해도 인정이 안 됩니다. 만약에 나중에 밝혀지면 얼마나 좋겠냐마는… 이게 안 밝혀집니다.

만약에 밖에 나가면 안 잡혀 와야 돼. 잡혀 오면… 그 사람은 안 보여. 밤에 하나 죽으면 옆 동에서 압니까. 자기 동에 사람이 안 죽은 이상 몰라요. 옛날에는 그냥 묻어버리면 그만인데 뭐. 봉분을 만들었으면 그게 지금이라도 조금 밝혀지지. 무덤을 50cm 높이 정도라도 해놨으면… 그래도 산속에서 찾기 힘들 건데.

내가 하고 싶은 말은, 그 옆에 건물… 산까지… 복지원 땅만 있나, 그 옆에 건물 전부 다 그때 산이었는데. 그러니까 복지원을 들어내고 아파트가 들어서고 나서 그 주변에 건물이 들어섰겠지. 그러면 그 밑에는? 그 밑에도 확인을 해봐야 돼. 아파트 공사할 때 거기서도 뼈가 나왔으니까… 그 자체만 봐도 그 밑에 얼마나 묻혀 있겠습니까. 그 건설업자가 (아파트 공사한다고) 한번 거기를 팔 때 장의사한테 뼈 전체를 넘겼다고 하는 거야. 가족을 안 찾아준 거라.

자기 손으로 묻었다고 해도 그걸 인정을 해주겠어요? 인정 안 합니다. 참 많이 죽었어. 많이… 나이 많은 사람은 거의 다 죽었어. 제일 처음에 거기 '부랑아 일시보호소' 할 때 사람이 많이 죽었다 말이요. 나이 많은 사람은 필요가 없으니까 잡아 오기는 잡아 와야 되는데. 길거리에 있는 사람들은 전부 다 잡아 와야 돼. 길에서 뭐 주워 먹고 하는 사람들… 그래가 옷 갈아입히고 목욕시켜서 무슨 일을 시켜도 시키는 거라. 참 네… 지금 생각하면 웃음이 나온다. 웃음이 나와.

사람이 죽은 걸 내 손으로 갖다 묻었다는 소리를 못 합니다. 묻었다고 해서 그 자리에 가서 파자고 하면 우짤끼고? 무슨 문서라도 하나… 증거라도 남겨 놓았으면 그게 인정이 되지만. 이야기한다고 해서 인정이 안 돼요. 내가 갖다가 묻었다고 해도 나 혼자 말해가지고는 안 돼요. 내가 묻었다고 그렇게 말할 수도 있어. 그때 당시에는 어쩔 수 없이 묻었으니까. 묻은 사람도 피해자고 묻힌 사람도 피해자고, 다 피해자지. 묻은 사람이 그러면 밖에 나가서 그걸 고발을 하겠습니까. 폭로를 하겠습니까. 그 안에서 폭로를 해봐야 맞아 죽을 거고. 그렇다고 해서 기자분들이 들어와서 이런 걸 한번 취재를 해주나 말이야. 그 현장 안에 들어와서 생활 실태가 어떠냐고 이런 걸 한번 물어본 거 같으면 "대강 이렇게 돼요" 하면서 사회에 비쳐 나갈 거 아니요. 환장하는 거라 그게. 누구 찾아오는 사람이 있어야 무슨 외부에 고발을 하든가 하지. 내가 조금만 배웠어도 책을 한 권 내려고 했어. 중학교만이라도 다니다가 잡혀 왔으면… 복지원이 벌써 그 안에 없어졌어. 그렇게 내가 탈옥을 한 거 같으면. 어느 단체에 가서 물고 늘어지더라도 그걸 없애라고 했겠지.

형제복지원에서 생사람이 죽었는데 뭐 때문에 자료가 안 남아있냐 말이야. 형제복지원이 없어질 때 왜 그거를 그냥 놔뒀는지. 그 자료를 다 꾸며 놓았을 건데. 부산시청에 자료가 있을 겁니다. 틀림없이 있다. 부산시청에 불이 안 났으면 있다. 내가 주례를 일부러 자주 간다고. 어떻게 변했나 싶어서… 그런데 아무도 모르는 거라. 거기 사는 사람도 (거기가 형제복지원 자리인 줄) 몰라.

1. 운동장에서 흙벽돌을 나르는 아동들
2. 흙벽돌로 내무반 벽을 쌓는 모습
3. 내무반 지붕 공사 모습

4. 낚시 공장에서 일하는 아동들

5. 목공소에서 일하는 아동들

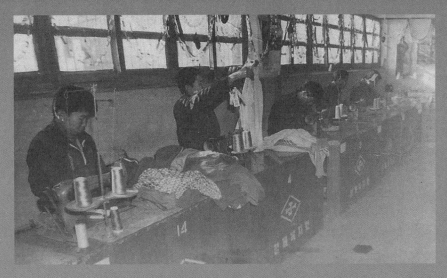

6. 봉제 작업을 하는 원생들

7. 자개를 붙이는 아이들

8. 철길을 지나 연탄을 운반하는 원생들
9. 사무실 접견 공간의 박인근 원장

담장

너머

#1
실패한 도망

살아남으려면 도망쳐야 했다.

하지만 생과 사를 가르는 담장은 너무 높고 두터웠다.

민윤기   **도망 나갈 시도를 한 번도 안 해보셨나요?**

부산 지리를 알아야지. 어느 정도 지리를 알면 튀었을 텐데. 부산 지리를 모르니까 도망 못 가요. 군대에서도 작전 때 지리를 모르면 다 실패하잖아.

여인철   곡괭이 자루 같은 거 들고, 약간 정신적으로 세뇌가 돼서, (누군가) 도망가면 막 때려버리는 거라. 못 도망가게. 담장도 한 4m 높이가 돼요. 떨어지면 다리가 다 부서지고. 도망을 가려고 해도 갈 수가 없어요. 보호자가 안 오면 못 가는 거라. 그러면 보호자한테 연락을 해야 될 거 아니요? 그런 것도 없어.

정수철 ^{가명} 나는 누가[가족이] 찾아올 거란 느낌이 있으니까 참고 있었죠. 밤에 벽을 뚫고 도망가는 사람도 있고. 문짝 나사를 빼서 도망가는 사람도 많았어요. 갑자기 도망가면 나머지 사람은 그냥 죄 없이 야구 방망이로 빠따 맞고 그랬어요. 진짜 그때는 어이가 없어서⋯ 그런 고통을 많이 당했어요. 눈물도 많이 흘렸어요. 어린 나이에⋯

한종선 탈출을 하려면 다리가 겁나게 빨라야 돼요. 그러다 보니까 자유시간을 30분 주면 운동장에 나가서, 그 혹독한 기합을 받아서 힘도 없는 상태에서도 달리기 연습을 했어요. 빛과 같은 속도로 뛸 정도의 달리기 선수라면 탈출할 수 있을 거 같다는 생각에 계속 연습을 했는데… 뭐 빠지게 뛰어도 그림자는 항상 내 발밑에 있더라고. 그래서 탈출을 포기해버렸죠.

김대우 (탈출하려고) 했죠. **형님하고 같이 있을 때 우리가 탈출하려고 톱으로 철조망을 잘랐거든요. 10명 정도가 작당 모의를 했는데 누가 꼰지른[고자질한] 거예요. 그때 마침 **형이 서무인가 했을 거예요. **형이 "대우는 빼주자. 나이 어리니까 빼주자" 해가지고 나는 빠지고 나머지는 빠따 맞고… 마음이 좀 아팠죠. 그래서 내가 **형이 좀 잘못해도 그 은혜 때문에 "형님 좀 그러지 마십시오"하고 자꾸 감싸려고 하는 거죠.

작은 운동장에 보면 그 담이 최고로 낮아요. 그래도 넘어갈 수 있습니까? 앞에 빠따 방망이를 들고 딱 서 있는데. 도망갈 꿈을 못 꿉니다. 넘더라도 뒤에가 전부 다 산인데. 도망간 사람들은 어떻게 도망갔는지 모르겠어요. 와 부러워 죽겠더라고요.

도망갔다가 잡혀 들어오면 마대에 '나는 도주를 했다가 잡혀 들어왔습니다' 이런 식으로 써서… 그 마대 포대를 입고 뱅뱅 (형제복지원 안을) 도는 거예요. 사무실 옆에 보면 풀장이 하나 있었어요. 그때가 참 좋았어요. 풀장 갈 때가… 풀장 갈 때 도망갈까 생각했는데 도망갈 틈이 안 나더라고요. 나이가 어리니까 잡히면 맞아 죽으니까요. "자, 풀장 가자" 하면서 문을 따줘요. 그러면 줄을 딱 서는 거예요. 쫘악 갔다가 한 시간 정도 하다가 들어오고. 그다음에 다음 소대가 가고. 아동소대만 풀장에 간 걸로 기억합니다. 1년에 한 번씩 전국의 고아원에서 형제원으로 놀러 왔어요. 공연을 하러. 그때 우리가 당감동 고아원에 있을 때 원장님하고 사모님도 왔거든요. "아버지"하고 불렀거든요. (원장님이) "대우 니 못 빼준다"고 하더라고요. "예. 알았어요"라고 했죠.

목숨을 걸고 감행한 탈출은 대부분 수포로 돌아갔다.
실패의 대가는 가혹했다.

신재현 가명 아버지가 저를 데려다 놨다고 했잖아요. '언젠가 올 거야 우리 아버지가. 처음에 왔으니까. 이번에도 오시겠지' (그래서 집에) 편지도 안 했어. "편지 할래?" 하면 "아니요"라고 했죠. '아버지가 올 건데 왜 해?'라고 생각했죠. 근데 시간이 자꾸 지나더라고요.

내가 아동소대 서무가 됐잖아요. 내 밑으로 시켜 먹을 수 있는 똘마니들이 생겼잖아. 130명. 그 중 또릿또릿한 애들이 있었어. "너는 가서 칼을 훔치고, 너는 톱을 훔치고, 너는 돌을 큰 걸 가져와라. 너는 문짝을 뜯어라" 이렇게 역할 분담을 했죠. 그걸 꽤 오랫동안 했어요. 철장을 자르고, 그때 당시엔 철문이 없었기 때문에 합판을 뜯었어요. 열어놓고 변기에 못 들어가게 막고. 똥통을 비워 놓은 겁니다. 똥을 비워놓은 뒤 (똥통을) 바싹 붙여 놓고, 딱 스탠바이 해서 훔쳐 온 칼로 소대장을 위협하고 테이프로 붙였어요. 50대 아저씨였어요. "꼼짝마!"하고 목에 칼을 딱 댔지. 근데 이 양반이 "뭐하는 거야!" 하면서 때립니다. "이 새끼들!" 하니깐 다 도망가버린 거예요. 그래서 발각이 된 거예요. 인터폰으로 "도망 발생" 이러니깐 중대장, 경비들, '광주'(라는 별명의 간부)까지 막 다 온 거예요.

그러니깐 나는 짰어. 토끼다가[도망가다가] 짰어. 몇 놈 기억나는 놈이 있어. "이거 뜯은 놈 나와!" 안 나오니깐 무조건 패는 거예요. 나올 때까지 패요. "저놈이요"하는 거예요. 저는 그때까지 안 나갔어. 끝까지 오리발 내밀어야 사니깐. 근데 "서무님이 안 하면 죽인다고 했어요" 이렇게 된 거예요. "너 나와. 이 새끼야, 왕눈이!" 그래가지고 무지막지하게 맞은 것 같아요. 몇 시간 맞은 것 같아요. 근데 내가 죽인다고 한 적은 없어요. 시키기만 했지. 어찌 보면 그게 그들에게 죽이겠다고 들렸을 수 있겠다는 생각은 들어요. 시켰을 때 내 말 안 들으면 맞아 죽으니깐. 그들에게는 죽인다는 느낌이 들었겠지. 하지만 나는 그랬어요. "나 그런 적 없다. 나 죽인다고 한 적 없다. 단지 시키기만 했다. 지들이 갔다 왔다. 칼도 가져오고 철도 가져오고 망치도 가져오고 돌도 가져오고. 나는 시켰다" 죽이겠다고 안 한건 맞잖아요. 나를 모함했던 걔는 나중에 (맞아서) 피똥 싸고 기절하더라고요. 엄밀히 말해 모함은 아니지. 팩트[사실]를 말한 걔는 피똥 싸고 엎어지는 걸 봤어요. 맞고 졸도했어요. 곡괭이 자루 그거 있잖아요. 아이들을 그걸로 패요. 몇 시간을 패는 거지. 한 3~4시간 이상 이어졌던 것 같아요. 제가 그 당시에 중심에 있었기 때문에 특별히 많이 맞았고 나를 모함했던 걔는 더 맞았겠죠. 거짓말했으니깐.

그러고 새벽이 됐는데 봐주는 거 같았어요. 가만히 있더라고요. 그랬더니 갑자기 박인근 원장이 부르는 거예요. "신재현가명 필두로 13명 나와!" 13명이었어요. 원장이 원장실에 꿇어 앉히더니 잠깐 나가더라고요. 그래서 '아 이 양반이 웬일로 봐주나' 했는데 아니나 다를까 곡괭이 자루 이만한 걸 하나 들고 들어오더라고요. "서무 주동자 나와. 열세 명이니까 열세 대 맞는다" 열세 대 맞고. 밤새도록 맞았잖아요. 근데 "이제 봐줍니까?"하니깐 "뭘 봐줘 인마. 새마음소대 처넣고 벽돌 주워라" 그렇게 벽돌 주우러 간 거예요.

그때 당시 흙벽돌이 20kg입니다. 그걸 새마음소대[근신소대]에서 찍었어요. 그걸 널러[말리러] 가는 일을 우리가 한 거예요. 그렇게 두드려 맞고 허벅지에 피가 터져서 피딱지가 앉아 있는데, 우리가 그걸 진 거예요. 그걸 못한다고 밤마다 패더라고. 툭하면 패는 거예요 이 새끼들이. "어이 도망가려고 했던 놈 나와! 서무 놈 나와!" 심심하면 패는 거예요. 잠도 안 자고 패는 거예요. 그냥⋯ 아무리 내가 잘못했다고 해도 시간이 지나면 안 맞아야 되잖아요. 그 일을 내가 꽤 오래 겪었어요. 그러다 골병이 들고⋯ 그 후로 근신이 풀려서 미장도 하고 교회당 짓는 일도 하고 했죠.

김의수 한 몇 개월 지나다 87년도에 사건이 터지게 된 거예요. 봉제 공장에서 친하게 지내던 형들하고 같이 16명이 운전교육대로 해서 도망을 가자고 했는데⋯ 담을 넘고 도망을 갔는데 그 담이 안에서는 2층 높이밖에 안 되는데 바깥으로 보면 그 담이 제일 높아요. 한 4층 높이 조금 더 되지 싶어요. 거기서 제가 뛰어내렸는데 왼쪽 무룹이 나간 거예요. 그래서 절뚝절뚝거리면서 '잡히면 죽는다' 생각하고 간 거예요.

그런데 사건 터지고 얼마 안 있어서 그 일대를 전경들로 다 깔아놨더라고요. 제가 전경한테 잡히니까 형제복지원 경비들이 왔더라고요. 인수인계해서 우리는 다시 형제복지원에 들어가서 중대장실에 끌려갔어요. 중대장은 몽둥이가 아니고 쇠파이프 같은 걸 들고 다녀요. 엉덩이나 허벅지를 때리면 살이 그냥 터져 나가요. 그러니까 중대장실에 끌려가면 그냥 죽었다고 보는 거예요. 피 칠갑이 돼서 나오는 사람을 우리가 수시로 봐 왔기 때문에. 근데 사건 터지고 나서는 중대장실에 끌려갔는데 옛날처럼 그렇게 심하게는 안 때리더라고요. 그냥 발길질하고 뺨만 몇 대 때리고… 도망을 갔다가 다시 잡혀 온 사람들은 완전 죽어요. '나는 도망가다가 잡혔습니다'라고 쓴 마대 포대를 입혀서 밥 먹을 때 되면 그 사람을 식당 앞에 딱 세워 놔요.

엄경흠
(야학교사)

형제복지원이 어떻게 운영되는지, 왜 운영되는지에 대해서는 그때 당시에 사회적으로 알려졌던 거 외에는 저희들도 몰랐습니다. 상당히 폐쇄적이라는 건 알겠어요. 옷도 똑같은 거 입고 있지 않습니까. 이게 감옥이지 일반적인 사회가 아니잖아요. 탈출하려면 기본 조건이 있습니다. '형제복지원'이라고 등에 새겨진 그 옷을 벗어야 이 사람들은 사회로 탈출할 수가 있어요. 일반 사회 사람들은 형제복지원이 뭐 하는 곳인지 정확히는 모르니까. 마치 감옥에서 탈출한 사람처럼 취급을 해버릴 거란 말이죠. 그러니까 옷을 반드시 벗어 던져야 되는 거죠.

김상하 목사님이 말년쯤 돼서 호주로 간 다음에 사무실에 일이 없어져서 낮에는 봉제 공장에 다니고 오후에 아마 야간 중학교를 다니고 그런 과정이었던 것 같아요. 한날은 도망가려고 형제원 추리닝 안에다가 사복을 다 입었어요. 봉제 공장에서 옷을 만들고 나면 박스로 포장을 해요. 1t 차에 박스를 싣고 나니 공간이 어느 정도 남아서 기사님한테 "나 좀 태워 달라"고 했어요. 박스를 이렇게 세워서 그 뒤에 숨어서 나오는데, 경비가 차 나갈 때 검사하다가 후문에서 한번 들켰어요. 그래서 아동소대에서 성인소대로 징계처럼 가게 됐어요. 안 죽을 만큼 맞고 다른 소대로 갔어요. (전에도) 많이 맞았지만 그때처럼 진짜 안 죽을 만큼 많이 맞은 적은 없어요.

도망가다가 잡히면 나뿐만 아니고 나머지 사람들도 전부 다… 나는 선도실에 별도로 가서 맞고 다른 소대로 배치되고… "너네 소대에서 도망가다 미수로 잡혔다"며 다른 소대원들도 또 기합은 기합대로 받고… 단체로 맞기도 하고 했죠. 그때가 86년도쯤 된 거 같습니다. 제 친한 친구가 85년도에 도망을 성공하고 그 뒤니까. 한 86년도쯤인 것 같아요.

한상현 79년도쯤 낚시 공장이 들어왔어요. 나는 매는 거마다 불량이 나고 (낚싯바늘에) 손을 찔리고 막 이러니까… 패다패다 안 되니까 나는 포기를 해버리더라고요. 그러면서 소지를 시키더라고요. 제가 소지를 할 당시에 소지가 세 명이었거든요. 관리자들 눈에서 벗어날 수 있는 시간이 잠깐잠깐 있어요. 그 당시에 낚시 공장 맞은편에 풍선 공장이라고 있었는데 그 뒤에 파란 물통 같은 게 쫙악 있었어요. 그 뒤에 가서 세 명이서 통 하나에 다 숨었죠. 잡혔죠. 그중에 내가 키가 제일 컸어요. 그 당시에 제 별명이 '드라큘라'였는데… 정말 무식하게 맞았습니다. 정말 무식하게… 꿇어 앉아서 있는데 주먹으로 딱 여기[가슴 명치]를 때리니까 그냥 몇 바퀴 굴러서 저기까지 가는 거예요. 그러고 기절을 하면 되는데 안 하고 다시 돌아와서 꿇어 앉고… 그래서 더 맞은 거죠. 세 명 다 기절했죠.

그러고 그다음 날 일어나니까 주동자라고 소대장한테 맞았어요. 낚시 공장에 위에 보면 슬레이트 지붕을 받쳐주는 축… 거기에다 밧줄을 매서 거꾸로 매달아서 입에다가 수건 같은 걸로 재갈을 물리고, 뒤로 손 묶어가지고… 저기서 밀어서 가면 저기서 때리고 여기로 오면 여기서 때리고… 양쪽에서 커다란 소나무 방망이를 들고 번갈아가면서 때리는 거예요. 죽으라고. 그걸 몇 대를 맞았는지 기억도 없이 기절해버렸어요. 그러고 살면서 잊어버리고 살았는데 한 10년 전인가 친구가 이야기를 해주더라고요. "너 그때 안 죽고 살아난 게 신기할 정도다…"

거듭된 실패에도 탈출을 포기하지 않았다.

이춘수 가명 그때 강호야라고… 걔 도망갈 때… 도망가고 나서 '아이 씨발 우리도 가자. 나도 가자' 이래가지고 뒷문으로 슬 빠져나가려다가 잡혔어요. 일단 도망가다가 잡히면 무조건 빠따는 당연한 거고. 중대장실에 끌려가서 개 맞듯이 맞는 건 당연한 거예요. 내가 도망 시도를 열 몇 번을 했는데 한 번도 성공을 못 했어요. 하여튼 내가 재수 없는 새끼였다니까요. 다들 이쪽으로 가는데 나 혼자 저쪽으로 갔다가… 잔대가리 굴리다가 나 혼자 바로 경비 앞에서 잡혀 버리고…

김세근 다시 (잡혀 와서) 7소대로 갔어요. 작업소대 중에 좀 기술을 요하는 역할… 블록도 쌓고 화장실도 짓고 이런 데예요. 우리는 운동장 위에 축대 쌓는 걸 했어요. 담 쌓는 작업을 하다가 13명이 같이 도망 나왔어요.

김수길 새벽에 예배를 보고 구보를 나가요. 도망가자고 해서 뛰어내렸는데 무릎이 깨져버렸어요. 친구들끼리 짰어요. 구보 하다가 "저기 담벼락 넘으면 밖이다" 근데 그렇게 높은 줄은 몰랐죠. (운동장을) 다섯 바퀴인가 여섯 바퀴인가 돌 때입니다. 셋이서 후다닥 뛰어서 바로 드럼통 밟고 뛰어내렸는데 그 자리에서 무릎이 가버린 거예요. 나는 택시를 탔고 둘은 다른 데로 빠졌는데… 추리닝에 보면 형제복지원 마크가 있어요. 택시기사 아저씨가 그거를 보더니 그대로 철도 지나서 형제원으로 싣고 가버리더라고요. 선도실이 아닌데… 하여튼 어두컴컴한 데에서 억수로 많이 맞았어요.

27소대에서 있다가 1년 되니까 28소대로 보내버리더라고요. 그때 이제 (김)대우를 만났어요. 두 번째 탈출은 28소대에 있을 때인데 (2층이니까) 위에 담벼락하고 옥상이잖아요. 뒤에서 뛰어서 담벼락만 잡으면 돼요. 그렇게 도망가다가 몽둥이 들고 있는 아저씨가 있어요. 그 아저씨한테 잡혀서 끌려갔는데 나이가 어리니까 소대장한테 갔어요. 그때 소대장을 '개눈깔'이라고 불렀어요. 그분한테 엄청 맞았어요. 화장실 맨 끝에 오줌 싸는 아이들을 위해 깔아 놓는 이불이 있어요. 거기에다 눕혀 놓고 한 일주일 그냥 있었어요. 너무 많이 맞아서요.

미국에서 닥터 박사가 와요. 내가 입양을 갈 뻔했어요. 기타 들고 사진 찍고 했는데… 거기 가면 마루타 된다고 하더라고요. 뭐 실험하고 이런다고 하더라고요. 그래서 '아 안 되겠다. 도망가자'고 해서… 그게 두 번째 도망이었어요. 입양을 갔으면 어떻게 됐을지 모르죠. 세 번째는, 어느 정도 우리가 청년기니까 교회당에 불을 지르고 도망간 적이 있어요. 아마 불이 크게 났을 겁니다. 산에 가면 똥구덩이가 있어요. 땅에 파 놓은 데… 거기에 한 사람이 빠져 있었고, 한 사람은 가다가 경비 서는 아저씨한테 잡혔고, 나머지는 다 도망을 갔어요.

#2

필사의 탈출

지옥으로부터의 처절한 탈출.
살기 위한 몸부림 끝에 몇몇은 자유의 몸이 됐다.

김경우　오죽했으면 제 별명이 '도망자'였거든요. 툭하면 기회만 있으면 도
　　　　망가려고 하다가 잡혀서 빠따 기본 30대 이상 맞고… 엉덩이 터져
　　　　서 두세 달 동안 누워 있다가… 다 나으면 또 기회 있으면 애들하고
　　　　모의해서 도망가려다가 붙잡혀서 또 맞고… 그 정도로 제가 악바리
　　　　였어요.

　　　　그 교회당에 한번 딱 들어가면 2,000명 넘게 앉아요. 쫙 앉을 수 있
　　　　거든요. 그 위에다가 저를 세워 놓고. 옛날 쌀가마니 있잖아요. 포
　　　　대자루. 그걸 구멍 뚫어서 목에 덮어씌워서… 위에는 붉은 글씨로
　　　　'저는 도망자입니다. 사회의 악인입니다'라고 쓰여 있죠. 북한으로
　　　　치면 공개재판 비슷하게 그런 식으로 했어요. 한여름에 미군부대
　　　　옷 있잖아요. 저한테 맞지도 않은 걸 그 두꺼운 걸 입혀서. 똥지게.
　　　　양동이라고 해야 되나. 그런 걸 양쪽에 두 개 해서 길게… 어깨에
　　　　울러메고[둘러메고] 똥 퍼가지고 산에다가 뿌리고 이렇게 했죠.

　　　　어찌어찌해서 도망을 나왔어요. 79년 당시에는 형제복지원이 용당
　　　　쪽에 있다가 주례 쪽으로 넘어와서 한창 산 깎고 천막 치고 터를 닦
　　　　을 때니까 경비도 허술했어요. 도망 나왔다가 81년도에 다시 잡혀

들어갔어요. 완전히 나오기로는 87년도 한 6~7월 달에… 그때 27명이 모의를 했어요. '도저히 여기 있어서는 안 된다. 도망 나가자'고.

형제복지원 건물 구조가 어떠냐면 완전한 콘크리트가 아니고 안은 흙벽돌이에요. 그 흙벽돌도 우리가 일일이 다 손으로 만들어서 집을 쌓았어요. 겉에는 두께가 한 1~2cm 정도 되는 시멘트를 발랐고. 한겨울에 드럼통 위에 주전자 물을 항상 끓여요. 그걸 시멘트 쪽에다, 살살 뜨거운 물을 부으면 벽 자체가 흐물흐물해지거든요. 왜냐면 안이 흙벽돌이기 때문에. 뜨거운 물을 계속 부으면 이 흙이 완전히 무너지거든요. 그렇게 구멍을 내서 그쪽으로 해서 담 뒤쪽으로 27명이 그냥 막 한 번에 "와!"하고 올라가니깐… (뒷산에) 예비군 훈련장이 아마 있었을 거예요. 그 산을 넘어서 거기서 일부는 헤어졌어요. 그때 당시 세 명인가 모여서 그때부터 부산 서면에서 돌아다니고… 그때 당시 기억대로 집에 가 보니깐 아버지도 안 계시고. 이미 다 이사를 해버린 상태였어요.

황명식　외부에다가 이 안에 있는 상태를 알릴 거라고 내가 편지를 써서 나가는 사람한테 준 거야. 지금 나와서 알아보니까, 나갈 때 몸 검사를 하는 거야. 나는 글을 못 써서 다른 사람한테 써달라고 했어. 내가 딱 불러주는 내용을 써 주지. 한 번 불려갔어. 밖에 나가다가 정문 앞에서 들통이 난 거라. 그래서 근신을 3일 시키데. 혼자 있는데 가둬 놓고.

간부가 되니까 그때는 기회가 생긴 거지. 인제 나한테 자유를 주니까 소대 반장 정도 되는 사람들하고 짰지. 몇 월 며칠에 탈출하자. (그때) 탈옥할 때 7명이 딱 했는데 그때 비상이 걸렸어. 우리가 탈옥을 해 놓으니 간부들이 다 나온 거라. 사이렌 소리도 들리고 그러는 거야. 심장은 그때 다 내려앉은 거지. 숨어 있다가 하루를 산에서 잤어. 계곡물을 찾아서 기어 내려가서 (물을) 먹고… 또 그 자리로 올라와서 물을 갖고 하루를 버틴 거라. 하아… 그때를 떠올리고 싶지 않아.

그 산에서 얼마 안 되는 곳에 같이 탈출한 동료의 누나 집이 있었어. 그래서 (그 동료가) 누나 집으로 우리를 다 데리고 갔어. 참 고마운 분이라. 그 사람이. 지금 죽었는지 살았는지 그 사람을 한번 찾아봤으면 소원이 없겠어. 그때 당시에 "집에 가라"며 그렇게 귀한 돈을 차비로 딱 주는 거라. 그래서 버스를 타고 집으로 갔다. 집으로 가니까 초상집이야. 내가 살아오니까. 죽었던 사람이 살아서 오니까 우리 엄마가 자빠져버렸어요. (집 나간 지) 4~5년쯤 됐겠네. 농촌에서는 그때 당시에 못 먹고 살아가지고 3~4년 집 나가는 건 예사로 생각했어요. 우리 형제가 12형제인데. 지금 다섯 명 살았어요. 일곱 명이 죽었어요. 굶어서 죽었어.

탈출할 때는 계절이 가을인가… 약간 추웠어. 문은 내가 열 수가 있으니까. 철망 문이 있었거든. 경비실에 내가 마음대로 들어가고 했어. 그때 나는 자유였어. 칼을 차고 탈출했어요. 나 따라오면 죽이려고. 식당 칼을 두 자루나 찼어요. 탈출 안 했으면 지금 이렇게 만나지도 못한다. 거기 사람들 전체가 같이 폭동을 일으켰으면 거기서 다 탈출할 수가 있었어. 거기 몇천 명 갇힌 사람들이 있으니 (한꺼번에 탈출하면) 그게 뭐시라고.

박순이   소대 생활을 하면서 제가 한 3년을 장애인을 업고 내려가서 밥을 먹인 적이 있어요. 일반 25소대에 있을 때예요.

도망을 가야겠다고 마음먹은 게, 16살 때 어느 날 겨울이었어요. 내가 그때 당시에 봉제 공장을 다니고 있었는데, 마치고 소대에 갔는데 그 사람이 오줌을 쌌다고 머리를 질질 끌고 화장실에 데리고 들어가는 거예요. 그런데 세상에⋯ 바닥에 쓰는 마포 있죠. 그 겨울에 찬물을 틀어 놓고 그 사람을 마포로 닦는 거예요. 근데 내가 살아야 되니깐⋯ 저 사람을 돕기 위해서 내가 죽을 수는 없잖아요. 그래서 그걸 보고 도망을 가야겠다고 그때부터 계획을 했던 거예요.

여섯 명이 작당을 한 거예요. 세탁실이 있는데 거기 서무한테 쇠톱을 구했어요. 원래는 '불독'이라는 애가 서무를 하고 있었어요. 그 아이가 있는 한 우리는 도망을 못 가요. 왜냐면 형제복지원은 일석점호[저녁점호]를 치고 나면 철장 검사를 해요. 철장이 조금만 터져도 (막대기로 철장을 훑어내리면) '또로록' 하다가 '퍽' 소리가 나요. 철장이 떨어져 있는 공간은⋯

그래서 내가 서무를 해야 되는 거예요. 싹 다 한 번씩 도망간 경험이 있다 보니까 나만 유일하게 한 번도 도망 안 가고 착하게 산 어린이라 서무가 된 거예요. 오직 도망을 가기 위해서. 이제 서무를 시작하는데 그때부터 철장을 뚫어야 될 거 아니에요. 그때 입양아들 크리스마스 카드를 만들어줬어요. 칫솔에 물감도 묻히고 막…
그 물감을 갖고 있어서, 쇠창살 하나를 뚫고 껌을 씹어서 거기다 붙
인 뒤에 껌에 물감을 칠해놓은 거예요. 예를 들면 일주일 뒤에 철장
의 반이 뚫려야 되는데 일주일 앞으로 당겨진 거예요. "야, 안녕아
큰일 났다" 해서 "왜?" 하니 (철장이) 다 뚫렸다는 거예요. 이제 급
해진 거죠. 그때는 26소대(2층)로 올라갔을 때예요. 그래서 침대 포
를 묶었어요. 묶으면서 "가시나야. 그거 좀 남겨놔야지. 그거를 다
뚫으면 어쩌냐"

와 저는 그때 처음 알았어요. (쇠창살) 하나를 뚫고 밖으로 제꼈잖
아요. 근데 이게[어깨가] 나가니까 몸이 다 나가더라고요. 내려가서
저 먼저 벽을 탔어요. 벽을 탔는데, 와 벽 조금 위에 그런 게 있는
줄 몰랐어요. 딱 타서 딱 밟았는데요. 유리가 촤악… 어떻게 표현을
못해요. 살이 찢어지는 느낌… (벽 위로 올라가서) 손을 잡으려는데
아무도 못 올라와요. 미끄러워가지고. 그래서 최대한 (위로) 뛰라
고 했어요. 머리채를 잡아가지고 다섯 명을 끌어올린 거예요. 다섯
명이나 끌어올려서 하도 힘드니까 내가 앉아서 이랬어요. "아이 씨,
크리스마스 빨리 왔으면 초코파이 먹고 나올 건데…" 그러니까 아
이들이 "지금 초코파이가 문제냐"면서…

저도 처음 알았어요. 도망을 가면서 보니까 그쪽에 부대가 두 개 있
더라고요. 오른쪽은 헌병대… 하나는 보통 부대더라고요. 그래서
이쪽[헌병대]으로 가면 안 되고 저쪽[보통 부대]으로 갔어요. 근데
막 피가 흐르고 이러니까… 진짜 부대에서 쌍라이트를 켜고 총을

겨누더라고요. 손을 들라고 해요. 들었어요. 다 들어오래요. 들어갔어요. 진짜 소대장[실제 군인]이 근무하는 방에 들어갔는데 그 언니가 그때 당시에 스물세 살인가 그랬는데 우리보고 다 나가라고 하더라고요. 그렇게 몸을 헌신하고… 소대장 퇴근 시간에 군인들 태우는 차 밑에다 모포를 깔아서 다 누워서 나왔죠. 그때 대연동에 기찻길이 있었어요. 거기서 다 내렸어요.

도망 나와서 차비가 없으니까 집으로 못 가죠. 여섯 명이서 돌아다니면 형제복지원에 도로[다시] 잡혀갈까 봐 둘이서 분리를 했어요. 세 팀으로. 딱 지나가는데 치과 위 옥상에 신발 몇 켤레에 간호사복들이 걸려 있는 거예요. 그걸 훔쳐 입으려고 올라갔죠. 올라가는데 치과 의사가 문을 팍 열고 나왔어요. 손 이런 데 유리가 박히고 피가 흐르고 그러니까… 그 치과 의사는 놀라지도 않더라고요. 들어오시라고 하더라고요. 피 다 닦아주시고, 유리 파편 같은 거 현미경으로 보면서 다 빼주시고. 그러면서 자기는 여자 옷이 없다고… 간호사 탈의실에 들어가서 바지하고 신발하고… 티셔츠는 누구 건지 모른다면서… 입고 가시라고 하더라고요.

(동광동) 40계단을 갔어요. 그 근처에서 홀서빙을 구하네요. 그때 제가 열일곱 살이라도 키가 좀 컸어요. 홀서빙을 3일 하다가, 40계단 중간에 보면 그때는 오른쪽으로 커브를 돌면 정육점이 엄청 많았어요. 거기 가서 고기를 사오라는 거예요. 그때 당시에 3만 원인가 4만 원을 줬을 거예요. 그거 들고 도망 왔어요. 사상터미널로 가는데 모가지[목] 디스크 걸리는 줄 알았어요. 잡으러 오는 줄 알

고 계속 뒤를 돌아봤거든요. 진주 가는 버스를 탔어요. 낙동강 지나
갈 때까지 또 디스크 걸릴 뻔했어요. 잡으러 오나 싶어서. 중간쯤
가는데 그때 마음이 놓이더라고요. 그래가지고 집에 갔는데 우리
아버지가 도토리묵 먹다가 대청마루에서 기절해버렸어요. 딸내미
가 없어진 지가 근 7년이니까.

아버지가 3년을 저를 찾아다니다가 포기를 했대요. 3년 동안 저 찾
는다고 담배를 너무 피우셔서 폐암에 걸려 있더라고요. 2년 있다가
돌아가셨거든요. 지금도 제일 가슴 아팠던 게 초등학교 1학년 때
저희 아버지 생신 때 엄마가 준 100원, 200원, 50원, 10원을 모아
서… 시장에 가면 군용 양말하고 군용 장갑 있잖아요. 그걸 1학년
때 처음으로 생일 선물을 해 줘 보고, 제가 나오고 열여덟 해에 돌
아가시기 한 달 전 생일에 처음으로 양말 한 켤레를 사 줘 봤어요.
지금도 그게 한으로 남죠. (내가 형제복지원에 잡혀가지만 않았다
면) 열아홉 살까지는 생일을 다 챙겨드릴 수 있었는데. 이놈의 형제
복지원 때문에 모든 것이 그냥…

이승수 2소대에서 '탈출하자' 이렇게 생각을 하고 소지할 때 탈출을 한 거죠.
제가 83년도 10월 27일 날 도망을 나왔는데. 도망 나오기 전에 부산
병무청에 가서 신체검사를 받은 거로 기억해요. 저하고 둘이서 도망
을 나왔어요. 변소 철장을 잘라요. 쇠톱으로 잘라서 껌을 딱 붙여놔
요. 끊어놓은 자리에. 페인트 착 칠해서. 저녁이 돼서 도망을 나온
거죠. 재수 좋게 그날은 경비가 없었어요. 그래가지고 2소대 계단 뒤
로 산으로 해서… 산을 거의 한두 개를 넘었을 거예요. 그렇게 구덕

터널로 해서 부산역으로 해서 왔어요. 걸어서, 걸어서…

정보를 듣기로는 영도다리를 건너가면 형제원 차가 못 들어가요. 영도경찰서 서장 아들이 잡혀 왔다가 출소를 한 적이 있기 때문에 형제원 차는 영도다리로 못 건너가요. 그런 정보를 알고 있었기 때문에 영도로 들어가려고 계획 중이었어요. 영도다리를 건너가기 전에… 조그마한 슈퍼마켓이 있었는데 거기서 빵을 훔쳐 먹은 게 화근이 됐죠. 같이 탈출한 개는 집을 찾아간다고 헤어졌고. 나 혼자 영도 쪽으로 가다가 배가 고프니까 마침 지나가려는 찰나에 슈퍼 아줌마가 문을 잠그고 가는 걸 보고 문을 따고 들어가서 빵을 허겁지겁 먹고… 그 안에 금고통 돈 있는 거하고 갖고 가다가 아줌마가 신고해서 잡힌 거죠. 무슨 경찰서인지는 기억이 안 나요. 어쨌든 파출소에서 난장을 지기고[부리고] 나니까 부산교도소로 들어간 거죠.

빵 그거 시가로 치면 그 당시에 한 5,000원 정도 될 거예요. 파출소에 가서 조사하다가 형제원에서 10월 27일 날 도망 나왔다고 하니까… 다시 형제원으로 연락하려는 거를… '다시 들어가는 순간 맞아 죽겠다' 싶어서 파출소 안에서 어떻게 난장을 피웠어요. 그래서 공무집행방해인가… 죄명을 확실하게는 모르겠지만 부산구치소 갔다가… 그 당시에는 부산교도소였으니까. 부산교도소에서 좀 생활하다가 김해 감별소로 갔죠. 거기서 재판받고 보호처분 받아서 오류대 기찰[소년원]… 거기로 가서 1년 6개월을 살았어요.

형제원에 있던 아는 동기들하고 친구들이 있었어요. 초등과에 가서 공부도 하고 해야 되는데 나는 건축에 대해서 빠삭하니까… 소년원

감별소에서 미장 쪽으로 일을 했죠. 감별소 건축하고 이런 식으로 하면서, 그 안에 원장님하고 자매결연을 맺어서 원장 아들로 생활 했어요. 생활은 편하게 했어요.

강호야　(형제복지원에서) 한 10년을 조금 넘게 있었어요. 그사이에 도망 나와서 잡혀가고 다시 도망 나와서 또다시 잡혀가고 그랬어요. 저녁에 조금씩 물을 뿌려가지고 흙을 살살 긁어서 몰래 굴을 파서 도망을 나왔어요. 또 한 번은 타일 기술을 배웠어요. 점심시간에 밥 먹으러 가자고 하더라고요. "너네 먼저 올라가라"고 하고. 점심시간이 되니까 사무실 그쪽으로 사람이 없더라고요. 사람이 좀 뜸한 거 같길래 그때 담 넘어서 또 도망 나왔어요. 돌아다니다가 경찰들한테 잡혀서 다시 형제원에 보내졌어요.

도망 나왔을 때 영도 집으로는 안 가셨나요?

집을 몰랐어요. 집이 어딨는지 모르겠더라고요. 너무 다 변해버려서. 집 나온 애들끼리 생활하는 게 재밌더라고요. 애당초 어릴 때부터 내가 부모님 사랑을 못 받다 보니까 차라리 우리 친구들이 좋더라고요. 그렇게 지내다가 (형제복지원에) 잡혀 들어가고, 또 잡혀 들어가고… 다시 잡혀 들어가면 무지하게 두드려 맞아요. 그러고 6소대 근신소대가 있는데 잘못한 사람들… 재수감되는 사람들… 거기에 들어갔다 하면 진짜 거짓말 안 하고 작업을 진짜 빡세게 시키는 거예요. 마지막에 도망 나온 게 타일 작업하다가 나온 그거예요. 84년도인가 나왔어요. 나와 가지고 신문팔이도 하고 커서 노동도 하고 뭐 그랬죠.

황송환　　내가 조장도 했습니다. 박인근 원장이 78년도 겨울쯤 한 11월 달인
가 돼서 "경비를 한번 서 봐라"고 하더라고. 순찰 돌다가 그렇게 탈
출했죠. 그때 새마을담배 세 개비 나왔습니다. 근데 경비를 서니까
한 갑씩 나오더라고요.

경비를 서게 되면 두 사람씩 서거든요. 한 사람은 왼쪽으로 돌고 한
사람은 오른쪽으로 도는 거라. 나는 오른쪽으로 돌았다고. 오른쪽
으로 돌면서 왼쪽으로 튈까 말까 튈까 말까 생각을 했어. 한 3개월
동안 경비를 서면서 몽둥이 들고… 그때 곡괭이 자루야. 만약에 그
때 도망가는 사람이 있으면 보내주고 그랬습니다. 하도 (그 안에서)
당해서.

그러다가 가만히 생각해보니 '박인근이한테 내가 오래 있을 곳이 못
되는 구나…' 79년도 2월 달쯤 돼서 거기서 나왔지. 2월 초에 탈출
했어요. 그때 만약에 붙들렸으면 이 세상 사람이 아닙니다. 저 세상
사람입니다. 중대장 김광석이가 옆에 혁띠[혁대] 같은 거에 열쇠고
리를 딱 걸고 있는데… 탈출하는데 호루라기 소리가 나는 거야. 나
잡으려고. 그래서 낭떠러지에서 떨어졌는데도 아픈지도 몰라요. 죽
어라 막 뛰었네. 그때 비가 부슬부슬 쏟아졌는데도 비가 오든 말든
간에 막… 그랬더니 어디가 나오냐면 구포 있잖아요. 구포역에 딱
내려가지고 갈 차비는 없지… 다리 건너니까 김해예요. 김해에 가
서 "일 좀 할 수 없습니까?" 이랬더니 밥을 주는데. 그때 쌀밥이 얼
마나 맛있는지 두 그릇이나 먹었습니다.

251

#3
집으로…

드물게 '귀가 조치'를 받기도 했다.
가족이 찾아오거나, 군입대 영장이 나온 경우였다.

신재현 가명 갑자기 집을 보내주더라고요. 85년 6월쯤 됐는데 제가 집에 간다는 얘기를 공공연하게 말하기 시작했어요. 사무실 직원들, 총무, 원장님 다 "너 언제쯤 간다", "며칠날 갈 거다", "보내준다" 해서 처음엔 안 믿었죠. 7년 동안 안 보내줬던 사람들이 보내준다고 하니. 그래도 하루하루 지나니깐 기대가 생겼죠. 그래서 옷을 빨고 나름 준비를 했죠. 그랬더니 7월 21일에 일요예배를 드린 뒤에 밥을 먹기 전에 사무실에서 '귀가 조치' 하면서 부르더라고요. 그때 소대장하고 사무실 직원 몇 분이 울면서 따라왔어요. "니가 집에 가는구나", "정말 그 고생을 하고 집에 가는구나" 울고 하던 게 기억나요. 그때 여비가 3,000원 정도 된 것으로 기억해요. 버스 타고 사상터미널에 가서 사상에서 거제 장생포 집으로 가는 표를 끊고, 짜장면을 먹을 수 있었나, 하여튼 그 정도 돈이었어요. 그게 내 7년 노동의 대가였어요. 옷 한 벌 안 주고 신발 하나 안 줬어요. 그냥 내가 입던 옷 깨끗한 거. 그래도 나름 안에서 잘나가던 사람이었으니까 내가 안 입고 있던 깨끗한 옷을 입고, 거기서 신던 신발을 신고 나왔죠.

그때 병역 신체검사 통지서가 1차로 우리 집으로 갔나 봐요. 형제복지원에 갔다고 하니 형제복지원으로 (통지서를) 보낸 거죠. 형제복지원은 법을 준수한다고 하는 사람들이니까 (군대에) 못 보낸다고 할 수 없죠. 그러니깐 신체검사를 받으라고 집으로 보낸 거죠. 그래서 나오게 된 거예요. 우리 식구들 아무도 안 믿더라고요. "너이 새끼야, 왜 이제 기어 나오니" 나오니까 아버지 돌아가신 지 52일 됐더라고요.

병역 문제가 아니었으면 퇴소하지 못했을 수도 있겠네요?

못 나오죠. 아버지는 돌아가시고 없고. 우리 형들은 데려올 생각이 없고. 정말 끝날 때까지 있었거나 죽었거나. 누구는 91년까지 있었다고 하더라고요. 그랬을 수도 있죠. 가족이 안 오니까. 박인근은 자기가 필요한 사람들은 안 보냈어요. 저는 필요한 사람이었거든요. 안 보내고 끝까지 붙들고 있었겠죠. 그러면 91년 말까지 있었겠죠. 그러면 제 인생은 더 끔찍했겠죠.

여인철 내가 거기서 11개월 보름 만에 나왔으니까. 형하고 형수가 찾아왔어. 데리고 나가는데 자기들이 내 일 시킨 거 (월급) 통장하고 돌려줘야 될 거 아니야. 근데 10원도 안 받고 거기서 그냥 내 입고 간 옷… 세탁해 놓은 거 그거만 받아 입고 나왔어. 나오는 게 급선무니까 그런 거 생각도 없는 거라. 그곳에서 빨리 벗어나고 싶으니까. 나오고 나서 며칠 안 있으니까 사건이 터졌더라고. 울주에서 시체가 발견되고…

김수길 86년도 마지막 여름일 거예요… 형제복지원 들어오는 입구에 있는 수영장에서 수영을 하고 있는데 집에 가야 된다고 오라는 거예요. 그때서야 이제 어머니하고 아버지하고 오셨더라고요. 내가 몇 번이

나 전화를 드리려고 하고 편지도 쓰고 했는데 몰랐대요. 어떻게 알 았냐고 하니까 집에 연락해달라고 했던 그 선생님… 그분이 그 전 화번호를 머릿속에 기억을 했나 봐요. "애가 이렇게 자꾸 전화를 해 달라고 한다…" 그래가지고 어머니, 아버지가 온 거예요. 아버지는 나를 때려죽이려고 하죠. 갇혀서 있었던 줄 모르고 내가 죄를 지어 서 온 줄 알고 있고. 어머니는 그 옆에서 울고만 계셨어요.

그래서 집에 가서 설명을 해줬는데 "무슨 그런 데가 있노?" 하면 서… 아버지도 그런 걸 몰라요. 어디 보상받을 데도 없고. 그냥 마 그러려니 하고 넘어 갔어요. 배운 게 없으니까요. 아버지도 그렇고 어머니도 그렇고 옛날 사람이다 보니까. 뉴스 나왔으니까 뭐 해결 됐겠지 이러고 있는 거예요.

한상현 (대장파열) 수술하고 나서 39kg인가 41kg인가 나갔어요. 내가 61kg 정도로 억수로 건강한 몸이었는데… 부산의료원에 있을 때 친 구가 찾아왔더라고요. 안에서부터 친했던 김**라는 친구가 소식을 듣고 찾아왔어요. 그 친구한테 고향 주소를 불러주면서 "찾아가서 내가 지금 죽다가 살아났다고 이야기를 좀 해 달라"고 했어요. 그래 가지고 그 친구가 고향에 가게 되고… 어느 정도 회복 단계에 있는 중에 집에서 당숙이 찾아온 거예요. 며칠 있다가 귀가 조치가 됐죠.

85년도 8월 17일 날… 그 당시에 퇴소할 때 조각 공장에서 220만 원 정도의 적금을 받아서 숙부님하고 고향에 갔죠. 먹고 살아야 될 거 아니에요. 그래서 친구의 소개로 노가다[막노동]… 요즘으로 말하면 그런 일을 하러 갔죠. 하루 단가가 좋다고 해서요. 근데 원체 일하는 게 몸에 익어있으니까 첫날 갔는데 일을 너무 잘한다는 거예요. 그때만 해도 포클레인 이런 게 없었고 전부 다 삽, 곡괭이로 일했거든요. 근데 오후 3시에 참으로 국수를 먹어버린 거예요. 먹고 나서 일하려고 하는데 쓰러진 거죠. 형님이 놀래서 "왜 그러냐?" 하니 "너무 배가 아픕니다" 했어요. 너무 아팠어요. 3일 동안 있어도 안 되고. 시골에서 그 친구 오토바이를 타고 함안역까지 와서, 함안에서 기차를 타고 사상으로 와서, 사상에서 택시를 타고 형제원 철둑 밑에까지 와서, 그 친구가 나를 업고 형제원 정문 앞에까지 왔죠.

경비가 "누구냐"고 "너 왜 왔냐"고 하길래 "아파서 다시 수술을 해야 될 거 같다"고 했죠. 경비가 갔다가 좀 있다 오더니 "나가라. 들어오지 마라. 죽든 살든 알아서 해라"고 하더라고요. 나는 형제원에 가면 이 수술을 다시 해줄 줄 알았죠. 난감하더라고요. 그 친구가 나를 다시 업고 부산의료원으로 갔죠. "여기서 수술을 해가지고 이렇게 됐는데 다시 왔다"고 하니까 입원 수속을 밟아서 정식으로 하라고 하더라고요. "나는 가족도 없다" 그래서 친구보고 집에 가라고 했어요. 안 가려는 걸 억지로 쫓아 보냈어요. 그때 당시에 부산의료원 바로 옆에 파출소가 하나 있었어요. 파출소로 가는 데 왼쪽에 보면 화단 같은 게 있어요. 나무 같은 게 있고. 너무 힘들어서 가다가 거기에 앉았는데 기절해버린 거죠. 깨어나니까 병동 저 뒤에 중환자들, 암 환자들 있는 곳… 죽으면 시신 씻는데 그 앞 벽 쪽에 내가 일회용 침대에 누워 있더라고요. 아픔은 없어지고… 이게 며칠 굶어 놓으니까 협착이 됐던 창자가 떨어진 거죠. 그러다 그 친구가 그다음 날 걱정이 돼서 다시 올라온 거예요. 깜짝 놀라가지고 "종현아 [형제복지원 안에서 불리던 한상현 씨의 별칭] 가자. 너 이렇게 있다가는 죽는다" 해서 터미널로 와서 다시 함안으로 돌아왔죠.

그러고 다시 사회생활을 시작하는데 아 조금만 뭐 하면 창자가 들어붙는 거예요. 너무 아파서 지금까지 손을 못 대고 살았어요. 56살 때까지. 왜? 손대면 아프니까. 그래서 무릎하고 배는 아무리 더워도 잘 때는 덮고 자야 돼요. 지금도. 그 정도로 지금 후유증을 가지고 있어요.

정말 운이 좋으면, 목사[박인근 원장의 처남]의 가정방문을 통해 집에 갈 수 있었다.

김상수   형제원에 6년 동안 있다가 '귀가'가 나왔어요. 한 1년 반 동안 서무를 안 했으면 아마 그때도 못 나왔을 거예요. 김해에 사는 상하라고 만나 봤죠? 그 친구가 그 당시에 목사실에서 서무를 보고 있었어요. 그래서 내가 부탁을 했죠. "상하야 나는 집도 있다. 목사님한테 니가 이야기를 좀 해도. 문만 열어주면 내가 한 시간 만에 우리 집에 간다" 하니 며칠 있으니까 목사가 부르더라고요. 목사 차를 타고 나왔어요. 마침 구포역에 6촌 아주머니 친척 집이 아직까지 거기 있더라고요. 거기 가니까 붙들고 울고불고 난리가 났죠. "야 야, 니는 어느날 갑자기 사라져가지고. 느그 아버지도 울고불고하다가 끝내 너 찾아다니다가 죽었다"고 하더라고요. 형제원에서 나오기 한 3~4년 전에 돌아가셨더라고요. 조금만 빨리 나왔어도 아버지 임종도 보고 했을 텐데. 형제원에서 6년, 서울에서 이럭저럭 한 3년 보냈으니까…

그러고 (형제복지원에서) 한 일주일 있으니까 (가족들이) 찾아왔더라고요. 울고불고 난리 났죠. 누나가 와서 안고 막… 어휴… 사무실에서 다 거짓말을 했어요. "집이 있다고 했으면 보내줬을 텐데 집도 없고 고아라고 했다"고 이렇게 우리 누나하고 형님한테 전달을 하더라고요. 그래도 나는 말 한마디 못했어요. 나와가지고 이래저래 됐다고 얘기했지. 그 안에서는 말도 못 했어요. 무서워서 말을 할수 있습니까.

몇 달에 한 번 교회 마치고 나면 원장이 직접 앞에서 "9소대 김상수 오늘까지 월급이 얼마다" 이렇게 불러주긴 불러줬어요. 볼펜 만드는 공장이 사회에서 들어와서 사인펜도 만들고 했거든요. 그 당시에 한 십몇만 원인가 탄 기억이 있어요. 그거 가지고 나왔죠.

"느그집 어디고?" 하니 "구포에 우리 아지매도 있고 아버지하고 누나하고 형님까지 다 있다"고… 분명히 자기네들이 그 이야기를 다들었을 텐데… 국가 보조금을 타 먹으려고 "이 아이는 고아다"고 해서 고아로 만들어가지고 거기서 군 면제까지 시키고… 병무청에도 다 거짓말을 했어요. 애들은 전부 고아다… 이렇게 만들어서 (신체 검사를 받으러) 버스 한 차에 타서 갔거든요. 나는 거기서도 고아로 만들어져 있기 때문에 군 면제를 받았어요.

정수철 가명 저는 운이 좋아서 (목사님) 가정방문으로 영도 고모 집을 찾아가서, 우리 집하고 연락이 돼서 사회에 나가게 됐습니다. 가정방문이라고 목사님이 어느 날짜에 맞춰서 (원생들을) 차에 태워서 집을 찾아가죠. 동사무소로 해서… 저는 고모 집이 어디에 있다는 걸 알고 찾아간 거죠.

영도 청학동, 거기에 어릴 때 한 번 고모 집에 놀러 간 적이 있었어요. 가보니까 그대로 있더라고요. 그래가지고 우리 집을 찾게 됐죠. 그때 나갔다가 한 달 만에 또다시 잡혀 (형제복지원에) 들어갔어요. 그냥 동네에서 싸움하다가 부모가 안 오니까 파출소에서 형제복지원에 신고해서 보낸 거죠. 1984년도에 또 한 번 잡혀 들어가서 1985년도까지 있었어요. 그게 마지막이었습니다. 잠깐 있다가 군대 통지서가 날아왔어요. 이발소에서 일을 하고 있는데 갑자기… 군대 통지서 때문에 사회에 나갈 수 있었죠. 안 그랬으면 못 나가고 계속 있었을 겁니다.

때로는 야학 교사[대학생]들이 도움을 줬다.

엄경흠
(야학교사) (아이들이) 나가고 싶어 했죠. 가족들을 만나고 싶어 했고. 나이가 좀 들어서 온 애들 중에는 주소를 알고 있는 애들이 있어요. 저희들이 찾아갔습니다. 대부분 보니까 이사 가버리고 없는 집이 많았어요. 어떤 경우는 (집을) 찾았습니다. 상당히 잘 살아요. 주유소 사장이야. "애가 여기에 있는 줄 알고 계십니까?" 하니 알고 있답니다. "왜 안 찾아가십니까?" 물었더니 "아 필요 없습니다. 데려다 놓

259

으면 또 기어나갑니다" 이러는 거예요. '자식 버리는 방법도 여러 가지가 있구나' 하는 생각이 들었어요. 제가 생각할 땐 자기 자식이 아닌 의붓자식일 경우에 형제복지원에다 맡기는 방법이 있을 수도 있지 않았을까…

어렵사리 귀가했지만 예전의 집이 아니었다.

민윤기 부산시에서 옛날에 칼라TV로 바꿀 때 호텔 TV를 다 교체를 했어요. 그래서 흑백TV가 전부 다 형제복지원으로 들어와 버린 거예요. 제대로 된 게 없어요. 전부 다 고장 나버렸지. 그러니까 나보고 그걸 또 고치라고 하더라고. 형제복지원 바로 밑에 TV상사가 있었어요. 그 사장을 불러서 같이 TV를 고치면서 내가 생각을 한 거야. '여기서 어떡하든지 나가야 될 텐데… 기회를 잡아야 될 텐데…' 도망갔다 잡혀서 들어오면 죽는 거예요. 인생 끝난다고. 그렇다고 내가 부산서 사는 사람도 아니고. 경상남도 근방에 살던 사람이면 몇 번이고 도망을 갔을 거예요. 근데 제일 끝[부산]에서 끝[경기도 안양]으로 올라오려니까 잡힐 확률이 90%가 넘어요. 그래서 머리를 쓴 거지. 시멘트 포대가 네 겹으로 돼 있어요. 속에 두 장을 뜯었어. 시멘트도 안 묻고 깨끗한 부분이에요. 연필이 없으니까 그 사장한테 얘기해서 볼펜 하나 갖다 달라고 했어요. 그걸 감춰놨다가 저녁에 몰래 소대에 들어가서 그냥 컴컴한데 대충 써버린 거예요. '나 좀 구해달라'고. 내 사촌들이 사는 그 주소로다가 썼어요. 그 편지를 부친 지 1년이 넘었는데 83년도 4월 30일이에요. 그날이 일요일이에요. 그날 박인근이가 (형제복지원) 안에 없었어요. 8시쯤 돼서 점호를 받아야 되는데 사무실에서 내려오라고 부르는 거예요. 내려가니깐 내 동생하고 딱 와 있더라고요. 딱 보니깐 눈물도 안 나. 기가 막혀서. 내 동생이 "아니 형님이 여기 왜 와 있냐. 어떻게 된 거냐"고.

안양에 와 보니깐 집사람이 홀로 사는 남자한테 간 게 아니라 완전히 가정 가진 남자한테 첩으로 들어가 버린 거예요. 내가 뭐라고 얘기할 수가 없더라고. 잘못은 내가 더 많으니까. 돈 벌러 나갔다가 행방불명이 돼 연락이 안 됐으니 우선 잘못은 나한테 있는 거예요. 그래서 내가 집사람을 앞에 앉혀 놓고 무릎 꿇고 빌었어. "다시 새 출발 하자. 애들을 봐서" 그랬더니 "나를 영창으로 집어넣든지, 그렇지 않으면 이혼을 해 달라"고 하더라고요. 그 얘길 들었는데 내가 어떡하겠어… 정말 진작 죽어야 할 걸 내가 왜 여태까지 살았나…

집으로 돌아가지 못하고 다른 시설로 옮겨진 경우도 많았다.

김대우   나도 모르는데 갑자기 "김대우 전원!" 이러는 거예요. '전원' 하면 일단 거기서 빠져나오는 거니까 무조건 좋은 거잖아요. "와!" 했죠. 85년 10월 말에 부산 소년의집에 갔다가 하루 자고 기차 타고 응암동 서울 소년의집에 간 거예요. 분도반에 있다가 요한 보스코 기술원으로 보내주더라고요. 다른 사람들은 갱생원으로 갔는데 나는 운이 좋아서…

서울 소년의집이 천국이에요. 아침에는 식빵 반 쪼가리… 나이가 어리니까 반 쪼가리… 잼을 딱 벗겨서 비닐봉지에 싸는 거예요. 갖

고 있다가 껍데기만 먹고… 분도반에서 공부하러 잠시 내려가거든
요. 거기서 공부하면서 잼 빨아먹고 이랬습니다. 근데 우리 형님[김
경우]은 기억을 잘 못해요.

거기서 나와서 팔십몇 년도인지 모르겠는데 기차 타고 밑에 숨어
서… 옛날에는 밑에 철판을 닫을 수 있었거든요. 그거 타고 부산에 내
려와서 부전역전 옆에 부전여인숙에서 생활할 때… 죄도 없는데 경
찰이 (우리가 형제복지원 출신이라는 걸 알고) 막 잡아가는 거예요.

안종환   돌이켜서 생각해보면 형제복지원 시설 관리하는 분들이 '얘네들은
아기니까 아동보호 시설로 옮기는 게 좋지 않냐'는 판단하에 옮기
지 않았나 싶어요. 이름을 호명하는 거예요. 김**, 서**, 김**라고…
나까지 포함해서 네 명이 거기서 나왔어요. 그 어린 나이에 여기서
나간다는 이 자체가 지옥에서 벗어나는 것처럼 억수로 기분이 좋았
지. 여기서 있는 자체가 인간다운 삶이 아니었으니까, 그 어린 나이
에 그런 마음을 느꼈겠죠. 이름을 부르는 순간 너무 행복했어요. 완
전히 교회에서 이야기하는 천국 왕국에 가는 그런 기분 있다 아닙
니까. 그 정도였다니까요.

천국인 줄 알았는데 역시나 아니나 다를까 하루 딱 지나고 나니까 똑
같았죠. 우리는 학교만 갔다 오면 일을 했어요. 공부는 저녁에 딱 한
시간 줍니다. 그 외에는 공부할 조건이 안 됐어요. 일만 시키니까.
어떤 일을 하셨나요?
초등학교든 중학교든 밭일. 그런 삶만 살았어요. 형제복지원이나

'덕성원'이나 똑같아요. 천국인 줄 알고 나왔는데. 옷도 1년 내내 입어야 되는 거라. 군 자금 가지고 그 사람들은 맨날 해외여행 다니고… 소똥 치우는 거하고, 그다음에… 하여튼 잡다한 거 전부 다 했어요. 여름에 똥 이런 건 기본이고. 왜냐. 씨앗을 뿌려놨으니까 걔들이 잘 자라게 하기 위해서, 수세식 변기 거기서 똥을 퍼서 씨앗 있는 주위에다가 다 날랐어요. 우리가 어렸을 때 (덕성원) 원장을 뭐라고 별명을 지었냐면 '김일성'이라고 불렀어요. 완전히 북한보다 더 심했어요. 자유가 없는 거지요. 안 겪어보면 내 심정을 몰라요. 겪어본 사람만이 내 마음 내 말을 이해를 하지.

'몽짜' 들고 온다. 우리끼리 쓰는 은어가 있어요. "몽짜 들고 온다. 와 오늘 귤 하나 먹겠네" 이렇게 쓰는 용어가 있어요. 그럴 때[외부 사람이 올 때는 옷 깨끗하게 입히고, 그 외에는 맨날 일이지요. 완전히 독재정치죠. 독재. 오죽했으면 우리끼리 "김일성 온다"고 하지 않았겠습니까. 먹는 거 귤 이런 거는 며칠 지난 거 주고. 정부미 몇 년 동안 안 팔리는 거 그런 거만 먹고 자랐어요. 먹어도 죽지는 않으니까. 라면도 사회에서 안 팔리는 거 있지 않습니까. 유통기한 지난 거. 그 사람들은 환원이라고 생각하는데 우리가 커서 생각해보면, 유효기간 지난 거 많이 먹었어요. 물론 죽지는 않겠지만.

도망은 가고 싶었는데 잘 곳이 없었기 때문에 어쩔 수 없이 있었던 거죠. 부모는 보고 싶고. 나는 엄마 등에 업혀 있었는데… 왜 우리 엄마는 못 보고… 왜 내가 이런 데서 자라야 되는지… 똑같은 인간인데 왜 쟤들은 저렇게 살고 나는 왜 이렇게 살아야 될까… 그게 억수로 궁금했어. 너무 억울했고. 학교에 다니다 보면 여기뿐만 아니라 다른 시설 아이들하고도 부딪힐 수 있거든요. 다른 데는 옷도 사주고 그러는데 덕성원만 안 사주는 겁니다. 예를 들어 '새들원'이나 '종덕원' 애들한테 "너거는 맛있는 것도 주고 일도 안 시키나? 우리는 학교 갔다가 집에 가면 맨날 일해야 되는데. 거기로 가고 싶다. 이야기 좀 해줘라" 이런 말도 했었어요.

1987년 초, 형제복지원 사건이 세상에 알려지면서
비로소 대대적인 퇴소 조치가 이뤄졌다.

이춘수 가명 85년도에 나왔어요. 형제원 안에서 일주일에 한 번씩 편지를 쓰는 시간이 있습니다. 가족들한테 데리러 오라고. 내가 나갈 길은 그것밖에 없으니까 주야장천 편지를 썼던 기억이 나요. 그래가지고 우연찮게 연락이 됐어요. 근데 그때까지 양부는 편지를 한 번도 받아본 적이 없었대요.

아, 그전에 검정고시 친다고 해서 그때 당시에 목사하고… 검정고시를 치려면 내 주민등록등본이나 초본이 들어가야 되잖아요. 나는 다른 애들처럼 주소지가 형제복지원으로 돼 있었던 게 아니라 거기로 돼 있었으니까 목사하고 집에까지 찾아갔어요. 그것도 참 아이러니한 게 귀가가 목적이면 거기서 부모한테 인수인계를 해줘야 하는데 나는 차에 갇혀 있고 목사란 새끼하고 아버지라는 분하고 같이 이야기를 하고 있었어. "지금 검정고시 치려고 하는데 아버님 이거 도장 좀 찍어주십시오" 라고 말하는데 누가 싫어하겠습니까.

나중에 어떻게 하다 편지가 도착을 해놓으니… 그때 당시에 아버지는 내가 거기에 있는 줄 몰랐다는 거지. 나중에 알았지만 그게 계모 장난이었다는 거지. 아버지가 나하고 같이 거기[형제복지원]서 내려오면서 "니가 어딨는 줄 몰랐다"고 해요. 근데 막상 집에 가자고 했는데 나는 집에는 가기 싫은 거라. 갔다가 또 잘못하면 여기 갖다 넣을 건데…

재수 없는 새끼가 그날 저녁에 다시 들어갔다니까. 내가 나오기 전날에 야간 중학교 애들 중에 여자소대 애들이 있었는데 걔들이 도망을 성공했어요. 비슷한 것끼리 모이면 서면에서 모이고 하니까… 우연찮게 서면에서 만나 버린 거야. 그래가지고 서면 길거리에서 밤에 다니다가 부전2(동)파출소죠. 거기 백차[순찰차]에 실려가지고 바로 그날 다시 잡혀 들어갔어요.

인민재판이라고 들어봤어요? 인민재판을 받은 당사자가 그렇게 많이 없거든. 교회당 예배당에서 인민재판도 받았어요. '나는 도망가다가 잡혀 왔습니다'라고 쓴 마대 포대 덮어 쓰고… 나는 귀가했다가 바로 들어왔으니까 괜찮지만 다른 애들은 도망가다 잡혀 왔으니까 개 맞듯이 맞았나 봐 하여튼. 그래도 기본적으로 다시 나타나면 맞아야 되니까. 의무적으로 맞아야 되니까 나도 맞았죠. 하여튼 전 원생들이 다 본다고 보면 돼요. 그걸로 끝나는 게 아니죠. 그러고 나서 그때부터 한 달 동안 그걸 덮어쓰고… 그때 하필이면 되게 더웠어요. 그걸 덮어쓰고 하루 종일 형제원을 왔다 갔다 해야 돼요. 식당에 원생들이 전부 다 밥 먹으러 가잖아요. 거기 서 있어야 되는 거예요. 기본적으로 두드려 맞아가지고 얼굴이고 뭐고 니주가리[면상]가 막 전부 개판이 안 돼 있겠습니까. 완전히 그런 상태에서 그걸 했어요.

그러다 귀가하는 붐이 일어났어. 일했던 애들이 전부 다 돈 받아서 나가고. 그때 당시에 나는 애들한테 삥 뜯은 게 많았어. 나는 교회당 중간에 서 있거든. 중대장하고 같이 서 있다고. "야 야, 만 원만 줘. 만 원만 줘" 이래가지고 여러 수십 명한테 돈을 만 원씩 받았어. 그때 만 원짜리를 다 현금을 찾아서 봉투에 담아 줬으니까. 그때 당시에 아이들한테 삥 뜯은 게 한 22만 원 돈 된다고.

그때 87년도에 사건이 돼서 박인근이 잡혀 들어가고 막 형제원 안이 전체가 시끄러웠어요. 김용원 변호사[당시 검사]… 그 양반이 사복 경찰 두 명인가 하고 중대장실에 들어오더라고. 나는 그때 중대장실에 앉아서 가만히 있을 때인데 시끄럽고 이러니까 분위기가 어수선한 게 보이잖아요. 이 경찰들이 형제원 안까지 기어들어 와서 그것도 다름 아닌 선도실에 들어와 있고 나보고는 나가 있으라고 하고. '씨발, 내를 딴 데 보내는가 보다' 이런 생각을 하게 됐지. 다 내보내 준다는 생각을 진짜 못 했다니까. 그래서 그날 저녁에 바로 산을 타고 그냥 도망 나왔지. 나중에 알고 보니까 다 내보내 줬다대?

형제복지원에 여러 수천 명이 왔다 갔다 하지 않았습니까. 자기 물건[잡혀 왔을 때 지니고 있던 소지품]을 다 맡겨서 보관을 해야 돼. 근데 귀가 조치된 사람들 말고 그때 당시에 거기 잡혀 있었던 사람

266

들… 그 돈 다 어디 갔는데? 반지고 목걸이고 전부 다 있었을 건데. 그것도 박인근이 해 먹었다니까. 그것만 해도 진짜 엄청난 돈이 될 거란 말이야. 나도 그때 당시에 몇십만 원 있는 걸 그 안에서 다 줘 버렸으니까. 집에서 도둑질 한 돈을.

김의수 제가 있을 때만 해도 한 3,600~3,700명 됐어요. (1987년에) 성인들은 그냥 하루에 몇 명씩 내보내 줬어요. 수개월에 걸쳐서 내보냈어요. 그때 당시에 미성년자들은 소년의집으로 갔어요. 저 같은 경우엔 소년의집으로 넘어가는 중에 "저는 집이 있는데 집으로 보내주세요"라고 했죠. 가야(동)에 가니까 이사 가고 없는 거예요. 그래서 제가 "그러면 큰집으로 보내주세요" 했습니다. 사촌 형이 저보다 나이가 한참 많아요. 사촌 형이 인수인계를 하고 사인을 해서 나오게 된 거죠. 그때가 한 6~7월경 되겠습니다.

강철민 가명 그해[1987년]에 아마 박종철 사건이 났을 거예요. 그거 때문에 형제복지원 사건이 싹 다 묻힌 거예요. 그때 언론에서 막 몰려왔다가 그냥 전부 다 올라가 버렸어요. 입구에 와서 촬영하는 도중에 그 사건이 터졌을 거 아닙니까. 그 사람들이 그대로 다 올라간 거예요.

며칠 걸려서 나왔죠. 하루 만에 다 나온 게 아니고. 내가 들어갔을 때 입었던 옷이 있을 거 아닙니까. 7년이란 세월이 지났으니 그 옷이 작아요. 그걸 그대로 입고 나오는 거예요. 추리닝을 주는데 (추리닝이) 안 맞거든요. 그것도 몇 명만 줬지 다 준 게 아니거든요. 추리닝 할당이 다 안 됐을 거 아닙니까. 만약에 사람이 500명이면 딱

300명 정도만 정부에서 입고 나가라고 지원해주고. 그러니 자기가 입고 들어갔던 옷을 그대로 입고 나왔어요. 여기가 작으면 옆을 째거든요. 째서 이렇게 좀 벌려요. 그렇게 맞춰서 입고 나왔어요.

나가게 되면 사람들 시선이 있을 거 아닙니까. 철길 건너면 외부로 나가거든요. 옷 뒤에 '형제복지원' 글자가 적혀 있으면 사람들 시선이 안 좋아요. 나와서 가게나 슈퍼에 가서 남는 옷 좀 달라고 해서 입었어요. 그때 계절로 따지면 9월이죠.

임봉근   8년을 내가 거기 있었어요. 주례 있을 때 사건이 터지고 나서 (박인근이) 영창에 가고 나서… 전부 다 해지가 돼서 터져 나왔다 아닙니까. 형제원 안에는 아무도 없었지요. 그때 내가 형제복지원 열쇠를 가지고 있었어요. 그래서 내가 문을 다 풀어줬지요. 놔둬 봐야 뭐 합니까. 내 혼자 나오면 뭐 합니까. 여자고 남자고 한 3,000명 넘었거든요. 다 풀어줘서 다 나왔지요.

박인근이 어쩌다 잡혔냐면, 형제복지원 뒤에 가면 커다란 굴이 있어요. 기다랗게 파 놓은 데가 있어요. 돌담을 쌓아 놨어요. 자세히 안 보면 몰라요. 그 안에서 숨어 있다가 형사들한테 새벽 한 4시 반 돼서 잡혀간 거예요. 박인근이가 말입니다. 잡혀가고 나서는 이제 해방이 된 거예요. (부산)시에서 와서 "문 열어줘라" 하니까 전부 다 문을 열어줬어요. 그리고 나는 열쇠고 뭐고 다 집어던지고 나왔어요. 3,000명쯤 됐어요. 내가 형제복지원에서 나갈 때. 그 전에 시래기 주우러 봄에 김해에 갔으니까. 나올 때가 3월 달인가 4월 달인가.

(여동생 임필순
씨가 전하는)
임봉근누워 자는데 누가 부르더라고요. 불러서 보니까 가슴이 철렁 하더 라고요. "오빠 어떻게 왔노?" 하니까 거기서 다 내보내서 왔다고 하 더라고요. 오빠가 일을 잘하니까 박인근이 동생인가 관리부장인가 뭔가 이름이 뭐고? 그 사람이 맨날 데리러 오는 거예요. (그렇게 불 려 들어가서 장애인 시설에서 일했어요)

우리가 보는 데서는 안 때려요. 거기에 가서 때리지. 한 번은 전화 가 왔더라고요. 찾아가니까 여기 입이고 뭐고 다 터져가지고 얼굴 을 알아보지도 못할 상태로 해서 창문을 내다보고 있더라고요. 우 리 오빠는 이만한[커다란] 열쇠 덩어리를 허리에 차고 다니더라고 요. 목욕할 날짜 되면 목욕탕 열어줘야 되고, 보일러실에 불 땔 때 되면 거기 또 열어줘야 되고… 물탱크에 물 담으러 가려고 하면 거 기도 열쇠가 있어야 되고. 그래서 열쇠 덩어리 이만한 걸 차고 다니 더라고요.

박해용   87년도에 어느 날 갑자기 천주교 미국 신부님하고 수녀님이 와서 이름을 딱 딱 딱 불러서 그길로 나온 거예요. 나오니깐 완전히 날아 갈 것 같아요. 그 안에서는 완전 지옥이었고, 나오니까 천당이었죠.
소대원들이 다 같이 나오신 거예요?
아니요. 몇 명만 이름을 불러서 나왔어요. 부산 소년의집에 왔죠. 하룻밤 자고 서울로 올라갔어요. 거기서도 또 구타당하고 또 성폭 행 당했어요. 형제복지원에 있던 아이들이 또 때리거든요. 뭐 시키 고, 뭐 구해오라 그러고. 서울 소년의집에서 부산으로 내려왔는데 소년의집 아이들, 형제복지원 출신 아이들이 "뭐 구해오라. 뭐 구해

269

오라"고 하는 거예요. 선후배 관계가 너무 심했어요. 그래서 구타도 당하고 성폭행도 당하고. 고등학교에 올라가니까 또 선후배 관계가 심한 거예요. 돈을 구해오라… 현금을 구해오라… 옷 좋은 거 구해오라… 신발, 운동화, 시계… 못 구하면 또 맞았죠.

김상하 87년도 그때 5월, 6월쯤 돼서 하루에 몇 명씩 상담이 끝난 다음에 사회로 나오게 됐죠. 어린아이들은 다른 시설로 전원 조치되고, 좀 성장한 사람들은 사회로… 제가 형제원에서 나올 때 봉제 공장에서 일했다고 12만 원인가 주더라고요. 그래가지고 서면에 갔는데, 당시에는 500원만 주면 자는 데가 있었어요. 만화방 같은 데 롤러장 같은 데 그런 데서 얼마 정도 있다가, 감전동에 있는 스텐 공장을 누가 추천해서 거기서 일하게 됐습니다. 그다음에 실내화 공장을 가게 됐어요. 그 실내화 공장에서 어떻게 이쪽 회사하고 인연이 돼서 근 한 30년 가까이 됩니다. 지금 이 회사에서 오랫동안 일했습니다.

한종선 서울 소년의집에 아동들을 다 배치를 하자니 정리가 안 돼 있는 거라. 원체 급박하게 폐쇄 결정이 나가지고. 사람 구조하는 목적으로 수녀님들이 와서 버스 세 대로 우리를 차에 실어서 나눠서 온 거거든요. 그래서 한 3일 정도를 부산 소년의집에 있다가 그다음에 서울 소년의집에 가서 91년도까지 있었나. 91년 초까지 있다가 '마리아갱생원'으로 넘어가서 6개월 만에 나왔죠. 용접 자격증 따고.

(한종선이 전하는) **한영태, 한신애**	형제복지원이 폐쇄될 때 나는 다른 고아원으로 넘어갔고. 아버지는 어른이라서 사회로… 누나는 16살 정도면 미성년자 맞지. 그럼에도 불구하고 누나도 그냥 사회로 나간 거지. 정신병동에 있었으니까. 아버지하고 누나 말을 들어보면 87년도 때 나와서 89년도 때까지 부산 곳곳을 이렇게 돌아다니다가… 그냥 돌아다녔대요. 정확하게 부산의 어디를 어떻게 돌아다녔다는 이야기는 자세히 없고. 행려 환자로 경찰 손에 다시 잡혀서 정신병원에 들어갔었다고 했으니까. 누나는 '**정신병원'에서 무려 28년 가까이 있었던 거고. 아버지는 '대남병원' 뭐 여러 가지 기타 등등의 병원을 돌아다니다가 울산에 '언양정신병원' 거기서 내가 찾게 된 거죠.
이향직	10소대에서 계속 오래 있었어요. 나올 때까지 끝까지. 87년도 그 사건 터졌을 때 그때 나왔습니다. 거의 소대에 사람이 별로 안 남았을 때까지 있었으니까. 한 20명 정도 남았을 때까지 있다가 나왔거든요. 처음에 부산 소년의집에 갔어요. 나는 소년의집에 있고 싶다고 했거든요. 지금 생각하면 그때 수녀님이 나를 좀 골통으로 여겼던 것 같아요. 왜냐면 집이 있는데 집에 안 들어가려고 했으니까. 결과적으로는 서울 갱생보호소로 보내버리더라고요. 부산 소년의집, 서울 소년의집 다 같은 재단이에요. 소년의집에서 말썽부리거나 그러면 그쪽으로 보내거든요. 적응을 못한다고 생각해서 그런건지 모르겠는데 따로 불러서 버스표를 끊어주고 동전 3,000원을 또 주더라고요. 처음에 아무것도 없이 그냥 내려가야 되니까 갈 데가 없으니까 집으로 찾아갔죠. (가족들이) 오히려 반가워하는 기색은 별로 없었어요. 놀라기만 했고.

곪은

상처

#1
부적응 후유증

사회와 격리된 채 지낸 세월은 이들을 사회부적응자로 만들었다.
바깥 사회의 편견은 피해생존자들을 '나쁜 길'로 내몰았다.

신재현 가명 **퇴소 이후에는 어떻게 생활하셨나요?**

가족하고 어울리기 쉽지 않더라고요. (아버지와 함께) 우리 큰형도
나를 보냈잖아요. 그런데 "어디 갔다 이제 왔어?" 이러더라고요. 몰
라서 그랬을까요? 형제복지원에 있는 걸 알았잖아요. 내가 마지막
에 편지를 보냈는데. 내가 보낸 편지를 받고 아버지가 기뻐했다고
형수가 그러더라고요. 그래놓고 "아버지가 돌아가신 지 언젠데 너
이제 와?" 이러더라고요. 나는 그래서 하늘이 노래지고 눈물도 안
났어요. 멍하기만 했어요. '난 이제 고아 됐다' 우리 어머니는 어디
있는지 모르고 형들은 배가 다르고. '아버지가 없으니까 나는 세상
에 혼자다' 그런 느낌이었어요.

배워야 되겠단 생각은 있는데 시기를 놓치니깐 안 배워지더라고요.
검정고시도 해보고 책도 많이 샀어요. 집에 머리 좋은 사람들이 많
으니까. 우리 형들은 지금 지식층이에요. 남녀를 불문하고 최소 학
력이 대학원 졸업이고 최고 학력은 박사 학위예요. 저는 초등학교
졸업도 못 했어요. 그런 내가 살기 위해서 책을 얼마나 봤을까요.
몇만 권의 책을 봤어요. 수많은 책을 사고 검정고시를 반복했지만
안 되더라고요. 지금도 배움에 대한 생각을 해요. 정규 과정이 있다
고 하더라고요. 그걸 가보려고 해요. 어떻게든 배워야죠.

군대는 어떻게 됐나요?

군대는 방위 판정이 났어요. 가니까 신체검사 용지가 없더라고. 형제복지원에 있다고 아예 빼놨어. '특'이라는 도장이 딱 찍혀 있었어요. 그게 뭔지 몰랐는데 나중에 보니깐 '병역 미필'이라. 그냥 빠지는 건데 내가 괜히 나온 거예요. 내가 형제복지원에서 못 나온다고 그 사람들도 포기했어요. 근데 내가 나타났으니 방위 판정이 났어요. 검사하는 사람은 '대체 국졸[국민학교 졸업]도 아니고 이 인간이 왜 형제복지원에서 방위 판정을 받았냐. 대체 뭔 비리가 있냐. 박인근 원장 집에서 뭘 줬냐'(라고 생각했을 거예요) 방위 18개월 받았어요. 86년 2월 24일부터 87년 8월 말까지 받았어요.

그러고 사회생활에 뛰어들었죠. 근데 한군데서 오래 일 못하겠더라고요. 왜 그러냐면, 저는 누가 하라고 시키면 안 했어요. "이거 해! 인마" 하는 순간 안 해. 형제복지원에서 그런 소리를 죽도록 들었기 때문에 "야 이 개새끼야. 니가 뭔데 나한테 그런 일을 시켜. 야 이 새끼야. 내가 하기 싫으면 그만이지. 때려치우고 가면 되지 새끼야" 이러고 그만뒀어요. 그러면서 수많은 직업을 전전했어요. 그때 형제복지원에서의 기억이 나를 사회생활 부적응자로 만들지 않았나. 그리고 나서 내가 아파서 거의 죽게 되었을 때 겨우 집에 들어갔어요. 병을 키울 대로 키워가지고. 내가 폐결핵 말기였어요. 폐에 구멍이 나서 공기가 꽉 들어차서… 그때 의사가 "너 젊으니까 살아 있지. 나이 들었으면 꼼짝도 못 한다. 구멍 뚫어서 공기 빼야 된다. 너 죽는다"고 하더라고요. 그 말을 스물세 살에 들었어요. 형제복지원에서 나온 바로 그해 가을에. 그때부터 내 고생이 시작이었어요.

김의수   취직을 했는데 처음엔 스텐 공장을 다녔어요. 정말 노가다[막노동] 하면서 일을 했는데도 불구하고 돈을 안 주는 거예요. "돈을 좀 주 십시오" 하면 "이 새끼들 너거 주민증도 없지? 빨갱이로 신고한다!" 그때 당시엔 그게 먹혀들었어요. 특히 우리한테는 더. 왜냐면 우리 는 어느 날 경찰이 잡아서 집어넣었잖아요. 그러니 그런 말을 들으 면 '빨리 도망가야겠다'는 생각이 드는 거예요. 그래서 돈도 못 받고 도망가는 거예요. 밤이 되면.

저는 집을 찾아갔어요. 근데 이사 가고 없는 거예요. 형제복지원 안 에서 주민증도 못 만들었잖아요. 그래서 주민증 만들려면 관공서나 경찰 도움을 받아야 되는데 받을 수가 없는 거예요. 그 사람들을 믿 질 못하니까. 그래서 주민증 없이 몇 년 동안 산 거예요. 몇 년 지나 서 길에서 우연찮게 부모님을 찾은 거예요. 부모님을 찾고 뒤에 호 적 살리고 민증도 만들고…

나쁜 쪽으로 빠진 애들이 많아요. 지금으로 말하면 조직폭력배 쪽 으로… 사실 우리가 나와서는 겁이 없었어요. 한동안 저나 다른 사 람들은 흉기를 차고 다녔어요. 왜냐면 또다시 잡혀갈 수는 없고… 그때 당시에 우리한테 나쁘게 해악을 끼쳤던 사람이 보이면 죽일 거라는 생각으로 항상 칼이나 망치나 이런 걸 들고 다녔어요. 한 1 년 몇 개월은 그렇게 들고 다녔던 것 같아요. 저한테 그렇게 했던 그 모든 사람들한테 똑같이 그렇게 해주고 싶은 생각들이 막 일어 나는 거예요.

교도소에 들락날락한 사람들도 많아요. 근데 그 사람들이 물론 죄는 본인이 지었지만, 결국 누구 때문에 그렇게 됐겠습니까. 결국은 형제복지원에 잡혀갔었기 때문에 그렇게 된 거예요. 한동안 언론에선 우리를 부랑인 취급하고… 우리가 바깥에서 강도질, 도둑질, 오만 나쁜 짓을 해서 갱생하는 차원에서 그렇게 했다… 우리가 나와서도 언론에서 그렇게 보도했어요. 그러니까 그때 당시에 나이 든 사람들은 대충 그것만 보고 우리를 안 좋게 본 거예요. 그래서 우리가 한동안 나와서도 형제복지원에 잡혀 있었다는 사실조차 다른 사람한테 얘기를 못 하고 산 거예요. 얘기를 한들 "니가 무슨 잘못을 했구먼" 아직도 그렇게 얘기하는 사람이 있어요. 지금도 거기서 너무 맞았는데 말 못하고 있는 사람들이 너무 많아요. 아직도 노숙하는 사람들도 있고요.

김상수　아버지도 없는데 어떻게 먹고 살았겠어요. 기술이 있어야 뭐 일을 할 거 아닙니까. 열아홉 살짜리 스무 살짜리가 나왔는데 무슨 일을 합니까. 형제라도 없었으면 지금도 교도소에 안 있겠습니까. 누나 집에서 거의 한 3년을 밥만 얻어먹고 있었어요. 형님이 대구로 올라오라고 해서 올라왔죠. 또 형제복지원에 잡혀갈 수 있으니까 형 밑에 있으라고…

김경우　그때 당시 부산에는 '칠성파', '20세기파' 이렇게 두 파밖에 없었거든요. 부산 서면에 '서면파'라고 깡패단체가 생겼을 때… '신서면파'라고 제가 아는 형님이 있어서 그쪽에서 한 6~7년 같이 생활하다가 사고도 치고 이래서 교도소에도 가고… 마지막 교도소에서 나온 게 2002년도인가… 8월 28일이에요. 그때 당시 부산교도소에 있을 때 교회에서 교도소로 위문 비슷하게 오신 분들이 있었어요. 그분들 중에 부산 영도 모 교회의 이** 집사님이라고 여자분이 있었어요. 그분이 유달리 저를 많이 챙겨주고 면회 올 때마다 꼬박꼬박 3만 원씩 줬어요. 그분이 계속 찾아와서 저를 설득하려고 했죠. "제발 마음잡고 살아라. 너는 아직 안 늦다"

2002년도에 나오니까 막상 갈 데가 없잖아요. 제가 벌어놓은 것도 없고 집도 없고. 그래서 결국은 또다시 서면의 '모두모두'라는 나이트클럽이 있었어요. 거기를 우리 선배가 관리하고 있었어요. 거기에 잠깐 숙식할 겸 들어갔다가… 우연찮게 서면에서 길을 가고 있는데 그 이** 집사님을 만나게 됐어요. 그래서 그분이 내 손 딱 잡고 "제발 이렇게 좀 살지 마라" 그래가지고 영도에다가 조그만 방을 하나 얻었어요. 그분 사비로 마련했어요.

형제복지원에서 나와서 오갈 데가 없잖아요. 그러면 결과적으로 뭐 하겠습니까. 나쁜 쪽으로 거의 눈을 많이 돌리거든요. 돈 빼앗고. 그렇게 하루하루 반복하다 좀 눈이 뜨여서, 운동을 잘하면 깡패 생활… 그러다가 사고를 치면 교도소… 뻔한 거예요.

우리 친구들이 그 양반[박인근]을 만나면 '작업'[보복]하려고요. 진짜 거짓말 아니고 항상 칼을 차고 다녔어요. 시내 곳곳에 깡패들이 활개 치고… 우리도 먹고살아야 되는데 당하면 안 되잖아요. 우리는 또 싸움은 못 해도 악이 있으니까. 예를 들어 다른 애들이 누굴 때리거나 구타를 했다… 작업을 당했다… 그러면 우리는 절대 가만히 안 있어요. "가자!" 어떻게 해서든지 보복을 해야 돼요. 그래야 우리가 살아남으니까. 근데 실질적으로는 그렇게 한 번도 해본 적은 없어요.

정수철 가명 군대를 안 가고 원양어선을 탔죠. 왜냐면 사회에 적응이 안 되니까. 사회생활을 잘 못했어요. 뭐가 어떻게 돌아가는지도 모르고. 사회 사람들하고 우리하고 대화를 하면 무슨 말인지 우리는 못 알아들어요. **인가[선사 이름] 아마 그럴 거예요. 원양어선 갑판장 소속으로 갔어요. 본사가 베네수엘라에 있고 배가 두 척이 있었어요. 선원이 한 50명 가까이 갔어요. 근데 구타가 심해요. 일하다 보면 잠을 잘 수도 있잖아요. 꾸벅꾸벅 졸 수도 있는데 잔다고 때리고, 빨리 안 한다고 때리고. 그래서 6개월 만에 무단 하선해버렸잖아요. 버스를 타고 베네수엘라까지 갔어요. 대사관을 연결해서 본사 사무실로 해서 비행기로 귀국을 했는데, 밀항법으로 집행유예를 받고 나왔죠.

그리고 다시 또 군대를 갔는데… 군대에서도 적응이 안 됐어요. 이유 없이 뭐라 하고 때리면 군대를 안 가버리니까. 탈영해가지고 양정에 있는 헌병대에 끌려갔죠. 구치소로 넘어가서 집행유예 받을 때까지 살았죠. 한 2년 넘게 살았어요. 그래가지고 또 나쁜 짓을 해서 3년, 또 사고 쳐서 징역 십몇 년을 살았어요. 서른 살 때 들어가서 마흔 살 때 나왔어요. 그게 교도소 생활 마지막이었어요. 목욕관리사… 때밀이하고 마사지… 직업 기술이 있으니까 그 이후로는 사고도 없고 이때까지 쭈욱 살아왔어요.

강철민 가명 오광수 씨 아시죠? 복싱 선수요. 내가 88년 서울올림픽 나가려고 복싱 선수를 좀 하다가 최종전에서 떨어졌거든요. 나가서 배운 거라곤 쌈박질밖에 없으니까. 운동을 해서 올림픽을 나가려고 했다가 못 나갔어요. 전날 선배들이랑 술 먹고 최종전에 못 나갔죠. 그때 (오광수 씨를) 이기면 한국 대표로 나가는 건데. 술 때문에 못 나갔죠. 올림픽도 못 나가고 그러니 뭐 하겠습니까. 밖에 나가서 어둠의 세계에 굴렀죠. 깡패 생활도 하고… 배운 게 아무것도 없으니까 어쩌겠습니까.

남포동에 가면 오락실이 많다 아닙니까. 오락실에 가서 삥 뜯고 그렇게 살았어요. 가게 가서 좀 빼앗고 유흥업소 가서 좀 빼앗고. 노태우 대통령이 '범죄와의 전쟁'을 선포했다 아닙니까. 선포한 그해에 제가 교도소에 들어가서 7년 살았고요. 또 나와서 한 보름 있다가 또 들어가서 4년 살고. 30대, 40대 이때는 그런 생활을 많이 했죠.

이승수 저는 징역을 많이 살았어요. 징역만 한 30년 살았어요. 지금도 저는 한글을 몰라요. 구타도 많이 당했고. 공부를 못하니까 매일 하루에 50대씩 기본으로 맞았어요. 그렇게 맞아도 한글은 안 되더라고요.

첫째, 우울증 때문에 한군데 오래 못 있었어요. 저도 일을… 진짜 몸을 혹사하면서, 약을 안 먹고 잠을 자기 위해 혹사하면서… 스물한 네다섯 살 때까지는 직장 생활을 했어요. 부산 달맞이고개 거기

281

서 잠시, (식당에서) 불 피우는 거 있잖아요. 한 6개월 정도 생활하다 보면 막 머리도 아프고… 그래서 그만두고 또 나오고.

그러다가 서울 생활을 했죠. 영등포 골목길에 갈빗집이 크게 있는데 거기서도 일을 했는데 기껏 해봐야 6개월? 그 안으로 범죄 생활을 또 시작하는 거죠. 나도 모르는 상황인데 일하던 갈빗집에 불을 질러서 영등포교도소로 간 걸로 기억해요. 방화로. 사장이 일은 잘하니까 벌금이고 뭐고 대신 내줘서 빼준 거로 알고 있어요. 트라우마 때문에 일을 못 하는 거죠. 지금도 마찬가지예요. 잠이 안 오고 그러면 몸을 혹사시키려고 새벽에 폐지도 주우러 다니고 그러는 거죠.

주로 절도를 해도 부잣집 아닌 곳은 거의 안 들어가 봤어요. 서초동 그쪽에 주로 많이 갔어요. 검사들 집에도 들어가 봤어요. 갖고 나오면 그걸로 생계를 하면서… 가다가도 불우이웃 돕기 하라고 하면 내가 돈이 있는 한은 불우이웃 돕기를 해요. 내가 비록 도둑질을 할지언정 나보다 못한 사람이 있으니까.

계속 저는 교도소 생활을 했어요. 마지막 징역이 3년 6개월 살고 나왔어요. 청송감호소도 두 번 갔다 왔어요. 2020년 6월 7일에 출소를 했어요. 교도소 안에서 방송을 계속 보고 있었어요. 과거사법이 20대 국회에서 통과가 됐다고 하길래 어떻게 보상을 좀 받겠다 싶어서 출소를 했는데… 부산에 지원센터가 차려졌더라고요. 사회생활을 못 한 거죠. 부산구치소에서 내 동기들, 내 친구들이 사형당하는 것도 수없이 봤어요. 김영삼 정부 때. 나하고 친했던 애들인데 범죄 생활하다가 결국 사형당했죠.

내가 〈부산일보〉 신문 배달도 했었어요. 본사를 왔다 갔다 하면서. 오토바이에 실어서. 내가 부산에 오래 있었어요. 남포동에서 〈부산일보〉 신문 배달도 하고. 그다음에 〈국제신문〉도 본사를 왔다 갔다 하고. 〈스포츠서울〉 같은 석간신문도 받아다가… 오토바이를 잘 타니까 〈국제신문〉 남포동 보급소장이 가서 싣고 오라고 하면 1,400부씩 (본사에서) 싣고 와서 갖다주고, 배달하고 월급을 받았어요. 거기서 손 군이라는 놈이 있는데 이름은 정확하게 몰라요. 걔도 형제원 동기예요. 걔하고 부산에서 같이 있었어요. 그 친구하고 남포동에서 신문 배달을 많이 했어요. 걔는 결혼도 했는데 그 이후에 한 번도 못 봤어요.

한종선   성남 태평동 거기에서 한 6개월 정도 일을 했는데 같이 취업을 했던 친구가 차털이를 하다가 동네 주민들한테 걸린 거예요. 그래가지고 이놈은 도망쳐버렸는데, 나는 기숙사에 있다가 밖에서 웅성웅성하니까 호기심에 나간 거예요. 그랬더니 주민들이 다 나한테 손가락질 한 거예요. "저놈이다! 저놈이다!"고. 저는 계속 기숙사에만 있었다고 했죠. 그런데 파출소에서 빠따 15대 맞고, 손바닥 15대 맞고… 사장을 불렀죠. 사장이 와서 "아유 죄송합니다. 잘못했습니다" 하면서 뭘 쓰고 나왔어요.

그러고 다음 날부터 사장의 매타작이 시작된 거예요. "너거 같은 고아 새끼들은 손버릇이 문제다"고 하면서 막 때리기 시작하는 거예요. 맞으면서도 나는 계속 일을 했어요. 그랬더니 옆 공장에서 일하던 형이 "너 여기서 일하다가는 맞아 돼지겠다. 내가 좋은 자리 소개시켜 줄게" 하며 소개한 곳이 서울 천호동의 구두 공장이에요. 그때 당시에 월급이 30만 원이었는데 내가 가진 기술이 그 당시에 기본 150만 원이었어요. 내가 스스로 구두를 한 켤레 만들어낼 수 있는 기술이 있었거든요. 그런데 월급 30만 원 받으면서도 25만 원은 사장 이름으로 적금을 부었어요. 5만 원만 내가 한 달에 월급을 받았어요. 한번은 '금강제화'하고 '엘칸토' 바이어 형들이 와서, 실력 좋은 곳에 하청을 줘야 하니까 시험을 한 거예요. 거기서 내가 1등을 했어요. 그랬더니 "야 너 기술 좋다. 너 월급 얼마 받노?" 이렇게 된 거예요. 내가 30만 원 받는다고 했더니 "이 새끼가 어디 형을 갖고 노냐"면서 "형 따라 안 갈래? 150만 원 줄게" 이러는 거예요. 그때 사장이 부산 여자였거든요. 나한테 진짜 엄마처럼 대해주는 것처럼 느껴져서 "안 간다"고 했죠. 그리고 나서 그다음 달에 월급이 35만 원으로 5만 원이 올랐어요. 그중에서 30만 원은 사장 이름으로 적금이 들어갔어요.

그러고 나서 96년인가 IMF 터지기 직전에 아버지를 찾게 돈을 달라고 했더니 "니 돈이 어딨냐?" 그러면서 통장을 딱 보여주는데 그 사장 이름이 적혀 있는 거예요. 금융실명제법이 그때 만들어진 거예요. '니 돈 없다' 이 소리예요. 너 이름이 아니기 때문에… "너 형제복지원에 다시 집어넣기 전에 돈이 필요하면 가불을 해라" 이러면서 10만 원 수표를 한 장 주는 거예요. 그래서 그 돈을 집어 들고 공장으로 안 가고 바로 도망가버렸죠. 형제복지원에 다시 잡혀갈까 봐…

그러고 나서 진짜 비행 청소년이 돼버린 거죠. 내 이야기를 듣던 친구들이 "그 돈 받을 수 있다. 받으러 가자" 해가지고 오토바이를 타고 다 같이 갔어요. 근데 IMF가 터져서 공장이 없어졌네요. 그래가지고 그 돈은 받지도 못했어요. '십자성파'라고, 천호1동에 십자성마을이라고 있어요. 애들이 문신을 판 게 뽀대[폼]도 나고 멋있어보이고 하니까 그냥 십자성파라고 불렀어요. 애들끼리 어울려 다니는 게 좋았어요.

이춘수 가명 시내에 지금의 남포동이죠. 형제원에서 알던 형들이 있더라고. 옛날에 '왕자극장' 앞에서 보면 '야바구'[야바위]라고 있어요. 야바구를 했어요. 의지할 데도 없으니 친구들하고 같이 어울렸어요. 못된 애들하고 같이. 못된 짓도 하고, 대마초도 피우고.

내가 한번은 '오륙도'라고 〈부산일보〉 지면에 조그맣게 났어요. '10대 청소년 3명 영도다리 자살 시도' 이래가지고. 그 친구 한 놈은 빠져서 죽었어요. 나는 지나가는 행인이 뒤로 제끼는 바람에 뒤통수만 깨지고. 그때 영도소방서가 영도다리 바로 앞에 있었거든. 그래서 난리가 한 번 났었다니까. 형편없이 살았어요. 이제는 내가 두드려 맞기 싫으니까 남을 패기 시작하게 되더라고.

근데 주민등록증이 없었어요. 노다지[신원이 확실하지 않아 죄를 전가하기 좋은 사람]죠. 남포파출소인가 창선파출소에 잡혀갔는데 신원조회부터 하니까… 내가 한 번은 20대 초반에 주민등록증을 만들려고 동사무소에 찾아갔어. 당신이 어디 있었다는 행적을 찾아오

285

면 주민등록증을 만들어 준다고 해서 형제복지원에 찾아갔어요. 형제원이 살아 있을 때라. 그때 큰맘 먹고 찾아갔다니까요. '에이 씨발, 다시 들어가면 들어가지 뭐…' 근데 거기서는 문을 안 열어주더라고. 기록을 찾을 수가 없다고 하면서.

내가 이제 밤업소로 빠진 거라. 다른 사람들은 검문검색을 하는데 무대는 검문을 안 해. "저 사람, DJ인데요" 이러면 검문을 안 해. 내가 전자오르간을 배우게 된 거야. 가만히 앉아서 그때 당시에 한 곡에 500원씩 받고 할 때니까. 이게 나한테 맞겠다 싶더라고. 손님들이 자기들끼리 싸워도 무대는 절대 검문검색을 안 하니까. 전자오르간을 배워서 그걸로 먹고산 거라.

장가를 가려면 식을 올려야 될 거 아닙니까. "사실 이래저래 해가지고 내가 행불이 돼 있다"고 했지. 그때 마침 동사무소 앞에 보면 '주민등록증 일제정리기간' 이런 걸 한 번씩 한다 아닙니까. 사상경찰서 대공과에 전화를 하니까… 그 경찰이 참 고마운 사람이라. 당신 생년월일 불러보라고 해서 690303이라고 하니까 아니 다시 한 번 불러보라고… 당신 690405라고… 내 기억으로는 303으로 기억하는데 405로 바뀌어 있더라고요. 그래서 형제복지원에 있었다고 하니까 "사상온천인가 거기 원장이 박인근이잖아"라고 하면서 자기가 얘기를 하더라고. 그래서 그 양반 말 한마디에 모든 게 일사천리로 된 거죠. (그리고 보니) 우리 집사람이 사상온천 옆에서 장사를 했었거든. 박인근이 아들내미 금마가 우리 집 단골이었다니까. 오면 돈을 잘 썼대. 현금다발 들고 와서 애들 다섯 명, 여섯 명 앉혀 놓고

5만 원씩 던져주고 가고 막…

그때 당시에는 화명동에서 양산, 금곡에서 양산, 철마 저쪽에 검문소가 다 있었거든. 검문소가 무서워서 타지를 못 다녔다니까. 우리나라에 아직까지 간첩이 있을 때니까. 그러니까 그 생활이 얼마나 힘들었겠습니까. 주민등록증 없이 38년을 살았다고 하면 소설이라 소설…

주민등록증을 발급받았을 때 기분이 어떠셨어요?

그냥 울었어요. 혼자서 울었어요. 남들 하는 걸 못하고 살았다는 게… 우리 대한민국은 그렇잖아요. 일단 뭐든지 하려면 신원조회부터 하잖아요. 어디 취직을 하려고 해도 신분증이 있어야 되고. 하다못해 중국집 일을 하고 싶어도 "너 주민등록증 내봐" 이러잖아요. 근데 술집만큼은 안 그렇다고. 내가 그쪽으로 빠져들 수밖에 없었던 이유가 그게 아주 컸죠. 주민등록증이 없었던 게.

형제복지원 출신이란 낙인 탓에 누명을 쓰기도 했다.

김대우   내가 최고로 억울한 게 뭐냐면. 열 몇 살 때인가… 88년 3월 5일입니다. 그 어린 학생을 갖다가 무슨 '서면파 부두목 까마귀'라고 하면서… 그렇게 억울하게 잡혀갔죠. 그게 〈부산일보〉에 크게 대문짝만하게 나왔어요. 마약도 안 했는데 마약 했다고 하고. 아버지도 "대우야, 니 진짜 마약 했나?" 해서 "아버지, 내 그런 거 못 하는 거 알면서 왜 그라노?" 했지. 어휴 생각만 하면 진짜…

제 전과가 지금 열 몇 개가 돼요. '부산 소년의집'에 두 번 갔죠. 두 번 가면서 '충주소년원'으로 두 번 갔어요. 충주소년원이면 지금으로 치면 '청송교도소'식이에요. 소년원에서도 진짜 억수로 많이 맞았어요. 뭐 특수절도… 유해화학물질 관리법 위반… 난 본드 하지도 않았는데. 다른 애들이 했거든요. 옆에 있는 애들이 했는데 같이 있었단 이유로 "너도 본드 했다" 이렇게 돼버린 거예요. 이때부터 인생이 꼬인 거예요. 잘못한 건 잘못했다고 하지만 저는 죄가 없어요. 음주운전 이런 건 제가 잘못한 거죠. 당연히. 근데 공갈… 폭력… 내가 무슨 어린 나이에 폭력을 합니까. 싸움도 못하는데… 목소리만 크지.

그래가지고 너무 억울해서… 처음 들어갔을 때 말고 두 번째 (소년원에) 들어갔을 때 선생을 감금시키고 유리창 184장 깨고… 밤에 문을 때려 부수고 철조망 담 넘어서 도망갔어요. 딱 열 명 데리고. 그런데 아무 일 없는 걸로 해준다고 하더라고요. 언론에도 안 낸다고 해서… 솔직히 우리는 언론에 내고 싶었죠. '자수하면 다 없던 일로 해주겠다…' 그래서 자수했어요. 지금도 감별소에 가면 그 소문이 자자합니다.

막 성인이 되기 전에 '청송제2교도소'에 또 갔어요. 죄도 없는데 3년 받았어요. 죄명을 모르겠어요. 하여튼 '조직'이라고 해서 끌려갔어요. 그 어린 학생이 무슨 조직입니까. 경찰이 무슨 방망이 같은 거 갖다 놓고 조폭이라고 해가지고… 그러니 스물두 살까지는 사회생활을 제대로 하지를 못했어요.

이 흉터가 전과 하나씩 생길 때마다 그은 거예요. 처음에 여기[손목] 그었거든요. 안 죽었어요. 그다음에 여기 그으면 죽는다고 하더라고요. 또 여기 그으면 죽는다고 하고. 그리고 여기 배… 칼 같은 거 놓여 있으면 잡고 확 그어버리는 거예요. 너무 억울하니까요. 전과기록하고 계산해보면 숫자가 딱 맞습니다. 죄 없을 때마다 하나씩 그었으니까요.

김세근   82년도에 도망 나와서 차를 탈 상황이 안 됐어요. 부산역으로 도망 갔는데, 그때는 분수대가 있었어요. 분수대 의자에 앉아 있는데 어떤 아저씨가 오더니 "너 집이 어디고?" 해서 "집 없는데요" 하니 "그러면 밥 먹여 줄게. 아저씨하고 갈래?" 해서 "어딘데요?" 물으니까 자기가 중국집을 한다고 하더라고요. 그래서 따라갔는데 거기가 지금 본적으로 돼 있는 데예요. 부암동 부암로터리에 보면 '**반점'이라고 있어요. 5,000원씩 줄 테니 여기서 먹고 자고 일해라고 하더라고요. 그래서 거기서 중국집 배달했었습니다.

84년도에 온천장에서 낚시용 칼… 가죽(으로 된 칼집) 안에 들어 있는 거… 그게 하도 예뻐서 갖고 다니다가 불심검문에 잡혔는데 나보고 "강도질하려고 했지?" 그러더라고요. 아니라고 하니깐 온천2동파출소에 잡혀갔어요. 집이 없다고 하니까 바로 두드려 맞고… 강도예비로 누명을 써서 징역도 살았어요.
어떤 소개소에 잘못 소개돼서 배를 탔습니다. 게 통발어선을 탔는데 그것도 돈도 못 받았어요. 내가 무슨 선불을 당겨썼다고 하더라고요. 소개해주는 사람이 선불을 받은 뒤에 넘기는 것 같더라고요.

그때는 몰랐거든요. 95년도에 또 교도소 한 번 갔다 나왔어요. 또 이번에 이 진상조사가 됐을 때는 제가 사고가 나서 교도소에 있었 거든요. 사람을 칼로 찔러서 12년 6개월 있다가 나왔습니다. 18년 도 5월 8일에 나왔어요. 이제 한 2년 다 돼가네요.

제가 사회생활을 한 게 태어나서 10년도 안 됩니다. 형제복지원하 고 서울 시립아동보호소에서 갇혀 있는 게 21년이고요. 교도소 생 활을 누명 쓴 거까지 하면 27년 되거든요. 그것만 해도 48년 아닙 니까. 저는 사회에 대해서 전혀 모릅니다. 이번에 휴대폰 만들 때 도 자기네가 뭐 팔천 얼마에 해준다고 해서 했는데… 이후에 보니 까 나도 모르게 8만9천 원짜리로 해놨더라고요. 4개월 써야지만 바 꿀 수 있다면서… 그래서 지금 어쩔 수 없이 8만9천 원짜리로 요금 제를 내고 있거든요. 이렇게 나한테 막 다 속여먹어요.

세상 물정을 몰라 쉽게 사기도 당했다.

박해용   거기[부산 소년의집]서 졸업하고 취업을 했는데 친구를 잘못 만나 서 500만 원을 사기 당했어요. 몇 년 뒤에 갈 데가 없어서 사촌 누 나한테 갔는데 사촌 누나한테 또 4,000만 원을 사기 당하고… 갱생 원에도 갔었어요. 좀 돌아다녔어요. 강원도 직원훈련원에 다녀와서 경기도 용인 '대우전자' 협력업체에 한 1년 반 동안 다니다가 4,500 만 원 사기 당했어요. 친구한테 사기 당하고… 경기도 오산에서 아 는 사람이 또 돈을 몰래 빼 가버렸어요.

친척하고 연락은 되셨나 보네요?

졸업하고 나서 고향에 가서 어머니를 찾았어요. 그러다 IMF 터지고 신용불량자가 돼서 어디 갈 데가 없는데 사촌 누나가 오지 마라고 해서 제주도에 내려갔어요. 아는 숙소에서 가사 일 같은 거를 좀 하다가 2주 있다가 올라와서 부산역에서 노숙을 했어요. 1년을 노숙을 한 거예요. 우울증에 시달려서 정신병원에도 한 1년간 입원했어요.

20대 때인가요?

예. 쉽게 말하면 단체생활을 한 15년 하고, 나머지 회사 공장 생활을 3년 정도 하고, 노숙자 생활을 1년 정도 하고, 병원 생활을 2년 했어요. 노숙하다가 어느 목사님을 만난 거예요. 그분이 기초생활수급을 만들어 줬어요. 그때 당시에 어머니하고 같이 살았거든요. 어머니가 치매가 있어서 계속 잠을 못 자게 만든 거예요. 저한테 날카롭게 굴고… 잠을 못 자게 하고… 요양원도 안 가려고 해서… 그래서 또 노숙을 하러 부산역으로 나왔어요. 노숙을 하다가 '밥퍼'[무료급식] 자원봉사자… 쉽게 말하면 양아버지라는 분인데… 그분하고 어머니하고 저하고 또 여러 사람하고 같이 공동체 생활을 했어요. 장애인 그룹홈 식으로 13년 동안 살았어요. 그러다가 돈 문제 사건으로, 구타당하고 올[2020년] 2월 달에 헤어졌어요.

여기는 (보증금) 2천만 원에 월 20만 원이거든요. 십몇 년 동안 돈 좀 모아서 그걸로 어머니 병원비 내고 생활비하고… 그렇게 있어요. 혼자 생활할 줄 몰라서 겁이 나니까 경비벨 이런 것까지 달아 놨어요. 밤이 되면 외롭고 무섭고… 다다음주가 되면 후견인이 생

291

겨요. 그때부터 새 생활이 시작되는 거죠.

반 년 정도 생활해보시니까 어떤가요?

괜찮아요. 지금은 주간 활동을 해요. '신평 사하두바퀴'라고 거기에 가서, 출퇴근식으로 왔다 갔다 하면서 여가 활동을 꾸준히 해요. 영화도 보고 놀러도 가고. 그동안 해보지 못한 거. 또 '형제복지원(피해자종합지원)뚜벅뚜벅센터'에서 트라우마 치료도 받고. 나무 목공 심리 치유도 받을 거예요. 어머니 때문에 고민이 많죠. 어머니 문제가 해결이 돼야 장애인복지 일자리를 하든지 하는데.

어머니를 모시는 데 드는 비용은 한 달에 얼마나 되나요?

(한 달에) 사십몇만 원 돼요.

본인이 돌봐드릴 상황은 전혀 안 되나요?

절대로 같이 살지 못해요. 대소변을 못 가려요. 어머니하고 계속 싸워서 안 되고. 치매도 심하시고.

김수길   저 같은 경우에는 사고를 너무 많이 쳤어요. 거기 있던 생활이 몸에 배이다 보니까 아이들하고 싸움이 억수로 많았어요. 저는 솔직히 학교 선배가 없어요. 왜냐면 매일 싸우다 보니까. 그러다가 제가 가출을 했죠. 만나는 게 전부 형제복지원 살았던 사람들이에요. 한 2년을 같이 놀러 다니고 하다가… 학교에 적응을 못하니까 자꾸 바깥으로만 도는 거예요. 같이 형제원에서 자랐던 친구들은 마음이 다 맞으니까 적응이 되는데, 밖에 있던 아이들하고는 적응이 안돼요. 우리는 자유가 없는 갇힌 데서 딱 이거를 시키면 이거만 했거든요. 근데 걔들은 자기가 하고 싶은 대로 하고, 가질 수 있는 건 다 가지니까. 우리가 생각하기엔 걔들이 건방지게 보이는 거예요.

아버지가 돌아가시고 나서 제가 정신을 차렸거든요. 와이프는 도망가버리고, 아이를 세 살 때부터 나 혼자서 데리고… 두 번인가 고아원 앞에까지 (데리고) 갔다가 도저히 못 버렸어요. 나도 그렇게 자랐기 때문에. 지금은 그래도 마음적으로 안정을 찾았어요. 딸이 있으니까 좀 안정이 많이 돼요.

'개눈깔' 그 사람은 돌아가셨어요. 구포시장 거기서 딱 한 번 만났거든요. 처음에는 못 알아보던데 "저 수길입니다. 개눈깔 소대장 아닙니까?" 하니까 알더라고요. 근처에 구멍가게가 있어서 소주 두 병 사주고 그냥 왔죠. 그게 마지막이었어요. 어디 갈 데가 없는 것 같더라고요. 잘 돼 있고 그랬으면 제가 소주도 안 사줬겠죠. 도로[다시] 가서 막 나쁜 행동을 했을 수도 있고. 좀 안쓰럽다는 생각이… 그런 분들이 갈 데가 없는 거예요. 죄는 지었지. 아동소대 있던 사람들이 보면 때려죽이려고 할 겁니다. 얼마나 많이 맞았으면… 아마 술병으로 돌아가셨을 거예요. 왜냐면 거기서 노숙을 하고 주무셨으니까.

'형제복지원 출신'은 말 못할 비밀이었다.

여인철 스물넷인가 다섯인가 됐을 겁니다. 그 당시에 내가 한창 날개 펴고 뭘 해도 해 먹고, 기술을 배우거나 어디 취직을 해도 되는데. 거기

갔다 오니까 주위에 사람들이 나를 인간 이하로 보는 거라. 서류를 떼면 주소가 거기[형제복지원]로 나온다 말입니다. 내가 나와서 주소를 금방 안 옮겼거든. 옮길 데가 없어서. 그래서 어디 서류 넣고 직장 생활을 하려고 해도 못 들어가겠더라고. 쪽팔려서.

나는 그 주소에 주민등록이 얹혀 있었어. 운전교육대 생활을 하다 보니깐 당연히 주민등록이 돼 있어야 시험을 칠 수 있으니까. 안 그러면 시험을 못 친다 말입니다. 내가 그래서 등본 떼고 초본 떼고 할 때 그 주소가 튀어나오면 그 당시에 진짜 괴로운 거라. 어디 서류 넣어서 일을 하려고 하면 인간 취급을 안 하고 거지 취급을 해버리니까. 사람을 영 얕잡아 봐요. 쉽게 말하면 그게 내 인권 피해라. 그러니까 내 길이 다 막혀버린 거라. 좋은 데 가고 싶어도 못 가고. 못된 놈하고 접하는 건 쉽고. 좋은 사람 만나는 길은 힘든 거라. 그러다 보니 뭐 평생 이 꼬라지로 살고 있는 거 아닙니까. 거기 갔다 와서 잘 사는 애들이 과연 몇 명 있겠습니까.

박순이 형제복지원 사건이 터졌다는 건 몰랐어요. 뭘 보고 제일 먼저 알았냐 면 〈인간시장〉요. 〈인간시장〉 제일 첫 장면이 (배우) 박상원이 나오는 형제복지원 사건이에요. 그리고 좀 있다 『브레이크 없는 벤츠』라는 책이 나왔어요. 김용원 검사. 제 기억상으로는 그때 김용원 씨랑 통화를 했었거든요. 한번 오시라고 그러더라고요. 그러고 나서 한번 연락을 하니 외국을 나갔다고 해요. 그 뒤로는 누구도 형제복지원 사건에 대해서는 2014년도까지는 함구를 하고 살았죠. 왜? 조금만 내가 실수를 하면 "너가 그래서 잡혀갔겠지" 그런 소리를 절대 듣고 살고 싶지 않았거든요. 남보다 못하다는 소리를 듣기도 싫었고.

제때 치료하지 않은 상처는 곪는다.
피해생존자 대부분 후유증에 시달리고 있다.

최승우   19살 때 귀가할 때는 39kg밖에 안 나갔어요. 뼈밖에 없었어요. 먹지도 못하고 해서요. 이빨이 빠지고 안 좋았다보니까… 이빨이 스물일고여덟 살 때부터 듬성듬성 빠지기 시작해서 30대 초반에 다 빠졌어요. 그때부터 틀니를 차고 생활했어요. 그러니까 사회생활이 제대로 되지도 않죠. 병원에서 틀니를 하기엔 굉장히 비쌌어요. 야매[불법시술]로 해서 틀니를 듬성듬성했죠. 정말 씹지도 못하고 너무 힘들게 살았어요. 어릴 때 못 먹고 그렇게 살다 보니 췌장이 녹아내렸나 보더라고요. 한쪽은 거의 녹아버리고 한쪽은 이만큼[조금] 남아 있어요.

지금은 지병이 있어요. 고혈압 당뇨… 장기가 안 좋다 보니까 조금만 먹어도 잘 붓고. 여전히 외상 후 스트레스 장애가 있어서 정신과 약을 계속 복용하고 있어요. 고혈압 당뇨약도 먹고. 정신과 약은 2015년도부터 복용하기 시작했어요. 잠잘 때마다 악몽이 그렇게 꿔지는 거예요. 형제복지원 아니면 경찰관에 대한 악몽… 잠을 제대로 못 잘 때여서 정신과 치료를 받을 수밖에 없었죠.
'청도대남병원' 있잖아요? 부산에도 대남병원이 있는데 사회생활하면서 두 번이나 끌려갔어요. 동생이 가족이라고 해서 데리고 나오고 했죠. 형제복지원보다 더 심한 곳이더라고요. 완전히 가둬 놓고 약으로 사람을… 청도대남병원 같은 열악한 시설이 아직도 있다는 게 경악스럽죠. 그때는 알코올중독이었죠. 거의 술로 살았고… 동생도 마찬가지였어요. 경찰만 보면… 물론 술 먹고 실수한 건 나였지만… 술에 취했으면 경찰이 잘 달래서 보내주면 되는데 어떻게든 공무집행방해로 엮어서 넣으려고 하니, 그들한테는 저항을 하는 거예요. 그러다 보면 엮여서 들어가서 실형 살고… 그래왔던 거죠. 99년도인가 98년도인가 한 번 대남병원에 가고, 2000년도 초반에도 경찰관에 끌려서 대남병원에 갔었죠. 그때는 경찰관이 임의로 정신병원에 잡아넣어도 상관없을 때였어요. 가족이 와야지만 찾아갈 수 있는 때였으니까요.

민윤기 어머니가 2004년도에 94세로 돌아가셨어요. 그 후로 고시텔에 들어가서 6년 동안인가 있었어요. 여기 보시면 허연 봉투가 다 약이에요. 하루 30알을 먹어요. 내가 형제복지원 하면 지금도 이가 갈리고 한이 맺히는 이유가 거기 있는 거야. 내가 이 지경이 됐잖아요. 내가 거기서 나와서 집사람하고 헤어진 뒤 오직 어머니만 모시고 있었는데. 어머니가 돌아가시니까 그땐 내가 바보가 된 것 같더라고. 몇 번이나 약 먹고 죽으려고… 마음 많이 먹었어요.

별사람들이 다 있더라고. "될 게 없어서 기초생활수급자가 됐냐"고… 그 소리 들으니까 정말 가슴이 뜨끔하더라고. 사람 무시하고, 손가락질하고… 공동묘지 공원이 있어요. 거기에 내가 몇 번 가서 울기도 울고. 술도 갖고 가서 죽는다고 했는데. 사람이 억지로는 안 죽어지더라고. 내가 이 손에 지금도 장갑을 끼고 밥을 먹어요. 찬

거를 못 만져. 손발이 저리면서 비틀려버려요. 지금 생각해보니까 형제복지원(에서 일어난) 사고 때문인 거 같아요. 3층에서 (전기) 일하는데 애들 네 명이 올라가 있었어요. 내가 이제 올라가는데 한 아이가 발이 미끄러지면서 떨어지는 걸 내가 왼손으로 잡았어요. 다리만 잡고 있는 거예요. 잡아서 끌어올릴 때 이 팔이 완전히 빠지다시피 했어요. 날이 조금 따뜻하면 벗고, 추우면 장갑을 끼고 있어야 돼. 양말도 그렇고.

김의수 머리를 너무 맞다 보니까 아직도 두통이 너무 심해요. 한쪽 귀는 나갔고. 한쪽 손가락은 이렇게 피하는 과정에서 발길질에 맞아서 병신이 됐어요. 힘을 못 써요. 그리고 거기서 빠따를 맞다가 '딱' 소리가 났는데 자빠졌어요. 그래서 또 실컷 맞았는데 그 뒤로부터는 허리가 아파서 힘도 제대로 못 썼어요.

김경우 친동생[김대우]은 기억이 생생하더라고요. 나는 모르겠어요. 워낙 많이 맞아서 그런가. 한 번씩 저도 깜박깜박해요. 어떨 때는 마비가 와요. 머리가 되게 심하게 아프면. 딱 오른쪽이 그래요. 그러면 이 사람(아내)한테 "팔 좀 주물러 달라"고 해서 계속 만져줘야 돼요. 머리가 왜 아픈지 모르겠어서 의사 선생님한테 그 얘기를 했어요. 사진을 한번 찍어보자고 하더라고요. 찍었는데 이상이 없어요. 어느 날 갑자기 이빨이 그냥 아픈 것도 없이 쑥쑥 빠지더라고요. 안에 이빨이 다 없어요. 거의 못 먹어요. 숭늉을 끓여서 죽처럼 해서 먹어요.

(아내가 전하는) 김경우	남편이 거의 못 먹어요. 김치도 깍두기도 못 먹어요. 고기도 제대로 못 먹고. 이빨이 저런데 치료는 돈이 너무 많이 들어서 못 하고. 거의 음식을 못 먹으니까, 그게 최고 걱정이에요.

이승수 **안에서 별명이 있으셨다고요?**

'깜상'입니다. 원래 '점돌이 깜상'이었거든요. 여기[볼]에 점이 있어요. 하도 이것 때문에 교도소 들락날락하나 싶어가지고 애끼[용액] 발라서 빼버렸어요. 그래서 애들이 처음에는 점이 없으니까 못 알아보더라고요. "야 인마, 내 점돌이 깜상 아이가" 하니까 그때서야 알더라고. 서울에 피해자 모임이 있어서 갔는데 어떤 선배가 저를 보자마자 "깜상!" 하면서 얘기를 하더라고요. "너 형제육아원에 있을 때부터 있었다"고 얘기를 하더라고요.

우울증이 좀 심해서 뭘 좀 잘 잊어먹는 편이에요. 7년은 넘을 거 같아요. 정확하게는 모르겠는데. 어쨌든 83년도에 도망을 나왔어요. 언제부터 있었는지는 내가 기억이 안 나는데 그 형이 (내가) 옛날부터 있었다고 하니까… 기억이 안 나는 건 머리 충격 때문에 그렇죠. 내가 진짜 너무 많이 맞았어요. 머리 쪽을… 안 죽을 만큼 머리 쪽을 많이 맞았죠. 몸은 말할 것도 없고. 팔 여기는 뼈가 부러져서 내려앉은 거죠. 멍석말이하면서 맞았어요.

박해용 **약을 십몇 년 전부터 드신다고요?**

예. 한 20년 돼요.

장애 판정을 2007년 3월에 받으셨다고요?

네 부산역에서 노숙할 때였어요. 지금 허리 디스크가 있어요. 안구건조증, 어지럼증… 치료는 안 하고 있어요. 옛날에 맞은 게 약간 영향이 있는 거 같아요.

강호야 하도 막 몽둥이로 머리 같은 데 맞고 이래 놓으니까 지금은 정신과 약을 먹고 있어요. 조금 치매 초기라고 하는데… 모르겠어요. 뭐 알코올 때문에 그런지, 워낙 두드려 맞아서 그런지…

김수길 이거 치료도 못 했어요. 이쪽이 지금 무릎이 안 좋아요. 왼쪽, 오른쪽 생김새가 다릅니다. 여기는 조금 가늘고.

걷는 건 어떠세요?

걷는 건 상관없는데 한 번씩 삐끗해버리죠. 그러니까 이쪽이 힘이 약하죠. 맞은 자국도 많지요. 아직까지. 흉터 같은 건 잘 안 지워지거든요.

장애인 등급은 2013년도에 받으신 건가요?

예.

그 전에도 허리는 안 좋았는데 등급 자체를 늦게 받으신 거네요?

예. 잘 안 주더라고요.

이거 때문에 전기요금이나 가스요금 혜택 받는 건 없으신가요?

그런 건 신청을 할 줄 몰라요. 배운 게 없어서요.

#2
트라우마

몸이 아프면 마음도 병든다.

'트라우마'는 몸과 마음을 갉아먹었다.

김세근 　지금까지 정신과 약을 먹고 있어요. 이 약이 전부 독한 거거든요. 이거는 의사 처방전이 없으면 안 되는 거예요. 하얀 거 이거는 TV 에도 나오는 '졸피뎀'이에요. 공황장애하고 우울증하고…

이 약은 언제부터 드셨어요?

84년도부터 먹었지요. 또 차를 오래 못 탑니다. 폐쇄공포증이 있어서 정신과 약을 먹고 있으니까요. 제가 지금 문 다 열어 놓고 있는 게 숨이 갑갑해서 막히고 그래서 그런 거예요. 나오고 나서 더 심해졌어요. 누구하고 이야기도 잘 못하고, 사람들 만나는 게 겁나고요. 자꾸 이용당하고… 교도소에서 백칠십몇만 원 갖고 나왔는데, 150만 원 빌려달라고 해서 빌려주고 못 받았어요. 연락하니까 연락도 안 되고.

김경우 　어휴 참… 지금은 이렇게 웃으면서 이야기하는데 트라우마로 계속 남아 있다 보니까 한 번씩 악몽을 꿔요. 나도 모르게 주먹으로, 어떨 때는 집사람 얼굴을 한 번 때린 적도 있어요. (형제복지원에서) 너무 심하게 맞고 진짜 인간 이하의 취급을 받다 보니까, 꿈에서는 내가 막 그 사람을 패는 거예요. 그러다가 일어나면 온몸이 막 식은땀이고… 그래서 한동안은 내가 이 사람하고 살면서 떨어져서 자고 그랬어요. 지금은 이 사람[아내] 덕분에 많이 안정됐어요.

(아내가 전하는)
김경우
난 처음에 '왜 저러지?' 했죠. 자다가 고함을 막 지르고 그러더라고요. 알고 봤더니 형제복지원 때문에… 어렸을 때 악몽이 살아나서 꿈을 꾸고 그러는 거예요.

김대우
자꾸만 쳐다보는 사람들이 두려운 거예요. 그래서 집 밖에 안 나가잖아요. 나갈 때도 마스크나 모자를 쓰고 나가고. 같이 만날 때는 떳떳하게 만나지는데… 혼자 가는 건 두려워서 밖에 잘 안 나가요. 경찰들한테 자꾸 잡혀가고 하니깐. 그래서 경찰만 보면 짜증이 나는 거예요. 욕하고 싶고. 경찰차만 보면 "확 씨발!" 나도 모르게 그렇게 나오는 거예요. 술 먹던 시절에는 떳떳하게 파출소에 가죠. 가서 "당신들 선배들이 나 안 잡아갔나!" 소리치고 하는데… 이제는 술을 안 먹으니 자신이 없어서 못 갑니다. 용기가 안 납니다.

박해용
머리를 심하게 맞긴 맞았는데 그건 기억이 안 나요. 잠도 못 자고… 폭력에 시달리니까 무서운 꿈을 꾸게 되고… 그래가지고 우울증, 불면증, 환청, 환시, 조울증 이런 식으로… 불안하고 해서 지금도 십몇 년간 약을 복용하고 있어요.
원래 형제복지원에 들어갈 때는 장애가 없었던 건가요?
예. (이후) 소년의집에 갔다가 갱생원에 간 거예요. 그때 군대 문제가 걸리고 해서 악몽에 시달리다가 그때부터 약을 먹기 시작했어요. 지금도 악몽을 꾸긴 꾸는데 잘 안 꾸죠. 구타당한 기억 그대로 악몽을 꿔요.

김상하   꿈이지만 그런 데 있는 걸 완전 진짜같이 탁 느껴지게끔… 봄, 가을 쯤 되면 진짜 실제로 있었던 것처럼 꿈을 꿔요. 아침에 일어나서 놀란 적도 있어요.

강호야   내가 할 수 있는 일이라면 닥치는 대로 했죠. 트럭 운전도 하고 택시도 하고. 아주 옛날 거는 기억이 나는데 요 근래 거는 말 몇 마디 하고 돌아서면 금방 잊어버리고… 알코올성 치매라고 하더라고요. 우울증이 있다 보니까 어떨 때는 나 혼자 막 굉장히 슬퍼요. 또 어떨 때는 술이 되게 땡기더라고요. 뭐 하루 이틀 먹는 게 아니고 한 10일씩 15일씩… 밥도 안 먹고 그렇게 마시다가 알코올 병원에 잡혀갔다가 몇 개월 있다가 나오고 그랬어요.

내가 야행성 뭐 이런 게 좀 있어요. 밤에 혼자 일어나서 고함을 지르고… 트라우마는 많죠. 명절만 되면 그런 트라우마가… '거기 잡혀가지 않았더라면 나도 저렇게 엄마 아빠 손잡고 고향에 가지 않을까…' (싶고) 그다음에는 2차적으로 술이 먹고 싶은 거예요. 잊으려고. 그러면 명절 끝날 때까지 술만 먹고 밥도 안 먹어요. 그래서 위도 빵구[구멍]나봤어요. 명절 때, 딱 이 시기에 1년에 한 번씩 그래요. 지금은 내가 많이 참고 있는 거죠. 어버이날 같은 때는 참아지더라고요. 추석 때가 최고로 힘들어요.

김상수   형제복지원 쪽으로 쳐다보지도 않았어요. 혹시나 부산에 내려가면 또 잡혀 들어갈까 싶어서. '닭장차'라고 하잖아요. 그런 차만 지나가면 진짜 도망 다녔어요. 대구에 와서도 부산 쪽으로는 가지도 않았어요. TV에 언론에 나오고 하니까 '이제는 안 잡아가겠구나…' 그래가지고 종선이하고 연결돼서 나중에 한 번 (형제복지원 자리에) 가봤죠. 거기 가서도 많이 울었어요. 그 위에 우물이 아직 있더라고요. 그때는 우리가 밖에 못 나갔으니까 우물이 있는 줄 몰랐는데… 이렇게 보니까 진짜 눈물이 핑 돌더라고요.

이춘수 가명 대가리가 크니까 주민등록증이 필요하잖아요. 노다지[항상] 싸우고, 어릴 때는 좀 놀아 놓으니까 파출소에 잡혀가면 신원조회부터 하잖아요. 근데 주민등록증이 없잖아요. 도저히 내 주민등록번호를 찾을 수가 없는 거예요. 내 기억 속에 트라우마는… 주민등록증 찾으러 갔다가 어디 또 잡혀갈까 싶어가지고…

우리들 전부 다 그래요. 전부 다 모아 놓고 한 곳에 가둬놔 봐요. 나부터가 그렇다니까. 갑자기 식은땀이 나고 말도 못하게 되고… 이렇게 돼요. 내가 지금도 잠버릇이, 이불을 폭 덮지 않으면 잠을 못 자요. 왜 그러냐면 주위에서 늘상 내가 봤던 게 '퍽퍽퍽' 터지는 소리고… 비명 소리고 하니까… 한여름에도 이불로 무조건 눈을 덮어야 잠을 잔다니까요. 뒈져야 잊어지지. 그게 어떻게 잊히겠어요.

지금도 환청이 들린다니까요. 지하고 나하고 공감대는 형제복지원밖에 없다고. 그러면 이 친구들을 만나서 얘기를 하게 되면 그때 그 악몽이… 지금 인터뷰처럼 이런 자리가 있으면 반추하기 싫어도 또 꺼내야 되는 거라. 그때 맞아서 눈까리[눈이] 뒤집혀진 사람들… 게거품 물고 있는 사람들… 갑자기 간질 걸려서… 그게 곰곰이 생각나는 게 아니고 확 다 생각이 나는 거라. 결국은 지금 50대가 지나서 이렇게 걔들을 보고 있으면 동질감을 느끼는 거야. 같이 그 당시에 겪었던 그 아픔을… 일반 사람들하고는 같이 공유하지 못했던 그런 게 있으니까. 근데 좋은 동질감을 느껴야 되는데… 짠하잖아요…

(중대장실 소지라서) 먹고 자고 하는 게 걔들보다 나았지. 정신적인 고통은 더 해요. 걔들은 본 게 없잖아요. 나는 직접적으로 내 눈으로 본 게 너무 많기 때문에 그 고통은 아마 걔들보다 조금은 더 심하지 않을까… 그러니까 아직도 잠을 잘 때 내가 술을 먹지 않으면, 이불을 덮어쓰지 않으면 잠을 못 자는 거야. 자살 충동 뭐 이런 거 검사하는 거 있잖아요. 나는 그런 게 있대요. 우리 집사람이 겁을 내는 게 그거예요. 내가 술이 되면 무슨 짓을 할지 모르니까. 나도 모르는 내 자신이 한 번씩 그렇게 돌출될 때가 있어. 잔인해 그냥. 당하지 않은 사람은 그 고통의 무게를 모릅니다. 깊이가 어느 정도 인지도 모르고.

김수길   술집 장사를 오래 했었죠. 한 10년 했죠. 누가 찾아왔다고 하면 또 가서 접대를 해야 되는데… 애는 혼자 집에서 재워 놓고 나 혼자 나 가는 거예요. 새벽에 집에 가면 아이 혼자 있는 거예요. 밥도 못 먹고. 초등학교 4학년 때까지 그렇게 했어요. 밤만 되면 아빠도 없고 엄마도 없고 아이 혼자 있어야 되는 거예요. 거기서 이제 내가 완전 히 이걸 접어야 되겠다고 생각했죠.

솔직히 우리 나이는 빵을 좋아하잖아요. 근데 빵을 안 먹습니다. 자다가 보면 한 번씩 그런 게 많아요. 침대에서 자면 무조건 다 떨어져요. 하도 기합받다가 쓰러지고 다시 기합받고 그런 습관이 있으니까… 2층 침대라든가 높은 거는 별로 안 좋아해요.

지금도 애가 성인이지만 어디 나가면 무조건 밤 10시까지 들어오라고 해요. 불안하니까. 너무 나쁜 것만 보고 지내오다 보니까 딸한테까지 피해가 가는 거예요. 옛날에 인천에 올라가서 있다가 애하고 둘이서 먹고 살 만큼 됐어요. 근데 거기서 또 사고를 친 거예요. 부탁을 해서 부산으로 이감을 하고… 인천에서 내려오다 보면 휴게소가 있어요. 그 형사 형님한테 사정을 했어요. "다시 차 돌려서 우리 딸내미하고 좀 데리고 갑시다"고 해서… 그래서 같이 내려온 거예요.

한 6개월, 술만 먹었어요. 노가다[막노동] 반장을 하는 친구가 있어요. 그때 그 친구가 나보고 노가다를 하라고 했어요. 처음에 한두 달은 힘들었어요. 하다 보니까 여기까지 온 거죠. 제가 술을 먹으면 감당을 못해요. 옛날 생각도 나고 막 그런 게 있어서… 노가다를 하면서 주위에 나이 드신 형님들이 "마 정신 차려라! 정신 차려라!" 항상 그래요. "형제원에 있었던 건 있었던 거고 지금은 딸하고 너하고 둘이 살아야 되니까… 살 궁리를 해야지…" 좀 옆에서 많이 잡아주신 것 같아요.

누가 시비를 걸잖아요. 그러면 어릴 때 우리가 개 잡듯이 맞은 기억이 있으니까 무조건 내가 먼저 때려야 되는 거예요. 한 번씩 동네

양아치들이 왔다가 저하고 마주치면 그냥 가거든요. 시비를 딱 붙으면 자기들도 몇 마디 해보면 알잖아요. 그러니까 저도 동네에서 거진[거의] 안 나와요. 지금은 솔직히 밖에 안 나가요. 딱 담배 사러 갈 때만 나가고… 밤에는 절대 안 나갑니다. 제가 나가게 되면 또 뭐가 걸리냐면, 편의점에 가면 그냥 손이 소주병으로 가요. "오늘 아빠 한잔할래?" 딸이 일부러 그래요. "한잔할까?" 그러면 나는 먹고 자버려요.

(한종선이 전하는)
한영태, 한신애

아버지랑 누나랑 특이한 점이 뭐냐면 형제복지원 이야기만 하면, 짧게 잠깐 이야기를 하다가 어느 순간부터 못 하게 해버려요. "그만해라"면서요. 〈PD수첩〉하고 면회를 했을 때, 그 이후로 아버지가 짧게 한 3~4개월 동안 말 한마디도 안 했던 적도 있어요. 이성적으로 이렇게 멀쩡해 보이는 나조차도 이런 이야기를 하면 괴로운데 아버지랑 누나 입장에서는 그게 더 실감으로 다가올 수 있거든요. 쉽게 접근을 못 하는 거예요. 그 이야기만큼은.

누나한테 내가 물어봤거든. 형제복지원 안에서 당했었던 거에 대한 이야기를 물어볼 겸 해서 "니 빠구리[섹스] 알제?"라고 이렇게 딱 던졌는데 "안다" 이러는 거예요. "니가 그걸 어떻게 아노?" 물어봤는데 "여기 **병원에서 당했다" 이러는 거예요. 남자 환자들이 여자 환자들을 강제 성폭행 같은 걸 한다고 하더라고요. 형제복지원에 있을 때 당했다는 거는 내가 소대원들한테 들어서 알지만, 그 이후는 누나가 계속 시설 안에만 있던 사람인데 그런 경험을 어떻게 당했는지 난 그게 알 수가 없었단 말이지. "정신병원 안에서 당했다"라고 이야기를 하더라고.

아버지랑 누나가 저를 인정한 지가 몇 년 안 돼요. 이제 5~6년 정도 됐겠다. "쟈는 내 아들 아이[아니다]" "쟈는 내 동생 아이[아니다]" 이런 식으로 이야기를 해요. 자기들 기억 속에 있는 아홉 살짜리 코 찔찔이여야 되는데 "저렇게 다 큰 아이가 어떻게 내 아들이냐" 이런 식으로 이야기를 하죠.

2015년쯤에… 조금 더 환자 중심으로 하는 병원들이 있더라고요. 거기로 옮기고 나서 누나랑 아버지가 말문이 트이기 시작한 거예요. 이제는 자기 권리 주장 같은 거를 좀 하기 시작하죠. "면회 언제 오노?"에서부터 "간식 뭐 갖고 오노?" "이거 사 달라…" "저거 사 달라…" 이런 욕구가 생겼다는 거 자체를 난 긍정적으로 보고 있거든요. 살아보겠다는… 빠져나오겠다는 소리잖아요. 그래서 난 긍정적으로 봐요. 지금도 누나가 식탐에 대한 욕심이 되게 강해요. 어렸을 때 원체 못 먹다 보니까 먹을 수 있을 때만 먹어야 된다는 기억… (면회 갈 때) 간식 같은 걸 내가 사 주잖아요. 몰래 일어나서 그걸 다 먹어버려요.

신재현 가명 죄를 지어서 잡혀가기도 했습니다. 잘못해서 교도소에서 12년이나 갇혔어요. 나 때문에 사람이 죽었다니까. 감정 조절이 안 되더라고요. 나중에 어느 순간 '내가 병이다'라고 느껴지더라고요. 내 발로 정신과에 갔어요. "선생님, 내가 병인 것 같아요. 성질이 더러워요. 통제가 안 돼요. 감정 조절이 안 돼요. 병 좀 고쳐주세요" 병원에서 그러더라고요. '중증 양극성 전동장애'라고. 극단의 예를 들면, 감정이 아주 좋다가 아주 나빠져요. 울증은 괜찮은데 조증은 잠이 안 와요. 몇 날 며칠 안 자도 내가 마치 신이 된 것 같아. 세상 모든 걸 다할 수 있을 것 같아. 막 기분이 너무 좋은 거야. 이게 반복되는 거예요. 그러다가 내가 사고 낼 당시에 칼을 들고 몇 시간을 서 있었어요. 도깨비처럼 계속 돌아다녔어요. 한 사람을 찔렀어요. 오해해가지고. 나를 막으러 온 사람을 찔렀어요. 내가 좋아했던 내 고향 선배를 찔렀어요. 그러고 피 칠갑을 해가지고… 딱 상황이 정리되니깐 정신이 번쩍 들더라고요. '내가 사람을 찔렀다. 큰일 났다. 자수하러 가야 된다. 다 끝났다' 내 발로 자수를 했어요.

난 죽어도 마땅하다고 생각했어요. (제가 가해한) 그분이 3일 만에 출혈성 쇼크사로 죽었어요. RH-B형이더라고요. 봉합이 늦어져서 과다출혈로… 처음엔 살인미수인데 나중에 살인범이 됐더라고요. 그래서 나는 죽어도 싸다고 생각했어요. 밥도 안 먹었습니다. 밥을 안 먹으니 사람이 어떻게 됐겠어요. 꼬챙이처럼 됐겠죠. 나는 병도 있는데. 제일 작은 바지를 사도 허리가 남았어요. 교도소에 있는 동안 끝까지 그렇게 살았어요. 밥을 일부러 안 먹었어요. 죽으려고. 안 죽어지더라고요. 교도소에서 죽게 안 놔줘요. 보안과장이 "니 바라는 게 뭐? 책 좋아하니까 책 볼래? 어디서 볼래?", "뭐 해주면 될까?" 해서 "과장님. 아무 데나 운동 나가고, 도서관 책 볼 수 있게만 해 달라. 밤새 책 본다고 나한테 지랄하지는 마라"고 (했어요.) 12년 동안 교도소 들락날락거리면서 도서관 책을 다 봤던 것 같아요. 장르 불문하고.

진짜 미치겠더라고요. 사람을 찔러버렸으니. 내가 성질이 개떡 같은 건 알았는데 사람을 찌를 정도로 미친놈인 줄 몰랐습니다. 그래서 교도소에 갇히게 됐죠. 그게 96년 2월의 일입니다. 그리고 그 일을 감당하는 데 16~17년 정도 걸렸습니다. 제가 아프니까 자꾸 죽지 말라고 내보내 주더라고요. 두 번 다 교도소에서 날 내보냈습니다. 처음엔 죽을 것 같으니깐 내보냈고. 한 번은 내가 좀 똑똑해졌으니까 "나 아파서 병 좀 고치게 집에 좀 보내 달라"고 했죠. 그때는 내가 좀 괴팍스럽고 그런 게 있었어요. 교도소에서 말 잘하고, 딴지 거는 놈이 있어요. 그게 나예요. 골치 아픈 사람인 거죠. 죽지도 않고 살지도 않고 이상한 놈이 자꾸 태클을 걸잖아.

폐를 누르는 '거대기포'가 있어요. 안 그래도 폐가 없는데 그걸 눌러버렸으니 얼마나 힘들어요. 폐 기능이 27%더라고요. 이걸 잘라내는 수술을 하면 폐가 펴져서 기능이 15% 정도 늘어난다고 했어요. 내가 그 기회를 잡은 거죠. "왜 이거 안 잘라줘. 수술을 하려면 교도소에서 나를 내보내 줘야 될 거 아니에요" 그래서 나왔어요. 나왔더니 내가 참 죽일 놈이더라고요.

다 죽게 돼서 나와가지고 그 시설로 다시 돌아갔어요. 그 목사님이 나 때문에 그 시설을 접고 다른 데 가서 새로 하고 있더라고요. 내가 그분을 존경하고 좋아하는 게 "너 온나. 여기 와서 살아라"고 하더라고요. 그래서 생각해보니, 내가 사람 구실을 못하고, 사람이 아니더라고요. 내가 뭘 할 수 있을까 생각해보니 그나마 내가 어릴 때부터 아파본 경험이 많아서 병원 업무를 잘 알고, 병원에 다니다 보니 병원행정을 잘 아는 사람이더라고요. 그래서 우연찮은 계기에 환자 어르신 한 분을 모시고 병원에 갔어요. 거의 코마 상태의, 인공호흡기를 꽂은 할아버지였어요. 똥이 떨어지는 자리에 제가 누워 있었어요.

홍천시에 그 당시에 하나밖에 없던 종합병원이었어요. 처음에 가보니 그 할아버지가 치매에 걸려서 똥을 바닥에 바르고 있더라고요. 아무도 안 들어갑니다. 거길 누가 들어가겠습니까. 똥 기저귀에 똥을 싸서 던지더라니까. 그 방 안에다 오만 데 던져요. 똥칠을 해놨어요. '아 이건 내가 들어가야겠다' 내가 송 목사님한테 "나 여기 들어갈래요" 하니 "너 진짜 들어갈래?" 했어요. 딱 들어가는 순간 똥을 안 던지더라고요. 근데 조금 지나니까 그 할아버지가 치매가 심해졌어요. 누워만 있어서 일어나지 못하고 밥만 겨우 먹는 할아버지더라고요. 몇 달 지나니까 설사병에 걸려서 거의 죽게 됐어요. 그게 그 일의 시작이죠. 3년 반 동안… 그게 제 일이었어요.

(병원에서) "어르신이 돌아가실 때가 됐으니까 고향에 모시고 가서 드시고 싶은 거 드시게 하세요" 그러면 (제가 있는) 그 병원에 오는 거예요. 촌에서 살림하는 사람들이 간병비가 어디 있어요. 그러면 "저분[나]한테 가면 도와준다"고 한 거예요. 그래서 제가 그 (간병) 일을 하게 됐어요. 기쁘게 했어요. 새벽 4시에 눈을 떠서… 나도 아프지만 저녁 10시까지 정신없이 뛰어다닌 적이 하루 이틀이 아니에요. 하루는 뭔가 허전하더라고요. 저녁 10시에 마감을 했는데 가만 생각해보니 밥을 안 먹었어요. 한 끼도. 그러고 살았어요. 젖값 치

르려고. 내가 얼마나 비참했겠어요. 형제복지원에서 그 힘든 시기를 겪고 살았는데, 내가 사람을 죽인 살인마가 됐잖아요. 죗값 치를 방법이 없더라고요. 그래서 나는 지금 국가에 감사한다니까요. 나에게 살 기회를 줬잖아요.

형제복지원이 의미 없다고 생각하지 않아요. 그때 어려운 경험이 있었기 때문에 지금의 삶이 스트레스가 없어요. 그 시간에 비하면 지금의 삶은 아무 것도 아니에요. 갇혀 있으면서 죽을 것 같았던 삶…(이었는데 그런데 이곳은) 시신을 치우며 살았던 시간들… 수많은 주검을 본 시간들…(이었습니다.) 수백 명을 봤어요. 수백 명의 장례식을 다 처리했어요. 시체를 수십 구를 치우고, 영안실에 300명을 내려 보냈어요. 내가 홍천 시내에 유명한 사람이 됐어요. 어르신이 돌아가시면 가족이 (영안실에) 안 와요. 무서워서 아무도 안 앉아 있으면 내가 앉아 있었어요. 밤새 앉아 있어 주고 친구 해주고… 사람이 죽어서 인공호흡기를 빼면 입이 안 다물어줘요. 그럼 누가 다물어줘야 해요. 내가 묶어줬어요. 다 빼주고 했어요. 그러니까 그 병원 의사선생님들이 "저분, 대단한 분이다. 우리가 못하는 일을 하는 분이다. 저분 정말 귀한 분이다" 그랬어요.

목사님이 처음에 식대로 일주일에 3만 원 주더라고요. 1999년, 2000년 때예요. 3만 원으로 일주일도 밥 못 먹어요. 그러면 간병 아주머니랑 밥도 해 먹고 그러면서 거기 어르신들을 돌봤어요. 돌봤다는 표현이 맞을까 모르겠는데, 하여튼 그분들의 마지막 가는 길을 지켰어요. 그때 내 마음은 '나를 살게 해준 이 나라와 이 민족에

게, 그리고 내 죗값을 치르기 위해서 이 사람들을 모셔야 되겠다. 끝까지…'

3개월에 한 번씩 검찰 조사하는 집행관이 왔어요. 병원에 있다고 하니 내가 입원한 줄 알았나 봐. 근데 와보니깐 내가 똥 떨어지는 자리 밑에 누워 있던 거지. 실제로 똥이 떨어졌어요. 딱 보더니 "당신 여기 왜 있어?" 이러더라고요. 내가 나와서 그랬어요. "선생님. 내가 사람을 죽였잖습니까. 죽어 마땅한 나를 국가에서 살려줬잖아요. 그리고 아프니까 치료받으라고 내보내 줬잖아요. 내가 할 수 있는 게 없어요. 그래서 이거 하고 있어요. 이해해주세요"

제가 지금 기독교를 믿고 선교회 일을 해요. 그러다 보니까 내가 믿는 하나님 안에서 내가 바르게 살 수 있는 길을 찾아갔죠. 노숙인 단체에서 일을 했고 단체 전도사도 했었고… 지금은 혼자서 부산에 내려온 게 5년쯤 됐어요.

(지금은) 그림을 제가 그리고 있어요. 내가 기억이 안 나는 게 있더라고요. 그래서 영상물을 보면서 기억의 퍼즐을 맞추고 있고 계속해서 기억들을 떠올리고 있어요. 뚜벅뚜벅(형제복지원피해자종합지원)센터에 자주 가서 영상물을 보면서 그 당시… 왜곡된 것도 많지만 팩트들이 남아 있더라고요. 그걸 보면서 내 기억을 떠올리고 퍼즐을 맞추고, 사람들을 기억해내고 있고, 장소들을 기억해내고 있어요. 여기는 어디였고 여기는 어디였고… 손으로 큰 전지에다가, 전문가 같지는 않겠지만 내 기억에 맞춰서 그림을 그리고 있

어요. 신입소대면 신입소대에서 일어난 일… 사택이면 사택 뒤에서 화목 불을 때던 아저씨. 목공반에서 관을 만들던 강** 아저씨. 그때 동료들 기억으로 내 기억을 맞출 뿐이에요. 오늘도 내가 기억 못한 이름을 기억해냈어요. 목공반에 서무로 오래 있었던 김** 씨란 형이 에요. 나보다 몇 살 위의 형으로 알아요. 그 형이 목공반에 아주 오 랫동안 있으면서 박인근 일가의 일을 많이 아는 사람인데, 그 사람 의 마지막은 몰라요. 하지만 그분이 거기 있었다는 건 알아요. 그 사람이 거기 있었고, 이 자리에 누가 있었고, 여기 누가 있었고, 내 가 거기 있었다는 건 말할 수 있어요. 그걸 지금 하고 있어요. 그림 을 그리고 자료를 모으고… 그런데 쉽지 않아요. 아파요 아파. 많이 아파요. 트라우마도 없고 스트레스도 없다고 하는 나도 화가 나고 욕이 나오더라고요. 나도 모르게 "그 개새끼가!" 바로 나와. 나는 평 소에 욕 안 하는 사람이에요.

트라우마는 극단으로 치달았다, 피해생존자 상당수는 스스로 목숨을 끊었거나, 자살 시도 경험이 있다.

최승우   동생이랑 86년도 10월 30일에 아버지하고 같이 나왔는데, 동생이 안에서 1년 넘게 폭력적인 것들을 보고, 고통으로 인한 트라우마가 심하다 보니까 사회에 나와서… 서면 시내에 다니면서 구걸 생활을 했어요. 집에선 적응도 안 되고. 나도 마찬가지였어요. 동생은 나쁜 짓도 하러 다니고 그러다가 결국엔 나이가 들어서 일용직을 다니다 가 막노동에서 돈 못 받은 것도 많고… 그래서 2009년도 10월 3일 날 스스로 자살을 해버렸던 거죠.

그전까지 동생하고 저하고는 형제치고는 정말 말할 것도 없이 각별했어요. 어릴 때 같이 고통을 받았다 보니까 의지할 사람은 동생밖에 없었던 거죠. 늘 동생하고 같이 술 한 잔씩 할 때마다 형제복지원에 대한 이야기를 할 수밖에 없었어요. "우리 삶을 형제복지원이 이렇게 만들었다…" "그때 학교 다닐 시절에 공부만 좀 했으면 그나마 현재 이렇게 살지는 않을 텐데…" 늘 둘이서 그런 힘든 시절 이야기를 했었어요. 경찰들이 잡아넣었지만 국가의 책임을 물을 생각조차 없었던 거죠. 그냥 부모 탓만 하고. '왜 우리가 안에 있을 때 찾으러 오지 않았냐'는 아버지에 대한 원망, 할머니에 대한 원망만 가득했어요.

형제복지원에서 귀가한 뒤 아버지를 아버지라고 부르지 못했어요. 왜냐면 동생하고 귀가 조치되고 나서 아버지가 했던 말이… 군대를 생각했는지 "그런 데 들어갔다 올 수도 있지 인마!"라는 한마디… 그 한마디가 나한텐 엄청나게 큰 충격이고 상처였어요. '그 안에서 죽을 만큼 힘들었는데 아버지는 그렇게 쉽게 얘기하다니…' 그래서 동생하고 내가 밖으로 나돌 수밖에 없었죠. 부모를 원망하니까. 부모를 원망하면서 그렇게 살아오다가 할머니도 돌아가시고, 아버지는 자식들을 잃었던 거죠. 동생도 밖에 나와서 막노동하면서 살고.

나는 1986년도에 나와서 경찰관에 대한 트라우마가 엄청나게 많았어요. 동생도 마찬가지고. 공무집행방해 전과가 있어요. 경찰만 보면 트라우마가 있어서 트러블이 생기고. 저는 90년대 초반에 서면에 나왔는데 나 역시도 동생같이 부랑인이 돼버린 거죠. 부랑인 같은 짓을 하면서 돌아다녔던 거죠.

그러고 나서 88년도 89년도에 여자친구를 만나고 성 정체성이 바뀌기 시작했어요. 이성을 처음으로 사랑하게 된 거죠. 그 여자친구와 같이 동거생활을 하다가 임신을 하게 됐어요. 임신 10개월이 됐을 때 자기 엄마하고 오빠한테 잡혀서 끌려가 버렸어요. 머리가 깎여서 다락방에 있고, 아이는 낳아서 입양을 보내고. 그 여자친구는 스스로 목숨을 끊었다고… 그 오빠한테 "니 때문에 내 동생이 죽었다"면서 막 두드려 맞았던 적이 있었어요.

김의수   지금은 정신과에 다니고 있어요. 그 안에 잡혀 있었던 사람들은 누구나 마찬가지일 거예요. 다른 건 기억이 잘 안 나도 그 안에서 있었던 일들은 하나부터 열까지 잊어버리는 게 없어요. 오히려 더 생생하게 기억나고. 아직도 그 트라우마가… 거기에 대한 꿈을 아직도 꿉니다. 그 꿈을 꾸고 나면 막 끓어올라요. 그러면 진짜 막 소리치고 싶고, 진짜 나가서 막 관련된 사람들 다 죽여버리고 싶은 그런 생각이 수없이 들어요.

사실 지금 수면제를 모아 놓고 있어요. 이제는 바보같이 예전처럼 그냥 내 스스로 자괴감 때문에 구석에서 혼자서 끙끙 앓다가 약 먹고 하는 그런 거 말고… 죽더라도 우리와 관련된 사람들한테 뭔가를 보여주면서 죽어야…
진짜 몇십 년 전에는 길거리에서 그때 당시 동료를 자주 봤어요. "누구 봤나?" 물어 보면 "약 먹고 죽었다" "어쩌다가 죽었다" 그런 얘기를 많이 들었어요. 형제복지원 안에서 끝난 게 아니고 나와서도 (그때 기억이) 2차적으로 우리를 더 옥죄어오고 우리를 더 힘들게 해요.

여인철 퇴소하고 나서 취직이 안 돼서 구르마[수레] 장사를 했죠. 서면 대한극장 쪽이나 복개천으로 다니면서 장사를 하다가 잘 안 돼서 노가다[막노동] 건설 현장에 가서도 일을 해봤고. 97년도에 IMF가 왔을 때⋯ 그 당시에 내가 집에서 돈을 좀 해줘서 노래방을 하다가 교통사고가 나서 죽다가 살아났거든요. 그 당시에 여관방에서 생활했어요. 동생이 돈이 좀 된다고 해서 노래방 하나를 차려줘서 97년도에 1억 원을 받아서 장사하다가⋯ IMF가 오는 바람에 하루에 150만 원 매상 오르던 게 3개월 딱 지나고 나니까 20만 원, 15만 원으로 줄더라고요. 그래서 가게를 팔아야 돼서 술을 또 먹었어. 추석날 저녁이지. 저녁에 손님들하고 술 한 잔 먹고 나와서 담배 사러 가다가 차 뺑소니를 당해서 이렇게 병신이 돼버렸지. 봉생병원 중환자실에서 15일 만에 깨어났어요. 죽었다고 했는데⋯ 가족들이 나를 살려서 장애 3급 받아서 지금까지 이렇게 살고 있습니다. 사고도 나고 몸도 병신이고⋯ 자살하려고 약을 먹었는데, 동의의료원에서 다 씻어내고⋯ 광안병원에서 쇠 박아 놓은 거 싹 다 빼고 거기서 장애 등급 받고 기초수급도 받았어요.

처음에 나와서 솔직히 형제복지원이란 말만 들어도 짜증이 나고 스트레스가 받히고⋯ 내가 지나가다가 거기로 침도 뱉기 싫다고 안 합니까. 버스를 타서 사상에 가려면 거기로 지나가야 돼. 그래서 (형제복지원 반대 방향인) 개금 쪽으로, 럭키아파트 쪽으로만 보고 간다니까. 지금도 안 봅니다. 그쪽은 꼬라지 보기도 싫어서. 이제는 그런 생각이 없어요. 건물 자체가 안 보이니까. 그 건물이 있을 때는 거기로 쳐다보지도 않았어요. 버스 창가에 앉아도 이쪽 편으로 앉지 도로 쪽으로는 안 앉는 거라.

명색이 그래도 성인이고 내가 어디 가서 일을 해도 벌어먹고 살 수 있는 의욕이 있는 사람인데. 내가 들어왔으면 자기들이 서류를 보고 아무 그게 없으면 내보내 줘야지. 나가서 사회생활 할 수 있도록 보내줘야 되는데 감금시켜서 자기들이 데리고 살려고 하면 안되지. 거지 취급당한 게 나한텐 트라우마지. 그런 소리를 억수로 듣기 싫은 거라. 그러다 보니 나도 모르게 자꾸 술 먹다 보면 그런 소리가 나오면 싸움도 하고…

안종환 지금은 일에 미치다 보니 많이 호전되고 완화가 됐어요. 옛날에 돈을 못 받아서 너무 괴로워서 술을 먹고 있는데 누군가의 조작인지 모르겠지만 요만한 몽둥이를 들고 와서 내 머리를 때려서 기절해서 실려 갔어요. (거기서) 구타도 당했어요. 거기 덕성원에서 일어난 일이죠.

분노가 너무 많다 보니까 맥주병 있잖아요. 이걸 씹은 적이 있어요. 너무 화가 나서. 그때 이빨이 다 부서졌죠. 생으로 씹었어요. 옛날에 나도 그으려고 했어요. 여기[손목]. 근데 가만히 생각해보니까 이렇게 죽으면 너무 아까운 거예요. 스물다섯 여섯 살 때 장가도 못 가고 그때 하… 그냥 가고[죽고] 싶더라고요. 면도칼로 한 번 긋

318

고… 더 하려고 하다가 아까운 거예요. 내 자신이. 이렇게 죽으면 너무 값어치가 없다는 걸 그때 딱 깨달았죠. '아 이렇게 죽지 말자. 일단은'

비즈니스 관계 외에는 사람을 안 만나요. 원인을 안 만들려고 해요. 일하고 자고 일하고 자고 이것만 해요. 안 그래도 '형제복지원피해자종합지원센터'에서 트라우마 치료를 받으러 오라고 하더라고요. 한번 가볼까 생각 중입니다.

박순이   우리 애들이 충격이 많이 컸죠. 왜 그러냐면 애들을 너무 스파르타식으로 키웠어요. 어린이집 4년을 태워다 주고 태워 오고… 초등학교 6년을 태워다 주고 정문 앞에 딱 기다렸다가 또 태워오고. 중학교 2학년, 1학년을 태워다 주고 태워 오고. 연년생이에요. 그러다가 2016년도에 박인근이 죽었다고 하더라고요. 조금 마음이 놓이더라고요.

그냥 어렸을 때도 (아이들을) 여기서 요만큼도 안 떼어놨어요. 누가 데려갈까 봐. 그리고 아이들을 한 번도 누구한테 맡겨본 적이 없어요. 저희 신랑마저도 아이들이 돌 지날 때까지 한 번도 안아본 적이 없어요. 내가 손을 못 대게 했으니까요. 내 신랑이지만, 자기 자녀지만, 여자애들이잖아요. 그거에 대한 트라우마가 엄청 심했어요. 지금도 집에서는 우리 아저씨[남편]가 팬티를 입고 다닌다든지 그런 거 절대 없어요.
예를 들어서 '오늘 아침에 커피를 마시면서 형제복지원 생각을 한다' 그러면 모든 것이 마비가 돼요. 아무것도 하기 싫어요. 어렸을 때는 제가 술을 많이 먹었어요. 애들을 어린이집에 보내 놓고 아침에 소주를 한 다섯 병 까요. 그리고 자요. 종일반이니까 오후 5시반 되면 와요. 그때 되면 깨요. 애들 씻기고 9시 돼서 재우고 그때부터 또 술을 먹어요. 술을 즐기기 위해서 먹는 게 아니라 잠을 자기 위해서… 술을 안 먹으면 하루 종일 못 자요. 요즘은 술을 안 먹은 지 한 두 달 정도 됐어요. 한 일주일 동안 안 자요. 날을 새요. 그러다가 하루는 3시간 자요. 그렇게 33년을 반복을 해온 거예요.

그리고 지금 저희 안방에 문이 없잖아요. 문을 달면 잠을 못 자요. 아파트에서는 거실에 살았어요. 왜? 우리 아이들이 들어오는 거, 사람이 오는 걸 봐야 잠이 오거든요. 문을 닫아 놓으면 누군가 지키고 있는 거 같아요. 커튼도 지금은 이렇게 쳤는데 잘 때는 다 걷어야 돼요. 내 눈으로 보고 자야 돼요. 혼자 살 때는 전체적으로 까만 커튼으로 다 치고 자요. 누가 나를 지키고 있는 거 같아서. 그리고 사람이 못 찾아오게 안에서 문을 다 잠가놔요. 내가 열고 싶을 때 열어요. 그리고 지금도 TV를 끄면 잠을 못 자요. 누군가 옆에서 얘기를 해야 돼요.

사회생활을 하면서 약간 형제복지원 때랑 일치하는 상황이 오면 분노가 일어나죠. 혈압이 오르고 어떻게 주체를 하지 못해요. 그러면 집에 와야 돼요. 막 운전을 하고 와서 냉장고에 소주 한 잔 털어먹고 가만히 앉아 있어요. 나 혼자 삭이는 방법이에요. 가만히 있으면 '사악' 내려가요. 애들이 어렸을 때는 막 칼도 많이 들고 그랬어요. 죽는다고. 3년 전에도 죽으려고 약 다 털어먹고… 작년 5월 달에도 털어먹고… 전북대병원에 실려 갔어요. 지금도 복지사가 문자가 오네요. 잘 계시냐고… 안 죽고 살아 있다고 답했어요.

이승수 트라우마가 있어서, 요번에도 한강에 가서 뛰어내렸어요. 마음 편하게 잠을 못 자거나 하면 우울증이 심해져서 나도 모르게 자살 쪽으로 가요. 팔십 한 몇 년도부터 약을 먹었어요. 징역살이하면서 먹기 시작한 거죠.

약을 안 먹어도 되겠다 싶어서 약을 끊었어요. 한 1년 6개월을 안먹고 출소를 했어요. 생활을 잘 할 수 있겠지 하면서 생활하다가 나도 모르게 서울로 올라간 거죠. 뛰어내리고 난 뒤에 정신과 약을 다시 먹기 시작했어요. 정신과 약이 비싸요. 4년 전에 먹던 졸피뎀, 곰팡이 슬고 한 게 있어요. 그래서 그거는 버리고 개봉 안 한 약봉지 깨끗한 거는 지금도 (입원 중인) 병원에 가면 있어요. 병원에서 정 힘들고 하면 그걸 먹고 있어요. 의사 처방을 받으라고 하는데 생활비도 없고 돈이 없다 보니까 졸피뎀 4년 된 약을 먹고 있어요.

병이라면 병이지만 (돈이) 없으니까. 형제원에서 도망 나와서 배가고프니까 빵 다섯 개 정도 먹고 현금 가져간 거 그게 다인데 그걸로 1년 6개월을 살았어요. 교화가 돼서 나오면 다행인데… 교도소에 가면 아닌 말로 소년수들, 애들은 거기서 범죄를 다 배워요. 나역시도 열쇠 따는 걸 거기서 다 배웠어요. 집 위에 어떻게 올라가고 어떤 식으로 (문을) 따고… 다 범죄 쪽으로만 얘기를 하니까. 내가 진짜 범죄를 안 하려고, 거기 갈 바에야 죽는 것이 낫다고 해서 선택을 한 것이 자살 쪽이에요. 농약도 먹어보고… 산에서 뛰어내려 가지고 팔이 완전히 부러졌어요. 골반도 수술했어요. 제가 돈이 없으니까 남의 이름으로 해서 수술을 한 거죠. 부산에 가서.

'징역 가니 아싸리[차라리] 자살하는 게 낫다' 싶어서 이번에도 한강에 가서 뛰어내려가지고 허리만 좀 다친 거예요. 얼마 안 됐어요. (교도소에서) 나와가지고 너무 힘드니까. 가진 건 없고 또 범죄는 할 것 같고… 한강에 빠져서 요추 1번 금갔고, 2번 금갔고, 3번이 압축이 됐어요. 높은 데서 떨어졌기 때문에 이만큼 떴어요. 뛰어내리고 난 뒤에 뼈가 부러졌는데도 의지가 있으니까 다리[기둥] 위로 올라갔어요. 버티고 있는데 한 20~30분 지났어요. 순찰하던 해경이 봐서 구조를 한 거죠. "나도 모르게 죽고 싶어서 뛰어내렸다. 형제원 사건도 있고… 보상 문제도 잘 안 되고 이러니까 너무 힘들고 해서 뛰어내렸다"고 하니까 119를 불러서 병원으로 간 거죠.

(자살 시도를 할 때) 저는 모르는 상태에서 가요. 환청이 들리니까요. 죽으라는 쪽으로 환청이 많이 오죠. "너, 자신 있으면 저기 올라가서 뛰어내려 봐" 이런 식으로. 그래가지고 높은 데 가서 뛰어내리는 거죠. 환청은 머리 쪽에 구타를 많이 당해서 그런 것 같아요. (지금은) 내가 살기 위해서는 최소한 노력을 하려고 해요. 지금도 이 몸으로 박스 주워서 차에 실어서… 어쨌든 살아 보려고 발버둥치고 있는 중이에요.

#3
위태로운 생계

변변한 직장을 구할 수 없으니, 생계는 막막했다.

김경우 10년 넘게 결혼생활을 하면서 거의 쉬어본 적이 없어요. 왜냐면 한 푼이라도 벌어야 하니까. 지금 식구가 5인 가족이잖아요. 기초생활 수급자를 해보니까 내가 나이가 젊고 한데 그 수급비 한 달에 몇십 만 원 나오는 거 그걸로 힘들어요. 그때는 애들이 태어나기 전이니까 그나마 어떻게 버텼는데, 이 아이들 생기고 나니까 도저히 안 되는 거예요. 그래서 '이거는 안 되겠다…' 기초생활수급자는 말 그대로 마지막 수단이고, 나는 아직 나이도 젊고 한데 이거는 아니다 싶어서 과감하게 끊었어요. 일을 시작한 지는 얼마 안 됐어요.

(아내가 전하는) 김경우 같이 살아 보니 '엄청 머리도 좋고, 뭐라도 됐을 사람이다'는 생각이 많이 들더라고요. 아이도 엄청 똑똑하거든요. 아빠를 닮은 것 같아요. 정상적으로 공부하고 했으면 진짜 괜찮게 성공했을 것 같은데, 그게 마음이 좀 많이 아프죠.

형제복지원에서 얻은 질병은 이후의 생계마저도 위태롭게 만들었다.

신재현 가명 나와서 온갖 걸 다 해봤어요. 식당에서 설거지도 하고 먼지 나는 먼지구덩이 가구 공장에서 자고. 정말… 노숙도 했어요. 베드로 수양원이라고 하는 시설에도 있었는데 거기서 1년 동안 내가 많은 일을 했어요. 사모님, 목사님이 다 같은 동향이었어요. 그 당시가 20대 후반 청년이었던 것 같아요.

5년 전에 부산에 내려오실 때는 어땠나요?

좀 두렵긴 하더라고요. 내가 살인자가 된 현실… 그리고 나 혼자서 맨주먹으로 내려온 현실… 나 이거 전화기 하나 들고 내려왔어요. 서울에서 갑작스럽게 내려왔어요. 며칠만 있으려고 했는데 우리 교회 목사님이 그 몸으로 다시 (서울) 가면 죽는다고… 내가 서울역 앞에서 노숙인들 대상으로 전도사 일을 했거든요. 그 사람들 다 데리고, 가르치고, 입히고, 관리하는 일을 3개월 동안 했어요. 그 당시에 제가 폐병 말기였거든요. 폐에 구멍이 나서, 이만한 구멍이 지금도 있습니다. 각혈을 해서 '혈관 조형술'을 한 자리가 세 군데로, 철사 매듭이 있습니다. 형제복지원에서 나오던 해에 폐병이 있다는 걸 알게 되고 쓰러졌어요. 형제복지원에서 걸린 병이에요. 안에서 몇 년을 병을 키운 거지.

내가 병원비가 없을 때 국가에 가서 말했더니 안 주더라고요. "돈 없습니다. 예산이 없습니다. 안 됩니다" 내가 수십 년 아프면서 그런 걸 수없이 당했어요. 저라고 왜 살려달라고 안 했겠습니까. 한번은 병원비가 육십몇만 원이 나왔더라고요. 병원에 1년 이상 있었어요. 폐에 각혈이 심해서요. 처음 교도소에서 나왔을 때 얘기인데… 병원비가 67만 원 나왔는데, 수급비는 생계비만 나오는 상태였어요. 주거는 무료로 살았거든요. 생계비만으로는 한 달 살기도 빠듯해요. 병원에서 환자가 우유도 먹어야 되고. 하다못해 폐가 안 좋으니까 영양식을 먹는데 거기에 드는 비용, 식대, 입원비 차액 등 67만 원이 나왔더라고요. 구청에 영수증 들고 가서 내가 그랬어요. "나 이거 없으면 죽어요. 나 살라고 내보내 놓고 나보고 죽으라고 국가가 말한다. 아무도 안 도와준다. 이거 돈 없으면 난 죽을 거다" 그랬더니 현찰 50만 원을 주더라고요. 그게 처음이자 마지막으로 내가 받은 돈이에요. 국가에서 나에게 생계비로 준 돈… 그거 가지고 그대로 병원에 가서 병원비 50만 원을 냈어요. 남은 17만 원은 어떻게 냈는지 아세요? 내가 그때 옆에 교회를 계속 갔어요. 환자복 입고 예배드리면서 밥그릇도 날라주고… 목사님한테 상담을 했어요. "목사님. 나 돈이 17만 원이 모자라요. 병원비 못 내서 당혹스러운데 좀 기도해주세요" 했더니 목사님이 돈을 갖고 왔더라고요. 그래서 내가 그 돈으로 남은 병원비를 냈어요. 많은 사람들이 이렇게 살아요. 그때의 저처럼.

다른 사람들은 주거비랑 최대 지원을 받는 게 어렵죠. 저는 사회복지계통에 오래 일을 하고 병원 행정도 잘 알고 규정도 많이 알고 해서… 급여도 최고로 받고 주거 수당도 최고로 받고, 장애수당도 다 받고, 그 외 또 우리 식구들이 도와주는 돈이 좀 있고… 저는 풍족하진 않아도 남을 도우며 살 순 있어요. 그래서 나를 도와달라는 말은 절대 아니에요.

정부에서 처음에는 10만 원 주다가 지금은 17만 3,000원인가 주더라고요. 내가 방세가 20만 원인데… 그러면 방세 내고, 74만 몇천

원에서 그걸로 사는 거죠. 저 나름 자랑은 아니지만 돈을 쓸 줄 모르는 사람이에요. 돈이 많지도 않지만. 그래서 렌탈 상품 후원을 해요. 비데, 정수기 이런 걸 다섯 개를 후원합니다. 지난달에 또 여섯 개째 후원했어요. 그래서 정수기 대금으로 25만 원 정도 듭니다. 얼마 전까지는 태블릿을 보내는 일도 했습니다. 다섯 개를 보냈어요. 할부금을 내 돈 주고 다 샀고, '함께 쓰기' 요금을 매달 1만 원씩 수십 개월을 냈습니다. 그러다가 할부를 다 정리하고 요즘에는 남는 돈으로… 내가 보통 13만 원 이상의 통신요금을 냈거든요. 그걸 줄이니까 한 5만 원 줄더라고요. 그래서 여유가 생긴 돈으로 비데 하나 더 보내고. 앞으로도 계속할 생각입니다.

대부분 '하루살이'로 일하다, 현재는 기초생활수급으로 연명하고 있다.

김대우　　출소하면서 배운 게 있나 뭐가 있나… 할 게 없는 거예요. 밖에 나와서 껌도 팔고 신문도 팔아 보고… 또 박카스 사가지고 위에 우황청심환 같은 거 하나 테이프로 딱 붙여서 2,000원에 팔고. 서면에 돌아다니면서. 여름에는 바닷가에서 가나 초콜릿 사가지고 가서 팔고… 버스 탈 때 공짜로 타잖아요. 신문 딱 들고 "수고하십니다. 아저씨" 하면서 신문 한 부씩 다 돌려요. "안녕하십니까…" 하면서. 그걸 '단까'라고 해요. 옛날 사람들은 "목마른 사슴이 우물을 찾듯이…" 이렇게 했지만 나는 그렇게 안 했어요. "저는 어릴 때부터 고아로 자라서 형제복지원에 끌려갔다가…" 이런 식으로 솔직하게 했습니다. 싸게 사서 비싸게 판 거는 솔직히 나쁘다면 나쁜데, 도둑질하는 것보다는 낫지 않습니까.

제일 마지막에 교도소에서 나온 뒤로는 무슨 일을 하셨나요?

내가 병이 있어서, 기초수급으로 계속 살았죠. 병 때문에 가정을 못 꾸리잖아요. 스물 몇 살 때 단란주점에서 일할 때 보건증 떼라고 하지 않습니까. 그걸 떼고 나서 일하고 있는데 보건소 직원이 우리 집으로 찾아왔더라고요. 그래서 (병을) 알게 된 거죠. 그때부터 (국가에서) 아예 일 자체를 못 하게 했어요. 술집도 안 된다고 하고 식당도 안 된다고 하고. 공장에 다녀도 안 된다고 하고. 옛날에는 그랬어요. 그러니까 나보고 죽으라는 얘기밖에 더 됩니까. 그러니 어쩔 수 없이 육교 위나 지하철 중간쯤 계단에서 앵벌이를 했죠.

구걸 같은 일도 하셨네요?

했죠. 허허허. 먹고 살아야 되니까요. 나이 먹어서도 신문 팔고 그랬는데요. 신문은 버스에서도 팔고. 신** 아저씨 밑에 있을 때는 옛날에 서면교차로 육교… 거기서 다이[매대]를 깔고 "신문~ 부산일보 석간신문 100원~" 이랬잖아요. 여름에는 박카스 팔고 초콜릿 팔고. 겨울에는 바닷가는 안 되니까 술집에 포장마차 많잖아요. 거기서 "안녕하세요. 하나만 팔아주세요" 해서 팔고. 그렇게 먹고 살았어요.

형제복지원에서 같이 지냈던 사람들하고 연락은 하고 지내시나요?

저하고는 거의 많이 연락하고 지냅니다. 같은 소대 있었는데 지금 부산에 있는 사람들은요.

대체적으로 어떻게 지내시나요?

전부 다 기초수급으로 살죠. 어떤 애는 나이트에서 일하는 애도 있고. 노가다[막노동] 하는 사람도 있고.

최승우   '이 대한민국이 살 곳이 못 되구나⋯' 그래서 해외로 나가 버렸어요. 처음에는 밀항을 하려고 했죠. 자갈치에 가면 배가 많기 때문에 배 타고 가면 외국으로 갈 수 있지 않을까 싶어서. 막상 가보니 밀항하는 것도 루트를 모르니까 힘들더라고요. 그래서 결심한 게 '배를 타고 나가자⋯ 외국으로 가자⋯' 그래서 배를 타고 5년 동안 외국에 나가 있었어요. 동생은 계속 부산에서 힘든 생활을 했었고. 그때 자갈치에 인력사무소처럼 배에 선원을 소개하는 **수산이라고 있었는데 거기에 무작정 찾아가서 배를 좀 태워달라고 하니 태워주더라고요. 거기서 방을 잡아주고 먹을 것도 사주고 하더라고요. 처음에는 국내 쌍끌이 배를 태워주더라고요. 그때가 91년도인가⋯ 잠을 3시간씩 자면서 하루 종일 일했어요. 3개월 동안 그렇게 고생하고 육지에 돌아왔는데 돈을 10원도 안 주더라고요. 밥 먹여주고 재워주고, '시꾸미'라고 배에서 필요한 용품을 주는 데 돈을 싹 다 삭감해 버리더라고요. 그래서 배는 탔는데 외국에도 못 나가고 너무 화가 나더라고요. 그래서 **수산에 올라가서 죽여버린다고⋯ 형제복지원 출신이라고도 했거든요. "형제복지원에서 감금당하고 너무 힘들어서 외국으로 갈 거다. 죽인다"고 막 협박하고 했죠. 그러니까 **형이라고 (하는 사람이) 그런 사정을 듣고 "그러면 시키는 대로 해라" 해서 영도 수산진흥원에 가서 6개월 동안 교육을 받고 선원수첩을 받고 나서 그때부터 원양어선을 타게 된 거죠.

배를 타고 북태평양 오호츠크반도, 캄차카반도, 러시아 쪽으로 가서 또 인도네시아 등 전 세계를 다 다녔어요. 마지막에 배 탔을 때는 아프리카 가나에 가서 참치 배를 탔는데, 1년 동안 타다가 배가 침몰했어요. 배를 고의로 침몰시킨다는 이야기가 늘 있었거든요. 1,000t짜리 참치 어선이었는데 낡았어요. 1년 타고 나서 1년을 더 타려고 하는데 배가 오래됐다고 해서 고의로 침몰시켰던 거죠. 침몰시킬 때는 몰랐고 침몰하고 나서 그 이후에 알았던 거죠. 그때 나는 구조되고, 현지 가나인들은 좀 죽었어요. 그러고 저는 다시 한국으로 돌아오게 됐어요.

배가 침몰하고 한국으로 돌아왔을 때는 돈을 좀 벌었어요. 수천만 원 벌었는데 그때 IMF가 터져서 달러 가치가 2,000원대로 올랐어요. 그런데 5년 동안 배 생활을 하다 보니 돈의 쓰임새를 몰랐어요. 동생이 사업한다고 가져갔다가 망하고… 결국 돈 떨어지니까 할 건 없더라고요. 동생하고 같이 막노동을 했던 시절이었죠.

그 이후 생계는 어떻게 하셨나요?
막노동을 계속해 오다가 그 뒤로도 사회생활은 적응을 못 했어요. 동생하고 나하고 교대로 공무집행방해로 교도소를 들락날락하다가… 2000년도에 기초생활수급자가 돼서 지금까지 계속되고 있어요. 생계는 정말 막막했어요. 몸이 성한 곳이 없어서 막노동을 나가도 힘든 일은 하지도 못했어요.

민윤기 공항에 가면 카트 있잖아요? '카트쟁이'라고 카트 몰고 다니는 사람들… 거기에 내가 취직을 했어. 대한민국이 올림픽까지 하고 아시안게임도 하니깐 외국 사람들이 몰려오기 시작한 거예요. 이 사람들이 올 때 자기 소지품을 갖고 들어와요. 그 짐을 우리가 실어다

줘요. 91년도에 저녁에 일본 동경 노스웨스턴 비행기가 김포공항에 도착하는 시간이 새벽 2시 40분이거든요. 막차예요. 그걸 받아야 퇴근을 해요. 그걸 받고 나서 6명 1개조가 나오는데, 뺑소니차가 와서 나를 쳐버렸어요. 여기서 이렇게 꼬매고 이렇게 꼬매고… 여기서 또 이렇게 꼬매고… 이 다리를 자른다고 했어요. 병원에 12개월 동안 있다가 나와 보니깐 자동으로 해직이 돼버린 거예요.

형제복지원에서 나온 뒤엔 일부러 전기 일을 안 했나요?

안 했어. 왜 안 했냐면, 옛날에 같이 일하던 동료들이 다 죽었어요. 전기 일을 하다가. 1년에 전기 사건이 열댓 건 나요. 그 전에 전봇대에서 떨어졌는데, 차가 없어서 리어카에 태워서 실어 간 적이 한두 번이 아니에요. 그런데 어떡하다 죽지 않고 내가 살아서 이렇게 혼자 이 고생을 하는지 모르겠어요. 참 이상해. 죽어지지가 않네…

김세근 기초생활수급자인데 한 달에 십몇만 원, 이십만 원 가지고 생활해요. 냄비도 보면 시커멓고 뭐 아무것도 없어요. 반찬은 참치 2개… 그거 한 번 받은 적 있고. 그러곤 받은 적이 없습니다.

식사는 어떻게 하나요?

재고 정부미를 신청해서, 2,000원씩 주고 10kg짜리 하나씩 받거든요. 그걸로 밥을 해서 간장에 절인 양파 그거하고 먹어요. 고기는 생각도 못 해요. 고기 못 먹은 지는 몇 달 된 거 같아요. 진짜 하루에 두 끼… 두 끼 먹으면 많이 먹습니다. 막 배가 고파서 '야 이래서 어떻게 사나' 싶을 정도로… 진짜 죽으려고도 몇 번 마음먹었어요.

오히려 복지관을 안 가는 게 낫다고요?

거리가 머니까요. 차를 두 번 타면 이천 몇 백 원 들어가지 않습니까. 거기다가 또 복지관에서 밥값 1,500원 정도 떼잖습니까. 3,000원이면 그래도 라면 두세 개는 사잖아요. 반찬이나 이런 거 지원도 있다던데 물어보니까 그거는 연세 많은 분들만 된다고 하더라고요. 호적상 64세가 넘어야 된다고 하더라고요.

선생님은 한참 남으신 거네요?

예. 저는 호적상으로는 59세밖에 안 됐으니까요. 반찬이라도 좀 여유가 되면 정부미 저거라도 밥을 해서 먹으면 되는데… 그리고 안경 줄이 지금 끊어져서… 안경을 새로 하는 게 제일 문제예요. 안경을 껴도 (시력이) 0.3~0.4밖에 안 나오거든요. 운전면허를 따러 갔는데 시력이 안 나와서 안 된다고 하더라고요. 제가 이불을 여기 깔아 놓은 이유가, 침대에서는 TV가 안 보여서 그래요. 이불을 깔아서 여기 가까이서 안경을 끼고 봐요.

황송환 도망 나와서 김해 딸기밭에서 일하다가 중국집에서도 한 3개월 정도 있었어요. 거기서 나와서 또 대구에서 가서 달성동 목장에서 머슴살이를 했습니다. 3만 원 준다길래 '이게 웬 떡이고' 하면서. 거기서 3개월 동안 산에 올라가서 젖소 풀 먹이고 지게 지고 하는 일을 했어요. 그때 9만 원을 줬는데, 한양까지 올라가는 데 차비가 얼마 안 됐습니다.

서울 용산시장에 가서 리어카로 '품걸이'를 했는데… 품걸이가 뭐냐면 짐 같은 거 배추 같은 거 리어카에다가 싣고 차에다 날라주는 일이라. 그거 하다가 전화국에서 하청 주는 케이블 공사… 미8군에 가서 공사를 할 때인데 그때 80년도에 광주사태[5·18민주화운동]가 터진 거라. 일당쟁이로 이 현장 저 현장… 전국 방방곡곡에 케이블 공사를 하러 다녔습니다. 겨울에는 일이 없어서 '개잡부'[여러 가지 자질구레한 일에 종사하는 인부]로 일했어요. 케이블공사, 도시가스공사, 전기공사… 83년도에 초량에서 지하철 공사도 했습니다. 그러고 나서 경북 울진에 가서 원자로발전소 공사를 했습니다. 한 6개월 정도… 그때가 스물한 살 무렵인데, 탄광 일을 하려고 강원도 탄광촌에도 갔어요. 부산에 오면 형제원이나 마리아 소년의집에 가는 게 싫어서 탄광에 갔어요. 지금은 주민등록이 있지만 그때는 보호자가 있어야지만 탄광 일을 할 수 있어요. 그래서 거기서도 한 1년 동안 아무 데서나 난장을 친 거예요. 가마니 깔고 그냥 자는 거죠.

나는 힘줄이 끊어진 것도 모르고 계속 노가다 일만 한 거죠. 치료를 못 받았죠. 그래도 그걸 하면서도 작업을 했죠. 근데 작년[2019년]에 수술을 했습니다. 어휴 생각만 하면, 이거 생각만 하면 진짜… 치가 떨리네. 막… 나는 마… 여태까지 살면서… 전생에 내가 무슨 죄를 지었길래 이런 데 끌려가야 했는지…

김상수 나는 형제복지원에서 자동차 운전면허증도 땄어요. 나도 이제 나이가 찼으니까 뭔가 배워 나가야 되잖아요. 밖에 나가서 써먹을 게 뭐 있습니까. 그 운전면허증으로 아직까지 택시 운전하고 있어요. 재산이 있습니까, 부모가 있습니까, 뭐가 있습니까. 형제원에서 꼴랑 돈 십몇만 원 가지고 나와 가지고 무슨 일로 먹고산단 말입니까.

그때 면허증으로는 바로 택시 운전을 하지 못했어요. 그때는 대구시 지리도 몰랐고. 그 당시 법으로는 3년이 경과가 돼야 택시 취업이 가능했고요. 뭐 고아원 생활 이런 거 했다고 하면… 택시도 이력서를 적잖아요. 지금 같으면 거짓말로 적겠지만, 형제원에서 나와서 택시 취업도 불가능했고요. 배운 건 없지. 내가 택시를 해야겠다고 하니까, 형님 추천으로 길부터 알아야 되니까 동네에서 가스 배달하는 일을 했어요. 가스배달을 하면서 오토바이 배우고, 자전거 배우고, 쉬는 시간 노는 날에 차 운전도 연습하고, 그렇게 했죠. 90년도에 택시를 시작해서 지금까지 하고 있어요.

형제복지원에서 굶으면서, 밥 세 끼 못 먹고 두드려 맞으면서 성장을 해버리다 보니까 사실은 밖에 나가서 적응이 안 됐어요. 그렇잖아요. 지금인들 적응이 되겠습니까? 지금 어디 가서 10년 가둬 놓고 밖에 풀어놓으면 적응되겠어요? 그때 당시에 그 어린 나이에… 알아봐야 자기 이름 석 자 알고 한글 아는 애를 갖다가… 그렇게 나왔으니 적응이 되겠어요? 교도소 들락거리지 않은 것만 해도 지금 와서 생각하면 '야 너 용감하게 잘 컸다'는 생각이 들어요.

열심히 일을 해 돈을 벌면, 주변에서 가만 놔두지 않았다.

안종환   사회에 나가서 내가 돈을 벌려고, 정주영처럼 되고 싶어서 얼마나 열심히 했는데요. 진짜 열심히 했어요. 그 당시에 3억이면 큰돈 아닙니까. 냉동탑차 살 돈을 모았어요. 어느 정도 생선 살 수 있는 돈. 내가 한 달에 500만 원씩 보험도 들고 했는데 그걸 어찌 알고 덕성

보육원 원장의 사모 서**씨라는 분이 나한테 찾아왔더라고요. 그때 내가 돈을 한 3억 가지고 있을 시기였어요. 돈을 빌려달라는 거예요. 뭐 대표 관련해서 소송비용이 필요하니까 빌려 달라는 거예요. 나는 낳아준 엄마는 아니지만 그래도 한 울타리에서 비가 오나 눈이 오나 지내왔고… 그래서 나는 어머니라고 생각하고 진짜 진심으로 다가갔는데 이걸 역이용한 거죠. 그때 나이가 20대 초반이었으니까 그 깨끗한 마음에… 술 담배도 하지 않는 시절이었으니까. 지금은 괴로워서 술 담배를 하지만 그때는 순수한 마음으로 빌려줬죠. 나에게는 형제자매가 없다 보니까 엄마라고 생각하고 빌려줬는데 나중에는 돌려주질 않더라고. 결혼할 여자도 있었는데…

장가갈 때 준다고 했어요. 반드시 준다고 했는데. 스물다섯 살 정도에 "저도 나이도 있고 하니까 돈을 주시오" 하니까 안 주더라고요. 그때 제가 충격받았어요. 그때부터 술 담배를 하기 시작했죠.

뭐라고 하면서 안 주던가요?

"돈 없다" 이렇게 하니까. 내 모든 것이 한순간에 없어지고… 장가도 못 가고… '나'라는 존재가 누굴까… 너무 괴로웠어요. 나 진짜 그 사람을 죽여버리려고 고속도로 다니다 보면 칼 있지 않습니까. 세 개나 샀어요. 내가 너무 괴로워서 술 담배를 지금까지 하고 있어요. 학교 다닐 땐 술 담배 안 했어요. 친구들도 압니다. 카드도 내 동의 없이 쓴 거… 자필까지 아직 갖고 있어요. 내 동의 없이 자기가 자필로 해서 대출을 아홉 개나 해 먹었더라고요. 나는 카드 없이 살았거든요. 맨날 일해서 그 카드빚을 갚고. 인생이 완전… 이해가 가시죠? 돈은 돈대로 못 받고 장가는 장가대로 못 가고… 카드는 카드대로 내가 사회에 나와서 다 갚아야 되고…

먹고는 살아야 되니까 노가다 있지 않습니까. 노가다는 바로 돈을 주니까. 찜질방 이런 데서 생활했어요. 그 일을 10년을 했어요. 다른 일은 못 하고. 멍 하게 맨날… 완전히 딴사람이 된 거예요. 잘나가던 사람이 좋은 일 하고 한순간에 왜 이런 부당한 대우를 받아야 하는지… 제가 친구를 안 만난 지 지금 한 20년 넘어요. 자존심 때문에. 잘 나가던 애가 비참한 모습 보여주기 싫어서. 끙끙 앓은 거죠. 술 담배에 의지했죠. 술을 먹으면 혼자 먹고 자면 되니까. 남한테 실수만 안 하면 되니까 술 담배에 의지를 한 거죠. 술 담배가 없었다면 큰일이 일어났을 거예요.

밥벌이를 하면서도 형제복지원과의 악연은 계속됐다.

강철민 가명 교도소에서 마지막에 나온 게 2002년이에요. 그때 월드컵을 교도소 안에서 보고 나왔거든요. 나와서 경호팀에서 있으면서 경호원 생활을 좀 했어요. 부산은 2011년도에 왔어요. 11년도에 건설 쪽이 업을 시작했거든요.

원래 주례동 산18번지 여기 공사를 하려고 저희가 입찰을 했다가, 제가 "하지 마라"고 했어요. 사촌 형이 대표이사다 보니까… "이거는 포기하자. 나는 집 못 짓는다"고 했죠. 지금 주례동 거기가 다 아파트 아닙니까. 파면 뭐가 나오는지 제가 다 알 거 아닙니까. 내가 거기에 있었고, 그렇게 고생을 다 했는데… 거기에 (형제복지원 출신) 누가 집을 짓겠습니까. 절대 못 짓죠.

정수철 가명 제가 때밀이를 할 때 사상온천 아시죠? 그게 박인근 원장의 자택입니다. 희한하게 운명이라는 게 있지 않습니까. 사람 인연이란 게… 내가 거기에서 일하게 됐어요. 사상온천에서 사람이 없어서 누구 소개로 갔는데 가보니까 목욕관리사가 없더라고요. 그래가지고 박인근 원장을 만났어요. "어디서 왔노?" 물어보길래 "형제복지원에 있었다"고 하니까 잘 알더라고요. 그 덕에 나보고 여기서 일을 하라고 하더라고요. 원래 보증금이 3,000만 원인데 "돈이 없다"고 하니까 나보고 그냥 하라고 하더라고요. 그 대신 일비를 빼는 거예요. 하루 일했으면 얼마 정도. 일하다가도 밖에 구두가 나오면 구두를 닦았어요. 구두를 닦고 있는데 박인근 집안 식구들이 지나갔어요. 근데 사람을 봐도 인사를 안 하고 벌레 보듯 이상한 눈빛을 주니까 기분 나쁜 느낌이 들더라고요.

원장의 아들이 하나 있어요. 막내아들. 그 사람이 부사장인가 직책을 하고 있었어요. 그분하고 나하고 좀 잘 지냈죠. 형제복지원에 있을 때 혼자 외롭게 앉아 있더라고. 우리하고 그 사람하고는 별개니까 말은 안 했지만. 거기서 일을 잘 하다가 손님들한테서 "마음에 안 든다"는 말이 나오니까 나를 자르더라고. 그러고 몇 년 있다가 그 건물이 바뀌었어요. 내가 그때 알바로 갔어요. 스페어[예비]로. 일을 하고 나오는데 어떤 사람이 나보고 "이분을 좀 들고 업어서 나와 달라"고 하더라고요. 그래서 보니까 박인근이더라고요. 완전 식물인간… 말도 못하고 걷지를 못했어요. 그래서 내가 업고 나왔어요. 그게 그 사람을 마지막으로 본 거였어요. 세상이 참, 오래 살다 보니 또 이렇게 사람이…

사상온천에서 박인근 원장을 처음 봤을 때 기분이 어땠나요?

와 진짜 그런 감정[분노]이 왜 안 들었겠어요. 생계유지를 하기 위해서 어쩔 수 없이 그냥 참고 있었죠. 손님들 중에도 와가지고 박인근하고 싸우는 사람도 있었어요. 박인근은 퍼뜩하면 파출소에 신고를 하니까.

요즘은 코로나 때문에 한 달에 100만 원 정도밖에 수입이 안 돼요. 그만큼 목욕탕을 찾는 손님이 많이 떨어졌죠. 밥만 먹고 살 정도만 돼요. 휴대폰 요금 내고 방세 내고, 남은 돈으로 내 생활하고… 지금은 신용불량자가 돼서 카드도 신용불량이 됐고. 정당한 생활을 위해서, 우리 서민들을 위해 좀 지원해 주시고… 솔직히 지금 생활이 진짜 어렵긴 어렵습니다. 코로나 때문에 손님이 너무 없어요. 그냥 밥만 먹고 살 정도밖에 안 됩니다.

#4
호주골프장

박인근 원장 일가는 1990년대 호주 시드니 인근 골프연습장과 스포츠센터를 사들였다.
호주골프장은 몇몇 피해생존자에겐 특히 질긴 악연이었다.

임봉근   갈 데가 없어서 이리저리 돌아다니다가 또 형제복지원에서 오라고 전화가 왔어요. 그래서 갔더니… "아 니 오랜만이다" 해서 "예 안녕하십니까" 했더니 "니 호주에 갈 마음 있나? 거기 가라. 거기 공기 좋은 데 가서 일 좀 해라. 골프 기계도 고치고…" 라고 했습니다. 아이들 이불 빨아주고 청소해주고 풀 베고 있으니까 박인근이가 호주에 골프장을 사놨다고 호주로 가라고 한 거예요. "내가 남의 땅에 가서 뭐 하라고요?" 했더니 "시키면 시키는 대로 하지 이 자식아. 뭐 때문에 안 가려고 하노" 해서 "내가 말이 통합니까. 내가 거기 혼자 가서 어떻게 삽니까. 밥은 어떻게 합니까" 했더니 "밥도 니가 해 먹어야 되고 빨래도 니가 해야 된다" 그러더라고요. "그래가지고 내가 어떻게 삽니까. 잔디도 안 깎아본 사람보고 잔디 깎으라고 하면 어떻게 깎고…" 하니 "인마, 다 거기 가르쳐주는 사람이 있다. 가라" 그러는 거예요. 그렇게 며칠 있으니 여권을 끊어주고 비행기를 태워주더라고요. 자기 사위가, 목사 일을 하는 그 사람이 형제복지원 차로 김해공항까지 실어다 줬어요.

      풀 베는 '풀차' 안 있습니까. 새벽 4시 반 돼서 잔디를 베러 나가는 거예요. 골프장 평수가 한 100마지기 돼요. 그거 한 번에 다 깎으려면 한 4일 풀차를 끌고 다녀야 해요. 거기는 또 겨울 장마라서, 겨울이 되면 금방 베고 나서도 공이 안 보입니다. 잔디 베고… 골프 기계 고장 나면 고쳐놔야 돼지… 잠은 많이 자야 세 시간 반, 네 시간 정도 잤어요. 밥 얻어먹고, 담배 하루에 두 갑씩 피우고. 용돈은 빵값 이런 걸로 한 주에 20불… 한국 돈으로 1만 6천 원… 그걸로 일주일 내내 빵 같은 거 사 먹었어요.

골프장이 누구 명의였어요?

처음에 살 때는 (박인근 원장의) 처남 명의였어요.

박인근이 계속 수시로 와서 관리를 하던가요?

한 달에 한 번씩은 꼭 오죠. 돈이 얼마 들어왔는지 확인하러. 처음에는 막내아들이 그걸 보고 있었어요. 시간이 지나니까 나한테만 맡겨두고 3일 있다가 들어오고 4일 있다가 들어오고 신경을 안 쓰는 거라. 그러니 혼자서 말은 안 통하지, 손님들은 들이닥치지, 말이 통해야 뭘 해먹지. 그래서 할 수 없이 박인근이한테 전화를 했어요. "이렇게 돼 있으니 누구를 보내주든지 호주에 있는 사위를 보내주든지 해달라"고 했어요.

박인근 원장이 오면 뭘 했습니까?

오면 장부 계산을 했어요. 하루에 공이 몇 개 나갔나… 매상이 얼마 올라갔나… 공이 하루에 몇 개 없어졌나… 잔디가 긴지 안 긴지… 그거 조사하러 오는 거지.

한국으로 매일 팩스를 보낸 것 같던데요?

예예. 사위가 보내죠. 딴 사람은 보낼 사람이 없거든. 호주에서 사위가 그 일을 보고 있었으니까.

341

한번은 박인근이가 왔어요. 그때는 겨울 장마라 발통이 빠져서 풀차가 못 다니는 거예요. 그러니까 풀이 길어서 공이 잘 안 보이는 거예요. 그런데 오더니만 사정없이… 골프채를 가지고 사정없이 마 때려버렸는데… 아직 여기에 뼈가 튀어나와 있어요. 이 허리를 못 써요. '아' 소리도 못하고 그 자리에 폭 주저앉아서 이렇게 꼬꾸라져 가지고 한 30분 꼼짝도 못 하고 있었어요. 골프장 근처 이웃에 호주 사람들이 많이 살아요. 그때 고함 소리를 듣고 그 사람들이 담장 너머로 골프장을 본 모양이에요. 박인근이를 보고 욕을 하고 막 야단이 난 모양이에요. 이 사람들이 고소를 한 거예요. 이렇게 엎어져서 있는데 경찰서에서 경찰이 왔어. "어떻게 해서 여기로 왔나?" 물으니 "형제복지원에서 그렇게 돼서 여기로 왔다" 그렇게 조사를 하고 나서, 다시 일하러 갔어요. 박인근이가 호주에 한 번 왔다고 하면 사흘 내리 터지는 거예요. 자기 사위하고 아들하고 나, 이렇게 셋을… 개도 그렇게 안 맞아요. 셋이서 두드려 맞았는데 아프단 소리도 못 해요. 아프다고 하면 더 두드려 맞는데요. 3개월 있다가 한국에 나오면 한 열흘 쉬었다가 비자를 내서 또 호주에 들어가서 골프공 줍고, 또 풀 베고…

골프장에서 선생님처럼 같이 일하신 분이 더 있나요?

같이 일한 그분은 돌아가셨어요. 죽은 지 지금 한 7년 됐을 거예요. 집도 그전에 주례에 살았는데 어디 딴 데로 이사 갔다고 하더라고요. 그 사람 집은 모릅니다. 나보다 열 살 많았어요. 이름은 잘 모르겠어요. 성은 문 씨예요.

그분도 형제복지원 출신인가요?

예. 내가 그분을 호주로 오라고 불렀어요. 혼자 도저히 힘들어서 못 하겠어서. 박인근이가 호주에 왔을 때 "그 사람을 여기로 보내 달라. 도저히 혼자서는 힘들어서 못 하겠다"고 했죠. 그러니 "알았다"고 하더라고요. 나 혼자 한 4년을 하다가 그 사람을 받았어요. 그래서 이제 왔다 갔다 둘이서 바꿔치기를 했죠. 내가 먼저 한국에 들어와서 한 열흘 있다가 비자를 내서 호주로 들어가고. 그 사람이 또 석 달 있다가 한국에 들어와서 한 열흘 있다가 호주로 들어가고. 8년인가 9년인가 다녔어요. 그러다 둘째 사위가 서울고등법원에 친척이 하나 있는 모양이에요. 거기로 연락을 해서 그 사위가 골프장을 움직인 거예요.

사위가 자기 아버지하고 아침에 나를 찾아왔어요. "골프장을 아버지 앞으로 넘기려고 하는데 말이 맞아야 이 골프장을 우리가 차지할 수 있습니다" 그건 박인근이하고 셋이서 타협할 일이지 중간에서 내가… 일하러 온 놈이 뭘 안다고… 그러다가 무슨 사고라도 터지면 형무소를 내가 안 갑니까. "골프장을 이렇게 해서 인계를 하려고 하는데 누가 알면 골치가 아프니 묻어주면 어떻겠습니까" 하길래 "나는 그건 모릅니다" 했습니다. "사돈[박인근]한테 승낙을 받았는데…"라고 해서 "승낙을 받고 안 받고 그건 내가 알 게 아니고, 나는 내 할 일만 해주면 끝이지…"라고 했습니다. 골프장에 대해서는 팔든가 말든가 나는 그런 데 신경을 안 쓴다고 했어. 세 번이나 나한테 찾아왔어. 그래서 나는 죽어도 안 한다고 했어. 모른다고 했어. 말이 어디서 터져버리면 이 골프장이 국가로 넘어간다는 거야.

아 그거는 넘어가든 말든 나는 모른다고… 응답을 안 해주고 그 사위한테 "저녁 8시 비행기 표 끊어 놔라. 도저히 여기 못 있겠다. 나 갈란다" 그러니 비행기 표를 끊어 줘요. 그래서 보따리를 싸서 한국으로 나왔어요.

여권은 다 뺏겼어요. 여권을 내가 만들었으면 내가 가지고 있는데, 박인근이가 만들어줬기 때문에. 내가 나가기 전에 박인근이가 몽땅 내 여권을 빼앗아 갔어.

(사위가) 무슨 돈이 있어서 저러는지 나도 한 번 알아봤어요. "처음에 살 때는 장인어른 앞으로 돼 있었는데 어떻게 너거 앞으로 넘어갔노?" 물어보니 하는 말이, 사위가 넷인데 딴 사람은 집 사주고 전부 다 해줬다는 거예요. 제일 못 살기는 호주에 있는 사위가 제일 못살았어요. 박인근이가 골프장을 처음에 누구한테 넘겨줬냐면 이게 사고가 터질까 싶어서 거기 임** 목사[처남]라고 있는데, 그 사람 앞으로 골프장을 넘긴 거예요. 처음에 살 때는 그 사람 앞으로 골프장을 산 거예요. 사가지고 한 두어 달 넘고 나서는 터질까 싶어서 자기[박인근] 앞으로 해서 자기가 권한을 잡은 거예요.

마지막에 한국으로 들어오실 때 수중에 돈은 얼마나 있었나요?
뭐 모은 돈이 어디 있습니까. 사이다 한 3~4병 사 먹으면 없어요. 그전에 한국으로 나올 때 공항에서 잡비 쓰라고 30불씩, 50불씩 줬어요. 한국에 오면 박인근이가 그걸 알고 있는 거예요. "썼나?" 묻길래 "여기 있어요" 하고 50불 던져 줘버렸어요.

한국 사람도 골프장에 왔나요?

많이 와요. (골프장 면적이) 100마지기쯤 돼요. 그만큼 넓어요. 반
은 못 쓰고 전부 풀밭이고. 거기서 반만 해서 동쪽으로 골프를 치게
끔 골프장을 만들어 놨어요. 가장자리로 돌아가면 전부 철사, 울타
리, 안 있습니까. 빙 둘러서 울타리를 다 해놨어요. 한국 사람이 오
면 가르쳐 주는데 한 시간에 15불 받아요. 부산 사람들도 더러 와
요. 골프 배우러. 시드니에서 밀페라 골프장으로 가려고 하면 35분,
40분 걸려요.

박인근이 만든 장애인 시설에서도 일하셨다고요?

박인근이가 영창 살다가 나왔는데, 부산시에서 '장애인 시설을 박인
근이 아니면 할 사람이 없다… 니가 해라… 우리가 밀어줄게…' 이
렇게 된 거예요. 박인근이가 영창 가고 나서 형제복지원이 전부 다
터졌다 아닙니까. 수용자들이 다 풀려 나왔고. 영창 갔다 와서 장애
인 시설을 아무도 할 사람이 없으니 "땅을 사 줄 테니 박인근이 니
가 건물을 지어서 장애인들을 맡아라" (부산)시장이 그렇게 한 모양
이에요.

그렇게 자기가 나와서 주례 땅은 팔아버리고 정관 땅을 샀어요. 정
관 건물을 지을 때 내가 같이 전부 다 짓고 용접도 전부 내가 다 했
어요. 옆에 길… 밑에 바닥 까는 거… 위에 집도 3층까지 짓는데 철
근 사이사이 전부 내가 용접을 다 했어요. 박인근이 하라고 해서
요. 그 용접을 밤새도록 했어요. 잠은 많이 자야 한 시간 아니면 두
시간밖에 못 잤어요. (장애인 시설) 이름은 성경책을 보고 다 지은

거예요. '실로암의 집'도 '욥의마을'도 성경책에 보면 다 나와요. 그걸 다 짓고 나서 1년인가 2년인가 있다가 뒤에 산사태가 건물을 때렸어요. 흙이 확 내려와서 애들이 그때 세 명인가 죽었어요. 안에 방은 엉망이 돼버렸고. 산 무더기가 때려서 건물 안으로 들어왔으니… 사람 찾는다고 그 안부터 먼저 뒤진 거예요. 아이 세 명을 찾기는 찾았어요.

박인근이가 감옥 가고 난 다음에는 자기 동생이 했어요. 막내인데 그게 굉장히 못됐어요. 그게 사람을 잘 팼다고요. 정관에 갔을 때도 말입니다. 무조건 차고, 몽둥이로 두드려 패고, 말 안으면 이리 패고 저리 패고. 방을 만들었는데 쇠문으로 해서 거기 주워 넣어버리고 자물쇠 잠가버렸어요. 형무소나 마찬가지지. 밥도 문 열어서 넣어주면 한 숟가락 먹고. 안 넣어주면 굶고. 대변도 그 안에서 똥통 만들어서 따로 보고…

(여동생 임필순 씨가 전하는) 임봉근

형제복지원이 문을 닫았다가 다시 열면서 장애인 시설[주례]로 바뀌었죠. 이후에는 정관으로 이사를 가게 되었고요. 오빠 임봉근 씨가 두 곳 모두에서 일하셨다고 들었습니다. 당시 오빠의 모습은 어땠나요?

(오빠를 만나러) 주례에 올라가려면 철도길이 안 있습니까. 그 철도길에 경비가 하나 있었어요. 그 경비한테 전화번호를 가르쳐줘서, 그래서 제가 알았죠. 한번은 돈을 8만 원 가져오라고 하더라고요. 그때 당시에 돈 8만 원이 컸습니다. 가지고 갔더니 오빠는 돈 구경도 못 했고. 아이들이 누워서 먹으니까 사탕 같은 건 못 먹고, 비스킷 같은 걸 사오라고 하더라고요. 카스테라, 비스킷 같은 건 입에

넣으면 녹으니까. 그걸 사 들고 또 한 번 가봤어요.

우유를 끓이면, 우유는 조금 넣고 물을 많이 해서 끓인다고 하더라고요. 그러면 오빠가 아줌마한테 가서 "우유 좀 많이 넣어서 끓여라" 했더니 "그러다 회장님한테 혼나면 어떡합니까" 하니까 "내가 책임질 거니까 많이 넣어서 줘라" 그렇게 했어요. 그러면서 오빠가 걔들한테 하는 소리가 내 귀에 생생해요. "너도 부모를 잘못 만나서 여기 왔고, 나도 부모를 잘못 만나서 여기 왔다" 그게 참 마음에 걸리더라고요.

나는 오빠 보는 데선 눈물을 안 흘리고 안 볼 때 돌아오면서 눈물을 흘렸어요. 나도 시집을 와서 살고 있어서 내가 오빠를 데리고 가서 같이 살 형편이 안 된다 아닙니까. 남편이 있는데. 그래서 오빠가 여기에 있는 게 편하겠다 싶어서 데리고 안 나왔죠. 가만히 생각해보니 우리 집에 와서 (오빠가) 환갑을 지냈어요. 어느 날 갑자기 왔더라고요. "오빠 어떻게 왔노?" 물어보니 박인근이가 가라고 해서 왔다고 하더라고요. 맨몸으로 쫓아낸 거예요. 근데 우리가, 없는 자가 있는 자를 이길 수 있습니까. 못 이기죠.

그런데 머리를 두드려 맞아가지고 그런지 한 번씩 정신없는 소리를 합니다. 우리보고 도둑질했다고 하고. 우리 딸보고도 도둑질했다고 하고. 몰래카메라를 달았어요. 오빠가 하도 우리를 의심하는 소리를 해서.

5
불안한 가족

너무 오랜 시간 가족과 떨어져 있었다.
형제복지원은 '혈연'마저 끊어 놓았다.

김세근   (고모와 창경원에 갔다가 미아가 된) 그때부터 (부모님을) 계속 못 만났죠. 어릴 때는 엄마 얼굴도 기억났는데… 하도 맞다 보니까 지금은 완전히 하나도 기억이 없습니다.

성인이 된 뒤에 가족분들을 찾으려고 안 해보셨나요?

옛날에 이산가족 찾기도 하고 했잖습니까. 그래서 중앙동 문화방송에도 가봤는데 안 된다고 하더라고요. 부모 이름도 모르고, 동네도 모른다고… 가족 없는 사람은 친척이라도 있잖습니까. 그런데 저는 친척도 없어요. 지금 호적 초본, 등본을 떼보면 '부 미상, 모 미상'이라고 돼 있습니다. 그래서 시청 선생님도 그러더라고요. 김세근 씨처럼 이전 기록이 하나도 없는 사람을 처음 봤다고요.

안종환   입소 카드에 '본적'[호적이 있는 지역]이 있더라고요. 이후에 그 자료를 잊어버렸어요. 그때 이름이 '안종한'이더라고요. 지금도 (옛날 기억이) 생생해요. 소 잡아서 일가들 불러서 잔치한 거. 기와집 큰 데서…

저는 아기 때부터 가족하고 대화를 못 해본 사람입니다. 한순간에 부산역에 와서… 정말 가족을 찾고 싶은데… 사십몇 년 동안 가족들 만난 적이 없어요. 한순간의 실수 때문에. 할아버지도 보고 싶고 가족들도 보고 싶어요. 지금 제 나이가 사십이 넘었어요. 나는 가족이 일단 제일 소중해요. 40년이라는 세월을 없이 살아보세요. 그게 얼마나 억울한데요. 좀 찾았으면 좋겠어요. 나도 가족이 보고 싶어요. 40년 동안 (가족과) 말 한마디 못 해봤어요.

김상하 (가족을 찾으려고) 용호동에도 가봤는데 지금은 아파트도 들어서고… 머릿속에서 그리던 용호동이 아니더라고요. 76년도에 용호동에서 나와서 9년밖에 안 됐는데. 87년에 가봤는데도 많이 바뀌었는데 지금은 더 모르겠죠. 할머니도 계셨어요. 주변 사람들한테 할머니가 돌아가셨다는 얘기는 들었어요. 아버지, 어머니는 살아 계실지도 모르겠습니다. 엄마 이름은 잘 모르겠고. 아버지 친구가 놀러 와서 "동명아, 동영아" 이랬어요. 김동영인지 김동명인지 모르겠어요.

나는 집에서 '상하'라고 불러서 상하인지 상아인지도 모르고 그냥 '상하'겠지… 이래서 (형제복지원 안에서)한자로 이름을 서로 상[相] 자에, 물 하[河] 자로 만들었습니다. 처음에는 원장이 '호주'[호적법상 한집안의 주인]였는데. 나중에 원장이 잡혀갔다가 출소한 뒤에 원에 있던 사람들을 다 정리한 것 같더라고요.

호적을 만들면서 본적이 형제원 주소로 돼 있었나요?

예. 그때 내 집을 찾아야 되는데 못 찾으니까 '형제원이 고향이다'고 해서 형제원 주소로 했어요.

가족을 찾았다고 해서, 예전으로 돌아가진 못했다.

한상현 형제복지원 친구들이 보고 싶은 거예요. 86년도 말쯤에서 87년도 사이에 부산으로 왔죠. 21살 때니까 한창 혈기 좋을 때 아닙니까. 자취를 하는데, 소대장 하던 형님들 이런 사람들이 저를 찾아왔죠. 근데 군대 영장이 날아왔더라고요. 그래서 할 수 없이 다시 함안으로 내려왔죠. 숙모 집에 와서 방위를 다니는 데… 교육도 제대로 못 받았어요. 어중이떠중이 모아다가 제식 훈련을 가르치는데 뭐가 됩니까. 내가 나가서 제식훈련을 시켰어요. 형제원에서 (배운 게) 몸에 딱 붙어 있었으니까.

방위 4주 교육을 받고 그때부터는 창원, 함안에서 10년 넘게 있었죠. 남동생이 중3 때 내가 함안에 가서 자취를 하면서 공부를 시켰죠. (남동생이) 고등학교 2학년쯤에 (제가 택시를 하면서) 여동생을 찾았어요. 그러고 셋이서 한집에서 살았죠. 살아온 환경이 다르니까 세 명이 서로 다 부대껴요. 가지고 있는 주관이 다 다른 거예요. 막내는 형이 집을 나가서, 평생을 (형을) 원망하면서 살았다고 생각하고 있고. 여동생은 여동생대로 오빠도 있고 할머니도 있고 동생도 있는데 남의 집에 보내져서 어렵게 살았다고 원망을 가지고 있고. 나는 나대로 뭣도 모르고 돈 벌러 나왔다가 형제원에서 8년을 썩고 몸이 엉망진창이 돼서 왔는데, 그런 이야기를 들으면 화가 나죠. 그러다 남동생은 졸업을 하고… 원래는 대학을 보내려고 했는데 형님이 힘들다고 자기 스스로 안 가려고 했어요.

그때 당시에 나는 돈을 벌면 여동생한테 다 갖다줬어요. 모으라고. 근데 한 50만 원 되면 (가지고) 도망가고… 돈 100만 원 되면 도망가고… 다 쓰면 어디서 전화가 와요, "오빠, 여기 있다. 데리러 온나. 잘못했다" 몇 번 그러다가 한 번은 뺨을 갖다가 한 서른 대 때렸죠. 잘못했다고 안 하니까. 한 보름 뒤에 밤 12시에 택시 일을 마치고 집에 가니까 텅텅 빈 거예요. (여)동생이 용달차를 불러가지고 (살림을 전부 가지고) 도망가 버린 거예요.

자살을 시도했죠. 못 먹는 술을 먹기 시작했고. 또 한 번 완전히 망가졌죠.

이승수 원래 우리 가족이 2남 4녀인 걸로 알고 있어요. 58년생 누나가 있는데 못 봤어요. 어디 있다는 것도 모르고 있다는 것만 알고 있어요. 여동생을 찾고 싶어서 무작정 부산역에서 보성 가는 열차를 탔어요. 보성에 '백사'라고 있어요. 그래서 걔 생각이 나서 백사를 찾으면 우리 집을 찾겠다 싶어서 보성에 무작정 갔어요.

장날인데 그날 늦게 도착해서 장이 파했어요. 다 끝나가는 판에 왔어요. 그래가지고 포기를 하고 갈까 하다가 백사 생각이 나서 뻥튀기 아저씨한테 물어본 거죠. 혹시 "백사 아버지를 아십니까?" 하니까 "내다" 그러더라고요. "그러면 혹시 **라고 아십니까?"라고 하니까. 조금 머뭇거리더니 "**라는 사람은 예당에 가면 있다"고 하길래 무작정 또 버스를 타고 예당으로 갔어요. 예당에 쌀집이 두 개가 딱 보이더라고요. 두 개 중에서 첫 번째 쌀집이 보이는데 거기는 물어보지도 않고 그냥 통과를 하고 두 번째 쌀집으로 갔어요. 사람의 예감이라는 게 있어요. 들어가서 물어봤죠. 동생 이름을 대자 싶어서 "혹시 이** 아나?" 얘기하니까 "누나인데요" 이러길래 그때서야 안심을 하고 "아버지 어디 있노?" 물어보니까 데려오겠다고 하더라고요. 그래가지고 숙모가 오더니 "니 승수 아니가?" 숙모도 대반[대번] 알아보더라고요. 그래서 집을 찾은 거죠. (그때 제 나이가) 서른 정도 됐을 거예요.

삼촌 집에 있으면서 호적을 살리려고 어느 정도 하고 나서 엄마 집에 데려다 주더라고요. 엄마가 개가[재혼]를 했더라고요. 거기서 낳은 아이도 있고 그랬어요. 엄마는 또 이 씨 집안이라고 하면 치를 떨어버리니까요. 아버지 때문에.

강철민 가명 공무원들은 본처, 후처와 결혼해서 살아도 후처는 호적에 못 올렸다 아닙니까. 그래서 제가 호적 없이 계속 살았거든요. 그때 내 이름도 몰랐고요. 근데 엄마가 재혼을 했어요. 그 아버지 성함이 박 씨였거든요. (제) 원 호적은 강 씨인데. 그러니까 이리 가도 치이고 저리 가도 치이고… (제가) 집에 있으면, 강 씨 아버지가 오면 열 받았어요. 어린 나이에… 또 엄마 집으로 오면 아버지가 박 씨 아닙니까. 그러니까 나는 '어차피 이 세상에 나올 사람도 아닌데…' 이런 생각이 든 거죠.

97년도인가 내가 차를 사려고 등본을 떼보니까 주소가 '부산시 북구 주례동 산18번지' 해서 '부[父] 박인근'이라고 돼 있더라고요. 형제복지원에서 나올 때 애들 보면 대충 다 그랬어요. 아버지가 박인근… 저뿐만 아니라 그런 애들이 많았을 거예요. 내가 2001년도인가 2002년도에 호적을 바꿨거든요. 제가 강 씨 아버지를 96년도에 찾았어요. 돈 1,000만 원 주면서 그 당시에 호적을 다 바꿨어요. 바꿀 때 참 허무하더라고요. 내가 원 이름 놔두고, 아무도 모르게 살다가 박인근 원장 아들 돼버렸으니까 사람이 환장하죠. 그러면 총 아버지가 세 명 아닙니까.

'부 박인근'을 보셨을 때 기분이 어떠셨어요?

기분이 안 좋죠. 왜냐면 나도 내 부모가 있는데 왜 이 사람이 내 아버지가 돼야 하는지. 보통 아버지가 한 명인데 나는 세 명 아닙니까. 남들이 봤을 때는 "니는 왜 호적이 한 개인데 아버지가 세 명이고?" 거기서 보낸 세월도 서글프고 악몽인데. 잊고 싶은데 자꾸 나온다 아닙니까. 박인근… 박인근… 이름 석 자가. 이 갈리지요.
만약에 내 입장이면 어떻게 하겠습니까. 이건 보상의 문제가 아니거든요. 그 애들의 한을 다 풀어주는 게 언론이 할 부분이고 정치인들이 할 부분이거든요. 그 어린아이들은 부모 손잡고 학교도 가고 싶은데 가지 못하고 갇혀 있고. 그 세월 다 누가 보상해줄 건데요. 현 상태에서 내가 와이프를 만났잖아요. 그러면 내 인생을 살아야 될 거 아닙니까. 그 애 보고 '아버지가 이렇다'고 하면 그 애는 어떻겠습니까. 그래서 내가 웬만하면 형제복지원 말을 안 합니다.

한종선 　교도소를 몇 번 왔다 갔다 했어요. 그러는 과정에서 내가 큰누나를 찾게 돼요. 오토바이 절도로 파출소에 잡힌 거예요. "훔친 거 아니다. 내 후배 거다" 근데 경찰이 안 믿는 거예요. 그때 당시에 파출소 순경들은 일단 만만해 보이면 때리고 봤어요. 욕하고. "훔치지도 않은 거 훔쳤다고 해서 범죄자 만들 생각 하지 말고 우리 큰누나랑 우리 가족 좀 찾아 달라" 내가 자초지종을 이야기했죠. 형제복지원에 있었던 시절부터 이야기를 쫙 해줬더니 "야 그럼 니 손 내봐" 이러는 거예요. 그래가지고 지문으로 큰누나 주민등록번호를 찾아낸 거예요. 그 당시에 주민등록번호와 전화번호가 같이 떴나 봐요. 그래서 그 전화번호를 가르쳐 주면서 "전화해봐라"고 하더라고요. 자기가 먼저 전화해봤다고 하더라고요.

그때는 개인정보보호법이 없었어요. 연락처를 주더라고요. 그래가지고 연락처를 받고 있는데 그 후배가 때마침 왔어요. "이거 내 오토바이 맞다"고 하면서 필증 다 보여주고 검증 받고… "어 그래. 가봐라. 큰누나 잘 찾고" 이러면서 보내주더라고요. 밤 12시경에 슈퍼가 아직 문을 안 닫았는데 공중전화가 있더라고요. 그래가지고 공중전화로 전화를 했죠. "여보세요" 하면서 누나 목소리가 딱 들리는 거예요. 아무 말도 못 하겠는 거라. 근데 큰누나가 딱 한마디 하는 거예요. "니 혹시 종선이니?" 이러는 거예요. 이십몇 년 만에… 와 울음이 쏟아지더라고요. 그래가지고 누나 만나러 부산역까지 온 거죠. 그때가 98년도예요.

누나 집에 갔는데 요만한 방구석에 매형하고 조카랑 누나랑 나까지… 거기서 한 100일 정도 생활하다가 '이건 아니다' 싶은 거라. 누나한테서 벗어나야겠다 싶어서 서울에 눈구경 하러 간다고 하면서 도망치듯이 나온 거예요. 다시 서울로 올라와서 또다시 후배들을 만나면서 나쁜 짓을 하다가 교도소에 가게 된 거죠. (가족이) 면회 오는 사람들이 부러워서 누나한테 편지를 보낸 거예요. 그래서 누나가 왔어요. 근데 누나가 "너 이런 모습 보여주려고 나 찾았냐?" 이러는 거예요. 순간 뒤통수에 해머로 맞은 듯한 느낌이 드는 거예요. 그러고 나서 누나랑 완전히 영영 연락이 끊겼어요.

2002년? 2001년? 그쯤에 다시 나와서 그때부터는 후배고 선배고 연락을 다 끊고 진짜 잠수 타서 노가다[막노동]부터 해서 안 해본 것 없이 막 닥치는 대로 일을 했어요. 그러다가 2007년도에 허리가 나간 거예요. 허리를 다치고 나니까… 배우지 못한 놈이 세상에서 먹고 살려면 몸뚱이밖에 없는데 이 몸뚱이조차도 고장이 났으니 먹고 살길이 없잖아요. 그래가지고 자살을 시도하기 전에 인터넷에 신문고 비슷한 데에다가 '고민상담'으로 글을 올렸는데 기초생활수급자를 동사무소에 가서 신청해보라고 하는 거예요. 그걸 보고 그래도 빛줄기 하나가 보이니까 따라갔죠. 동사무소에 갔더니 '부양의무자'라고 하는 거예요. 뜬금없이. 부양의무자가 뭐냐고 물으니 부모님이 살아 계시다는 거예요. 아버지하고 누나 연락처를 모른다고 하니까 연락처를 주는 거예요. 그때만 하더라도 개인정보보호법이 없을 때니까. 그래가지고 그 주소대로 찾아갔죠. **정신병원[울산 언양]하고 **정신병원[부산].

아버지를 먼저 찾아가셨나요?

예. 아버지부터요. 그 당시에 서울에서 내려와서 언양 먼저 들르고 그다음에 부산을 들렀죠.

그때 주소대로 찾아가보니까 언양 **정신병원이었어요. 그때 생각이 든 게, 형제복지원에서 아버지하고 누나가 정신 이상이 된 건 알고 있었는데 '그게 착각이 아니었구나… 꿈이 아니었구나…'라는 걸 알게 된 거죠. 다시 확인하게 된 거죠. 내 신분을 속이고 일단 아버지를 면회를 했죠. 아버지는 나를 못 알아봤고. 나는 아버지를 알아봤어요. 그때 내가 칼을 차고 가긴 했었거든요. 진짜 아버지를 죽이려고. "자식을 형제복지원에 보낸 거 기억하냐"고 하니까 "기억한다. 그때는 그럴 상황밖에 안 됐었다. 힘들었다"라고 해서 "그 형제복지원이 살 만한 곳입니까"라고 물어봤을 때 "뭐 괜찮았다. 좋았다" 이런 식으로 얘기했으면 그 자리에서 죽였을 거예요. 진짜로.

근데 아버지가 "거기는 사람 살 곳이 아니었다. 많이 맞아가지고 갈비뼈도 부러졌고 막 그랬다"고 했어요. 그런 곳에 자식들 맡긴 것에 대해서 미안해하거나 죄책감 같은 게 있었어요. 나라도 그러지 않았을까. 누군가가 공무원들이 와가지고, 국가가 애들 관리하고 먹여주고 공부 가르쳐준다고 하는데 '나라도 맡기지 않았을까' 이런 생각이 드는 거라. "당신 앞에 있는 제가 누구로 보이시냐"고 하니까 국가공무원 아니냐고. 자기를 감시하려고 보낸 사람 아니냐고 이러는 거예요. 당신 아들 한종선이라고 하니깐 아버지가 눈이 갑자기 '반짝' 하는 거라. 순간적으로 딱 이렇게 쳐다보더니 갑자기 눈을 내리까는 거예요. 그다음부터는 말을 한마디도 안 하는 거예요. 무려 거의 한 3년 가까이 말을 안 했어요. 그 정도로 죄책감에 시달렸던 것 같아요. 아버지한테 "다음에 다시 면회 올게. 조금만 참고 기다려 달라"고 했어요. 근데 이 말이 84년도 때 아버지가 했던 말이잖아요. "종선아 조금만 기다려라… 아버지 좀 갔다 올게" 나도 모르게 내가 그 말을 했던 거죠. 그러자 용서가 되는 거예요. 이 원망이 다 사라진 건 아닌데 이해는 되는 거니까. 그러고 나서 그 칼을 버린 거죠.

부산으로 바로 또 내려갔더니 아니나 다를까 거기도 정신병원인 거라. 누나 모습을 전혀 못 알아보겠는 거예요. 내 기억상으로는 누나가 되게 예뻤거든요? 근데 진짜 뭐 아줌마가 다 되어 있으니까. 확인할 방법이 없으니까 양말부터 벗겨버린 거예요. 발등에 화상 자국이 있으니까… 어릴 때 기억에. 그래갖고 누나를 인정하고, 형제복지원에 대해서 이야기를 탁 던져 봤어요. 그랬더니 한두 문장 정도 하다가 "면회 그만하자" 이러는 거예요.

이향직　　형제원 일을 생각하면 할수록 아버지에 대한 원망이 계속 생기기 때문에 최대한 잊으려고 많이 애를 썼어요. 형제원에서 나와가지고 처음에는 공부만 했어요. 공부하고 봉제 공장 다니고. 야간학교 교감선생님이 어디 보석 가공하는 회사에 소개를 해줘서 거기서 기술 배우고 월급도 받고, 밤에는 학교 다니면서 공부를 했어요. 고입 검정고시를 보고… 고입 검정고시 보기 얼마 전에 아버지한테 물어봤어요. "제가 고등학교만 마칠 거면 실업계로 가야 되는데 어떻게 하면 되겠습니까?" 하고 물어봤더니 "니 마음대로 해라. 근데 나한테 돈 달라고는 하지 마라"는 거예요. 나는 월급 타면 통째로 아버지한테 갖다줬거든요. 그러니 아버지 밑에 있으면 나는 학교를 못 가는 거예요. 그래서 다시 가출을 해서 귀금속 보석 가공하는 데로 들어갔던 거예요. 거기서 공장장이 기숙사 다락방을 따로 나만 쓰게 해 줬어요. 잠을 잘 못 잤어요. 거의 공부만 했어요. 그렇게 해서 고입 검정고시는 합격을 했어요. 89년 그쯤이었던 것 같아요.

지나가다가 옆집에 살던 아저씨를 길에서 만났는데 우리 어머니 안부를 묻는 거예요. '아 나한테 엄마가 한 분 더 있었지!' 생각이 난 거예요. 벌어 놓은 거 가지고 그냥 경상북도 지역 읍면사무소를 다 다녔어요. 옛날에는 동사무소에 두꺼운 책으로 전출입신고 이름이 다 적혀 있었거든요. 그것만 뒤지고 다닌 거예요. 황 씨 어머니 이름만 확인하려고.

어머니는 못 찾고 돈은 떨어지고… 그래서 원래 다니던 회사에서 3개월만 좀 일하자고 해서 (일을 하고), 월급을 그대로 모아서 다시 또 엄마를 찾으러 나간 거예요. 상주역에 내려서 택시를 타고 읍사무소로 가자고 했어요. 택시기사하고 이런저런 얘기를 하다가 이런 이유로 읍사무소를 다니고 있다고 하면서 어머니 이름이 입 밖에 나온 거예요. "황 씨인 거 같으면 내가 지금 어디 데려다줄테니 거기 가서 한번 찾아봐라"면서 경북 예천군 풍양면 당촌 부락이라는 데를 갔어요. 거기는 다 황 씨만 있다는 거예요. 마을에 가니까 할머니, 할아버지들이 불 피워 놓고 불을 쬐고 있더라고요. 어릴 때 헤어진 어머니인데 지금 찾으러 다니고 있다고 하니까… 한 분이 내 얼굴을 빤히 보더니 "엄마야, 니 향직이가?" 하더라고요. 여기저기 전화를 여러 군데 해가지고 연락이 닿아서 결국 어머니를 서울 구로동에서 찾았어요. 스무 살, 스물한 살 때였던 거 같아요. 어

359

머니도 가정이 따로 있고, 그 가정에서는 제 존재를 몰라요. 그래서 연락도 잘 못하고 그래요. 서로 불편하니까.

김상수 **(복지원에서) 나와서 가족들과 함께 잘 지내실 수 있었나요?**

못 지냈죠. 아버지 돌아가신 것도 못 보고… 얼마나 찾았겠습니까. 애가 그렇게… 그 안에서 어렸을 때부터 그런 고생을 했잖아요. 그러니까 밖에 나와도 어지간해선 밥 한 끼 먹어도 배가 안 고파요. 지금 우리 애가 고등학교 2학년인데… 아빠가 어릴 때 너무 힘들게 살아 놓으니까 애들한테 대물림이 돼요. 아빠가 너무 없이 커버렸으니까 우리 애한테도 대물림이 되는 거라.

우리 애가 딸이에요. 아들이 아니고 딸이기 때문에… 지금은 그런 이야기 안 합니다만 몇 년 전에 TV를 보고 "아빠가 저기 있었다. 아빠가 이렇게 해서 거기 들어갔고 저기 있었다"고 말했어요. 그러니까 할아버지도 계셨고, 삼촌도 계셨고, 큰아버지도 계셨고, 고모들도 있는데, 고아원에서 6년을 있었다고 하니까 (딸아이는) 이해가 안 가죠. 자기가 생각해도. 그런 이야기를 하면 처음엔 거짓말이라고 했죠. 그러다 엄마하고 이야기하는 걸 자기가 옆에서 들으니까 "아 아빠가 그랬구나. 아빠 어릴 때 진짜 고생했겠네" 이런 이야기를 하죠. 한 번씩 (한종선) 대표가 전화가 와서 서울에 모임 간다고 하면 한 번 따라 가보려고 하기도 하죠. 우리 집사람은 한 번 따라간 적이 있어요. 전라도에서 모임 할 때, 같이 있었던 사람이 있다고 하니까 "그럼 가서 구경 한 번 해보자"고 해서 따라간 적이 있어요.

뭐 40년이 넘었네요. 그죠? 그 이야기를 지금 와서 하려니까 사실 좀 그렇습니다. 쑥스럽고.

신재현 가명 **가족 친지분들과 연락은 하시나요?**

연락은 하죠. 시간이 그렇게 지났는데 처음과 똑같겠어요? 저도 노력을 했을 것이고. 시간이 지나면 서로 늙어가잖아요. 늙어가면서 옛날의 그런 감정으론 살 수 없잖아요. 되게 가까워졌어요. 우리 형하고도 지금 자주 전화하고. 며칠 전에도 아프다고 전화했더니 "봐라, 형 말 안 들으니까 아프지" 하고 돈도 보내줍니다. 조금씩. 외갓집 식구들도 돈을 조금씩 보내줍니다.

때가 되면 결혼을 하고 가정을 꾸리는,
누군가에겐 평범한 삶이 이들에겐 너무 특별하다.

김의수 살아오면서 한 여자를 만나서, 책임을 지고 살려고 노력했는데 제가 몸이 여기저기 안 좋으니까. 그런 과정에서 애 엄마하고도 이혼하게 됐어요. 제가 애만 덩그러니 맡아서… 저희 애가 지금 스물여섯 살이거든요. 어릴 때부터 지금까지 솔직히 제가 행복하거나, 정말 제 스스로에 대한 보상으로 해준 일이 아무것도 없어요. 지금은 보시다시피 조그만 원룸에서 살고 있는데. 몇 년 전부터 기초수급을 받고 있어요.

혼인신고 하면서 출생신고도 한 거예요. 애를 출생신고 하려니까 부모가 있어야 되잖아요. (아내는) 늘 헤어지자는 얘기밖에 안 했어요. 그러다가 나중에 도저히 안 돼서 이혼 도장을 찍고… 애 네 살 때 그렇게 했어요. 술집 같은 데 업소에서 일하면서 낮에는 애 보고… 그러다 보니까 애가 늘 학교에서 왕따를 당하고 중학교 동안 내내 맞고 살았어요. 그런 생활을 하다 보니까 집에 붙어 있지를 못하는 거예요. 집을 나가서 사고를 치게 되고. 어떤 날은 거의 보름이고 한 달이고 (제가) 애를 찾는 거예요. 저는 애 찾을 때까지 집에도 안 들어가요. 제가 그런 걸[형제복지원 사건] 겪었다 보니까 혹시나 싶어서. 우리 애도 어디 잡혀가 있는 건 아닌가 싶어서요.

김경우   이 사람[아내]하고 산 지가 한 10년 좀 넘었어요. 저는 초혼이고 이 사람은 재혼이거든요. 제가 가장 아끼는 후배하고 원래는 같이 결혼해서 살고 있었는데. 그 후배도 형제복지원 출신이었어요. 그런데 같이 살다가 그 후배가 우울증에… (스스로 목숨을 끊었어요.)

**(아내가 전하는)
김경우**   제일 처음엔 몰랐어요. 사회생활을 못 했잖아요. 그러니까 주변 사람들이 전부 다 형제복지원 출신이더라고요. 그런데 본인[전 남편]은 그걸 말을 안 했어요. 그래서 저는 '어디 고아원 같은 데서 만났나' 생각했죠. 저는 형제복지원이 뭔지 모르고 있었죠. 하여튼 조금 이상한 게 많아요. 너무 어렸을 때부터 그런 경험을 해서 그런지… 같이 살면 일반 사람들하고 달라요. 사람들은 착한데 이상하게 좀… 뭔가 많이 다르더라고요.

황명식   귀가해서 바로 거기서 직장을 다닌 거지. 그때 당시에 삼천포에 쥐포가 유명했어요. 쥐포 공장에 들어갔어요. 쭉 생활을 한 거라. 스물일곱에 결혼을 해서 스물여덟에 아이를 낳았어. 결혼해서 아이 세 명을 낳고 거기서 계속 있었어. 그렇게 있다가 한 오십 살 접어들어서 산림청에서 하는 산불감시원을 계속했어. 거기서 2019년도에 퇴직을 했거든. 산불 그거 때문에 TV를 맨날 보는 거라. 하루는 보니까 형제복지원 이야기가 나오더라고. 국회에서 법이 통과가 안 되고 어쩌고…

내가 뭐 나쁜 짓을 한 것도 아니고. 사람 좀 두드려 팬 거 그뿐인데. 잡으러 오면… 그 가족들이 와서 "왜 두드려 팼냐"고 하면 "잘못했다"고 빌지 뭐. 그렇게 안 했으면 난 이 바닥에 나오지도 못하고 내 인생이 완전히 다른 방향으로 돌아갔겠지. 한 40대까지 있었다고 생각해봐라. 결혼이고 뭐고 부모 죽은 거도 못 봤을 거고. 내가 고마 원장 가족들이 어디에 있는지 함 알아보려고 했는데… 재산을 후손들한테 물려줬다는 소리를 들었어요.

박순이 우리 엄마가 부산을 한 번 가자고 해서 같이 갔는데. 그때 오빠가 술을 한 잔 먹으면서 나한테 무릎 꿇고 빌더라고요. 내가 그때 그랬어요. "오빠, 나 왜 안 데리러 왔냐"고… 그랬더니 나오려고 하는데 단골손님이 밧데리를 갈아달라고 해서 자기 딴에는 금방 갈고 (부산진역에) 왔는데 없더래요. 아버지가 엄청 원망했대요. "너 때문에 순이가 어디 갔는지 소식이 없다" 그래서 내가 나올 때까지 저희 올케 언니만 엄마, 아버지 생신 때 문산에 왔다고 하더라고요. 오빠는 미안해서 안 오고.

(내가 돌아오니까) 아버지는 엄청 우셨어요. 근데 엄마는 아버지가 돌아가신 후에도 "니가 그런 데 가서, 아버지가 병을 얻어 죽었다. 너 때문에 죽었다. 나가라. 나가라" 그랬어요. 근데 미성년자다 보

니까 나갈 수가 없잖아요. 엄마가 내 친엄마가 아니에요. 스무 살 1월 15일. 제가 호적이 1월 15일로 돼 있어요. 그래서 1월 15일 땡칠 때 제가 방에서 만세를 부르면서 챙길 거 다 챙겨서… (사흘 뒤) 18일 날 집을 나왔어요. 집을 나와서는 엄마하고는 전혀 연락을 안 했어요.

제가 스물일곱 살 때 엄마가 돌아가셨어요. 아버지하고 엄마가 걱정하는 오빠 둘은 내가 어떻게 해서든지… 내가 결혼을 안 했을 때는 장례는 다 책임을 지겠다고 생각했죠. 특히 엄마는 나를 이만큼 키워줬으니까. 형제복지원에 잡혀갔든 어찌 됐든 어려운 환경 속에서도 아버지가 바람피워 낳아온 자식을 키워 줬으니까. 현재까진 책임을 다 졌어요. 오빠 두 분 다 돌아가셨어요. 간경화로 돌아가셔서 제가 여기서 장례도 두 번 다 치르고. 제사도 지금 모시고 있어요.

2014년 이전까지 이걸[성폭행, 출산 사실] 안 사람은 우리 아저씨[남편] 뿐이에요. 애기 얘기도 하면서, 제가 결혼을 못 한다고 했어요. '지금은 이게 묻혀 있지만 나중에 언젠가는 수면 위로 떠오를 것이다' 그러다 제 자료가 나오고 이렇게 되면 우리 아이들은 부랑아의 자식이란 꼬리표를 달고 사는 거잖아요. 그래서 결혼을 안 하려고 했는데 저희 아저씨가 "결혼을 해도 다 감수할 수 있다. 순이 씨가 그만큼 착실하게 살면 아이들도 다 인정해 줄 거다…" 그래서 지금 결혼한 지 21년 정도 됐어요. 내가 2014년도에 〈그것이 알고 싶다〉를 찍으면서 아이들한테 얘기를 했죠. 엄마가 이런 데 있었다고. 제가 삼례에 산 지 16년 됐거든요. 사람들이 다 놀라죠. 그런 곳에 있었는데 어떻게 표현 한 번 안 하고, 내색 한 번 안 하고 살았는지 이해할 수 없다고…

아버지가 돌아가시기 전에 저한테 한 말이 있거든요. "우리 순이는 착하지?" 그 말에, 술을 먹으면 눈물이 나요. 하아… 그때 아버지가 착하지 물을 때 그 얘기를 했어야 되는데… 아버지 나 착한 딸 아닌데… "고생 많이 했다. 우리 딸. 아버지가 찾는 데 얼마나 고생했는지 모른다" 그 말도 가슴 아프지만. 우리 딸 착하지 소리에 그때 그냥 애 낳았다고 얘기했어야 되는데… 아버지한테 착한 딸 아니라고 얘기했어야 되는데… 그걸 못한 게 지금도 너무너무 가슴 아파요. 제사 때 돌아오면 가슴 아프고.

근데 우리 딸들은 인정해줘요. 우리 엄마 정말 자기들 낳고 고생도 많이 하고… 자기들 충실히 키웠다고. 거짓말 안 하고 제가요. 결혼하고 나서 쫄딱 망해서 길거리 파지까지 주워 봤어요. 형제복지원 때문에 억울한 것도 있는데 고마운 건 딱 한 개 있어요. 인내심이에요. '내가 그 속에서도 살아남았는데. 개뿔 내가 지금 자유로운데 이걸 못하겠어?'

#6
한(恨)

가슴 속에 묵혀둔 울분, 풀지 못한 분노는 켜켜이 쌓여 한(恨)이 됐다.

신재현 가명   나도 30년이 넘은 기억이라 왜곡될 수 있어서 그때 기억을 떠올려보고 사진들도 봤어요. 뚜벅뚜벅센터에 가니깐 홍보자료집 변호자료가 있더라고요. 내가 다 가본 데인데 여기가 어딘지 기억이 안 나는 데가 있더라고요. 그래서 그걸 떠올리면서 내 기억 조각을 맞추는 일을 혼자서 했어요. 내가 가진 진실들을 말해야겠다고 생각한 건 그 모임이 시작이었어요. 본의 아니게 내가 말을 하게 됐어요. 수용자들에게 말할 기회를 주더라고요. 그래서 제가 말했어요. "아무도 우리 소리를 들어주지 않는 것 같다. 우리 상처를 아무도 돌아보지 않는다. 국가가, 정치인들이, 사람들이, 그리고 많은 대중이 우리 얘기를 안 들어준다. 우리의 상처, 콤플렉스, 트라우마 치료를 아무도 돕지 않는다"

수많은 트라우마를 겪고 있고, 누구는 잠을 못 자고, 밤마다 괴로워하고, 자다가 벌떡벌떡 일어나고, 박인근이 때려죽이러 가고 싶다고 해요. 이런 것들을 아무도 안 들어줘요. 들어준다고 하지만 흉내만 내고 있는 게 현실이에요. 우리 동생 후배들이 10년 넘도록 그 땡볕에서 소리를 지르고 밥을 굶고 올라가서 농성을 하는 데도 안 들어줘요. (형제복지원 특별법) 법안이 계류된 지 수년이 지났는데도 불구하고. 저는 그래서 지금 이런 것들을 들어달라고 말하고 있는 거예요. 우리의 트라우마, 우리의 생각과 우리의 기억들, 우리가 가진 현실들을 좀 돌아봐 달라고요. 저는 그래도 이렇게나마 멀쩡하잖아요. 누군가 돕겠다고 하고 있는 사람이잖아요. 나는 거기에서 자유롭지만 그렇지 못한 수많은 사람들… 몇만이 되는 사람들을 이제는 국가가 돌볼 때가 되지 않았나… 그들의 상처를 보듬을 때가 되지 않았나… 그런 생각이 듭니다. 누군가 들어는 줘야 되는데 왜 아무도 안 들어 주냐고요. 지상의 지옥이 바로 형제복지원이었다니까요. 그 시간을 누군가는 들어줘야 되지 않겠냐는 얘기예요. 국회에서 높으신 분이, 아니면 담당자라도 들어달라는 얘기예요.

누구는 밥을 못 먹어서 굶고 있다고 하더라고요. 한 달에 생활비를 육십몇만 원 받는데 방세 30만 원 내고 나니까 반찬값이 없대요. 나보고 김치가 없다고 하더라니까요. 옷이 없어서, 양말이 구멍 나도 못 사 신는데, 그거 좀 도와달라고요. 우리가 많은 거 바라는 거 아니에요. 수만 명의 피해자가 있잖아요. 내가 한 사람은 살릴 수 있겠더라고요. 그래서 지금 그 일을 하고 있어요. 우리가 서로 돕고 살아볼 테니까 분위기를 만들어 달라고요. 우리가 서로 도우면서 살 수 있도록… 우리들에게 관심을 가져 달라는 거예요. 내가 내 옷, 내 라면, 내 면도기를 갖다주고 있어요. 한 사람을 살리려고 애쓰고 있어요. 이런 사람이 많아질 수 있도록 기회를 달라고요. 우리 국가와 사회가 왜 그것도 안 해주냐고요. 박인근이는 죽었고 아들은 모른다고 하잖아요. 그걸 밝혀달라는 거예요. 죽어간 우리 동료들의 눈물을 알아 달라는 거예요. 왜 아무도 안 들어주냐고요.

피해자 중 많은 사람들은 사람도 아니고 우리나라 국민도 아니에요. 어떤 형은 호적을 만들었는데 숫자를 몰라가지고… 통장에 수급비를 받아야 하는데 쪽팔려서 못 가졌다는 거예요. 그래서 집세가 밀렸는데 집주인이 자꾸 나가라고 한대요. 나가면 어떻게 해요. 길바닥에서 죽으라는 얘기잖아. 국가가 우리한테 이런 짓을 한다니까요. 최소한 살 수 있도록… 김치라도 먹을 수 있도록… 구멍 난 양말을 당뇨에 걸려서 꿰매지도 못하는데… 구멍 난 양말 안 신을 수 있도록 도와달라는 거예요.

수많은 진실들이 감춰져 있더라고요. 아무도 몰라서 왜곡된 기억들이 진실로 여겨지고. 우리만 아는 그들 일가의 잘못이 있는데, 다만 내가 말하지 않아서 묻혀 지내고 무죄로 여겨져서 살고 있더라고요. 박인근 원장 아들이 "우리 아버지가 뭘 잘못했는데? 우리 아버지는 인권 없나 인마!" 그러더라고요. 그게 〈그것이 알고 싶다〉에 나온 한 장면이에요. 이게 그 사람들의 현실이라니까요. 그러면 우리는요. 삼만 몇천 명, 오만 명에 가까운 우리는 무슨 잘못이 있는데요? 아버지가 집어넣었다고… 길에서 구걸했다고… 거리에서 잤다고… 거리에서 돌아다녔다고 잡아간 '내무부훈령 410호'는요?

'강호야'가 이름이 아니에요. 그냥 "강호야~" 했는데 성이 강이고 이름이 호야가 됐어요. 그런 애들이 수없이 있어요. 어떤 애는 '추석전'이야. 추석 전에 왔으니까 추석전이에요. 또 '추석후'고. '서부전'이야. 서쪽 부전파출소에서 온 꼬마 아이… '동부전'… '초량동'… 막 이래요. 그런 이름들이 많았어요. 그렇게 잊히고, 부모들이 죽었는지 살았는지 모르는 아이들이 지금도 수만 명이 있을 것 같아요.

민윤기   그때 당시 부산시청이 잘못이에요. 형제복지원으로 한 사람당 (시에서) 140원인가 170원인가 나왔다 그러더라고. 그러니까 들어가서 얘기를 들어보면 마당에서 노는 애들까지 다 붙들어 왔다 이거예요. 인원수 채워서 돈 받아먹기 위해서. 부산시에서 잘못된 거지. 그걸 왜 돈을 주면서 그 지랄을 하고… 그 지랄을 했으면 현장에 나와서 봐야 될 거 아니에요. 부산시에서 형제복지원을 그렇게 만들어놓을 정도로 놔뒀다는 게 말이 돼요?

박인근 원장이 사망한 건 아세요?
박인근이 사망한 거는 내가 고시텔에 있을 때 신문에서 봤어.
만나면 해주고 싶은 말이 있을까요?
글쎄. 막상 만나면 무슨 말이 나올까. '이 웬수 같은 놈' 그런 말도 안 나올 거 같아. 어떤 때는 정말 나타나면 진짜 갈기갈기 찢어 죽이고 싶지. 가만히 앉아서 생각해보면 '내가 박인근이 때문에 처한테도 배신당하고 애들… 딸 넷한테도 배신당하고…'

형제복지원 자리에 아파트가 들어섰지만, 내가 죽기 전엔 부산에 내려가서 거기 한 바퀴 돌고 올라올 거야. 너무 한이 맺혔어. 너무 한이 맺히고… 조금이라도 죄가 있어서 끌려갔으면 이렇게 한이 안 맺힌다고. 돈 때문에 사장 동생을 만나러 가서, 그 사람한테도 내가 욕을 한마디 했다든가 가게 주인한테 이상한 말을 했다든가… 하다못해 나라 흉을 봤다든가 이런 말을 해서 내가 형제복지원에 들어갔으면 조금이라도 이해가 간다 이거야. 너무 분하게 억울하게 끌려 들어간 거 아냐. 그래도 나와서 집안의 뒷일만 깨끗했으면 됐는데 완전히 산산조각을 만들어놨잖아요. 한 가족을 아주 멸망시켜놨잖아. 내가 낳은 내 핏줄 자식들이 오죽하면 나까지 다 배반을 해버렸으니.

수술을 해서 병원에 일주일 있는데 복지담당자가 왔어요. "제가 딸한테 연락을 해봤는데 딸들이 안 온답니다. 아버지한테 안 간다고 딸 넷이 다 그렇게 대답을 하니 이제 딸들을 다 잊으시라"고 그러더라고. 결혼식 때도 연락 안 오고. '자식이라고 그러지 말아야 되겠다' 그렇게 이제 점점 더 멀어져 가는 거예요. 자식이라는 두 글자를… 그러니까 조금이라도 내가 살아가는 희망이 있어야 되는데… 그러니 이런 세상을 어떻게 살아가냐고… 집안과 자식들을 살리기 위해서 나갔다가 박인근이라는 작자 때문에 내가 이렇게 풍비박산이 돼버렸는데. 어떻게 한이 안 생기겠소…

김의수 밤 7시에 친구 집에서 놀다가 우리 집으로 걸어가는 길에… 단순하게 그것밖에 없어요. 저를 잡아갈 만한 이유가 아무것도 없었단 말입니다. 이건 사실상 경찰이 저를 인신매매 한 거하고 똑같은 거예요. 그냥 납치해가지고 형제복지원에 팔아넘긴 거예요.

그래서 제가 거기서 나와가지고 부암2동파출소를 몇 번을 찾아갔어요. 들어가지는 못했죠. 왜? 또다시 잡혀갈까 봐. 너무 분하니까 그때 당시에 저를 잡아넣은 경찰관을 정말 죽이려고 했어요. 단지

371

자기들 눈에 걸렸다는 이유로… 그리고 제가 집이 '가야(동)'라고 했고… 초등학교 조금 위에 목욕탕 밑에 골목에 산다고 했어요. 그렇다고 주소를 외우고 다니는 건 아니잖아요. 그때 당시에는 자기 집 주소를 모르는 애들이 많았어요.

'어떤 특별한 잘못을 해서 잡혀간 거 아니겠냐. 잡혀갔으면 왜 집에서 가만히 몇 년 동안 놔뒀냐' 그렇게 생각하는 사람들이 많아요. 그런데 그때 당시에 경찰관, 공무원들하고 형제복지원하고 짜고 일반 시민들을 길거리에서 납치해서 끌고 갔는데… 경찰관이 "너 집 어디고? 찾아 줄게" 그건 있을 수 없는 일이에요.

(당시에는 부모님이) 법적으로는 이혼이 안 돼 있는데 헤어진 지 오래 됐어요. 아버지는 제가 안 보이니까 엄마한테 가 있는 줄 알고. 엄마는 아버지한테 가 있는 줄 알고. 그래서 길에서 우연찮게 아버지를 찾고 따로 엄마를 또 찾고 그러다가 주민증도 만들고 했죠. 제 외조부는 독립운동을 하신 분 중에 한 분이십니다. 독립운동 하셨다고 유가족한테 뭘 해주지는 못할망정 손주를 잡아다가 그렇게까지 했으니까…

죄를 지었다면 죗값을 받는다고 하지만 죄도 없고… 죄명이 있어야 되는데 죄명도 없어요. 남한테 해코지한 것도 아니고. 술 먹고 남의 간판 부순 것도 아니고. 내 집에서 자다가 끌려갔는데 이거는 있을 수가 없는 거라. 내가 무슨 몸이 병신도 아니고 성인인데. 뭘 해도 내 스스로 먹고 살 능력이 되는데. 그 당시에는 건축 일도 많았고,

뭘 해도 먹고 살 수 있어요. 그 당시에 한창 성장기 아닙니까. 좋은 거만 봤으면 좋은 길로 갈 건데. 더러운 데 가서 더 더러운 거를 봐 버렸으니까. 나한테 그게 엄청나게 쌓여 있는 거라. 나뿐만 아니라 갔다 온 아이들이 다 그럴 겁니다.

김경우   내 이빨을 이렇게 만든 사람을 지금도 찾고 있어요. 왜냐하면 만나면 패 죽이려고요. 근데 막상 또 결혼해서 애 놓고 살고 있다고 하는데… 내가 또 가서 해코지해버리면… 진짜 저 (그 사람이) 혼자 같으면 그렇게 해버려요. 그 사람들도 위에서 시켰기 때문에 한 거잖아요. 그냥 마음 편안하게 생활하려고 하는데… 한 번씩 막 그런 게 '욱' 하고 올라오는 게 있어요. 그 사람만큼은 내가 워낙 많이 맞고 했기 때문에 이름도 까먹지도 못해요. 너무 생생하고… 이가 갈리죠.

김세근   제가 부모한테 뛰쳐나오려고 해서 뛰쳐나온 거도 아니고 길을 잃어버린 거잖아요. 우리나라에서 무료로 공부를 배워준다고 말을 하잖습니까. 근데 못 배우고 학교도 안 보내주고 이런 게 참 한스럽고요. 형제복지원에 갇혀서 죽도록 일만 하고 두드려 맞고 했잖습니까. 1원짜리 하나 못 받고. 그래도 제가 스물여섯에 강제로 도망을 나왔기 때문에 이렇게 사회에 나올 수가 있었고요. 방을 얻어준다든지 취업을 시켜준다든지 좀 살 수 있게 해줘야 되는데 그런 게 정부에서도 없고 이러니 참 답답하지요. 저 같은 경우는 뭘 어떻게 해야 하는지 모르니까요.

안종환   나는 진짜 열심히 살았는데… 복지계 사람들 때문에 인생을 다 조진 거예요. 내가 뭐 사기 쳐서 돈을 번 것도 아니고. 그 응어리가 안 없어져요. 내가 당한 고통을 생각하면. 내가 열심히 한 노력의 값어치, 노력의 대가가 좋은 일을 하고 없어지니까. 이 사회라는 것이… 진짜… 잘살고 있다가 괜히 경찰관에 의해서 한순간에 삶이 무너지고. 또 형제복지원에서 당한 게 덕성원 아동보호 시설에서 또 일어나니까… 일어날 힘이 없는 거예요. 열심히 살고 싶어요. 당하지 않은 사람은 모릅니다. 제 심정을 정말로… 얼마나 한이 맺히겠습니까.

황명식   우리는 가난이 아니었으면 여기 안 잡혀 왔어. 내가 국민학교 1학년 들어가서 2학년 올라가려고 할 때 학교를 그만뒀거든. 먹을 게 없어서, 배가 고파서 학교를 못 가니까. 나는 보상보다도, 부산시가 책임을 져야 돼. 부랑아 일시보호소로 하다가 왜 복지원으로 바뀌었는지도 모르겠고. 나라에서 복지를 책임진다고 하는 사람이… 사람을 더 모았다는 말 아니가. 내 생각엔 피해자들이 수십만 명 수백만 명이 되지 싶은데…

국회에 200명, 300명 앉아 있는 사람들… 사람 같은 사람들 한 사람도 없소. 자기 거 챙길 줄만 알지 이런 거는 하나도 신경 안 쓴다. 형제복지원 이거는 쉬쉬쉬쉬 해버리고… 부산시가 그래도 우리나라에서 제2의 도시인데 왜 가만히 있냐 말이야. 광주사태[5·18민주화운동]는 민주화를 찾기 위해서 운동을 한 거고. 이거는 길 가는 사람을 잡아다가 그렇게… 이거는 일본 왜놈 앞잡이보다 훨씬 못한 거야. (박인근) 원장 그거… 근 30년, 40년을 운영을 하면서… 그 사람 머

374

릿속에 무엇이 들었을꼬.

정수철 가명 형제복지원, 원양어선, 학교[교도소]에 갔다 오니까 사회생활을 너무 못했어요. 지금은 사회생활을 그나마 오래 버틴 겁니다. 왜 거기서 내가… 이유 없이 어린 나이에 잡혀 와가지고. 아니 무슨 죄를 지은 것도 아니고 어릴 때 엄마 찾으러 나왔다가 그냥 잡혀 들어가서 거기서 평생을… 젊은 나이에 청춘을 다 보냈잖아요. 자기 마음대로 우리 죄 없는 사람, 서민들을 잡아가는 건 그 자체가 진짜 불법 아닙니까. 죄가 있으면 잡혀가는 게 당연하지만 죄가 없는데… 그 뭐 사회질서를 위한답시고 공권력을 동원해서 잡아가서 거기서 청춘을 다 보낸 게 너무 억울하지 않습니까.

강철민 가명 진짜 오갈 데 없는 애들이 왔으면 이해를 해요. 다 부모가 있는 애들인데… 하루아침에 아이가 없어지면 부모 심정이 어떻겠습니까. 지금 정치하는 사람들, 만약 그 사람들의 자식이 있다고 하면 아마 가만히 안 있을 거예요. 빽이 없고 아무것도 없다 보니까 그냥 무조건 끌려가야 되고 맞아야 되고… 돈에 눈멀어서 사람만 잡아넣고 쪽수만 채우고, 이건 잘못된 거죠. 애들은 아무 것도 없어요. 그냥 양심밖에 없어요. '내가 점마 때문에 왜 여기에 왔지? 내가 부모가 있고 다 있는데…'

이춘수 가명 박인근이 잘사는 게 보기 싫다니까. 저 사람들이 잘사는 게 보기 싫어요. 대물림해서 잘사는 게 보기 싫어요. 진짜. 나는 현재 도움 안 받고 살 정도로 살고 있으니까. 진짜 대한민국에 자식을 입양하는 사람들… 신중하게 생각을 해서 나 같은 사람이 생기지 않았으면 좋겠어요.

김수길 거기에서 맞아서 허리도 병신 됐지만, 그래도 수술을 해서 지금은 일용직으로 일하면서 먹고 살아요. 박인근 아들이 여기 사상해수온천에 있었거든요. 자기가 관리했어요. (경찰에) 잡혀가는 것까지 내가 봤는데… 솔직한 심정으로는 저 아이[박인근 아들]를 데리고 와가지고 때려죽이고 싶어요. 근데 아이는 잘못이 없고 자기 아버지 잘못이기 때문에…

지금은 솔직히 우리 딸한테도 떳떳하게 얘기해요. 딸 친구들도 집에 많이 오거든요. "아빠는 군대 안 갔어요?" 그러면 "나는 특공대 갔다 왔다" 해요. "어디요?" 하면 "형제복지원" 이렇게 웃으면서 이야기를 하죠. 우리 딸내미 친구가 유튜브에서 아마 본 것 같아요. 열 번째인가 열한 번째 증언 인터뷰 영상을 보고 전화가 왔더라고요. "많이 힘들었겠네요" 이러더라고요. 한 번씩 집에 와서 술 먹을 때 이야기를 조금씩 하죠. "아빠 부끄러울 거 없다. 형제복지원에 있었다고 해라" 그래서 딸 친구들 대부분은 알아요.

일반 시민들은 (형제복지원이) 주례에 있었는지도 몰라요. 자기들이 지금 아파트 짓고 살면서도. 좀 많이 (참상이) 퍼져야 되는데 아직 너무 모르니까. 그래서 지금은 솔직한 말로 더 편해요 그냥. 떳떳하게 이야기를 다 하니까. 지금 나하고 노가다[막노동] 같이 하는 나이 먹은 선배들도 몰라요. 그래서 내가 일 마치고 같이 소주 한 잔

먹으면서 "형님, 그 나이에 형제복지원도 모르나?" 하면서 지금은
떳떳하게 이야기해요.

#7
바람

형제복지원 피해생존자들의 바람은 소박하다.
제대로 된 진상조사와 명예회복, 그리고 피해배상이다.

최승우   경찰, 검찰, 공무원이라는 틀 안에서 국가가 저지른 것이거든요. 지난 선배들이 한 부분에 대해선 지금 현재 경찰과 공무원들은 사과를 하고 두 번 다시 이런 일이 일어나지 않도록 하는 게 최우선이겠죠. 잘못한 게 있으면 사과를 하는 게 우선이지 않겠습니까. 언젠가는 진실이 밝혀지지 않을까요? 그때 되면 그들은 얼마나 큰 타격을 받겠습니까.

장제원 미래통합당 국회의원을 사실 2017년도에 제가 찾아갔어요. 찾아가서 읍소를 했어요. 그 당시 주례동에 형제복지원이 있었기 때문에 누구보다 지역구 의원께서 좀 관심을 가져주셔야 된다고 얘기를 했어요. 당시에는 장제원 의원이 "내가 알아서 해보겠다"고 했는데 그 이후에 아무런 대책도 없었던 거죠. 추정을 해보면 장제원 의원의 아버지인 장성만 전 의원이 형제복지원 맞은편에 있는 동서대학교를 운영했잖아요. 그때 당시 박인근 원장이 부산 지역에서 거물급이었단 말입니다. 충분히 두 사람이 연관이 있지 않을까라는 추정을 해보는 거죠. 그래서 더더욱 이 문제를 손대기 싫지는 않았을까.

모 국회의원 사무실에 들어갔는데 보좌관이 하는 말이 "우리는 과거사 따윈 취급 안 한다. 관심도 없다" 그런 심한 말을 했던 적도 있었어요. 지금은 미래통합당[현재 '국민의힘']인 자유한국당 의원실이었어요. 참 그때는 너무 허망하고 힘들더라고요. 문재인 대통령께서는 그때 사상구 지역에 있을 때 형제복지원 사건에 관심을 엄청나게 많이 가졌어요. 그래서 해결을 하려고 했지만 지금은 대통령이 돼서… 대통령이라고 형제복지원 문제를 이렇게 해라 저렇게 해라 지시를 할 수는 없거든요.

'부디 진상 규명을 좀 해달라. 저희가 원하는 것은 돈이 우선이 아니다. 보상이 우선이 아니고 진실 규명을 해달라. 그리고 국가가 만든 부랑인, 부랑아라는 낙인을 좀 벗게 해달라. 명예 회복을 해달라'는 차원의 진상 규명이에요. 말 그대로 조사를 하는 거죠. 조사를 해서 국가가 잘못한 걸 인정을 하고 대국민 사과를 해달라는 게 첫 번째 목적이에요. 지금 부랑인이라고 낙인찍혀서 말 못하고 있는 형제복지원 피해생존자들이 굉장히 많아요. 그들이 어떤 삶을 사냐면, 안에서 폭력적인 것만 배웠잖아요. 피해생존자들이 다 그렇진 않지만 대부분 폭력성이 있어요. 지금 현재도 그 트라우마가 부인, 아이, 지인들까지 다 전파가 되는 거예요. 그러다 보면 국가가 최고로 원망스럽겠죠. 진상규명에 최선을 다해달라는 부탁을 드리고 싶습니다. 꼭 해결이 되었으면 하는 바람입니다.

김세근 국가에서 좀 사과할 건 해야죠. 국가가 잘못 아닙니까. 국가에서 시켰으니까요. 나중에 말 들어보니 경찰들이 큰 사건, 강도 살인범을 잡아야 점수 5점을 주는데… 우리 한 사람씩 잡아다 주면 점수를 5점씩 받았다고 합니다. 그러니까 중앙파출소나 부산역파출소 이런 데는 진급하는 케이스로 서로 오려고 했다지 않습니까. 우리 한 사람씩 잡아넣으면 점수 5점씩 되니깐 진급이 빨리 되는 거죠.

김대우   **만약 형제복지원 시절이 없었다면 지금 생활이 어떻게 변했을까요?**

내가 야구를 좋아하니까 야구 선수… 정도는 안 됐을까 싶습니다. 내가 어깨 힘이 참 좋거든요. 아니면 사격 선수. 총을 잘 쏘니까… 던지는 걸 좋아했어요. 그래서 나는 어릴 때부터 무조건 야구한다고 생각했어요. 아니면 학교 선생… 선생님들이 너무 부럽더라고요.

내가 경찰서 앞에서 1인 시위도 해봤지만, 경찰청에서는 절대로 사과를 안 하더라고요. (2018년 11월 27일 피해자와의 만남 때) 내가 얘기를 해서 문무일 검찰총장님이 눈물을 흘린 거거든요. 근데 경찰청에서는 사과 자체를 할 생각을 안 합니다. 우리 잡아갔던 경찰관 한 분이 사과한 거 신문에 나온 거만 있어요.

죄 없는 나를 끌고 간 자료까지 다 찾아놨기 때문에, 조사를 하면 다 (나에게 씌워진 죄에 대해) 무죄를 받을 수 있기 때문에, 나는 자신이 있어요. 그래서 나는 내가 그동안 배우지 못한 거… 죄 없이 잡혀간 거… 형제원에 끌려간 거… 이런 거 전부 다 보상을 받고 싶어요. 진짜. 내가 편안하게 살 수 있는 집 한 채만 받고… 또 생활할 수 있는 생활비… 이렇게 받고 싶은 게 내 소원입니다. 나뿐만 아니라 우리 피해생존자들… 단 하루라도 잡혀간 사람이라면 단 돈 만 원짜리 하나 주더라도… 삼청교육대는 우리처럼 그렇게 기간이 길지 않아서 보상을 다 해줬다고 하더라고요. 국가에서 진짜 죽기 전에 다 보상을 해줬으면 싶습니다.

김의수 형제복지원에 있었던 몇 년 동안 고통 받은 거랑 지금까지 제가 애하고 둘이 같이 살아온 고통이 거의 비슷한 거 같아요. 제 현실이 지금 너무 힘들다 보니까 그걸 벗어나고 싶은데… 벗어날 만한 희망이 없어요. 그냥 하루하루가 솔직히 고통이에요. 살아간다는 것이. 살려고 발버둥 치는 것밖에 없어요.

지금은 어디 가서 얘기를 해요. "우리가 잘못해서 잡혀간 것도 아니고 길거리에서 납치돼서 끌려갔는데. 만약에 본인 자식이나 본인 부모님이 그런 데 잡혀갔다면 가만히 있겠냐"고. 오히려 제가 되물어 봐요. (형제복지원 사건이 알려진 지) 33년 정도 됐을 건데 그때 당시에 사건이 끝난 게 아니고 아직도 진행 중이라고 생각해요. 왜? 우리가 아직 살아 있고, 아직 고통받고 있으니까요. 제가 사는 데 의미는 별로 없어요. 단지 제 자식 때문에. 제가 가고 나면 그 자식도 똑같은 생활이 반복이 되니까. 그걸 좀 막으려고 그 애한테 뭐라도 하나 남겨주고 가려고. 그것밖에 없습니다.

육체적으로 정신적으로 힘드니까, 결국은 경제적인 거잖아요. 경제적으로 힘드니까 '때꺼리'[끼닛거리]가 없는 사람도 있고 잠자리 걱정해야 되는 사람도 있고. 근데 지금도 이 정부와 국민들이 그들을 그대로 방치하고 놔두고 있어요. 그 사람들을 그대로 내버려둔다면… 그때 당시 그 사람들이나 지금이나 별반 차이가 없다고 생각해요. 똑같이 저희를 방치하는 건 마찬가지니까요.

여인철 자식 놈[박인근의 아들·딸들]은 나 몰라라 하면 끝이에요. 안 그렇습니까. 관리는 박인근이하고 김돈영이하고 둘이서 했는데… 뭐 국가에서 부산시에서 도움을 준다면 당연히 받고 싶고 솔직히… 어찌 보면 내 인생 걸어가는 길을 망쳐 놓은 게 형제복지원이라. 내가 그동안 거기 안 가고 그 더러운 인간들 안 봤으면, 내가 좋은 거 봤으면 좋은 길로 가지. 안 그래요?

지금에 와서라도 박인근이 자식이라도 나와서 옳은 사과를 하고, 방송에서 국민들한테 우리 부산시민이 알 수 있도록 해주면 좋겠어. 지금 형제복지원이라고 하면 모르는 사람이 없을 겁니다. '아 그때 그 사람들 고생했구나… 그렇게 있었구나…' 하는 이미지라도 남겨 줬으면 좋겠어. 이걸 어떻게 잘 밝혀서 그 당시에 거기 갇혀 있었던 사람들한테 조금이라도 기쁜 소식이 오고 좀 회복될 수 있는 말이라도 들을 수 있으면 좋겠어요. 잘 되면 좋겠습니다.

김경우 물론 개중에 연고자가 없는 분들도 있겠지만… 일단 아무 이유 없이 잡혀갔잖아요. 억울한 거 그거는 반드시 밝혀져야 되고. 그리고 우리 피해생존자분들이 너무 힘들게 살아요. 우리가 그만큼 피해를 봤기 때문에 보상금은 반드시 (지급해야) 되는 거고요. 그 이전에라도 우리 피해생존자들 힘들게 사시는 분들한테, 기초생활수급자들한테 매달 돈 얼마씩 주듯이… 지방자치단체에서라도 어느 정도의 생활비나

지원이 좀 됐으면 좋겠어요. 솔직하게 이게 제 심정이에요.

김경우의 아내 ***　저는 신랑 주변에서 너무 많이 보고 있어요. 저희 삼촌[시동생 김대우 씨]도 그렇고. 너무 안타까운 마음이 많고, 안 된 마음이 많아요. 그러니까 꼭 이게 잘 돼서 한을 풀 수 있도록… 진짜 주변 사람들이 다 힘들게 살더라고요. 그래서 마음이 너무 아파요. 저는 피해자는 아니지만 옆에서 같이 살면서 보면 참 마음이 안 좋아요.

안종환　이거는 돈이 중요한 게 아닙니다. 돈으로도 나을 수 없는 상처를 줬기 때문에. 두 번 다시 이런 일이 일어나서도 안 되고 법을 통해서 확실하게 사각지대를 없애야 돼요. 또 다른 피해자가 나타나면 그 후손들에게 대물림되니까. 있는 자는 계속 생존하고. 언론에서 보니 선진국은 독일 유대인 사건 같은 거 다 국가에서 사과하고 하는데 왜 우리나라는 안 하냐고. 이런 것부터 없애고 치유를 해야 선진국으로 나아갈 수 있는 첫 발걸음이 됩니다. 우리가 만약 부랑인이었다면 할 말이 없어요. 나라에서 올림픽 때 부랑아가 보이는 게 서양이 보기에 이미지가 안 좋으니까… 부랑인이었으면 할 말이 없는데 저는 가족도 있고 떳떳한 국민의 한 사람이었는데 한순간에… 잘못한 것도 없는데… 부산역에서 엄마 등에 업혀서 온 그 죄 하나만으로 우리가 왜 이렇게 대우를 받아야 되는지… 안 당해본 사람은 몰라요.

박순이　형제복지원이나 '선감원'이나 '서산개척단'이나 이런 분들이 분열이 일어나는 게… 배보상 때문에 분열이 일어나요. 저보다는 우리 피해자들이 좀 더 빨리 진상조사나 이런 게 정리가 돼서… 내일 죽더라도 오늘 하루라도 편히 사는 게 내 소원이에요. 우리가 지금 피해자로서 인정을 받은 것도 아니고 그냥 우리 자신이 형제복지원에 있었다고 얘기하고 있는 거죠. 그게 제대로 조사가 돼서 정말 형제복지원에 있었다는 게 인정이 되면 우리가 부산시에 요구를 할 수 있겠죠.

형제복지원 피해자라고 해서 특혜를 보려고 하면 안 돼요. 다른 일반 시민들도 엄청 힘들게 사는 사람들이 많아요. 형제복지원 피해자들이 너무 (기초생활)수급에 많이 찌들어 있어요. 그러다 보니까 쉽게 얘기해서, 벽돌도 하나 못 드는 상황이 생긴 거죠. 다들 앞전에 고통으로 인해서 트라우마들이 있어요. 사람들하고 접촉을 못 하고 교류를 하지 못하고⋯ 빨리 진상조사가 돼서 좀 남들 앞에 우뚝 설 수 있는⋯ 한 번이라도 설 수 있게 만들어줬으면 하는 게 소원이에요.

이승수   조사를 하려면 좀 빨리해야죠. 사람이라는 게 언제 죽을지도 모르는 상태에서 죽고 나면 뭐가 필요 있어요. 아무것도 필요 없잖아요. 그거 하나예요. 그렇게 인권이 무시됐는데⋯ 지금 30년 넘게 끌어왔잖아요. 그게 가장 힘든 거죠. 30년 전에 바로 보상이 됐으면 저 같은 경우는 교도소도 갈 필요가 없었다고요. 유서를 쓰고 죽을 바에야 뭐 한다고 죽어요. 그냥 말없이 죽는 것이 편하다 싶어서 뛰어내리고 이렇게 하는 거죠.

그래도 살아 계셔야 진실도 볼 수 있고⋯

그게 언제 될지 모르는 상태니까 너무 괴로운 거죠.

박해용 **제일 먼저 하고 싶은 게 뭔가요?**

결혼하고 일자리죠. 누구는 방송통신대에 다니면 좋다고 하는데 제가 다닐 여건이 되는지 모르겠습니다.

정부 진상조사가 어떤 식으로 진행됐으면 좋겠나요?

바라는 점은 일단 조사를 해서 진상 규명이 돼서 (국가가) 잘못한 게 있으면… 지금 기준으로 야당이 잘못했으니까 전두환 정권하고 부산시 관련자하고 다 집어넣었으면 좋겠어요. 감옥에 집어넣고 대가를 받았으면 좋겠어요. 그리고 피해 보상금도 받고…

김상하 저 같은 경우에는 아직도 '무학'이에요. 이름도 몰라요. 고향도 몰라요. 본 나이도 몰라요. 그러니까 이건 뭐… 진상조사를 해서 나라에서 사과할 일이 있으면 사과를 하고. 형제원에 있다가 나온 사람들은 일반 사회 사람보다 정신적으로나 사회적으로나 더 충격이 많고, 있는 동안에 학업도 못 하고 특별한 기술도 못 배웠기 때문에 여러모로 형제원에 있는 동안 불이익을 너무 많이 받았으니까 그에 대한 적절한 보상도 해줘야 되지 않겠나 생각합니다. 조사가 잘 돼서, 말 그대로 진상이 잘 규명이 돼서 사람들 속에 응어리진 것 좀 풀고… 개인적으로 (생계가) 곤란한 사람들도 있을 테니까 기본적으로 살 수 있도록 배보상 문제에 대해서 좀 신경 써줬으면 좋겠습니다.

한상현 지금은 형제복지원에 대한 네트워크 만들기… 죽은 사람들이 너무 많거든요. 아직 나오지 않은 친구들이 다 만나져서 시대별로 71년도부터 85년도까지 체계적으로 연도별로 증명이 돼서 다 맞춰지면… 친구든 형이든 동생이든 우리가 기억을 해놓으면 유가족한테는 얼마나 큰 힘이 되겠습니까. 그런 네트워크가 만들어지는 게 나의 희망사항이고. 거기에 대해서 지금 최선을 다하고 싶습니다.

복지원 피해자들에 대한 보상이라든지 사과라든지 그런 거는 뭐 당연히 이뤄지겠지만. 차후 특히 부산시가 이 피해자들에 대한 책임을 졌으면 좋겠어요. 10대 때 들어갔던 애들이 몇십 년이 지나서 50대 60대가 돼버리니까, 죽은 사람도 너무 많아요. 저 같은 경우에도 그 잘나갔던 사람이 자살을 시도했으니. 이번에 알아보니 너무 많이 자살해서 죽었어요. 남아 있는 사람만이라도 특히 부산시가 안아서 그 사람들의 생애가 끝날 때까지 더 이상 자살을 하지 않고, 사회 반항인으로 안 살 수 있도록 어떤 조치가 이뤄졌으면 좋겠습니다.

한종선 아버지하고 누나하고 같이 모시고 사는 것은 기정사실이에요. 그리고 배우지 못한 거에 대한 열망은 분명히 있어요. 스스로 배우고 싶은 게 있다면 심리학자 같은 걸 하고 싶어요. 내 아픔이 누군가에게는 힐링이 될 수도 있다는 것을 심리적으로 공부를 통해서 확인을 하고 싶은 거예요. 불시에 찾아오는 아픔을 묻어둘 것이 아니라 계속 마주하고 익숙해지면서 이 아픔을 남한테 꺼내 보여줬을 때 남이 상처가 되지 않도록… 오히려 이 아픔이 누군가의 보호막이 될 수 있는 삶을 만들어 가고 싶어요.

황송환 나는 보상 같은 걸 원하지는 않습니다. 내가 91년도에 주례동에 갔는데, 지금은 건물이 없어졌잖아요. 당시에 경비들이 정문에 있고 몇몇 사람들이 거기서 돌아다니더라고. 추리닝 입고. 이야기를 할까 말까… 그때 들어가려다가 '아유 치워버리자' 또 끌려 들어갈까 봐… 그때 기록을 못 찾은 게 그게 한이 맺힌 거지. 그 이후에 국가기록원, 북구청에도 가보고 사상구청에도 가봤는데 기록이 없어요. 내가 영락공원에도 갔다 왔어요. 맞아 죽은 사람들이 영락공원에 무연고로 묻혀 있다고. 가끔마다 가서 술 한 잔 따라주고 담배도 당겨 드리고 해요. 죽은 사람들이 뭘 알겠소. 저세상 간 사람들은 말이 없는 법입니다.

내가 바라는 거는 이빨… 이빨 때문에 밥도 제대로 못 먹고 죽을 끓여 먹어요. 내가 호적이 잘못돼서 본 나이는 육십여덟인데 주민등록상으로는 오십여덟로 돼 있네. 참. (그래서 노인 지원을 못 받아요)

강호야 지금 국가에서 뭐 아무리 일억 천금을 준다고 해도 뭐 하겠어요. 이미 내 인생은 이렇게 종잇장처럼 돼 버렸는데. 내 인생을 이렇게 엉망으로 만든 부산시 그때 당시 공무원… 그분들한테 한번 물어보고 싶었어요. 진짜 자기 자식이었다면 그랬을까… 왜 그렇게까지 남의 자식 인생을 엉망이 되도록 갈기갈기 찢어 놨는지… 지근지근 씹어서 자기 자식들도 내 인생하고 똑같이 만들어 놓고 싶은 그런 마음뿐이지요. 뭐 감옥에 보내면 뭐합니까. 그 당시에 법이 없어서 우리를 그렇게 했습니까. 이 민주주의 국가에서. 평생 내가 그분들을 생각하면서, 원망하면서, 그냥 이렇게 살고 싶어요. 뭐 원망이 배를 뚫고 들어가는 건 아니지만.

(과거사 진상조사에 대해) 기대가 되는 게 많죠. 내가 우리 친구들 하고 술좌석에서 우연찮게 어린 시절 이야기를 할 때 내 과거 진실을 한 번도 말해본 적이 없어요. 왜? 쪽팔리니까요. "너는 어릴 때부터 그렇게 부랑아였니?" 막 이런 이야기를 들을까 봐. 앞으로는 선뜻은 못하겠지만 조심스럽게 이야기를 할 수 있는 상황이 되겠죠. "내무부 훈령으로 인해서 고아가 되었다…" 우습잖은 이런 이야기도 남한테 한 번씩 할 수 있겠죠. 진상 규명이 빨리 이뤄져서 한 많았던 마음들이 빨리 풀렸으면 하는 그런 바람이죠.

김상수   지금 당시 일을 생각하면 '이게 과연 나라냐…' 지금 심정으로 이야기하면 진짜 '이건 나라도 아니다…' 국민들을 그런 식으로 가둬 놓고 자기들 보조금 타 먹고 할 거 같으면 나라가 무슨 필요 있습니까. 자기 꺼 자기가 먹고, 힘센 사람이 힘 약한 사람 가둬놓고 돈 벌고, 그게 낫지. 나라가 무슨 필요 있습니까. 국민을 억압하는 걸 없애기 위해서, 앞으로 더 잘 살기 위해서, 도와주기 위해서 국가가 필요한 것이지.

부산시나 검찰에서도 전부 다 그 당시에 자기들이 잘못한 것을 이야기 했으니까 이제는 문재인 정부에서도… 하고 있긴 하고 있지만 조금 빠르게 진상조사를 할 수 있도록 해줬으면 좋겠어요. 문재인 정부가 잘못한 것은 아니지만 앞에 정치하던 선배들이 그렇게 한 것 아닙니까. 다른 사건도 있지만 형제복지원 사건을 조금 빠르게 매듭을 지어줬으면 하는 바람이죠. 지금 (피해생존자) 모두 좀 있으면 육십이잖아요. 뭐 육십, 칠십, 팔십 돼가지고 그때 조사하고 뭐 돈

수십억 손에 쥐어주면 뭐합니까. 배고픈 사람한테 금덩어리 한 개보다 밥 한 숟가락, 따뜻한 밥 한 그릇이 나은 거 아니에요? 빠르게 조사해서 보상도 좀 하고… 앞에 정부가 잘못했지만 지금 정부에서 좀 사과도 해주시고… 이러면 좋겠다 하는 그런 바람이죠.

김수길   우연찮게 딸내미가 간호조무사 자격증을 따고 면접을 봐서, 오늘 첫 출근을 했거든요. 지가 조금씩 보태고… 알바해서 집에 생활비 좀 보태고… 그렇게 해서 여기까지 왔죠. 엊그제 아이가 두 살, 세 살 같은데 벌써 스물세 살이 돼서 직장을 얻어서 오늘 첫 출근을 한다고 하니 나야 고맙죠. 제가 '짜다리'[특별히] 해준 건 없는데… 딸이 저렇게 하니까 내가 내 마음대로 할 수 있습니까. 나도 정신 차리고 지금은 남한테 피해 안 주고, 떳떳하게 나 먹고 싶은 거 먹고… 그렇게 살고 있어요.

몸이 많이 불편하신 분이 많더라고요. 그분들은 어떻게 해서라도 좀 도와줘야 될 것 같고… 젊은 사람들이야 뭐 어떻게 해서든지 살면 되니까. 국가에서 조금만 해주면 다 살잖아요. 그런 거 보면 좀 마음이 아프죠. 나는 그냥 평범하게 살고 있으니까. 그 사람들 심판만 해달라는 거지 다른 건 없어요. 형제원에 살던 친구들한테도 이야기를 하거든요. "마음잡고 살면 된다… 일단 저쪽에서 잘못한 거는 국가에서 알아서 하겠지…" 이번에는 좀 확실하게 해서, 거기서 골병든 어르신들은 최소한 병원 치료를 받을 수 있게끔 만들어 놓고… 첫째는 아픈 사람들 위주로, 먼저 치료를 해줄 수 있는 제도를 좀 만들어 줬으면 좋겠어요. 그리고 좀 어린 나이에 들어갔던 사람들은 인권이 완전히 유린돼서 부모를 못 만난 사람도 있거든요. (김)대우 같은 아이는 부모를 못 만났어요. 아버지는 돌아가셨고. 나머지는… 어찌 보면 훈련받았다고 생각할 수도 있는데… 우선적으로 힘없고 아프신 분들을 위해서 국가에서 해줘야 될 건 해주라 이거죠.

신재현 가명 내가 물어봤어요. "왜 유전자 안 모아요?" 가족이 있을지 모르는 사람들의 유전자. 법이 안 된대요. 법 좀 만들어 달라고요. 우리 유전자를 모아서 가족을 찾을 수 있게. 내 친구 강호야가 부모를 찾을 수 있게. 형제복지원 피해자 가족들이 자식을 찾고 있어요. 부모가 형이, 누나가 동생이… 하지만 정보가 없는데 어떻게 찾아요. 어디 가서 살았는지 죽었는지 모르는데, 가족을 찾게 법 좀 만들어 달라고요. 제발 싸우지 말고… 싸우는 건 좋은데 우리가 가족 찾을 수 있게 도와 달라고요. 법이 안 되더라도 예외조항을 둬서 피해자들이 DNA라도 모을 수 있도록 해주면… 그나마 살아 있는 부모 자식 형제들을 만날 거 아니에요. 유전자를 모아서 은행이 만들어져야 우리 동료들이… 형제들이… 내 이름이 아닌 이름을 갖고 살아가는 사람들이 가족을 찾을 거 아니에요. 최소한 그것만이라도 할 수 있도록 해달라고요.

이향직 저는 솔직히 한 가지 드리고 싶은 말이 지금 진화위법[진실화해를위한과거사정리법]이 통과된 게 저 상태로는… 통과를 안 시켰어야 된다고 봐요. 19대 국회 때 통과 못 시켰던 이유가 그거였어요. 돈 문제. 19대 국회 때 형제복지원 특별법만 따로 통과될 수도 있었는데 (배보상) 뺄 거 다 빼놓고 지금 조사만 한다는 법을 통과시켰잖아요. 피해 보상을 해달라고 따로 특별법을 또 만들어야죠. 법 없이 보상 못 해주잖아요.

법안이 통과됐는데 '비상상고'[사건의 심판이 법령에 위반된 것을 발견했을 때 신청하는 비상구제절차] 하러 대법원 앞에 (우리가) 왜 가느냐. 그럴 리가 없겠지만 만에 하나 대법원에서 그때 당시 내린 판결이 '정당했다, 적법하다'라고 두드려[판결해] 버리면 우리 피해자들은 그냥 조사만 받고 막말로 끝날 수도 있어요. 위법이 아닌데 나라에서 배상을 왜 해주고 보상을 왜 해줘요. 상징적으로라도 국가의 잘못이라는 거부터… 그거부터 인정을 받아야죠. 제일 중요한 거니까.

※ 2018년 11월 문무일 당시 검찰총장이 대법원에 제기한 비상상고는 2021년 3월 11일 기각됐다. 대법원은 법리적으로는 기각했지만, 국가의 조직적인 불법 행위를 인정하면서 국가 차원의 진상규명 필요성을 강조했다.

행여라도 걱정되는 게, 조사 받으러 갔는데 입증자료가 있냐는 등 그러면서 대충 건너뛰다시피 하는 건 아닐까… 중요한 건 입증자료가 없는 사람이 너무 많아요. 다들 하는 얘기가, 입증자료를 찾아야 된다고 하잖아요. 저는 그게 참 웃겨요. 부산시에서 우리가 풀려날 때 입소자료, 퇴소자료를 프린트하거나 복사해서 나눠준 적 없거든요. 그거 관리 누가 했는데요. 부산시에서 했잖아요. 그럼 국가가 한 거 아니에요. 근데 국가가 우리보고 그걸 찾아오라고 하네? 잃어버렸으면 지들이 잃어버린 건데. 반대로 돼야 된다고 생각해요. 내가 형제복지원 피해자가 아니라는 걸 조사위원회에서 증명해야 돼요. 나라에서 그걸 관리했는데 왜 우리보고 가져오라고 해요? 물론 피해자들이 스스로 알아서 찾으러 다니는 건 당연한데, 없는 사람들은 오히려 반대가 돼야 한다고 생각해요.

갱생원에 갔더니 자료가 없어요. 그래가지고 혹시나 해서 서울 소년의집으로 갔어요. 명단이 요만큼 쭈욱 몇백 명 있는 거죠. 거기에 제 이름이 있어요. 근데 입소 카드가 없는 거예요. 지들이 잃어버린 거지. (박)순이하고 같이 부산 소년의집에 찾으러 갔는데 소년의집 입소 카드, 소년의집 상담 카드, 그렇게 두 개가 있더라고요. 거기에 보면 '형제원에서 전원 옴' 그리고 '수용번호 84-2934' 그리고 계모 새엄마 이름, 아버지 이름, 여동생 이름이 적혀 있어요.

부산시에서라도 우리 생계자금을 지원해야 돼요. '오늘 또 누가 한강다리에서 뛰어내렸다… 농약 사왔다. 지금 먹을 거다…' 하루가 무섭게 그런 연락이 와요. 과거사법이 많은 단체들에 의해서 통과된 거지만 사실 형제복지원 사건 때문에 통과된 거잖아요. 조금 시건방진 소리지만. 그러면 국가에서도 국가의 잘못을 인정했다는 얘기예요. 그러면 제일 첫 번째 가해자는 부산시인데… 부산시에서 우리 피해자들이 당장 먹고살 수 있게끔 해줘야 돼요. 통과되기 전까지는 지원 근거가 없다고 얘기했는데 지금은 있잖아요. 경기도에서는 도지사가 밀어붙이니까 되잖아요. (선감학원 피해자들한테) 의료비도 지원한다잖아요. 부산시는 해주려는 의지가 없는 거죠. 없거나 약하거나…

국민들 관심이 살짝 줄었어요. 진화위법이 통과되면서 이 사건이 해결된 걸로 알 텐데, 해결 안 됐거든요. 국민들의 관심이 떨어지는 순간 정치인들은 우리한테 신경을 끊니다. 이 인터뷰를 보게 되는 모든 분들이 아직 저희 사건이 안 끝났다는 걸… 오히려 이제부터 시작이라는 걸 다들 인지해주시고 지속적으로 응원해주시길 부탁드립니다.

엄경흠
(야학교사)

사실은 부랑아, 부랑인이라고 한다면… 떠돌아다니고 싶어서 떠돌아다니는 사람들도 있어요. 그런 사람들은 굳이 잡아갈 필요가 없잖아요. 그냥 떠돌아다니고 싶은데 나를 잡아가지고 가둬 놓으면… 나를 오히려 구속하고 내가 바라는 바를 막는 거잖아요. 이건 자유를 구속하는 거예요. 기본적인 인간의 권리조차 막아버리는 것인데. 그건 헌법에 위배되는 겁니다. 지금도 사실은 정부가 지급하는 장려금이라든지 이런 것들을 노리고 (복지시설을 운영)하는 경우가 보여요. 그래서 이거 정상화를 제대로 하지 못한다면 형제복지원 사태는 끝난 게 아니라고 저는 봅니다.

진짜 진정한 복지는 그 사람들이 원하는 걸 해주는 거잖아요. 원하지 않는 걸 하는 게 무슨 복지입니까? 그 입소자들이 원하는 복지를 통해서 그 사람들이 참으로 사회에 제대로 적응할 수 있는 그런 기회들을 제공하는 그런 복지기관이 설립되고… 그리고 투명하게 운영돼서 정말 제대로 된 복지기관이 됐으면 하는 바람입니다. 정말 제대로 된 복지가 이뤄졌으면 합니다.

8
입을 열다

형제복지원 피해생존자들은 1987년 이후 20년 넘게 숨죽인 채 살아왔다.
국가폭력의 희생자란 인식도 없었을뿐더러,
'형제복지원 출신=부랑아'라는 사회의 편견이 이들을 더욱 움츠러들게 했다.
그러다 한 사람의 용기가 분위기를 바꿨다.
2012년 한종선 씨의 국회 앞 1인 시위를 계기로 피해자들이 하나둘 모였고,
스스로 입을 열기 시작했다.

안종환   이천몇 년도인가, 뉴스에 나오더라고요. '나도 형제복지원에 있었
는데…' 그래서 한종선 씨한테 전화를 했죠. 그때 부산시청에서 만
났어요. 여준민 씨[형제복지원 사건 진상규명을 위한 대책위원회
사무국장]도 오셨고. 그러다 알게 된 거예요. 나도 가족을 찾고 싶
었고, 솔직히 도움도 좀 받고 싶었죠.

황송환   인천에서 내가 87년도에 TV를 보는데 형제복지원 박인근이 쇠고랑
차서 구속되는 게 나오더라고. 그때 흑백TV로 봤어요. 그리고 영도
함박골길에서 사는데 TV 뉴스를 보니까 형제복지재단 어쩌고 하면
서 TV에 한 세 번 정도 나오더라고요. 그때가 한 8년 전인가. 2012
년경에 시청 건너편에 보면 인권위 사무실 있죠? 거기에 가서 "내
가 형제복지원에 갔다 왔던 사람입니다" 그랬더니 한종선이하고 여
준민 국장님이 한양에서 내려오셨어요. 그러고 나서 방송국에 가서
얘기를 했어요. 〈그것이 알고 싶다〉 기자도 왔고…

최승우 지금까지 형제복지원 갔다 나와서 이후의 삶은 정말 비참한 생활이었죠. 2013년도 형제복지원이 사건화됐다는 사실을 알고부터 이 활동[피해자 운동]을 시작했어요.

2012년도에 내가 교도소에서 출소했어요. 공무집행방해로 1년 6개월 실형을 살았어요. 그 뒤로 나이도 있고 해서 좀 제대로 살아보자고 해서 오뎅 장사도 했어요. 어묵 만드는 기술을 배워서 사직동 시장에서 오뎅을 만들고… 하다가 2013년도 형제복지원 사건이라고 〈서울신문〉에서 최지숙 기자의 기사가 인터넷에 딱 떴더라고요. 그래서 급하게 이메일을 보내서 '나도 피해생존자다'라고 하니깐 뒤에 연락이 왔더라고요. 그러고 나서 활동이 시작된 거죠.

90년대 때부터 계속 검색을 해왔어요. 왜냐면 형제복지원에서 엄청난 큰일을 당했으니 사건화하기를 바랐던 거죠. 내가 어떻게 할 수 있는 방법은 없었거든요. 경찰서에 찾아가서 "형제복지원에서 피해를 당했다"고 하면 부랑인으로 낙인을 찍어버렸으니까. "거지새끼, 니가 잘못했으니까 거기 들어갔지" 이런 식이었기 때문에 어디 공무적인 데 가서 이야기할 수 있는 상황이 아니었어요. 옛날에 삼보컴퓨터가 처음 나오고 PC방이 생기고 할 때 늘 '형제복지원'이란 단어를 쳐보고 했어요. 그러다 우연찮게 기사가 떠 있길래 '드디어 사건이 됐구나' 싶었죠. 진짜 내가 하고 싶은 이야기를 하자고 해서 글을 적어서 보낸 거죠.

2014년도 〈그것이 알고 싶다〉에 방송이 되고 나서 사회적 파장이 컸죠. 그 이후부터 도대체 왜 내가 그곳에 들어갔고 왜 내 동생이 스스로 목숨을 끊어야 했는지를 알리고 싶었던 거죠. 방송 이후에 거기 나온 자료를 가지고 스스로 피켓을 만들고, 서면에 가서 시위를 했어요. 2014년부터 지금까지 활동한 걸 사진으로 다 남겨놨어요.

한종선 대표[형제복지원 피해생존자모임]를 알게 된 게 2014년도 3월 20일인가… 형제복지원 피해생존자모임이 처음으로 꾸려졌어요. 그러고 나서 한종선을 만나고 같이 활동을 시작했죠. 계속 서면에 나와서 '대한민국 정부는 513명의 사망자를 낸 형제복지원 사건의 진상 규명을 하라'는 문구가 적힌 옷을 입고 다니면서 피켓 시위를 1년 넘게 했어요. 2015년도부터 종선이와 같이 국회 앞 노숙, 단식, 삭발식, 국토대장정… 순서대로 해오면서 최 근래 들어와서 2019년 11월 6일 날 다시 고공 단식농성을 국회의사당역 6번 출구 엘리베이터 꼭대기 위에 올라가서 시작했어요.

19대 국회 때 진선미 의원이 형제복지원 특별법을 발의했지만 새누리당에서 행안부 장관이었던 정종섭 장관하고 조원진 당시 행안위 간사가 사회적 비용이 많이 든다는 이유로 결국 폐기를 시켜버렸죠. 20대 국회 들어와서 다시 형제복지원 특별법을 진선미 의원이 발의했어요. 내무부 훈령 제410호가 박정희 정권 때 만들고, 전두환 정권 때 시작이 된 거잖아요. 그 당시에 형제복지원뿐만 아니라 전국에 36개 시설이 있었어요. 대구 희망원, 대전 성지원, 인천 삼양원… 전국 각지에 수용 시설이 있었고 갱생보호소가 있었던 거죠. 수용 시설이 많다 보니 선감학원, 서산개척단, 형제복지원, 한

국전쟁 전후 민간인 학살 유족회… 이 사건들이 남아 있어요.

2007년도 노무현 정부 때 진실·화해를 위한 과거사정리 기본법 1기
가 시작돼서 단기간에 조사를 하고 끝났어요. 시기가 굉장히 짧아
서 당시에 우리는 인지를 못 했어요. 2012년도에 한종선 대표가 1
인 시위를 하고 나서 형제복지원 사건이 부각되고 『살아남은 아이』
책이 나오면서 더 부각이 됐고, 2014년도 〈그것이 알고 싶다〉로 인
해서 사회적 여론화가 된 거죠. 그래서 20대 때 국회의원들이 형제
복지원뿐만 아니라 우리나라의 과거사를 통틀어서 해결하자고 해
서 진실·화해를 위한 과거사정리 기본법 2기를 발의를 했어요.

20대 국회에서 4년 동안 공청회도 하고 수많은 노력을 했지만 국회
에서는 정작 움직임조차도 없었어요. 관심이 없었던 거죠. 2014년
도에 사회적 여론이 엄청나게 형성이 됐는데 4월 16일에 세월호 사
건이 터져버렸잖아요. 형제복지원 사건이 묻혀버렸던 거죠. 거의 4
년 동안 논의가 안 되다가 최 근래 들어와서 고공 단식농성을 하면
서 더불어민주당 홍익표 의원과 이재정 의원이 급 관심을 보이기
시작했어요.

고공 단식을 하러 올라갈 때는 죽을 각오를 하고 올라갔어요. '법 통
과를 시켜야겠다… 진실을 알려야겠다…' 그런 심정으로 올라갔기
때문에 그때서야 행안위에서 논의가 되고… 2019년 10월 달인가
행안위에서 결국 자유한국당은 빼고 바른미래당하고 더불어민주당
하고 해서 통과를 시켰어요. 통과되고도 (제)1야당이 반대를 해버

리니까 논의조차 안 된 거예요. 2019년 11월 6일 날 제가 올라가서 급진전이 됐지만… 행안위에서는 그때까지도 계속 반대가 있었어요. 결국 11월 29일 날 제가 쓰러져서 내려왔죠. 그날 때마침 본회의가 있었는데 나경원 전 원내대표가 민생법안을 볼모로 잡고 필리버스터를 해서 무산돼버린 거죠. 그래서 제가 충격을 받아서 쓰러져버렸죠. 위에서 완전히… '차라리 죽자'라는 생각이 들더라고요. 눈이 감기고 기절해버린 거죠.

2015년부터 제가 트라우마 치료를 지금까지 받고 있어요. 2017년도 11월 7일부터 노숙농성을 시작했는데 그 안에서도 굉장히 힘들었어요. 2년 넘게 해오면서 너무 힘들다 보니까 거기서 죽고 싶은 생각이 들어서 재작년에 분신 시도까지 했었어요. 농성장 안에서 휘발유를 몸에 뿌렸는데… 그때 당시 용산 참사가 떠올라서 결국은 불을 켜지 않았죠. 경찰관 목숨이 위태로울까 싶어서. 나 하나 죽으면 그거로 끝나는데 경찰관들이 그때 여러 명이 내 몸을 덮쳤기 때문에 실행을 하지 못 했어요.

몇 번의 자살 충동을 느꼈어요. 더 이상 뭔가 할 수 있는 게 없더라고요. 노숙농성, 단식, 삭발식, 국토대장정… 했음에도 불구하고 국회가 움직이지 않으니까. 고민 고민 하다가 결국 누구에게도 말하지 않고 스스로 고공 단식을 하자… 어차피 그냥 단식은 일전에 한번 했으니까… 고공 단식을 선택했던 거죠. 그때 심정은 '죽을 각오를 하고 법이라도 통과시키자. 내가 죽더라도 다른 사람의 진실은 밝혀지지 않을까' 하는 생각이 강력했던 거죠.

사회에 나와서 이렇게 힘들게 살아왔음에도 불구하고 지금 또 내가 이렇게 거리에서 노숙 생활을 하고… 다시 80년대로 돌아갔던 거죠. 고공농성을 하는 그 순간에 수많은 생각이 났어요. 가해자인 국가는 저렇게 방치를 하고, 피해자가 이렇게 죽을 만큼 고생을 하는데… 과연 이게 나라인가 하는 의문점이 들더라고요. 국회를 보고 원망을 하고. '대한민국 국민들을 위해 존재하는 국회인가'라는 회의감이 들더라고요. 벌써 활동한 지 8년 됐거든요. 국회 앞에서 살다시피 했잖아요. 국회 돌아가는 내막을 훤히 알아요. 그들의 당리당략… 자기네들이 뭔가 될 만한 거는 하고, 손해 가는 일은 안 하려고 하는 게 국회의원이었죠.

24일 동안 고공단식을 하면서 충격을 받은 게… '단식농성도 차별이 있나'라는 생각이 들더라고요. 왜냐면 15일 단식할 시점에 자유한국당 황교안 대표가 그때 막 단식을 시작했거든요. 저는 8일 동안 단식을 했는데, 아니 황교안 대표는 첫날 청와대 앞에서 하다가 국회로 옮겼어요. 내가 꼭대기에서 쳐다보면 국회가 보이거든요. 국회 본관 앞에 하얀 천막이 쳐지고 수행원들이 엄청 거기에 뭘 짓고 있더라고요. 언론 기사를 보니깐 단식농성장을 국회로 옮긴다고 하던데… 안에 난로도 갖다 놓고 황제 단식인 거야. 와 얼마나 내가 그때 기분이 더러운지. '진짜 단식도 차별이 있네. 황제 단식이 있네…'라는 생각이 그때 들었어요.

내가 이렇게 일기를 써요. 2017년도 11월 7일부터 쓰기 시작해서 계속 써왔어요. 하루하루 일기를 쓰니까 날짜는 기억을 하죠. 매일 쓰니깐 오늘[2020년 3월 20일]이 864일째인 줄 아는 거죠. 2년 4개월 치 일기니까 엄청난 양이겠죠. 국회가 어떻게 돌아가고 내가 어떻게 활동했는지를 기록해놓은 거예요. 이 인터뷰한 것도 일기에 담아야죠. 기록이니까.

총선이 끝나고도 20대 국회는 5월 30일까지 일을 해요. 일명 '땡처리 국회'라고 해서 마지막에 많은 법안들을 통과시키지 않을까 기대를 해봅니다. 계속 희망 고문이었죠. 2019년 10월부터 본회의는 계속 있었기 때문에 늘 그때그때 법 통과를 기대해왔지만 무산돼버렸어요. 2020년 3월 17일이 임시국회 마지막 본회의였거든요 그날 과거사법이 다뤄진다고 했는데 그날이 공교롭게도 내 생일이었어요. 최고의 생일 선물로 형제복지원 사건 과거사법이 통과되지 않을까라는 기대감이 엄청나게 컸는데 결국 그것도 무산돼버렸죠.

※ 인터뷰를 마치고 얼마 뒤인 2020년 5월 5일 최승우 씨는 국회의원회관 현관 옥상에 올라가 다시 고공농성을 시작했다. 농성 3일째 야당 중진 국회의원의 중재로 법안 처리 논의가 급물살을 탔고, 며칠 뒤 5월 20일 마지막 본회의에서 진실·화해를 위한 과거사 정리위원회 2기 활동을 주요 내용으로 하는 '진실·화해를 위한 과거사정리 기본법' 개정안이 통과됐다

강철민 가명 나는 (최)승우하고 (한)종선이한테 그랬습니다. "나는 돈 다 싫고… 너네가 한 건 잘했다. 이걸 알린 거에 대해선 고맙다"

만약에 정치인 자식들이 거기 잡혀갔다면 가만히 있겠습니까. 난리
가 났죠. 강자는 살고 약자는 죽는다 아닙니까. 그 원리죠. 그래서
나는 경호 일을 할 때도 누구 국회의원이 경호해달라고 하면 절대
안 했습니다. 일억 천금을 줘도 안 합니다. 가서 맞든가 말든가… 우
리는 이렇게 고생을 해서 컸는데 자기는 앉아서 가만히 있잖아요.
월급만 받고.

승우하고 종선이가 노숙 1인 시위를 한다고 했을 때 "진짜 옳은 거면
다 알려라. 세상에 다 알려라"고 했어요. 내가 봤을 때 타당성이 있기
때문에 자기들이 한다고 하면 지원은 해줘요. 알게 모르게. 지금은
나는 좀 마음이 편해요. 어차피 드러난 거 그것만 해도 만족하죠. 애
들이 고생한 만큼 보람이 있구나 하는 생각을 하죠. 돈을 떠나서요.

박순이   (형제복지원 안에서) 8개월 동안 서무를 한 것 때문에 내가 정말…
〈그것이 알고 싶다〉를 처음 봤을 때 '아 이제 수면 위로 떠오르는
구나…' 30년 전 기억을 다 못할 수도 있잖아요. 8개월 동안 서무를
했지만 내가 살기 위해서 누군가를 때렸을 수도 있다… 그렇기 때
문에 내가 사회에서 활동을 하면서 그 8개월의 죄를 씻어야겠다는
의미에서 제가 활동을 하게 된 거예요.

(중대장) 김광석이는 죽은 거 봤다고 해요. 얼어 죽었대요. 밖에서
객사했다고 하더라고요. 저거는 인간이 아니죠. (소대장) 이충렬이
도 죽은 거 봤는데요. 별거 없더만요. 그런데 이충렬이는 와… 나를
기억하더라고요. 섬찟하더만요. 병실에 들어가니까 제일 끄트머리

403

에 누워 있더라고요. 딱 보니까 나도 알아보겠더라고요. 눈을 이렇게 하더니 "니 하안녕이 아니가?" 이러더라고요. 그때 전류가 흐르더라고요. 이충렬이가 후두암을 앓고 있었는데. 죽기 전에 피해자모임에 나와서 '그때는 내가 어쩔 수 없었다. 정말 미안하다'고 한번만 사과를 해줬으면 좋겠다고 했더니 한다고 했어요. 그런데 이틀 있다가 전화가 와서 못하겠다고 하더라고요. 그렇게 하고 모임이 끝나고 나서 '055'라는 (지역) 전화번호가 뜨더라고요. 저는 055라는 일반 전화가 뜰 데가 없어요. 받았더니 "이충렬 씨를 아냐"고 그래요. 안다고 했어요. 그분이 돌아가셨는데 시체 확인을 해줘야 되는데 아무도 보호자가 없다는 거예요. "왜요?" 물어보니, 자기 폴더폰에 전화번호를 싹 다 지우고 내 번호만 남겨 놓은 거예요.

영안실에서 딱 (덮개를) 벗겼는데 눈물이 나야 되는데 눈물은 정말로 한 개도 안 나고 '어… 오빠 니 업보다… 오빠가 피해자이면서도 우리를 그만큼 괴롭혔으니까…' 저는 보호자가 아니라 형제복지원 피해자라고 하니까 사진이 필요하다, 뭐가 필요하다고 하더라고요. 원무과에서 주소를 써줬어요. 찾아갔더니 마당에 풀이 겁나게 나 있었어요. 방문을 딱 여는 순간 너무 놀랐어요. 물건이… (반듯하게) 정렬이 돼 있는 거예요. 저희들의 트라우마예요. 토요일이 되면 내무반 사열을 치다 보니까, 물건이 반듯이 있어요. 그때까지 그렇게 하면서 살았더라고요. 이불을 개어 놓았는데 형제복지원 때처럼 각을 맞춰놨더라고요. 그걸 보니 섬찟하더라고요. 근데 한편으론 그 집에 갔을 때… '얼마나 자기도 지은 죄가 있으면 이 골짜기에 살았을까. 사람들 눈을 피해서…' 그런 생각이 들더라고요.

이향직   한종선이한테 처음 연락이 왔을 때 당시에는 제가 벌이가 아주 좋을 때였어요. (피해자) 활동은 둘째 치고, 형제복지원 그 사건이 국가의 잘못된 정책에 의해서 잡혀가서 그렇게 고생을 했다는 거 자체를 인식을 못 했어요. 모든 피해자들이 다 그럴 거예요. 얘가 지금 무슨 소리를 하고 있나⋯ "그런 거 일 보러 다니면 손해가 너무 크다⋯ 일 못 하니까 나중에 연락 달라"고 핑계 대고 끊고 있었어요. 그러고 나서 몇 년이 지나서 형제복지원 사건 진상규명을 위한 대책위원회의 여준민이라고 하면서 전화가 왔어요. 선생님이 겪은 일을 세상에 알릴 의무가 있고 책임도 있는 거라고⋯ 말씀 좀 나누고 싶다고⋯ '이게 시방 무슨 얘기인가⋯' 오라고 해서 만났어요. '내가 뭘 잘못한 게 아니라 나라에서 나를 잡아 가둔 거네?' 그런 생각을 그때부터 한 거예요. 그때부터 내가 뭔가 할 수 있는 찾아봐야겠다는 생각을 한 거죠.

딸이랑 이 사람[아내]도 어릴 때 내가 그런 데 있었다는 건 알았어요. 부끄럽게 생각을 안 했어요. 들어가서 살았을 뿐이지 나오고 나서 뒷골목으로 빠진다든지 그런 적이 한 번도 없었기 때문에 떳떳하게 살았다고 자부해요. 많이 놀랐던 게, 딸도 그렇고 이 사람도 그렇고 〈그것이 알고 싶다〉를 보고 나서 그때 놀란 거죠. 거기가 저런 데였냐고⋯ 몰랐다고⋯

그러면서 오히려 더 제가, 하는 모든 일에 늘 같이 했어요. 박근혜 촛불집회 모든 회차마다 광화문 전철역 앞에서 '형제복지원 사건 진상규명을 위한 서명전'이라고 해서 테이블 펴 놓고⋯ 전철 타고 버스 타고 조립식 테이블을 메고 다니면서 현수막을 둘러서 우리 셋이서 서명을 받았어요.

서명 숫자를 떠나서 상징적으로 부산역 앞에서는 해야 된다고 생각했어요. 우리가 제일 많이 잡혀간 데가 부산역이니까. 근데 거기 가서 느꼈던 게 좀 이상했어요. 기대하고 달랐던 게⋯ 오히려 이쪽 수도권에서는 피켓을 들거나 하고 있으면 이 사건에 대해서 설명해달라는 사람이 많았어요. 부산에서는 애가 "엄마 이거 뭐야?" 이러면 확 당겨서 "그런 거 보지 마" 하면서 데리고 가는 경우가 상당히 많더라고요. 저는 부산 시민들은 좀 더 지지를 해줄 줄 알았는데. 좀 이상했어요. 부산 시민들이 별로 호응이 없었어요.

부산역 앞에 있는 그 노숙자들 다 형제복지원 사람들이에요. 20명이 있다면 한 15명 정도가 형제복지원 사람이에요. 다들 와서 사인하면서 자기가 몇 소대 있었고, 나는 어디 있었고⋯ '개눈깔'[소대장] 안다고⋯ 다 그런 소리를 하더라고요. 서명전 팀이 차 타고 올라가면서 차에서 다 울었어요. '힘들다. 어렵게 산다'고 떠들었는데 그 사람들에 비하면 우리는 호텔에서 잘 살고 있었던 거예요. 그 사람들을 위해서 뭔가 우리가 할 수 있는 게 없는 게 너무 안타까워요.

김상수 형제복지원이라는 글자를 잊고 있었어요. 〈그것이 알고 싶다〉라는 방송을 하는 것 같더라고요. 처음에는 우리 집사람은 안 믿었어요. "형제복지원 저기는 뭐 집 없는 애들, 고아들이 있었다고 하는데 뭐⋯" 그러더라고요. 내가 6년이나 거기 있었다고 하니까 거짓말하는 줄 알더라고요.

쉬는 날 집에서 TV를 보는데 〈그것이 알고 싶다〉인지 〈추적 60분〉
인지 나오더라고요. '어! 나도 형제복지원에 있었는데…' 생각했죠.
대표 전화번호가 뜨더라고요. TV 자막 밑에… 그래서 (한)종선이
한테 연락을 취하게 된 거죠. 종선이가 우리를 만나고 나서 (처음에
는) 우리를 배척했어요. 자기는 거기서 간부를 안 했기 때문에. 우
리가 막 빠따치고 그렇게 한 줄 생각했죠. 내가 거기서 1년 반 가까
이 서무를 했다고 했어요. "내가 처음에 들어갔을 때 그렇게 소대에
서 때리고 맞은, 나는 그런 서무는 아니었다…" 그리고 피해자 모임
에서 우리 소대에 같이 있었던 애들도 있어요. 서무 1년 반 하면서
맨날 내가 어릴 때 맞을 때처럼 한 것 같으면 지금 그런 애들이 나
보고 가만히 있겠어요? "나하고 같이 있었던 소대원들도 여기 있는
데, 걔들은 그러면 눈 감고 있었나…" 다 우리가 어떻게 했는지 알고
있는 애들인데… "형님 말 듣고 보니 그렇구나…" 그래서 지금은 형
동생하고 지내요.

한종선   처음 이 활동을 시작하게 된 시점은… 아버지와 누나를 정신병원에
서 찾으면서 '왜 우리 가족은 이렇게 살 수밖에 없는가… 대한민국
은 민주국가인데'라는 의문점이 생긴 거예요. 아버지와 누나가 정신
이상이 된 상황에 대한 책임을 부양의무자라는 이유로 나한테 전가
시킨 부분에 대한 의문점이 생긴 거죠. '최소한 아버지와 누나를 이
렇게 만든 책임에 대해선 알아야 되지 않겠나' 그래서 형제복지원
사건을 알려야겠다는 생각을 하게 된 거죠.

407

2007년도에 아버지와 누나를 찾으면서 그 생각을 했는데, 어떻게 알릴 것인가가 되게 중요하더라고요. 배우지 못한 내가 선뜻 생각나는 알릴 수 있는 방법이 뭐가 있겠어요? 박인근을 찾아가서 죽이는 거? 아니면 이놈의 세상에 대한 원망으로 '묻지 마 칼부림?' 이것밖에 없는 거라. 근데 이 방식으로 했다가는 잠재적 사이코패스로 보이지 않겠냐는 생각밖에 안 드는 거예요. 그러면 이걸 아무리 알린다고 하더라도 나는 사이코패스로 사형수가 될 수밖에 없는데… 이건 아니다 싶은 거예요.

그러다가 2008년도에 광우병 촛불집회가 있었죠. 뉴스를 신뢰를 못하겠는 거라. 그래서 직접 집회 현장에 가서 어떤 게 맞는지 내 눈으로 확인하고 듣고 싶었던 거예요. 현장에 갔는데 경찰한테 두들겨 맞고 집회·시위 폭력 행위자로 벌금 250만 원이 나온 거예요. 근데 나는 집회 현장까지는 가지도 못했어. 횡단보도에서 길이 막히니까 어떤 아저씨가 막 항의를 한 거라. 경찰이 뭔데 길을 막냐고. 그러니까 지휘하는 사람이 "다 잡아들여" 이렇게 돼버린 거라. 그래가지고 가두리양식처럼 쫘악 포위되는데, 끌려 들어가서 두들겨 맞고 벌금 250만 원이 나온 거예요. 말도 안 되는 거죠. 정식 재판을 청구해서 1심부터 대법까지 무죄가 다 나왔어요. 최소한 항소심에서도 무죄가 나오면 상고는 하지 말아야죠. 내가 살인죄를 저지른 거도 아닌데. 근데 검찰 측에서 상고까지 했다는 건 일반 시민들한테 재갈을 물리려고 하는 의도로밖에는 안 보이는 거예요. 그래서 그걸 계기로 집회·시위의 자유에 대해서 알아봤더니 대한민국은 민주국가라서 민주주의 시민이라면 어디서나 집회·시위를 할 수 있는 권리가 있고 1인 시위는 더더욱 불법이 아니라는 걸 알게 된 거예요. 그러면서 내가 형제복지원 사건을 알릴 때 이런 식으로 집회·시위를 하면 되겠구나 생각을 하게 됐죠.

2012년도 때 집에서 TV를 보는 도중에 〈콜렉트 콜〉인가 하는 영화가 있어요. 암살자가 나오고 택시기사를 인질로 잡고 하는… 암살자가 그 택시기사한테 당신의 꿈이 뭐냐고 묻는 장면이 나와요. "리무진 택시회사를 차리는 게 꿈이다"고 하니까 암살자가 "당신은 꿈만 꿨기 때문에 나한테 인질이 된 거다"라고 얘기하는 순간 깨달았죠. 2007년부터 '어떻게 알릴까'라고 나는 생각만 하고 꿈만 꿨던 거라. 행동을 안 했다는 거죠. 그 자막을 보고 큰누나를 교도소에서 면회했을 때처럼 뒤통수에 맞은 것 같은 그런 느낌이 또 든 거예요. 그래 가지고 부랴부랴 아침에 피켓을 만들어서 저녁에 바로 서울로 올라간 거죠. 그리고 국회 앞에다가 피켓을 설치해 놓고 노숙을 하기 시작했어요.

처음에는 사람들이 막 멱살을 잡고 "어디서 국가 예산 삥땅 치러 나왔냐"고 하면서 얼굴에 침 뱉고 가고, 협박하고 막 그랬어요.

국회 앞에서 1인 시위할 때요?

예.

일반 시민들이요?

예. 왜냐면 믿을 수 없는 이야기잖아요. "대한민국 민주국가에서 사람을 어떻게 함부로 감금을 하냐… 부랑인이니까 잡아넣은 거 아니냐…" 이러면서 대놓고 이야기를 하더라니까요. "니들이 뭔가 잘못

했겠지. 니들이 뭔가 도둑질했겠지" 이런 식이라. "그래, 선생님 말씀이 맞아요. 도둑질하는 그런 사람들이 잡혀갈 수도 있고. 그리고 노상 방뇨하고 고래고래 소리 지르고 주폭 행세하다가 잡혀갔을 수도 있죠. 근데 우리나라에는 현행법이라는 게 있지 않습니까. 죄를 지었으면 죗값을 받게끔 교도소로 보내면 되지. 어떻게 죗값을 치를 수 있는 재판조차도 받지 못하게끔 시설 안에 가둬 놓고 사람을 죽이는 게 말이 되냐'고 얘기했죠.

경북 구미에서 서울에 올라가게 되면 제가 기초수급자다 보니까 돈이 없잖아요. 하루 피케팅을 하고 다시 구미로 내려오는 기차비가 아까워서라도 한 번 올라가면 2주 이상은 했어요. 그러고 내려와서 2~3일 쉬고 옷만 갈아입고 다시 올라가서 또 피케팅 하고… 그렇게 했죠. 처음에 전규찬 교수님을 만나면서 『살아남은 아이』 책을 쓰게 됐어요.

전 교수님을 우연히 만나셨다고요?

예. 그분도 언론미디어학자다 보니까 국회에서 학자로서 발표회가 있잖아요. 거기 참석하러 지나가다가 우연찮게 날 본 거예요. 근데 나를 본 게 아니고 내 피켓 안에 내 입소 자료 속의 내 사진을 본 거예요. '이 아이의 정체는 뭘까…' 이거에 꽂혀 있었고. 자기 눈에는 내가 완전 괴물처럼 보였다고 해요. "기억나는 그대로 한 번 써보시라"고 해서 쓴 게 『살아남은 아이』 책이 된 거예요.

87년도 형제복지원이 폐쇄될 때부터 생각했던 게 뭐냐면 '이 형제복지원 사건은 누군가가 언젠가는 해결해주겠지' 하면서 믿어왔어요. 근데 아무도 해결을 안 해주니까 결과적으로는 내가 피해당사자로 직접 할 수밖에 없는 위치까지 온 거죠. 사람들은 이번 과거사법 개정안에 배보상이 빠졌다고 얘기를 하는데, 배보상 안 해주는 진상규명이 어디 있습니까. 진상규명을 하는 이유가 그거죠. 공과 사를 명확하게 구분 짓고, 국가폭력으로 인정되는 사안에 대해서 사죄를 안 할 거면 진실화해를 위한 과거사 정리위원회를 왜 해요? 할 이유가 없잖아요? 어떤 국가폭력 사건에 대해서 인정이 됐다는 건, 국가가 사과할 준비가 돼 있기 때문에 법안을 통과시킨 거라고 나는 봐요. 그리고 그 사과라는 것은 원상복구가 안 되기 때문에 금전적 보상이라도 하는 게 핵심 아닙니까. 진상 규명의 목적은 말 그대로 피해당사자의 억울함을 풀게끔 하는 거고. 거기에 대해서 사과할 부분이 있으면 국가는 사과를 해야 되고, (피해를 입은) 사람들이 살아갈 수 있게끔 열어주는 것. 이게 진상 규명의 핵심이라고 보고 있어요.

피해당사자들이 지금까지 살아남은 것도 되게 훌륭하지만, 앞으로 진상 규명이 되기까지는 아직 기간이 남았잖아요. 그때까지 우리는 좀 더 건강하게 살아남기 위해서라도 스스로 기록하고, 내 자신이 증거로서 차곡차곡 스스로 말을 해야 된다는 거죠. 그게 피해당사자 운동의 핵심이에요.

진실을

향해

박숙경

(경희대 후마니타스칼리지 교수, 부산시 「형제복지원 사건 피해자 실태조사」 공동연구원)

(앞서 부산시 연구용역으로) 「형제복지원 사건 피해자 실태조사」를 진행하면서 전체적으로 인터뷰로만 만난 사람들이 50명 정도 돼요. 굉장히 질적 연구로는 규모가 큰 연구예요. 그중에 피해자분들이 30명, 유가족 9명, 관계자 12명 정도 될 겁니다. '재원 피해자'를 만나야 된다는 얘기를 제가 제일 먼저 했어요. 왜냐면 형제복지원에 있었던 사람들 중에 많은 사람들이 어디로 어떻게 갔는지 모르잖아요. 그 많은 분들의 상당수가 여전히 시설이나 정신병원이나 이런 데 가 있어요. 어렵게 9명을 만났어요. 본인들이 어떤 일을 당했는지 다는 진술을 못했지만 끔찍한 강제노역, 폭행, 구타, 사망 목격, 이런 부분들은 일관되게 얘기가 나왔어요.

'재가 피해자'분들은 21명을 만났는데, 제가 가장 기억에 남았던 분이 소대장을 지내셨던 분이에요. 거의 그분은 '빠삐용' 같았어요. 탈옥 준비를 한 게⋯ 탈옥 맞죠? 감옥보다 더 하죠. 형기가 없으니까. 이분이 자기 손으로 묻은 시신이 엄청 많은 거예요. '맞는 걸 보고 끌려가서 안 돌아왔대⋯ (해부용으로) 팔려 갔대⋯' 이런 얘기는 들었지만 그걸 직접 다 경험하고 진두지휘하고 했던 분은 저희가 처음 만난 거였어요. 이분이 이러는 거예요. 젊은 사람들이 동상 걸려서 죽고, 맞아 죽은 사람도 있고, 강제노동 때문에 죽은 사람도 있고, 질병 치료를 제대로 받지 못해서 방임 속에서 죽어간 사람도 있고. 또 알려지지 않은 사실인데 영아들이 굉장히 많이 죽었다고 해요.

민윤기 선생님 인터뷰는⋯ 그랬을 거라고는 생각했지만, 박인근이 직접 폭행하거나 사람을 고문하거나 죽이거나 한 정황에 대해서는 그동안 밝혀지지 않았 거든요. 그리고 또 한 분[박순이]은 정신병원에서 일을 하면서 정신병원 안에 서 벌어지는 낙태… 그 안에서 더 약한 사람들에게 벌어지는 더 끔찍한 강간, 폭 행… 생지옥도 그런 생지옥이 없는데 그 지옥 안에 또 더한 생지옥에 대해서 증 언을 하셨죠.

많게는 3,000명이 넘는 사람들이 있는데 (통제자는) 박인근이라고 하는 사람과 박인근 일가… 이게 다거든요. 직원들 수를 정확하게 기억하는 사람은 없지만 대부분 친인척이었고 열 명 내외예요. 이해가 되세요? 그 사람들이 3,000명 넘 는 이 사람들을 그렇게 강제 노동을 시키고 그렇게 학대를 하고 그렇게 하는 상 황이 존재했고 작동했다는 거예요.

박인근 일가에 관한 테러가 없었다는 것도 저는 사실 의문점 중에 하나였어요. "죽이고 싶었다" 이런 얘기를 하는 사람도 있긴 한데 실제로 그러진 못했어요. 그러니까 그 분노감이 해결되지 못한 채 자기 안에 있어서 자기를 죽이거나, 자 살한 사람이 너무 많아요. 예컨대 유가족 조사한 분들이 9명인데 돌아가신 분 중 4명이 자살했어요. 이분들이 자살한 평균 나이가 스물아홉 살이에요.

어쨌든 과거사법이 통과가 됐잖아요. 그래도 생각보다는 속도가 너무 느린 것 같 아요. 피해자들이 갖고 있는 감도를 느끼고 생각한다면 사실 속도를 내야 돼요. 부산시 차원에서 할 수 있는 많은 일들이 있을 텐데 부산시가 그 이후에 전혀 진 전이 없는 것 같아요. 기억의 공간, 이런 것들을 만드는 작업도 필요하겠죠.

그리고 매우 중요한 게 사망자 발굴이에요. 제가 이걸 연구하면서 느낀 건 '사망이 아니고 살해다… 정상적인 정부가 들어섰다면 설사 그 이후에 주거지가 들어섰다고 하더라도 체계적인 이전을 통해서라도 사망자 발굴 계획을 세우는 게 맞는 거 아닌가. 인권은 시효가 없거든요. '안 된다'가 아니라 그걸 어떻게 할 것인가를 지금 이 정부가 다 해결하지 못하더라도 그렇게 가야 하는 게 맞다고 생각해요. 이 문제 하나를 제대로 풀게 되면 또다시 이런 문제가 반복되는 걸 막을 수 있거든요.

그리고 저는 반드시 박인근 일가의 책임을 물어야 된다고 생각합니다. 이건 국가 범죄이기도 하고 부산시의 범죄이기도 하고, 그리고 그들이 박인근을 내세워서 했어요. 그런데 그 이해관계의 상당 부분은 박인근 일가가 가져갔어요. 박인근 일가 전체가 관여했기 때문에 책임의 소재는 박인근 일가까지 확대되어야 하고, 그 부분을 조사해야 한다고 생각해요.

형제복지원은 여러 가지 문제들이 압축적으로 다 담겨 있는 대표적인 사건이라고 봐요. 그래서 저는 이 사건 하나하나를 정말 전례를 세운다는 마음으로… 사망자의 문제든 지금 있는 피해자들에 관한 보상, 배상, 지원, 트라우마 치료, 그다음에 이 문제에 관여했던 책임자들에 대한 처벌, 박인근에 관한 재산상의 환수나 그 가족들의 책임, 이런 부분들을 어느 하나 놓치지 않고 포기하지 않고 풀었으면 좋겠어요. 그게 비록 이 정부에서 다 못 끝낸다 하더라도. 이거 하나를 제대로 세워나가면서 그다음의 반복을 막을 수 있고, 또 다른 사건을 풀어낼 수 있는 근거들을 마련해내게 되거든요.

남찬섭

(동아대 사회복지학과 교수, 부산시 「형제복지원 사건 피해자 실태조사」 책임연구원)

이번에 형제복지원 피해자로 조사 대상이 된 사람이 149명이니까 많은 숫자는 아닌데… 그분들 중에 기초생활수급자가 45%예요. 근데 149명 중에 부산에 거주하는 사람이 제일 많아요. 부산에 거주하는 형제복지원 피해자 중 기초생활수급자는 67%예요. 그러니까 부산에 있는 형제복지원 피해자들이 훨씬 더 열악한 상태에 살고 있다고 볼 수 있는 거죠. 그리고 실제 형제복지원 소재지도 부산이었고, 또 형제복지원 사건과 관련해서 그 당시 부산시 공무원들이 책임이 없었다고 말할 수 없기 때문에 부산시가 좀 더 적극적으로 나서야 되죠.

저희가 이번 연구용역을 할 때 큰 어려움 중 하나가 자료조사였어요. 부산시 서고에 계시는 사서도 형제복지원 자료에 대해서 아는 게 별로 없는 거예요. 부산시 스스로도 형제복지원 관련 자료를 정리한 적이 없는 거죠. 저는 부산시가 자료조사만 전문으로 담당하는 직원을 채용해서, 진상규명위원회가 운영되는 동안 그 사람은 부산시에 있는 각종 관청 서고를 상시 출입하면서 그 자료를 찾는 일만 하도록 할 필요가 있어요. 그렇게 해야 그나마 있는 자료라도 체계적으로 정리가 돼요.

전체 사망자 파악을 위해서도 자료조사가 필요해요. 지금 공식적으로 알려진 사망자가 513명이라고 돼 있는데 그건 87년도에 사건이 났을 때 신민당 조사보고서에 기록된 거예요. 그리고 부산영락공원에서 무연고 시신 38구… 형제복지원이 주소지로 돼 있는 사람들이 발견된 게 있어요. 합치면 551명이라고 할 수 있는 거죠. 근데 부산시에도 사망자 인적사항 보고를 했는데 이 양자가 일치하지 않아요. 그러니까 결국은 513명이란 숫자도 불확실하고 따라서 551명도 정확하지 않다고 볼 수 있는 거죠.

보통 '형제복지원 사건' 그러면 '75년부터 87년까지… 내무부 훈령이 발효된 게 75년 12월이니까 그 훈령에 따라서 부랑인이 아닌 사람까지도 불법적으로 감금하고 인권 침해한 사건이다…' 이렇게 알려져 있는데, 실제로 형제복지원은 1960년에 '형제육아원'부터 시작을 했고 그때도 인권침해가 굉장히 심했던 것 같아요. 그분들의 증언을 보면 75년 이후에 수용된 사람들 못지않게 구타 폭행… 뭐 그런 인권침해가 말도 못하게 있었어요. 1975년 중반에 부산시와 부랑인 위탁계약을 맺게 됩니다. 그리고 '오비이락'인지 그해 12월에 내무부 훈령이 발효가 돼요. 거기에 맞춰서 형제복지원이 바뀌게 되는 거죠. 훨씬 더 강한 인권침해와 불법 감금에 경찰이 훨씬 더 강하게 개입하는 일이 벌어집니다. 저희 조사를 보면 75년 이전에도 경찰에 의해서 수용된 사람이 있긴 있는데 한 20% 정도예요. 근데 75년이 넘어가면 경찰이 개입해서 불법 감금한 게 한 3분의 2로 확 늘어나고 형제복지원 직원들이 가서 잡아 온 경우가 한 3분의 1 이하로 줄어듭니다.

그다음에, 87년도에 사건이 끝난 게 아니에요. 박인근 원장이 재판 과정에서도 특수감금 혐의는 결국 무죄를 받았고 횡령만 인정돼서 2년 6개월 징역형이 확정됐어요. 그 바람에 구속수사 받은 기간을 합쳐가지고 형이 확정되고 1주일 만에 박인근 원장이 나와버렸죠. 나와가지고 제일 처음에 바꾼 이름이 '제육원'. 그 다음에 1991년에 '욥의 마을'. 그다음에 2002년인가 '형제복지지원재단'으로 바꼈어요. 마지막에는 '느헤미야'로 바꿔가지고 운영을 쭈욱 해왔죠. 그러니까 결국은 형제복지원 사건이라는 게 1960년 형제육아원에서부터 시작된 인권침해가 1975년에 부산시와의 부랑인 위탁계약에 의해서 공식 허가를 받게 된 거예요. 내무부 훈령이 발표되면서 더 날개를 달아서 공권력의 도움을 받아서 불법감금을 완전히 대놓고 대규모로 하게 되면서, 수용 시설의 규모가 엄청나게 커졌어요. 그러니까 형제복지원 사건은 60년부터 시작해서 아직까지 해결되지 않은 사건이라고 봐야 되는 거죠.

부산시 나름대로 어떤 기준을 세워서 좀 피해자들을 지원할 수 있었으면 합니다. 사실 심리치료 같은 지원은 중앙정부는 너무 멀리 있어서 지자체가 할 수밖에 없어요. 부산시가 제일 많이 나서야 합니다. 부산에 거주하는 피해자가 제일 많고, 그분들의 삶이 제일 열악하고, 삶이 열악하다 보니까 심리정서적인 지원 필요도가 훨씬 높아요. 또 심리정서적인 건강도 문제지만 진단명이 잘 안 나오는 여러 가지 신체 질환도 많거든요. 그래서 이분들에게 치료를 지원할 수 있는 기금을 조성했으면 좋겠다…

전쟁 때문에 부랑인 시설이나 고아원… 이런 대규모 시설이 부산에 굉장히 많았어요. 부산시로 본다면 부산 지역에 있던 형제복지원과 유사한 다른 많은 육아 시설, 부랑인 시설이 그 당시에 갖고 있던 문제와 같이 있는 겁니다. 그런 인권 침해 사건에 대해서도 부산시가 나서서 진상도 규명하고, 밝혀지지 않은 역사가 있으면 밝히고, 그렇게 할 필요가 있다고 생각합니다.

전규찬

(한국예술종합학교 영상원 교수)

국회에 행사가 있어서 들어가는 그날… 하필이면 눈길을 끄는 한 아이의 사진이 있었어요. 개인적으로 그런 데 호기심이 많습니다. 되게 절실하게 발언하고 있는 듯해서… 뭘까 해서 실물[한종선]에게까지 다가가서 둘이 이야기도 나눴어요. "이거 안 되면 어떻게 할 거냐?"고 하니까 "지하철에 가서 찌라시[전단] 좀 뿌려보고 안 되면 뭐 그때는…"이라고 할 때의 그 눈빛이 솔직히 좀 섬뜩했습니다. 이 문제는 좀 진지하게 답을 한번 찾아보자… 그렇게 말이 시작됐습니다. "글로 좀 옮겨보자…" 그러니까 벙찌는 거죠. '배우지도 않은 나보고 뭐 어쩌자는 거지?' 근데 "오케이. 하겠습니다. 접고 내려가겠습니다" 하는 순간 말 그대로 저는 돌아올 수 없는 선을 넘어서 버린 거죠. 거기서부터 프로젝트가 시작됐습니다.

종선의 눈은 일종의 프리즘 같은 거였어요. 내 동생이 보이고 조카가 보이고 내 형제들이 보이고 내가 보이는 거죠. 서울내기들이 '촌놈'에 대해서 바라보는 태도는, 거기에 인종주의가 있는 것이거든요. 인종적으로 배제를 시키는 거예요. 그 인종들을 종선이가 구체화하고 있었던 거죠. '이 인간은 뭔데, 왜 이 종자가 여기 국회에 와가지고 전혀 다른 종자들하고 어울리려고 하고 쟤들한테 말을 하려고 하지?' 그리고 언뜻 다가오는 역사들… 형제복지원… 아차. 삼청교육대 끌려 갈 때 그때 나는 안 가서 다행이지만 내심 인종차별주의자가 되어 '아이고, 저것들 잡혀가서 속 시원해' 혹은 '나는 아니어서 다행…' 이런 인종차별을 했지… 라는 아주 뼈 때리는 반성을 마주하게 됐어요. 결국 국가폭력과 국가 문제를 다루고 있다면, 산업화를 이룬 스테이트[국가]와 민주화의 스테이트[국가],

이 두 스테이트가 버리거나 빠져 있는 '제3의 스테이트'를 우리는 꺼내자… 그게 정화라는 이름으로 그들을 차별하고 수용한 역사 아니냐. 이번에 형제복지원 문제가 종선의 문제, 피해 당사자 문제에서, 형제복지원 일반의 문제에서 어느덧 나아가서 국가폭력의 제3의 컬러링으로 팍 부각이 됐어요. 일반에게도 '뭔가 우리가 잘 몰랐던, 미처 생각 못했던 국가 상황이 있었구나'라는 걸 탁 건드리고 드러내게 됐던 그 지점이 되게 희열이 있었고 이 운동에서도 큰 결정적인 변곡점이 아니었나 싶어요.

저는 (피해자 목소리를 듣는) 그 작업들은 좀 됐다… 방송사가 하든 신문사가 하든 너무 많다고 생각해요. 근데 부족한 게 있다는 거죠. 팩트를 체크하고 그에 기초해서 들어가는 이른바 실태조사죠. 부산시가 꽤 돈을 들여서 실태조사를 했는데 성실한 팩트 파인딩의 노력과 그에 기초한 실체와 실상과 진실 구성의 노력이었냐고 하면 저는 어림도 없다고 생각합니다. 부산시가 갖고 있는 아직 발굴되지 않은 자료나 캐내야 할 것들이 있기 때문에 이것은 이것대로 되게 의미가 있어요. 뭔가 탄력이 붙었을 때 좀 밀어붙여서 데이터를 갖고 와서, 부산시 자체의 문제에서 국가의 문제로 끌고 가서, 과거사 정리위원회에서도 형제복지원 문제가 왜소화하지 않도록 중심점을 잡고… 그러면서도 잘 풀리도록 하는… 그런 작업이 필요해요.

검찰총장이 사과할 때, 오거돈 전 부산시장이 눈물을 흘릴 때, 정치인들의 쇼맨십! 정치적인 치적 쌓기로 많이 한 거죠. 피해자도 만나고 사과도 하고 실태조사도 하고 심지어 자문위원회도 만들었다고 하면 폼은 다 갖춘 거 아닌가요? 정치적으로는 탁 깨놓고 '얻을 건 다 얻은 건 아닐까' 이런 생각까지 드는 거죠. 형식으로 만들었고 폼은 갖췄다가 오거돈 시장의 퇴장과 함께 폼이 무너지거나 이제는 다 했으니… 그래서 솔직히 현재로서는 '부산에 기대할 게 뭐지? 부산은 판이 끝났구나…' 이런 생각이 드는 거죠.

피해자의 고난과 과거나 이런 건 너무 어려운데, 결국 지역 차원에서 디테일하게 시스템적으로 해야 되지 않을까 싶어요. 중앙의 저널리즘은 일회적으로 하고 끝내는 것인데 〈부산일보〉는 시리즈로 쭈욱 가서 벌써 몇 년째입니까. 이렇게 하고 있는 건 결국은 그 차이 아니겠습니까. 부산시가 만약에 의사가 있고 약속한 만큼의 책임을 진다면… 지역에 계시는 건강한 활동가들과 피해자들과 연구자들과 함께 뭔가 한 개 시스템을 만들어낼 수 있고, 그렇게 돼야 할 것 같은데…

부산에 있는 피해자들 중에서 A급, B급, C급으로 나눠서 위기관리를 만들고… 소위 말해서 자살 시도를 계속하는 사람들… 알코올 중독자들 있잖습니까. 정신 불안이나 심리적 트라우마를 깊이 겪고 있거나, 주거가 완전히 불안정해서 증언해야 될 혹은 기록해야 될 삶 자체가 위태로운 사람들을 존치 보존하는… A급을 관리하는 비상시스템 정도는 먼저 할 수 있을 것 같은 거죠. 또 하나 부산의 아쉬움은 네트워크는 된 거 같은데… '연구자가 도대체 누가 있나'라는 질문. 그다음에 피해 당사자 중에서 이걸 풀어갈 선수가 있냐는 것. 그 두 부분에서 피해자 쪽에서도 만들어질 수 있도록 노력하고, 학계나 연구자 중에서도 부산 문제인 만큼 형제복지원 문제를 갖고 풀어가는 선수가 있어야 하지 않나 생각합니다.

여준민

(형제복지원 사건 진상규명을 위한 대책위원회 사무국장)

2012년 5월인 것 같아요. 외근 나갔다가 사무실에 들어와 보니까 제 컴퓨터 모니터에 포스트잇이 딱 한 장 붙어 있었어요. '형제복지원 피해자 한종선, 전화번호' 이렇게 있더라고요. 그래서 '이건 또 뭐야?' 형제복지원은 처음 들어봤거든요. 그래서 제가 국회 앞에 찾아갔어요. 갔더니 웬 노숙하는… 사람이 정말… 남자가 머리는 이렇게 길고 얼굴은 새까맣고… 노숙 1인 시위를 하고 있는 거죠. 점심식사를 하는데 2인분을 시켜줬어요. 왜냐면 하루에 한 끼를 먹으니까. 많이 먹으라고… 이야기를 듣는데 저는 못 먹겠더라고요. 며칠 후에 다시 만났더니 저한테 이렇게 두꺼운 종이 묶음을 주더라고요. 이게 뭐냐고 했더니 자기가 책을 쓰고 있대요. 이걸 읽어보면 형제복지원이 뭔지를 아주 구체적으로 알 수 있을 거라고… 숨도 안 쉬고 앉은 자리에서 그냥 다 읽어버렸어요.

『살아남은 아이』라는 책이 한종선, 박래군, 전규찬 이 세 사람의 공저잖아요. 전규찬 교수님의 글을 딱 읽는 순간 '어 이거 이상하다'라는 생각이 들었어요. '내무부훈령 410호'라고 하는 듣도 보도 못한 어떤 훈령에 의해서 사람을 잡아갔다는 거잖아요. 뭐 구두닦이, 껌팔이, 그리고 구걸하는 사람, 집 없이 할 일 없이 정처 없이 거리를 헤매는 사람… 이런 사람들을 잡아간다고 하는 내용이었는데 '이건 너무 위헌적이다…' 아무리 거리라고 해도 내가 자고 싶으면 자는 거지 누가 내 신체적 자유를 구속할 권리가 있냐고요. 『살아남은 아이』가 2012년도 11월 달에 출간이 됐고, 처음 출판기념회부터 같이 시작을 했어요. 언론개혁시민연대, 장애인권발바닥행동, 탈시설정책위원회, 4·9통일평화재단, 민주주의법학연구회 이렇게 5개 단체가 100만 원씩 갹출을 해서 자료를 수집한 거였죠. 그렇게 해서 준비위원회를 띄우고 각 시민단체에 연대를 해서 대책위를 만들자고 제안을 해서 지금 현재 23개 단체가 함께하고 있죠.

제일 중요한 건 피해자 목소리였어요. 한종선 씨 이야기가 너무 생생했고 그걸로도 충분했지만. 한종선의 이야기를 뒷받침해주고 "맞습니다. 나도 피해자입니다"라고 하는 사람들이 나타나주길 바랐어요. 언론에 한 번씩 노출이 될 때마다 정말 2~3명씩 전화가 오는 거예요. 그래서 한 스무 명 정도가 됐어요. (한겨레신문 보도는)토요판이니까 1면, 2면까지 굉장히 긴 스토리 기사가 나올 수 있었어요. 방송도 굉장했어요. SBS 〈그것이 알고 싶다〉에 방송이 되자마자 정말 한 70~80명의 피해자분들이 한꺼번에 연락이 왔어요. 지난 번 실태조사 때 정리해봤더니 이제 한 450명 정도는 모였더라고요.

저는 정말 형제복지원 사건과 관련해서, 전체적인 사회적 분위기와 사회 곳곳에 있는 분들의 역할이 굉장히 컸다고 생각해요. 처음에 시작은 인권 활동 하는 사람들, 법학자, 이런 사람들이 했을지 모르지만 이후에는 심리운동을 하는 사람들, 연극하는 사람들, 책을 만드는 사람들, 구술기록 전문가들, 그리고 그 중심에는 늘 피해생존자분들이 계셨어요. 그분들이 갈 수 있도록 옆에서 힘을 주는 역할들을 굉장히 다양한 사람들이 많이 했던 것 같아요. 그러다 보니까 피해자분들께서 주체적으로 "국토대장정을 하겠다… 삭발식을 하겠다…" 이렇게 하신 거죠.

현장들이 오롯이 다시 복원돼서 보존되는 게 중요한 거 같아요. 기록되지 않으면 기억될 수가 없거든요. 국가는 지금 주례동 아파트 뒤 옛 형제복지원 부지 야산에 유해 발굴을 하는 것부터 시작해서 복원할 수 있는 것들이 있다면 다시 복원을 해야 돼요. 현장에서 피해 당사자로부터 직접 이야기를 들으면 정말 그 울림은 굉장히 커요. 당사자분들도 시민들하고 현장에서 교감이 생기는 거예요. 거기서 되게 자긍심과 자부심을 갖게 돼요. 피해자에서 생존자로, 그래서 함께 사는 시민으로서 당당히 함께한다는 걸 계속 보여주는 활동들이 중요하죠.

사실은 그 당시에 통·반장님들도 경찰 공무원하고 민관 합동단속을 하셨거든요. 정례적으로. 주민들이 경찰에 신고해서 "맨날 술 먹고 저런다"고 하면 밤에 와서 잡아가고 이랬단 말이에요. 『살아남은 아이』책의 부제가 있어요. '우리는 어떻게 공모자가 되었나'예요. 그러니까 아무리 국가가 계획적으로 행한 국가 정책이었다고 하더라도 우리 일반 시민사회가 동의하고 함께 협력하지 않았으면 이런 사건은 발생될 수 없었을 거라고 생각해요. 제가 부산에서 택시를 탈 때마다 기사님들한테 '형제복지원'을 여쭤봐요. 그러면 모르는 분이 안 계세요. "우리 동네에 진짜 똑똑한 애가 있었는데 형제복지원 갔다 오고 나서 바보가 됐다"고 얘기하시는 분도 있어요. 그래서 피해생존자나 가족들의 이야기만 들을 게 아니라 굉장히 광범위하게 관계자 조사를 하고, 일반 시민들한테도 듣는 그런 활동을 했으면 좋겠어요. 그래서 하나하나 퍼즐을 맞춰가면서 형제복지원 사건의 틀을 딱 맞출 필요가 있어요.

박민성

(부산광역시의회 의원)

'형제복지원 피해자 지원 조례'를 만든 배경이 뭔가요?

형제복지원에 대해 관심을 가진 건 2004년부터였습니다. 계속해서 형제복지원 관련 활동을 하면서 최소한 시장이 사과를 한다든지, 아니면 어떤 형태로든 형제복지원 피해자들을 지원해줄 수 있는 구조가 필요하다고 10년 넘도록 이야기를 했는데 안 먹힌 거죠. 시의회에 들어오자마자 '이 문제는 해결해야겠다' 싶어서 바로 5분 발언을 통해서 형제복지원에 대해 시장이 사과를 할 것을 요구했습니다. 그러면서 시장이 직접 사과를 했지만, 사과만으로 끝나는 게 아니라 피해자를 지원할 수 있는 구조를 만들고, 진실을 밝힐 수 있는, 그리고 피해자들의 명예를 회복시키기 위해 법적 근거가 필요하다고 판단해서 조례를 제정하게 됐어요.

형제복지원 문제 해결을 위해서는 부산시도 나서야 되지만 결국은 국가가 나서야 되는 문제라고 판단할 때 이 조례는 부산에 국한되다 보니까 피해자분들을 실질적으로 지지·지원해줄 수 있는 근거가 부족해요. 그러다 보니까 피해신고센터 정도밖에 못 한 게 가장 아쉬운 부분이에요. 반면에 이 조례가 특별법이나 과거사법에 어느 정도 영향을 끼친다고 볼 때, 형제복지원 문제를 해결하는 아주 중요한 시발점이 되었다고 생각합니다.

박인근 일가의 재산 환수에 대해서는 어떻게 보시나요?

형제복지원의 재산 형성 과정을 보면 옛날에 형제육아원[용당동]에서 주례동으로 옮기는 과정에서 국가가 불하해준 땅이 실질적으로 재산을 형성하는 데 아주 큰 역할을 했습니다. 그러면서 형제복지원에 수용되셨던 분들의 노동으로 부를 축적했고요. 이런 부분에 근거해서 볼 때 실질적으로 형제복지원의 재산은 피해자분들의 노동력, 그리고 국가적 자산이라고 볼 수 있습니다. 그렇다고 해서 개인의 노력을 어디까지 봐주느냐는 건 법적으로 다른 문제이지만… 기본적인 형제복지원 재산은 국가의 것이고, 피해자분들의 노동력의 결과물이라고 간주해 볼 때 전액을 몰수하는 게 실질적으로 맞습니다. 하지만 지금은 시효도 지났고 결국 형제복지원 자체도 사라져버린 상황에서 (잔여) 재산을 찾기란 쉽지 않을 거란 생각이 듭니다. 그래도 형제복지원 자산은 찾을 수 있는 부분이 있다면 반드시 찾아야 됩니다. 예를 들면 맨 마지막에 사라져버린 '실로암의집' 같은 경우에는 특정인의 부를 축적하는 용도로 쓰였는데. 그 부분은 근거가 마련되면, 부산시가 소송을 한다든지 어떤 형태로든지 해서, 다시 돌려받는 방식으로… 만약에 불법 소지가 있다면 그 재산을 다시 국가나 부산시가 돌려받아서 피해자들을 위해서 써야 된다고 생각합니다.

그리고 여전히 하나 남아 있는 호주골프장, 스포츠센터 같은 경우에는 명백하게 형제복지원 자산이기 때문에. 아마 과거사법을 통해서 '부정으로 축재한 돈이다… 법인의 자산이 개인으로 넘어간 거다…'라는 게 어느 정도 확인이 된다면 반드시 다시 돌려받아서 이 또한 피해자들을 위해서 쓰일 수 있도록 하는 게 맞다고 생각합니다.

형제복지원 재단이 없어져서 오히려 문제가 있는 상황인가요?
끝까지 법인이 사라지지 않도록 해야 되는 아주 중요한 역할을 했던 게 실로암의집인데, 이 실로암의집마저도 해산되면서 결국 법인이 사라져버렸어요. 모든 진실들이 은폐될 수밖에 없는 상황들이 계속 만들어졌던 거죠. 밖에서 시민단체 활동가들이나 저 또한 최대한 진실이 밝혀지고 난 다음에 법인이 없어지길 바랐는데 그렇게 되지 못해서 진실을 밝히는 데 오히려 더 어려워지는 상황이 된 거죠. 2016년에 형제복지원이 해산되었고, 2017년에 잔여 자산이 청산되는 과정을 거치면서 역사 속으로 형제복지원[형제복지지원재단]이 완전히 사라져 버렸죠. 누구의 의도가 있지 않았을까 하는 생각이 듭니다.

누구의 의도였다고 보세요?

형제복지원과 연관되어 있는… 최소한 무언가를 주고받았던… 은밀한 거래들이 있었던 사람들의 생각이 많이 담기지 않았을까 하는 생각이 듭니다. 어쨌든 골치 아픈 게 빨리 없어져야 서로한데 편하니까요.

형제복지원 문제가 잘 마무리가 되었으면 합니다. 잊지 말아야 될 우리의 역사, 그리고 거기에 걸맞은 상징성을 부산시와 시민들이 부여해야 하지 않을까… 마무리될 때 이 정도는 반드시, 꼭 그렇게 되길 바랍니다.

에필로그

'살아남은 형제들' 프로젝트의 출발은 2014년 초 전화 한 통이다. 대학 후배인 〈그것이 알고 싶다〉 배정훈 PD의 연락이었다. 부산에서 벌어진 '형제복지원 사건'을 다루려고 하는데 당시 사건을 취재한 〈부산일보〉 기자를 소개해달라고 했다. 너무 오래전 일이라 별다른 도움을 주지 못했다. 그해 3월 방송은 전파를 탔고, 반향은 엄청났다. 그때 생긴 '부채의식'은 수년 동안 마음 한편에 똬리를 틀고 있었다. 지역 언론으로서 지역에서 벌어진 인권유린 사건에 아무런 책임이 없는 걸까. 여섯 해가 지나 2020년, 전담 출입처가 없는 부서로 발령 받으면서 이 프로젝트를 진행할 수 있는 여건이 마련됐다.

33주에 걸쳐 33명을 인터뷰하는 일은 어디서도 쉽게 시도할 수 없는 대장정이었다. 무엇보다 적절한 인터뷰 대상을 선정하는 게 중요했다. 형제복지원 사건에 대해 가장 잘 아는 전문가의 도움을 받았다. 바로 피해생존자분들이다. '피해생존자 모임'으로부터 여러 인물을 추천 받았다. 직접 인터뷰 의사를 밝힌 인물들 역시 피해생존자 모임을 통해 일종의 검증 작업을 했다. 한 명당 길게는 3시간이 넘도록 취재를 진행했다. 듣기만 하는 데도 힘에 부쳤다. 온몸에 닭살이 돋고 머리카락이 쭈뼛쭈뼛 섰다. 맨정신으로는 듣기 힘든 증언의 연속이었다. 하지만 고통은 한 번으로 끝나지 않았다. 원고지 30매 분량의 기사로 정리하고, 10분 안팎의 동영상 콘텐츠로 만들기 위해 같은 이야기를 대여섯 번씩 또 보고 또 들어야 했다. 피해 당사자에 비하면 하찮은 정도일 테지만 이 작업에 관여한 모든 이들에게도 크고 작은 트라우마가 생겼다.

출간을 준비하며, 지난 겨울 이후 묵혀뒀던 '형제복지원' 폴더를 다시 열었다. 마음을 단단히 먹었는데도, 또다시 마음이 무너져 내렸다. 증언을 듣고 옮긴이 못지않게, 지금 여기까지 이 글을 읽어낸 분들도 힘들었을 것이다. 마음이 불편해졌다면 이 책을 펴낸 보람이 있다. 몇 년 전 나의 '부채의식'이 책으로 이어졌듯, 여러분의 불편함이 다음 걸음으로 이어질 줄로 믿는다.

여전히 형제복지원 피해생존자들을 바라보는 곱지 않은 시선이 존재한다. 혹자는 말한다. 뭔가 잘못한 게 있으니 끌려간 게 아니겠냐고. 지금 기초생활수급자나 전과자 신세인 걸 보면 끌려갈 만했던 사람들 아니냐고. 그런 사람들에게 되묻고 싶다. 어느 날 갑자기 형제복지원에 끌려가 삶을 유린당했다면 이후 자유를 얻었다 한들 온전한 몸과 정신으로 살아갈 수 있겠느냐고 말이다. 이들이 사회부적응자로 전락한 현실은, 형제복지원 사건이 얼마나 끔찍했고, 그 피해가 지금껏 이들을 얼마나 끈질기게 옥죄어 왔는지를 보여주는 살아 있는 증거다.

혹자는 또 말한다. 또 과거사 이야기냐고. 오래전 과거를 왜 이제 와서 들먹이느냐고. 2012년 한종선 씨가 국회 앞에서 1인 시위를 시작하기 전까지 피해생존자들은 20년 넘게 숨죽인 채 살아야 했다. '형제복지원 출신은 부랑인'이라는 사회의 편견 때문이다. 그 낙인을 피해 다니며, 피해자들은 자신이 당한 일이 '피해'라는 생각조차 할 수 없었을 것이다. 이들이 이제야 입을 열 수밖에 없었던 데에는, 사회가 만들어낸 편견을 의심 없이 받아들인 우리에게도 책임이 있다.

2020년 5월 20일, 20대 마지막 국회에서 과거사법 개정안이 극적으로 통과되면서 그해 12월 10일 '진실·화해를 위한 과거사 정리위원회 2기'가 출범했다. 형제복지원을 1호 사건으로, 올해부터 본격적으로 조사를 진행하고 있다. 국가 차원의 진상 규명과 명예 회복의 길이 열렸지만 피해생존자들은 여전히 마음을 놓지 못하고 있다. 법이 통과된 것을 마치 모든 문제가 해결된 것 마냥 여겨 사회적 관심이 식지 않을까 하는 우려 때문이다.

"국민의 관심이 떨어지는 순간 정치인들은 신경을 끕니다."

"피해생존자 상당수는 하루하루 간신히 생계를 이어가고 있습니다.
그 사람들을 이대로 내버려 둔다면 옛날이나 지금이나 차이가 없다고 생각해요.
방치하는 건 똑같으니까요."

33인의 증언 중 특히 새겨야 할 대목이다.

형제복지원에서 벌어진 잔혹한 인권 유린은 결코 용서받을 수 없는 범죄를 저지른 박인근 일가에 가장 큰 책임이, 또한 이에 적극 가담한 공권력과 이들에 대해 어떤 문제도 제기를 하지 않은 언론, 이들의 행태에 암묵적으로 동조하거나 무관심했던 시민 다수에게도 책임이 있다. 이러한 악[惡]의 태엽이 정교하게 맞물려 있어, 진상 규명이란 걸음을 내딛기까지 30여 년의 시간이 걸렸다. 여기까지 이르는 데에는 많은 이들의 노력이 있었지만 그 누구보다, 형제복지원에서 주검이 된 사람들의 몫까지 외쳐야 했던 피해생존자들의 행동이 있었기에 가능한 일이었다. 이제부터는 우리 차례다. 무관심과 방조라는 공모[共謀]의 끈을 놓고, 끝까지 지켜봐야 한다. 책임자를 제대로 처벌하고, 피해자의 명예가 온전히 회복되는 그날까지 두 눈을 부릅떠야 한다. 지금 이 순간에도 후회와 원망, 트라우마와 싸우고 있는 피해자들이 자신은 물론 사회와 화해하고 '형제복지원' 다섯 글자의 무게로부터 해방될 수 있도록. '절규의 증언'은 우리의 화답을 기다리고 있다.

"세상 모든 것에 감탄하는 지혜로운 사람들의 공간"
도서출판 호밀밭

살아남은 형제들
ⓒ 2021, 이대진

지은이	이대진
초판 1쇄	2021년 11월 23일
편집	하은지 ^{책임편집}, 박정오, 임명선, 허태준
디자인	박규비 ^{책임디자인}, 전혜정, 최효선
미디어	전유현, 최민영
마케팅	최문섭
제작	갑우문화사

펴낸이	장현정
펴낸곳	호밀밭
등록	2008년 11월 12일(제338-2008-6호)
주소	부산광역시 수영구 연수로357번길 17-8
전화, 팩스	051-751-8001, 0505-510-4675
전자우편	anri@homilbooks.com

Published in Korea by Homilbooks Publishing Co, Busan.
Registration No. 338-2008-6.
First press export edition November, 2021.

ISBN 979-11-6826-019-1 03330